朔 州 市 统 计 局
国家统计局朔州调查队 编

朔州统计年鉴 2016

SHUO ZHOU STATISTICAL YEARBOOK

中国统计出版社
China Statistics Press

图书在版编目（CIP）数据

朔州统计年鉴. 2016 / 朔州市统计局, 国家统计局朔州调查队 编
-- 北京：中国统计出版社, 2016.12
ISBN 978-7-5037-8023-3
Ⅰ. ①朔…
Ⅱ. ①朔… ②国…
Ⅲ. ①统计资料 - 朔州 - 2016 - 年鉴
Ⅳ. ①C832.253-54
中国版本图书馆CIP数据核字(2016)第245222号

朔州统计年鉴-2016

作　　者/ 朔州市统计局 国家统计局朔州调查队
责任编辑/ 陈越月
装帧设计/ 朔州万吉包装彩印有限公司
出版发行/ 中国统计出版社
地　　址/ 北京市丰台区西三环南路甲6号 邮政编码/100073
电　　话/ 邮购（010）63376909 书店（010）68783171
网　　址/ http://csp.stats.gov.cn
印　　刷/ 朔州万吉包装彩印有限公司
经　　销/ 新华书店
开　　本/ 890mm × 1240mm 1/16
字　　数/ 977.65千字
印　　张/ 35.25
版　　别/ 2016年12月第1版
版　　次/ 2016年12月第1次印刷
定　　价/ 368.00元

如有印装差错，由本社发行部调换。

2016 朔州统计年鉴

SHUO ZHOU STATISTICAL YEARBOOK

编辑说明 BIAN JI SHUO MING

一、《朔州统计年鉴—2016》是一部全面反映朔州市经济社会发展情况的资料性年刊。本年鉴收录了全市和各县区2015年经济社会发展方面的大量统计数据，具有科学性、权威性、综合性和实用性，是一部认识朔州、研究朔州的必备工具书。

二、全书内容共分为16个部分。1.综合；2.人口、从业人员和劳动报酬；3.固定资产投资；4.能源消费与库存；5.物价；6.人民生活；7.农村经济；8.工业经济；9.建筑业；10.交通运输业；11.批发零售贸易和餐饮业；12.财政、金融和保险业；13.教育、科技；14.文化、体育、旅游、卫生、环保、民政；15.县区基本情况；16.附录，包含了2016年市委党委会工作报告、2016年政府工作报告和2015年国民经济和社会发展统计公报。为了方便读者准确使用统计数据，前14部分篇末均附有《主要统计指标解释》。

三、本年鉴指标口径范围，以国家现行统计报表制度为准。资料来源于2015年度统计年报，部分反映社会发展方面的资料来源于有关部门和抽样调查。

四、本年鉴严格执行了中国统计出版社2015年发布的《统计年鉴编辑出版规范化方案》要求，所使用的度量衡单位，均采用国际统一标准计量单位。

五、本年鉴中使用的符号："#"表示主要其中项；"空格"表示无该项指标数据或数据不详；"…"表示数据不足本表最小计量单位。

六、年鉴编辑过程中得到有关方面的大力支持和帮助，在此谨致谢意。由于工作经验尚存欠缺，人员力量不足，时间要求紧张，遗漏和错误在所难免，敬请读者提出宝贵意见。

年末总人口（人）

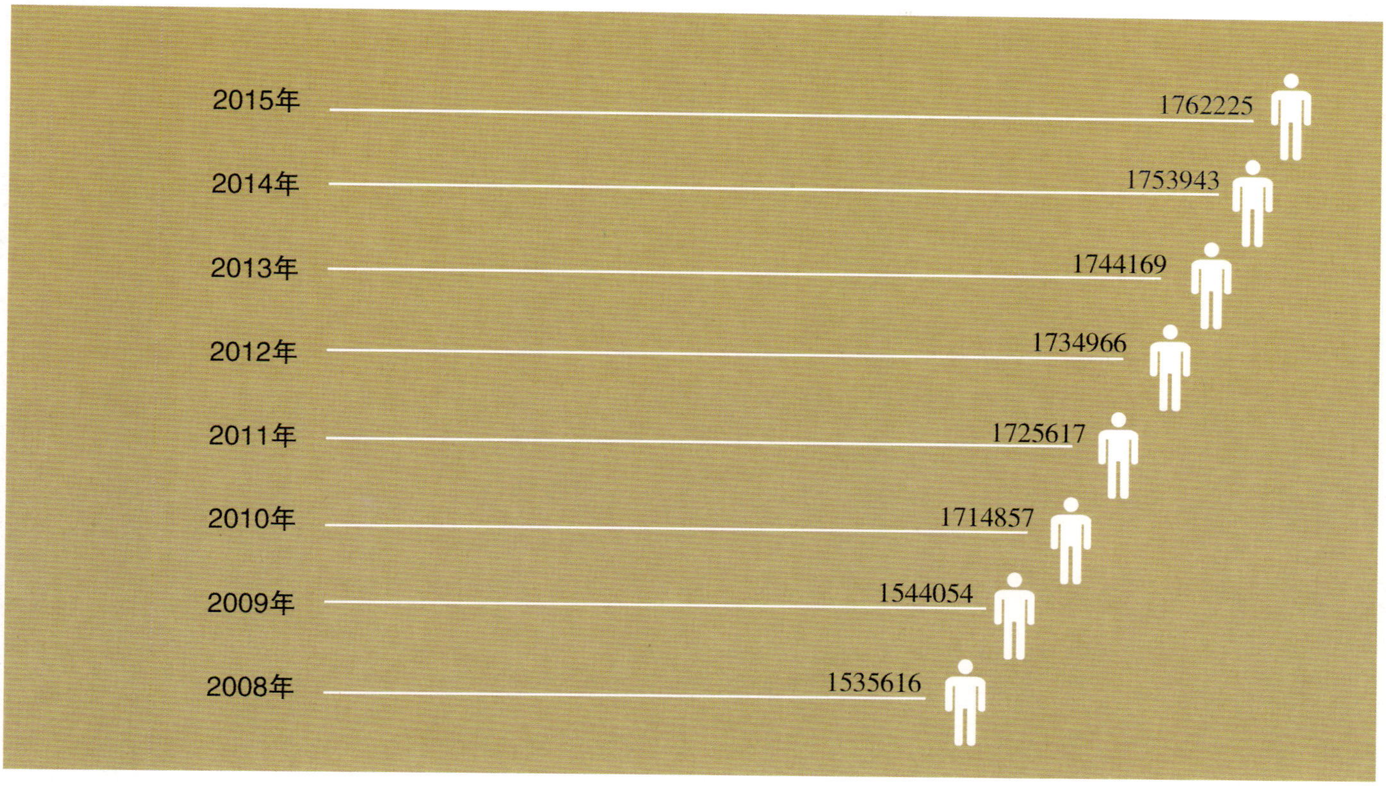

年末城镇人口（人）

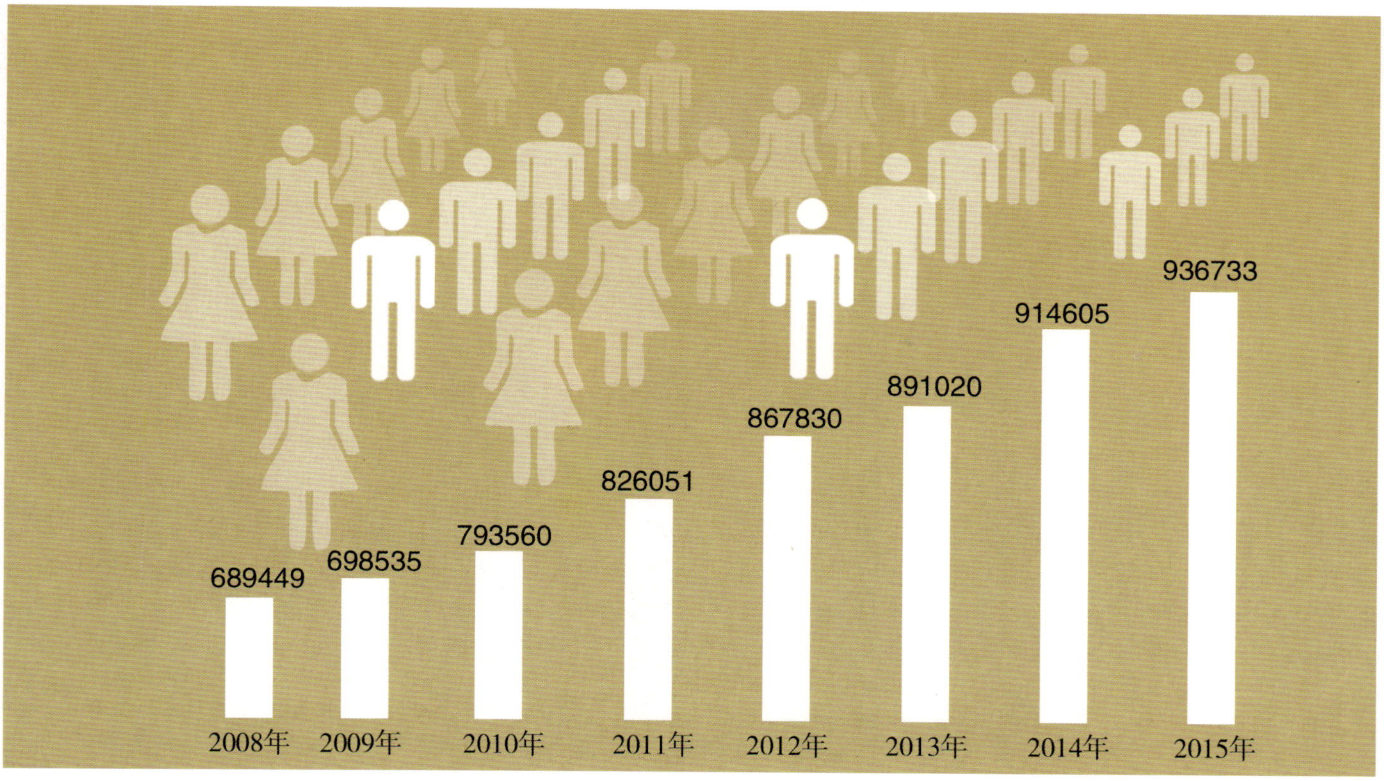

地区生产总值（万元）

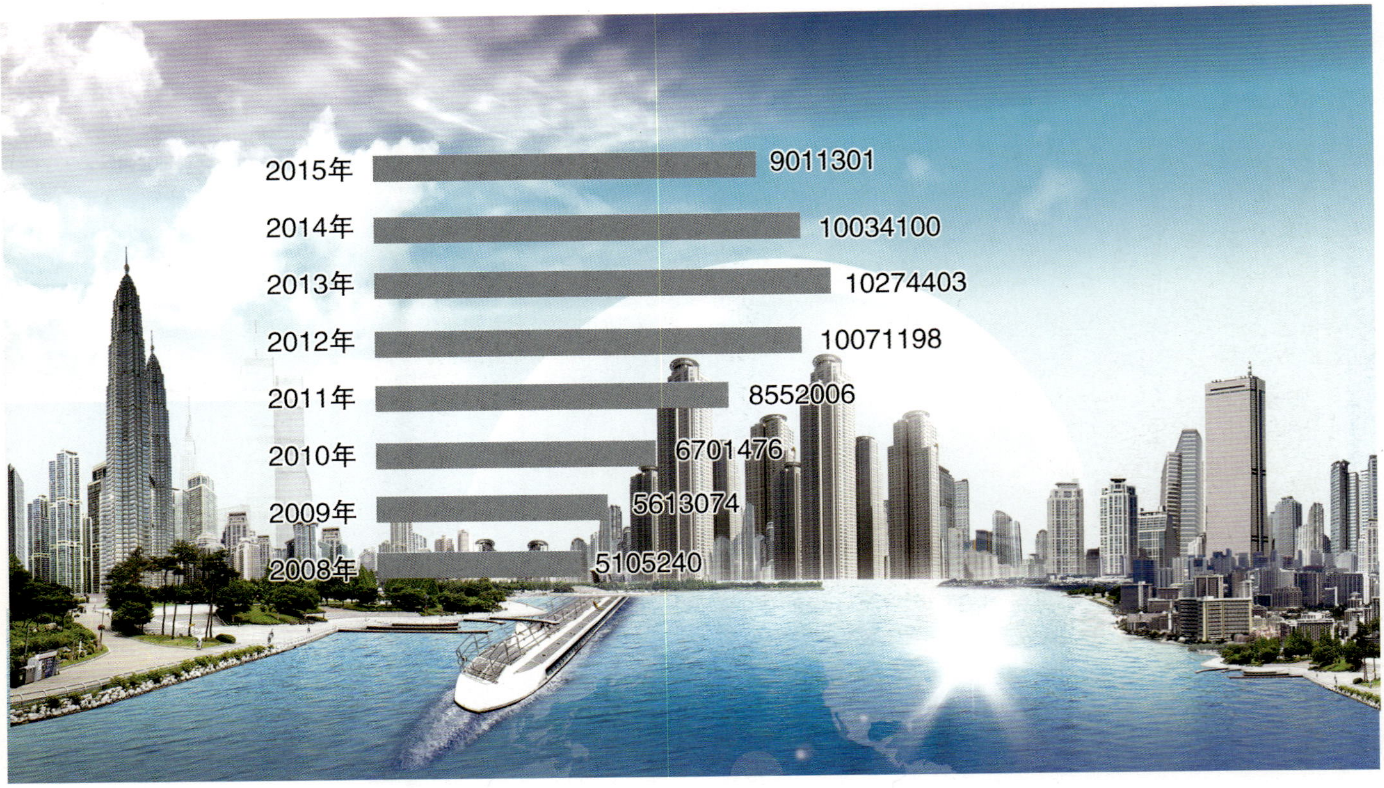

第一产业增加值（万元）

第二产业增加值（万元）

第三产业增加值（万元）

粮食产量（吨）

规模以上工业增加值（万元）

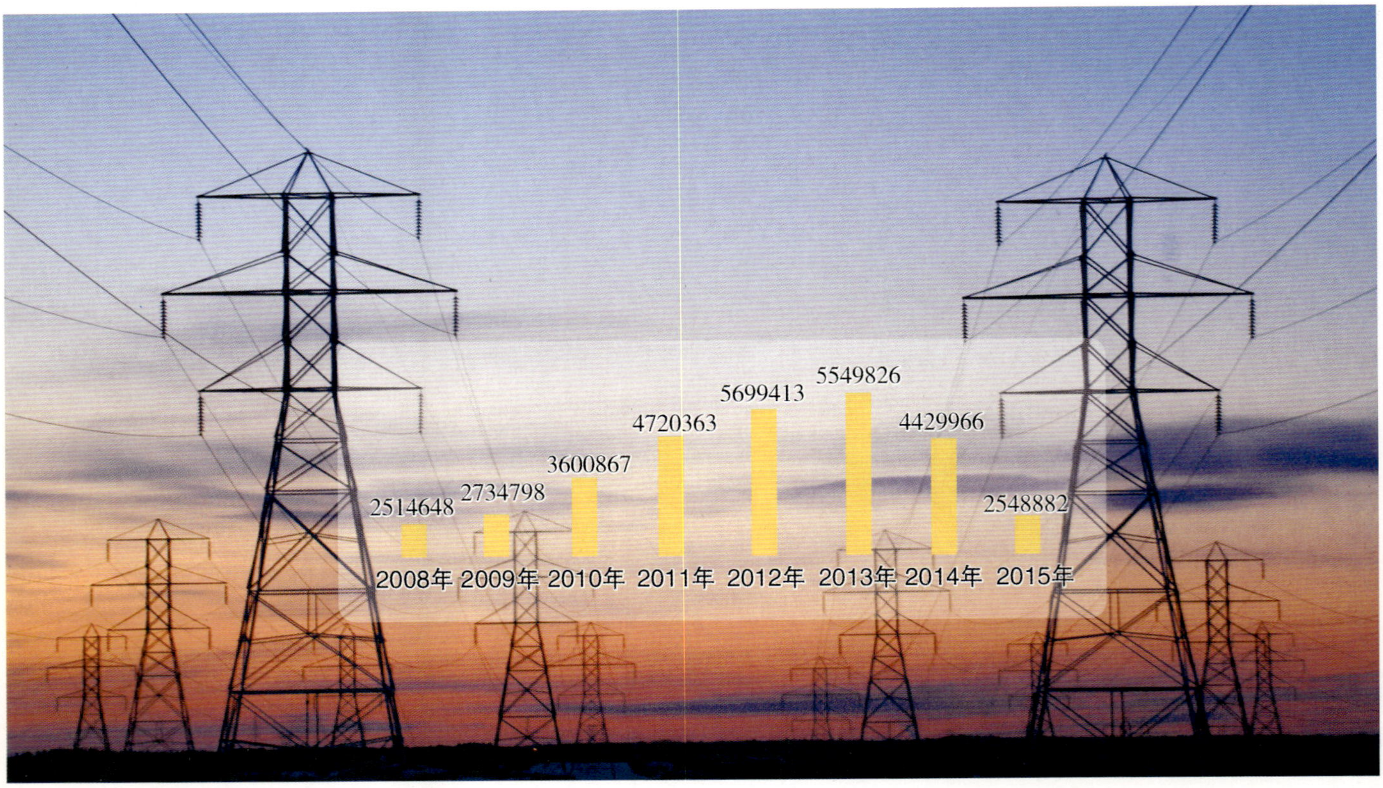

原煤产量（万吨）

全社会固定资产投资（万元）

社会消费品零售总额（万元）

财政总收入（元）

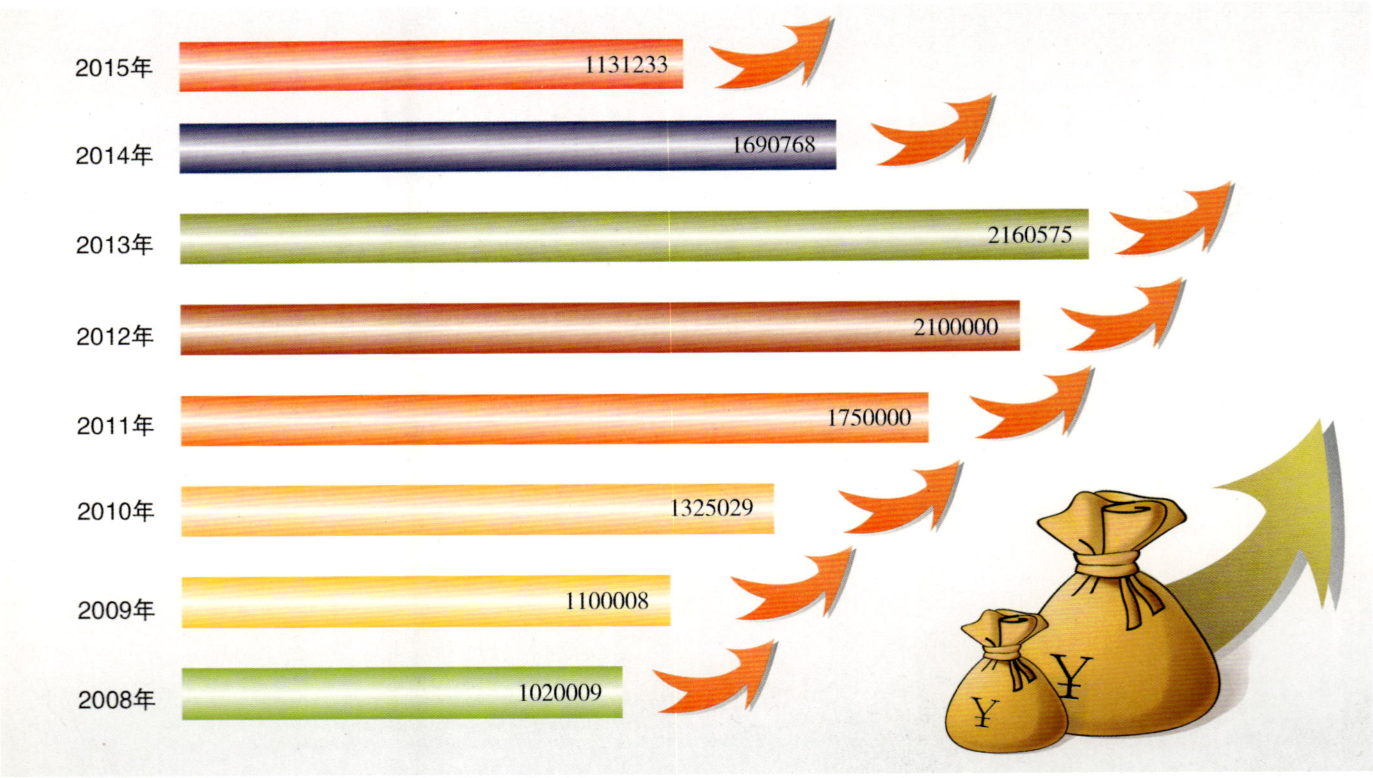

公共财政预算收入（万元）

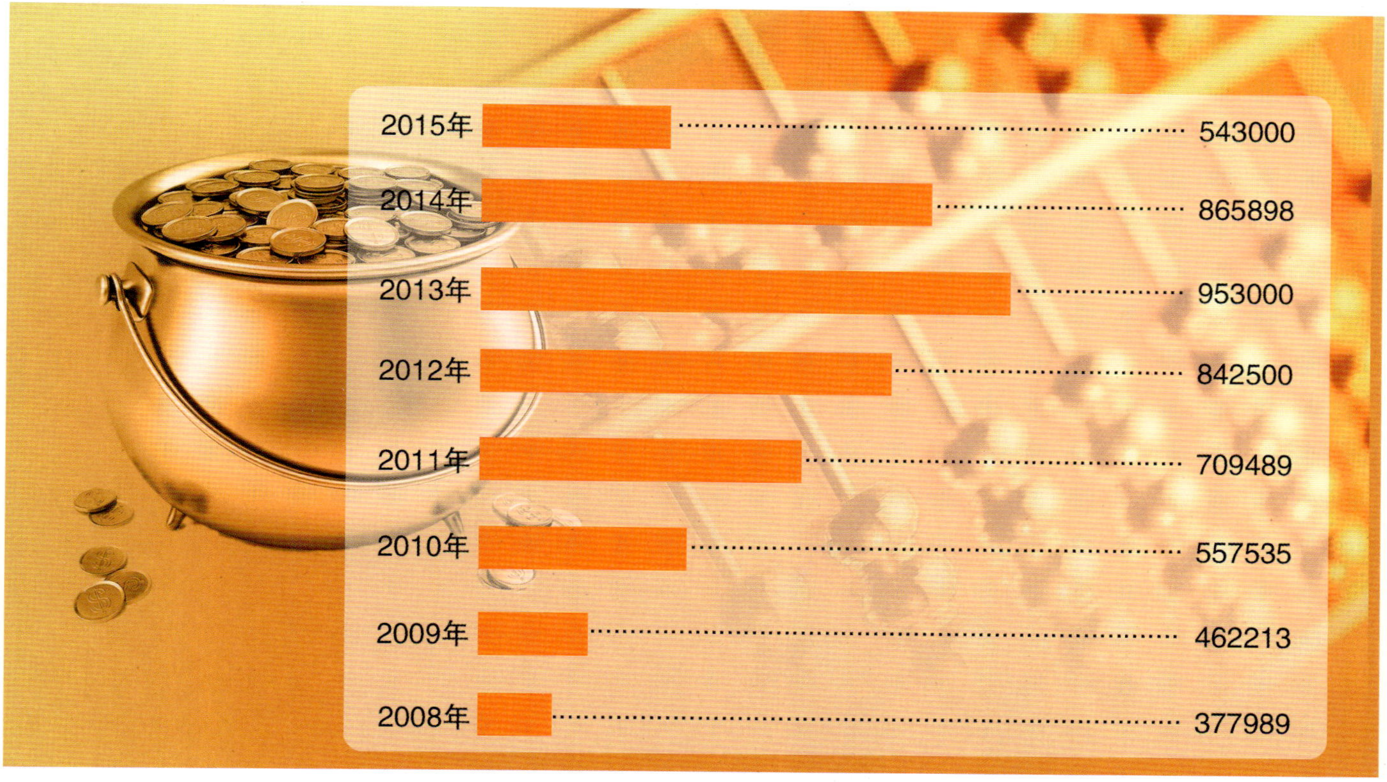

公共财政预算支出（万元）

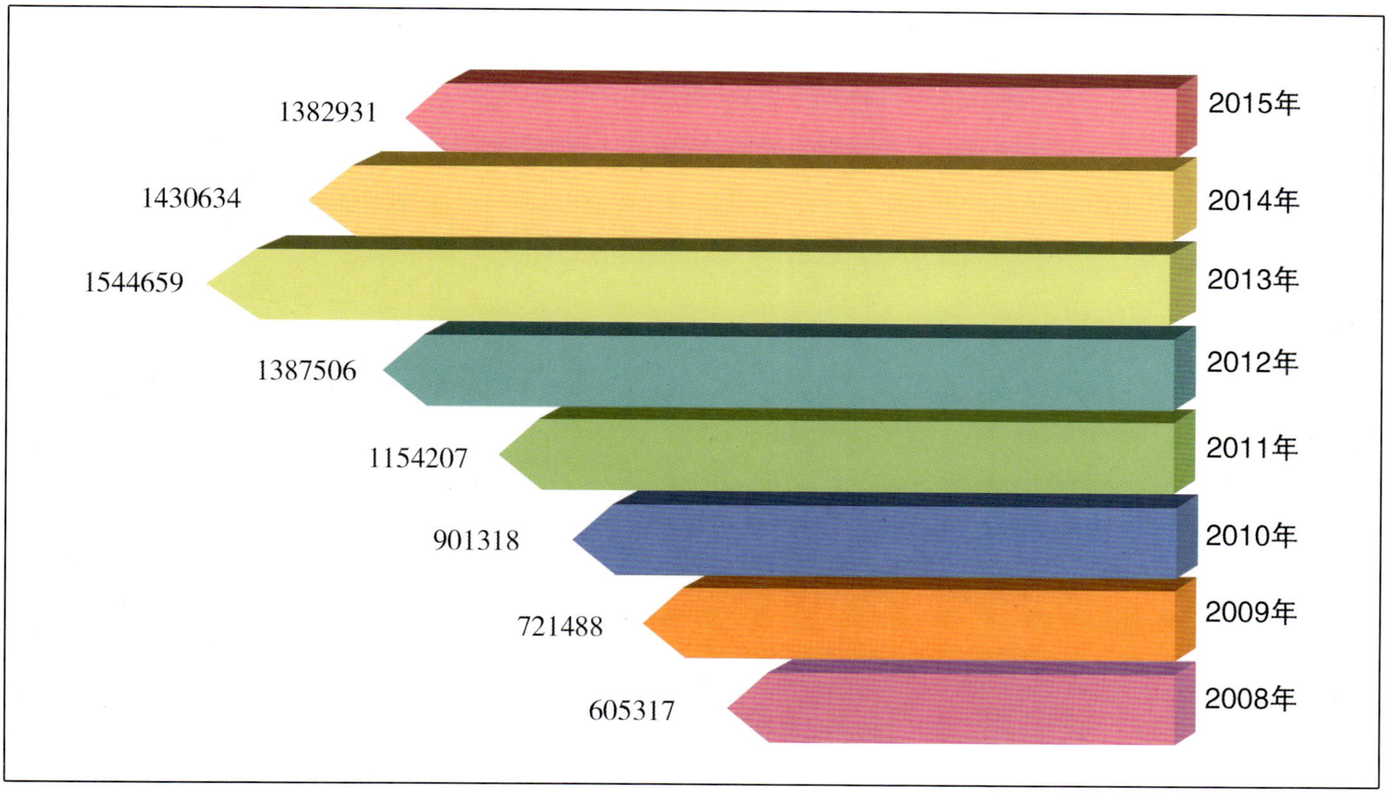

农村常住居民人均可支配收入（元）

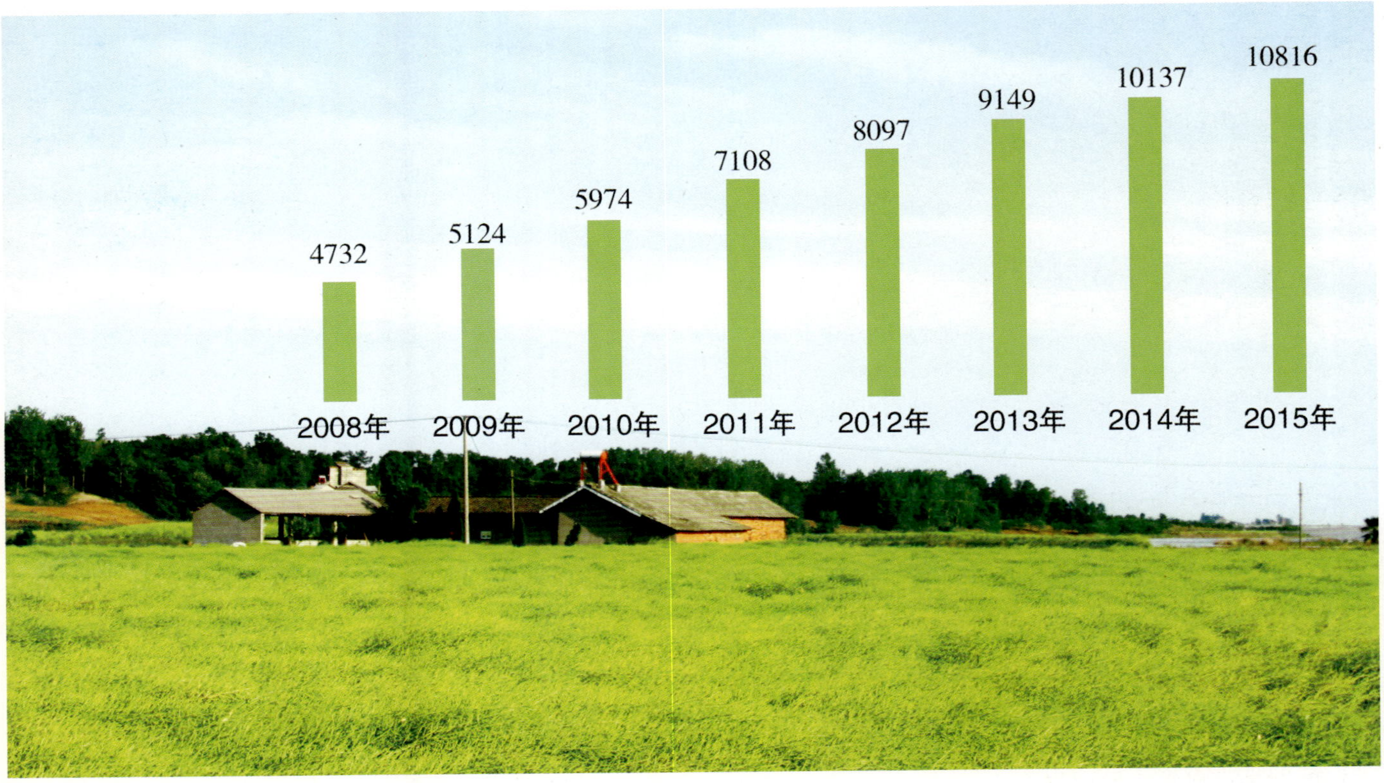

城镇常住居民人均可支配收入（元）

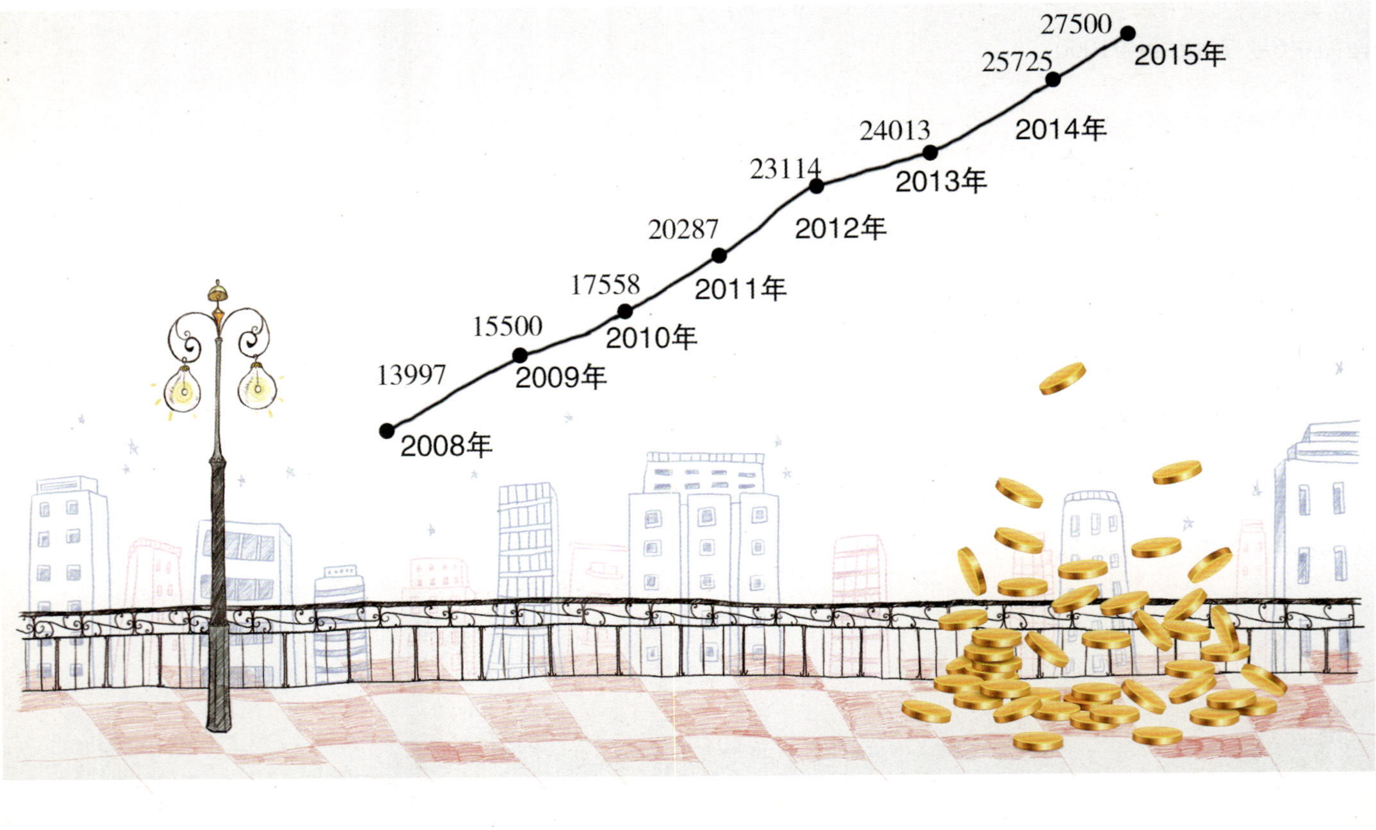

目　录

一、综合

二、人口、从业人员和劳动报酬

三、固定资产投资

四、能源消费与库存

五、物价

六、人民生活

七、农村经济

八、工业经济

九、建筑业

十、交能运输业

十一、批发零售贸易和餐饮业

十二、财政、金融和保险业

十三、教育、科技

十四、文化、体育、旅游、卫生、环保、民政

十五、县区基本情况

十六、附录

01

综　合

1-1 行政区划

单位:个

县区	乡镇总数（含街道办）	镇	乡	街道办事处	村数	社区数	
					行政村	城市社区	农村社区
朔城区	15	2	9	4	299	55	6
平鲁区	13	2	11		286	10	15
山阴县	13	4	9		257	10	216
应　县	12	3	9		298	9	3
右玉县	10	4	6		321	13	11
怀仁县	10	4	6		162	21	8
合　计	73	19	50	4	1624	118	259

1-2 自然资源

指 标	单位	全 市	朔城区	平鲁区	山阴县	应 县	右玉县	怀仁县
国土面积	平方公里	10625.4	1779.7	2314.9	1644.6	1673	1979.2	1234
#平原:丘陵:山区		38:36:26	62:11:27	4:51:45	52:07:41	56:09:35	10:60:30	70:0:30
年末耕地保有量	千公顷	365.52	66.09	75.57	59.67	56.89	58.79	48.51
含煤面积	平方公里	1546	658	352	256		155	125
煤炭地质储量	亿吨	409.5	187.3	109.9	46.7		29.6	36
石灰岩储量	亿吨	84.0	49.0	0.3	14.1	0.2	0.8	19.6
铁矿储量	万吨	280	30		30	200		20
本地水资源量	亿立方米	7.39	1.42	1.73	1.28	1.29	0.98	0.69
#地下水	亿立方米	6.53	1.33	1.47	1.23	1.21	0.63	0.66

1-3 气候条件

县　区	年均气温（摄氏度）	年无霜期（天）	年光照时间（小时）	年降水量（毫米）
全　市	5.2–9.4	132–187	2382.2–2725.8	322.6–470.9
朔城区	8.4	144	1382.2	383.7
平鲁区	7.0	135	2695.2	422.3
山阴县	9.0	169	2418.8	358.7
应　县	9.3	187	2515.6	322.6
右玉县	5.2	132	2725.8	470.9
怀仁县	9.4	165	2680.4	404.5

1-4 交通状况

县　区	公路通车里程（公里）		万人拥有公路量（公里）	公路密度（公里/百平方公里）
		高速公路		
全　市	10170	388	59.32	95.72
朔城区	1741	73	34.45	97.32
平鲁区	1933	86	94.86	83.86
山阴县	1605	92	67.19	97.21
应　县	1776	57	4.16	104.47
右玉县	1518	44	135.55	77.13
怀仁县	1597	36	48.87	131.87

1-5 城市建设

指　标	单　位	全 市	朔城区	平鲁区	山阴县	应 县	右玉县	怀仁县
城市建成区面积	平方公里	101.77	28	13.6	15	12	7.23	25.94
城市供水量（加自备井）	万立方米	5219	2280	472	436	604	275	1152
城市供热面积	万平方米	4405.17	2496.5	375.2	272.85	272.62	190	798
城市集中供热普及率	%	90	90.03	89.30	89.44	88.81	82.61	89.06
液化石油气供应量	吨	4413	1300		1500	150	500	963
天然气供应量	万立方米	7760.8	4045	1105.5		966.2	16.1	1628
用气总户数（天然气）	户	151566	67519	24524		18852	400	40271
城市气化率	%	87.14	97.56	93.36	78.14	86.89	54.92	81.18
城市人均公园绿地面积	平方米	12.22	15.14	7.24	10.66	9.22	10.57	11.0
城市建成区绿化覆盖率	%	42.56	43.01	41.81	44.42	41.99	45.17	40.40
万人拥有公交车辆数	标台	4.085	3.03	6.73	6.7	4.34		4.06

1-6 社会保障

指　　标	单 位	全市	朔城区	平鲁区	山阴县	应 县	右玉县	怀仁县
农村低保参保人数	人	81909	16594	10829	11567	22989	6000	13930
农村低保发放标准	元/月	196.5	214.8	185.2	208.1	177.4	216	198.4
新型农村社会养老保险参保人数	人	804853	166656	126655	128079	184100	58585	140778
参加养老保险占农村总人口比例	%	71.84	65.81	76.94	72.75	21.89	69.38	75.70
农村 60 岁以上人数	人	173454	37257	23535	28626	38569	155.04	29963
农村合作医疗保险参保人数	人	949534	227509	138511	150948	201027	69748	161791
农村合作医疗保险参保率	%	99.67	100	99.49	99.21	99.49	100	99.85
城市低保参保人数	人	48800	9609	3819	10226	10961	3113	11072
城市低保发放标准	元/月	295	330	277	332	275	253	270
城镇职工失业保险参保人数	人	183028	32600	16639	20351	13970	9000	38060
城镇职工失业保险发放标准	元/月	930	930	930	930	930	930	930
城镇职工医疗保险参保人数	人	190446	23000	24200	19003	18008	10008	21025
城镇职工工伤保险参保人数	人	187015	31100	29668	30500	17082	16515	30868
城镇职工基本养老保险人数	人	185627	32178	25967	23616	19273	10660	29941
城镇职工生育保险参保人数	人	180424	28052	26240	22010	16006	9005	26023
城镇居民医疗保险参保人数	人	253377	53993	31710	32164	35832	10665	50783
城镇居民养老保险参保人数	人	69596	23836	7387	10837	9024	4103	14409
城镇登记失业率	%	3.12	2.94	3.22	3.08	3.20	3.27	2.81
城镇新增就业人数	人	23109	3753	2810	3015	3158	1657	3465

1-7 国民经济和社会发展总量指标

指　　标	总量指标					
	2010	2011	2012	2013	2014	2015
一、年末常住人口(万人)	171.5	172.6	173.5	174.4	175.4	176.2
二、城镇非私营单位从业人员年末人数	17.9	19.0	19.7	19.8	20.2	19.7
三、地区生产总值(亿元)	670.1	855.2	1007.1	1027.4	1003.4	901.1
第一产业	40.5	45.4	50.9	60.3	61.4	55.5
第二产业	379.0	498.8	596.1	586.7	542.7	406.3
第三产业	250.6	311.0	360.1	380.4	399.3	439.3
四、农业生产						
农林牧渔业总产值 (亿元)	72.0	88.4	104.7	127.9	132.4	119.1
主要农产品产量						
粮　食 (万吨)	86.4	97.1	107	117.6	128.1	110
#谷　物 (万吨)	76.5	85.9	95.9	105.5	113.3	102.9
油　料 (万吨)	3.1	3.4	3.7	3.4	3.2	2.5
肉类总产量 (万吨)	6.7	5.0	5.8	6.1	9	9.3
奶类总产量 (万吨)	40.2	43.6	47.2	51.4	51.9	52.3
禽蛋产量 (万吨)	2.2	1.7	1.6	1.7	1.8	2.4
农业机械总动力 (万千瓦)	206.1	214.5	223.1	233.0	241.4	245.9
五、工业生产						
规模以上工业总产值 (亿元)	828.5	1169.9	1322.8	1324.1	1159.3	762.2
主要工业产品产量						
原　煤 (万吨)	15995	18583	20691	21747	20245	18220
发电量 (亿千瓦小时)	217.0	232.9	264.3	280.1	315.8	267.5
乳制品 (万吨)	17.0	21.1	29.5	28.1	24.4	23.2
白　酒 (吨)	4259	10342	13114	6842	8997	7663
水　泥 (万吨)	68.4	241.0	397.1	344.0	251	205

1-7 续表1

指 标	总量指标					
	2010	2011	2012	2013	2014	2015
化 肥 (万吨)	6.4	6.5	5.1	4.3	3.2	1.8
铁合金 (吨)	93100	181304	309230	234908	294743	125210
六、邮电						
邮电业务总量 (亿元)	25.1	11.5	14	15.3	12.5	4.4
移动电话 (万户)	95.8	137.4	131.2	148.8	161.6	144.8
七、固定资产投资 (亿元)						
固定资产投资总额	374.0	474.6	610.6	774.7	815.3	937.1
#住 宅	50.2	35.1	44.0	82.6	65.2	60.7
1. 国 有	246.7	272.5	411.7	438.4	414.8	535.8
非国有	94.5	202.0	199.0	336.3	400.5	401.2
2. 第一产业	9.9	9.2	24.7	64.2	86.6	146.5
第二产业	232.2	303.6	289.3	345.2	448.9	425.2
第三产业	113.8	161.8	296.6	365.3	279.8	365.4

1-7 续表 2

指　标	总量指标					
	2010	2011	2012	2013	2014	2015
八、国内贸易(亿元)						
社会消费品零售总额	139.6	164.1	191.1	218.8	258.3	270.1
九、对外贸易(万美元)						
外贸进出口总额	12502	13942	25687	11698	9266	5866
出　口	967	1481	1545	2074	2728	2805
进　口	11535	12461	24142	9624	6537	3061
十、财　政(亿元)						
财政总收入	132.5	175.0	210.0	216.1	169.1	113.1
一般预算收入	55.8	70.9	84.3	95.3	86.6	54.3
一般预算支出	90.1	115.4	138.8	154.5	143.1	138.3
十一、物价指数(上年 =100)						
商品零售价格总指数	103.0	104.3	102.5	102.4	101.4	100.5
居民消费价格总指数	103.2	104.8	102.7	102.9	101.9	101.2
十二、工　资						
城镇非私营单位在岗职工工资总额(亿元)	55.2	72.9	87.6	93.7	100.2	100.7
城镇非私营单位从业人员年平均工资 (元)	32210	37280	43964	46229	49845	51432
国有单位在岗职工工资总额(亿元)	39.7	38.6	41.8	42.5	45.7	48.0
国有单位从业人员年平均工资(元)	35385	34358	38614	39659	43322	47912
十三、教育、文化						
中等专业学校在校学生数（万人）	0.32	0.48	0.39	0.25	0.12	100.7
职业中学在校学生数（万人）	0.98	0.99	1.31	1.51	1.64	1.78
普通中学在校学生数（万人）	16.00	16.17	16.44	15.17	14.09	48.0
小学在校学生数 (万人)	18.99	18.13	17.33	13.31	13.81	47912
十四、城乡居民收入（元）						
城镇常住居民人均可支配收入	16349	18891	21734	23886	25725	27500
农村常住居民人均可支配收入	5974	7108	8097	9149	10137	10816
十五、金融机构人民币各项存贷款余额(亿元)						
金融机构人民币各项存款余额	764.1	911.8	1050.9	1092.8	1120	1189.7
# 居民储蓄存款余额	444.8	519.5	593.3	661.1	735.3	736.3
金融机构人民币各项贷款余额	197.7	262.5	375.0	467.5	512.9	558.6

1-8 社会经济主要指标人均水平

指　　标	单　位	2014 年	2015 年
一、地区生产总值	元	57368	51256
二、财政总收入	元	9667	6434
三、主要产品产量			
原煤	吨	115	103.6
发电量	千瓦时	17669	15200
粮食	公斤	732	626
肉类	公斤	51.3	52.4
牛奶	公斤	289.1	297.3
四、社会消费品零售额	元	14058	15366
五、人民生活			
城镇常住居民人均可支配收入	元	25725	27500
城镇居民人均消费性支出	元	13633	14096
农村常住居民人均可支配收入	元	10137	10816
农民人均生活费支出	元	6431	6837
人均储蓄存款	元	41977	44430

1-9 国民经济主要比例关系

指　标	2014 年	2015 年
一、地区生产总值三次产业比例		
第一产业	6.1	6.2
第二产业	54.1	45.1
第三产业	39.8	48.7
二、农林牧渔总产值内部比例		
农业产值	52.9	43.7
林业产值	8.8	8.1
牧业产值	36.0	45.6
渔业产值	0.2	0.2
农林牧渔服务业产值	2.1	2.4
三、全社会固定资产投资中		
中央项目	15.4	17.0
地方项目	84.6	83.0
四、财政总收入占 GDP 比例	16.9	12.6

1-10 主要年份地区生产总值

按当年价格计算

年份	地区生产总值（万元）	第一产业	第二产业	工业	第三产业	人均地区生产总值（元/人）
1952	6243	4125	1132	551	986	95
1957	8837	4941	2502	1291	1394	122
1962	8066	3359	2882	923	1825	107
1965	11382	4837	3996	1474	2549	142
1970	17689	8571	5725	2493	3393	195
1975	27400	12140	10175	4755	5085	274
1978	34555	13033	13696	7571	7826	334
1980	42070	16411	15141	11213	10518	400
1985	86879	29873	33732	31850	23274	784
1990	217145	53477	110499	93264	53169	1818
1995	523569	112613	234867	204257	176089	4041
2000	847776	157846	367205	321930	322725	6192
2002	1028679	141886	473294	433986	413499	7319
2004	1642294	186236	763999	709000	692059	11013
2005	2203492	185160	1054172	988774	964160	14670
2006	2920560	211496	1523306	1428204	1185758	19313
2007	3926164	291325	2033303	1911924	1601536	25798
2008	5105240	278020	2604165	2450133	2223055	33154
2009	5613074	295090	2937997	2769972	2379987	36452
2010	6701476	405421	3790074	3640950	2505981	41107
2011	8552006	453949	4987631	4785456	3110426	49692
2012	10071198	509272	5960522	5728086	3601404	58205
2013	10274403	602554	5867413	5593205	3804436	59063
2014	10034100	614332	5427061	5171026	3992707	57368
2015	9011301	555460	4063082	3816086	4392759	51256

1-11 主要年份地区生产总值构成

单位:%

年份	地区生产总值	第一产业	第二产业	工业	第三产业
1952	100.0	66.1	18.1	8.8	15.8
1957	100.0	55.9	28.3	14.6	15.8
1962	100.0	41.7	35.7	11.4	22.6
1965	100.0	42.5	35.1	13.0	22.4
1970	100.0	48.4	32.4	14.1	19.2
1975	100.0	44.3	37.1	17.4	18.6
1978	100.0	37.7	39.6	21.9	22.7
1980	100.0	39.0	36.0	26.7	25.0
1985	100.0	34.4	38.8	36.7	26.8
1990	100.0	24.6	50.9	43.0	24.5
1995	100.0	21.5	44.9	39.0	33.6
2000	100.0	18.6	43.2	38.0	38.2
2002	100.0	13.8	46.0	42.2	40.2
2004	100.0	11.3	46.5	43.2	42.1
2005	100.0	8.4	47.8	44.9	43.8
2006	100.0	7.2	52.2	48.9	40.6
2007	100.0	7.4	51.8	48.7	40.8
2008	100.0	5.5	51.0	48.0	43.5
2009	100.0	5.3	52.3	49.3	42.4
2010	100.0	6.0	56.6	54.3	37.4
2011	100.0	5.3	58.3	56.0	36.4
2012	100.0	5.0	59.2	56.9	35.8
2013	100.0	5.9	57.1	54.4	37.0
2014	100.0	6.1	54.1	51.5	39.8
2015	100.0	6.2	45.1	42.3	48.7

1-12 主要年份地区生产总值指数

上年 =100

年份	地区生产总值	第一产业	第二产业	工业	第三产业
1952	109.6	107.9	108.6	115.7	118.6
1957	99.1	88.9	122.7	112.0	103.4
1962	91.3	84.9	87.9	89.9	112.9
1965	101.7	85.6	129.3	129.3	107.4
1970	108.5	105.8	112.3	109.3	109.6
1975	104.6	97.4	114.0	112.5	106.8
1978	104.0	89.7	112.7	110.5	120.3
1980	108.1	109.6	105.0	137.4	110.3
1985	110.7	98.6	120.9	125.2	115.3
1990	111.6	111.5	115.5	115.6	104.7
1995	109.8	85.3	111.1	110.2	123.4
2000	108.3	123.7	104.8	106.1	108.4
2002	114.2	133.6	112.9	115.8	110.7
2004	116.9	106.0	121.4	121.8	114.8
2005	117.5	96.6	120.2	120.7	120.1
2006	118.3	105.5	124.7	125.6	113.8
2007	116.7	103.7	119.1	119.1	116.2
2008	113.8	102.6	110.5	108.9	119.7
2009	110.6	102.5	116.5	116.9	105.0
2010	113.8	108.0	116.0	117.4	111.9
2011	115.2	100.0	119.9	120.1	110.5
2012	111.1	105.5	112.6	112.8	109.5
2013	109.0	105.0	111.0	111.0	106.1
2014	104.5	104.4	104.2	104.6	105.0
2015	97.7	94.4	94.2	94.1	104.6

1-13 地区生产总值

单位:万元

指　标	2014	2015
地区生产总值	10034100	9011301
第一产业	614332	555460
第二产业	5427061	4063082
# 工业	5171026	3816086
建筑业	1256035	246996
第三产业	3992707	4392759
人均地区生产总值	57368	51256

1-14 地区生产总值构成

单位:%

指　标	2014	2015
地区生产总值	100.0	100.0
第一产业	6.1	6.2
第二产业	54.1	45.1
# 工业	51.5	42.3
建筑业	2.6	2.8
第三产业	39.8	48.7

1-15 地区生产总值指数

上年 =100

指　标	2014	2015
地区生产总值	104.5	97.7
第一产业	104.4	94.4
第二产业	104.2	94.2
# 工业	104.6	94.1
第三产业	105.0	104.6

1-16 按行业划分的法人单位及产业活动单位基本情况(2015 年)

指　　标	法人单位				产业活动单位		
	单位数(个)	单产法人	多产法人	从业人数(人)	单位数(个)	多产法人所属的产业活单位	从业人数(人)
合　　计	23129	22333	796	469646	27442	5109	112265
第一产业	6549	6540	9	61050	6569	29	679
第二产业	2126	2075	51	167738	2352	277	45294
第三产业	14454	13718	736	240858	18521	4803	66292
农、林、牧、渔业	6549	6540	9	61050	6569	29	679
采矿业	274	265	9	73536	299	34	29041
制造业	1035	1015	20	48828	1067	52	5349
电力、燃气及水的生产和供应业	186	176	10	14674	303	127	3361
建筑业	631	619	12	30700	683	64	7543
交通运输、仓储和邮政业	5503	5363	140	59376	6163	800	12385
信息传输、计算机服务和软件业	636	617	19	14993	815	198	8464
批发和零售业	277	267	10	9291	300	33	563
住宿和餐饮业	270	263	7	3473	377	114	2938
金融业	163	136	27	8644	555	419	8717
房地产业	500	480	20	9769	533	53	1698
租赁和商务服务业	926	909	17	13258	1035	126	2367
科学研究、技术服务和地质勘查业	449	445	4	5817	563	118	1560
水利、环境和公共设施管理业	159	157	2	4692	202	45	310
居民服务和其他服务业	457	449	8	4770	514	65	973
教育	555	519	36	35522	952	433	7228
卫生、社会保障和社会福利业	316	267	49	9424	1270	1003	2748
文化、体育和娱乐业	385	384	1	5310	454	70	356
公共管理和社会组织	3858	3462	396	56519	4788	1326	15985
国际组织							

1-17 按登记注册类型划分的法人单位及产业活动单位基本情况(2015年)

指标	法人单位				产业活动单位		
	单位数(个)	单产法人	多产法人	从业人数(人)	单位数(个)	多产法人所属的产业活动单位	从业人数(人)
合计	23129	22333	796	469658	27442	5109	112265
内资	23114	22322	792	462862	27418	5096	110877
国有	2734	2426	308	115973	4881	2455	60375
集体	161	126	35	11602	650	524	5892
股份合作	13	12	1	1425	31	19	207
联营	6	6	0	802	17	11	384
国有联营	2	2	0	745	10	8	347
集体联营	2	2	0	29	3	1	34
国有与集体联营	0	0	0	0	1	1	1
其他联营	2	2	0	28	3	1	2
有限责任公司	788	746	42	70644	900	154	21730
国有独资公司	34	30	4	8729	41	11	2081
其他有限责任公司	754	716	38	61915	859	143	19649
股份有限公司	89	71	18	21940	291	220	4666
私营	10565	10395	170	153324	11329	934	14303
私营独资	1155	1129	26	13140	1284	155	1442

1-17 续表

指标	法人单位				产业活动单位		
	单位数（个）	单产法人	多产法人	从业人数（人）	单位数（个）	多产法人所属的产业活动单位	从业人数（人）
私营合伙	143	141	2	2552	159	18	154
私营有限责任公司	9030	8894	136	130106	9613	719	11430
私营股份有限公司	237	231	6	7526	273	42	1277
其他内资	8758	8540	218	87152	9319	779	3320
港澳台商投资	4	3	1	1463	8	5	837
与港澳台商合资经营	1	1	0	120	4	3	21
与港澳台商合作经营							
港澳台商独资	2	1	1	946	2	1	52
港澳台商投资股份有限公司	1	1	0	397	1	0	0
其他港、澳、台商投资	0	0	0	0	1	1	764
外商投资	11	8	3	5333	16	8	551
中外合资经营	4	4	0	3055	4	0	0
中外合作经营							
外资企业	7	4	3	2278	11	7	516
外商投资股份有限公司	0	0	0	0	1	1	35
其他外商投资							

1-18 按登记注册类型、从业人员数

指　　标	单位数	7 人及以下	8-19 人	20-49 人	50-99 人
合　　计	23129	12875	6599	2139	814
一、按登记注册类型分	23129	12875	6599	2139	814
内资	23114	12874	6599	2136	813
国有	2734	859	809	553	275
集体	161	41	47	32	21
股份合作	13	6	2	1	2
联营	6	2	2	1	0
国有联营	2	1	0	0	0
集体联营	2	0	2	0	0
国有与集体联营					
其他联营	2	1	0	1	0
有限责任公司	788	267	198	122	84
国有独资公司	34	6	4	5	3
其他有限责任公司	754	261	194	117	81
股份有限公司	89	17	19	14	15
私营	10565	6366	2722	934	323
私营独资	1155	697	292	129	27
私营合伙	143	64	37	33	6
私营有限责任公司	9030	5520	2306	738	270
私营股份有限公司	237	85	87	34	20
其他内资	8758	5316	2800	479	93
港澳台商投资	4	0	0	1	0
与港澳台商合资经营	1	0	0	0	0
与港澳台商合作经营					
港澳台商独资	2	0	0	1	0
港澳台商投资股份有限公司	1	0	0	0	0
其他港、澳、台商投资					
外商投资	11	1	0	2	1
中外合资经营	4	0	0	1	1

组距划分的法人单位数(2015 年)

单位:个

100-299 人	300-499 人	500-999 人	1000-4999 人	5000-9999 人	10000 人及以上
521	106	48	25	1	1
521	106	48	25	1	1
516	105	46	23	1	1
191	28	13	5	1	0
12	3	2	3	0	0
0	1	1	0	0	0
0	0	1	0	0	0
0	0	1	0	0	0
0	0	0	0	0	0
0	0	0	0	0	0
62	28	15	12	0	0
6	6	2	2	0	0
56	22	13	10	0	0
16	4	2	1	0	1
175	35	8	2	0	0
9	1	0	0	0	0
3	0	0	0	0	0
157	31	6	2	0	0
6	3	2	0	0	0
60	6	4	0	0	0
1	1	1	0	0	0
1	0	0	0	0	0
0	0	1	0	0	0
0	1	0	0	0	0
4	0	1	2	0	0
1	0	0	1	0	0

1-18 续

指标	单位数	7人及以下	8-19人	20-49人	50-99人
中外合作经营					
外资企业	7	1	0	1	0
外商投资股份有限公司					
其他外商投资					
二、按国民经济行业门、大、中类分	23129	12875	6599	2139	814
农、林、牧、渔业	6549	3634	2435	393	66
农业	3284	1698	1412	140	23
谷物种植	2168	1100	987	67	8
豆类、油料和薯类种植	62	34	23	4	1
蔬菜、食用菌及园艺作物种植	488	236	196	44	10
水果种植	33	18	11	2	2
坚果、含油果、香料和饮料作物种植	3	2	1	0	0
中药材种植	105	44	52	9	0
其他农业	425	264	142	14	2
林业	622	339	208	59	13
林木育种和育苗	581	320	192	53	13
造林和更新	35	15	15	5	0
森林经营和管护	4	2	1	1	0
林产品采集	2	2	0	0	0
畜牧业	2161	1294	668	168	27
牲畜饲养	1949	1165	602	152	26
家禽饲养	108	68	35	4	1
狩猎和捕捉动物	1	1	0	0	0
其他畜牧业	103	60	31	12	0
渔业	23	14	8	0	1
水产养殖	23	14	8	0	1
农、林、牧、渔服务业	459	289	139	26	2
农业服务业	433	279	129	20	2
林业服务业	15	6	5	4	0

表 1

单位:个

100-299 人	300-499 人	500-999 人	1000-4999 人	5000-9999 人	10000 人及以上
3	0	1	1	0	0
521	106	48	25	1	1
19	2	0	0	0	0
11	0	0	0	0	0
6	0	0	0	0	0
0	0	0	0	0	0
2	0	0	0	0	0
0	0	0	0	0	0
0	0	0	0	0	0
0	0	0	0	0	0
3	0	0	0	0	0
2	1	0	0	0	0
2	1	0	0	0	0
0	0	0	0	0	0
0	0	0	0	0	0
0	0	0	0	0	0
4	0	0	0	0	0
4	0	0	0	0	0
0	0	0	0	0	0
0	0	0	0	0	0
0	0	0	0	0	0
0	0	0	0	0	0
0	0	0	0	0	0
2	1	0	0	0	0
2	1	0	0	0	0
0	0	0	0	0	0

1-18 续

指　　标	单位数	7人及以下	8-19人	20-49人	50-99人
畜牧服务业	9	4	3	2	0
渔业服务业	2	0	2	0	0
采矿业	274	26	58	53	52
煤炭开采和洗选业	210	13	29	37	47
烟煤和无烟煤开采洗选	186	9	21	33	43
褐煤开采洗选	5	1	2	2	0
其他煤炭采选	19	3	6	2	4
石油和天然气开采业	1	1	0	0	0
天然气开采	1	1	0	0	0
黑色金属矿采选业	7	3	1	1	2
铁矿采选	6	2	1	1	2
其他黑色金属矿采选	1	1	0	0	0
非金属矿采选业	52	9	26	13	3
土砂石开采	45	8	23	11	2
化学矿开采	1	1	0	0	0
石棉及其他非金属矿采选	6	0	3	2	1
开采辅助活动	1	0	0	1	0
煤炭开采和洗选辅助活动	1	0	0	1	0
其他采矿业	3	0	2	1	0
其他采矿业	3	0	2	1	0
制造业	1035	326	313	179	95
农副食品加工业	148	57	50	20	14
谷物磨制	15	10	3	2	0
饲料加工	14	6	3	2	3
植物油加工	14	9	2	0	0
制糖业	1	0	0	1	0
屠宰及肉类加工	32	7	12	6	5
蔬菜、水果和坚果加工	43	7	21	9	5
其他农副食品加工	29	18	9	0	1

表 2

单位:个

100-299 人	300-499 人	500-999 人	1000-4999 人	5000-9999 人	10000 人及以上
0	0	0	0	0	0
0	0	0	0	0	0
34	27	12	10	1	1
33	27	12	10	1	1
30	27	12	10	0	1
0	0	0	0	0	0
3	0	0	0	1	0
0	0	0	0	0	0
0	0	0	0	0	0
0	0	0	0	0	0
0	0	0	0	0	0
0	0	0	0	0	0
1	0	0	0	0	0
1	0	0	0	0	0
0	0	0	0	0	0
0	0	0	0	0	0
0	0	0	0	0	0
0	0	0	0	0	0
0	0	0	0	0	0
0	0	0	0	0	0
89	23	8	2	0	0
7	0	0	0	0	0
0	0	0	0	0	0
0	0	0	0	0	0
3	0	0	0	0	0
0	0	0	0	0	0
2	0	0	0	0	0
1	0	0	0	0	0
1	0	0	0	0	0

1-18 续

指　　标	单位数	7人及以下	8-19人	20-49人	50-99人
食品制造业	47	18	9	5	4
焙烤食品制造	12	6	3	2	1
糖果、巧克力及蜜饯制造	2	0	1	0	1
方便食品制造	6	3	1	0	1
乳制品制造	14	2	1	1	1
调味品、发酵制品制造	8	4	3	1	0
其他食品制造	5	3	0	1	0
酒、饮料和精制茶制造业	53	19	17	11	3
酒的制造	14	3	3	5	1
饮料制造	38	16	14	6	1
精制茶加工	1	0	0	0	1
纺织业	11	0	5	4	1
毛纺织及染整精加工	3	0	1	2	0
麻纺织及染整精加工	1	0	0	0	0
针织或钩针编织物及其制品制造	4	0	4	0	0
家用纺织制成品制造	1	0	0	1	0
非家用纺织制成品制造	2	0	0	1	1
纺织服装、服饰业	16	5	4	6	0
机织服装制造	7	1	1	4	0
针织或钩针编织服装制造	2	1	0	1	0
服饰制造	7	3	3	1	0
皮革、毛皮、羽毛及其制品和制鞋业	10	2	5	2	0
皮革鞣制加工	1	0	0	0	0
皮革制品制造	3	0	1	2	0
毛皮鞣制及制品加工	5	2	3	0	0
羽毛(绒)加工及制品制造	1	0	1	0	0
木材加工和木、竹、藤、棕、草制品业	14	7	6	0	0
木材加工	5	3	2	0	0
人造板制造	2	0	1	0	0

表 3

单位:个

100-299 人	300-499 人	500-999 人	1000-4999 人	5000-9999 人	10000 人及以上
10	0	1	0	0	0
0	0	0	0	0	0
0	0	0	0	0	0
1	0	0	0	0	0
8	0	1	0	0	0
0	0	0	0	0	0
1	0	0	0	0	0
1	2	0	0	0	0
0	2	0	0	0	0
1	0	0	0	0	0
0	0	0	0	0	0
1	0	0	0	0	0
0	0	0	0	0	0
1	0	0	0	0	0
0	0	0	0	0	0
0	0	0	0	0	0
0	0	0	0	0	0
0	1	0	0	0	0
0	1	0	0	0	0
0	0	0	0	0	0
0	0	0	0	0	0
1	0	0	0	0	0
1	0	0	0	0	0
0	0	0	0	0	0
0	0	0	0	0	0
0	0	0	0	0	0
1	0	0	0	0	0
0	0	0	0	0	0
1	0	0	0	0	0

1-18 续

指　标	单位数	7人及以下	8-19人	20-49人	50-99人
木制品制造	4	3	1	0	0
竹、藤、棕、草等制品制造	3	1	2	0	0
家具制造业	16	9	4	2	0
木质家具制造	11	5	3	2	0
塑料家具制造	1	1	0	0	0
其他家具制造	4	3	1	0	0
造纸和纸制品业	15	6	5	3	1
造纸	1	0	0	1	0
纸制品制造	14	6	5	2	1
印刷和记录媒介复制业	36	22	8	4	2
印刷	28	18	6	2	2
装订及印刷相关服务	8	4	2	2	0
文教、工美、体育和娱乐用品制造业	17	11	4	1	1
文教办公用品制造	1	0	1	0	0
工艺美术品制造	16	11	3	1	1
石油加工、炼焦和核燃料加工业	4	1	0	0	0
精炼石油产品制造	3	1	0	0	0
炼焦	1	0	0	0	0
化学原料和化学制品制造业	44	9	12	11	5
基础化学原料制造	6	1	0	2	1
肥料制造	15	1	6	4	2
农药制造	1	1	0	0	0
涂料、油墨、颜料及类似产品制造	1	0	1	0	0
合成材料制造	1	0	0	1	0
专用化学产品制造	11	2	3	3	2
炸药、火工及焰火产品制造	4	1	1	0	0
日用化学产品制造	5	3	1	1	0
医药制造业	8	2	0	2	1
化学药品原料药制造	4	1	0	1	1

表 4

单位:个

100–299 人	300–499 人	500–999 人	1000–4999 人	5000–9999 人	10000 人及以上
0	0	0	0	0	0
0	0	0	0	0	0
1	0	0	0	0	0
1	0	0	0	0	0
0	0	0	0	0	0
0	0	0	0	0	0
0	0	0	0	0	0
0	0	0	0	0	0
0	0	0	0	0	0
0	0	0	0	0	0
0	0	0	0	0	0
0	0	0	0	0	0
0	0	0	0	0	0
0	0	0	0	0	0
0	0	0	0	0	0
1	0	0	2	0	0
0	0	0	2	0	0
1	0	0	0	0	0
6	1	0	0	0	0
2	0	0	0	0	0
1	1	0	0	0	0
0	0	0	0	0	0
0	0	0	0	0	0
0	0	0	0	0	0
1	0	0	0	0	0
2	0	0	0	0	0
0	0	0	0	0	0
3	0	0	0	0	0
1	0	0	0	0	0

1-18 续

指　　标	单位数	7人及以下	8-19人	20-49人	50-99人
化学药品制剂制造	1	0	0	0	0
中成药生产	1	0	0	1	0
卫生材料及医药用品制造	2	1	0	0	0
化学纤维制造业	1	0	0	1	0
合成纤维制造	1	0	0	1	0
橡胶和塑料制品业	28	13	5	5	3
橡胶制品业	4	1	0	1	1
塑料制品业	24	12	5	4	2
非金属矿物制品业	336	67	94	67	45
水泥、石灰和石膏制造	45	5	13	7	8
石膏、水泥制品及类似制品制造	62	13	23	16	6
砖瓦、石材等建筑材料制造	85	21	30	17	12
玻璃制造	4	0	3	1	0
玻璃制品制造	3	2	0	0	1
陶瓷制品制造	75	12	10	11	5
耐火材料制品制造	33	9	9	8	7
石墨及其他非金属矿物制品制造	29	5	6	7	6
黑色金属冶炼和压延加工业	15	3	5	2	0
炼铁	3	1	0	1	0
炼钢	2	1	1	0	0
黑色金属铸造	2	1	1	0	0
钢压延加工	3	0	2	1	0
铁合金冶炼	5	0	1	0	0
有色金属冶炼和压延加工业	8	2	2	1	1
常用有色金属冶炼	5	0	2	1	1
稀有稀土金属冶炼	1	0	0	0	0
有色金属合金制造	1	1	0	0	0
有色金属压延加工	1	1	0	0	0
金属制品业	41	19	17	2	2

表 5

单位:个

100-299 人	300-499 人	500-999 人	1000-4999 人	5000-9999 人	10000 人及以上
1	0	0	0	0	0
0	0	0	0	0	0
1	0	0	0	0	0
0	0	0	0	0	0
0	0	0	0	0	0
2	0	0	0	0	0
1	0	0	0	0	0
1	0	0	0	0	0
42	16	5	0	0	0
11	0	1	0	0	0
4	0	0	0	0	0
4	1	0	0	0	0
0	0	0	0	0	0
0	0	0	0	0	0
19	14	4	0	0	0
0	0	0	0	0	0
4	1	0	0	0	0
3	1	1	0	0	0
1	0	0	0	0	0
0	0	0	0	0	0
0	0	0	0	0	0
0	0	0	0	0	0
2	1	1	0	0	0
1	0	1	0	0	0
0	0	1	0	0	0
1	0	0	0	0	0
0	0	0	0	0	0
0	0	0	0	0	0
1	0	0	0	0	0

1-18 续

指　　标	单位数	7人及以下	8-19人	20-49人	50-99人
结构性金属制品制造	25	12	10	2	1
金属工具制造	2	1	1	0	0
建筑、安全用金属制品制造	5	3	1	0	1
金属制日用品制造	1	0	0	0	0
其他金属制品制造	8	3	5	0	0
通用设备制造业	48	14	18	10	2
锅炉及原动设备制造	15	2	5	5	1
金属加工机械制造	15	8	4	3	0
物料搬运设备制造	1	0	0	1	0
泵、阀门、压缩机及类似机械制造	1	1	0	0	0
烘炉、风机、衡器、包装等设备制造	1	0	1	0	0
通用零部件制造	9	0	5	1	1
其他通用设备制造业	6	3	3	0	0
专用设备制造业	29	9	6	6	4
采矿、冶金、建筑专用设备制造	13	2	1	3	3
化工、木材、非金属加工专用设备制造	4	1	2	0	1
食品、饮料、烟草及饲料生产专用设备制造	1	0	1	0	0
印刷、制药、日化及日用品生产专用设备制造	2	2	0	0	0
电子和电工机械专用设备制造	1	0	1	0	0
农、林、牧、渔专用机械制造	4	2	0	2	0
医疗仪器设备及器械制造	1	1	0	0	0
环保、社会公共服务及其他专用设备制造	3	1	1	1	0
汽车制造业	3	1	0	0	2
电车制造	1	0	0	0	1
汽车车身、挂车制造	1	0	0	0	1
汽车零部件及配件制造	1	1	0	0	0
铁路、船舶、航空航天和其他运输设备制造业	2	0	2	0	0
铁路运输设备制造	1	0	1	0	0
自行车制造	1	0	1	0	0

表 6

单位:个

100-299 人	300-499 人	500-999 人	1000-4999 人	5000-9999 人	10000 人及以上
0	0	0	0	0	0
0	0	0	0	0	0
0	0	0	0	0	0
1	0	0	0	0	0
0	0	0	0	0	0
3	1	0	0	0	0
1	1	0	0	0	0
0	0	0	0	0	0
0	0	0	0	0	0
0	0	0	0	0	0
0	0	0	0	0	0
2	0	0	0	0	0
0	0	0	0	0	0
3	1	0	0	0	0
3	1	0	0	0	0
0	0	0	0	0	0
0	0	0	0	0	0
0	0	0	0	0	0
0	0	0	0	0	0
0	0	0	0	0	0
0	0	0	0	0	0
0	0	0	0	0	0
0	0	0	0	0	0
0	0	0	0	0	0
0	0	0	0	0	0
0	0	0	0	0	0
0	0	0	0	0	0
0	0	0	0	0	0
0	0	0	0	0	0

1-18 续

指　　标	单位数	7人及以下	8-19人	20-49人	50-99人
电气机械和器材制造业	15	3	9	1	1
输配电及控制设备制造	7	1	4	1	1
电池制造	1	0	0	0	0
照明器具制造	2	1	1	0	0
其他电气机械及器材制造	5	1	4	0	0
计算机、通信和其他电子设备制造业	2	1	0	0	0
电子器件制造	1	0	0	0	0
其他电子设备制造	1	1	0	0	0
仪器仪表制造业	2	0	0	2	0
专用仪器仪表制造	1	0	0	1	0
其他仪器仪表制造业	1	0	0	1	0
其他制造业	30	9	17	3	1
日用杂品制造	5	0	3	2	0
煤制品制造	6	2	3	1	0
其他未列明制造业	19	7	11	0	1
废弃资源综合利用业	20	8	6	4	2
金属废料和碎屑加工处理	2	2	0	0	0
非金属废料和碎屑加工处理	18	6	6	4	2
金属制品、机械和设备修理业	16	9	3	4	0
金属制品修理	2	2	0	0	0
通用设备修理	3	1	1	1	0
专用设备修理	2	2	0	0	0
电气设备修理	3	2	0	1	0
其他机械和设备修理业	6	2	2	2	0
电力、热力、燃气及水生产和供应业	186	38	64	37	21
电力、热力生产和供应业	144	28	51	30	15
电力生产	111	26	42	24	6
电力供应	9	1	4	3	0
热力生产和供应	24	1	5	3	9

表 7

单位:个

100–299 人	300–499 人	500–999 人	1000–4999 人	5000–9999 人	10000 人及以上
1	0	0	0	0	0
0	0	0	0	0	0
1	0	0	0	0	0
0	0	0	0	0	0
0	0	0	0	0	0
1	0	0	0	0	0
1	0	0	0	0	0
0	0	0	0	0	0
0	0	0	0	0	0
0	0	0	0	0	0
0	0	0	0	0	0
0	0	0	0	0	0
0	0	0	0	0	0
0	0	0	0	0	0
0	0	0	0	0	0
0	0	0	0	0	0
0	0	0	0	0	0
0	0	0	0	0	0
0	0	0	0	0	0
0	0	0	0	0	0
0	0	0	0	0	0
0	0	0	0	0	0
0	0	0	0	0	0
0	0	0	0	0	0
18	4	0	4	0	0
13	3	0	4	0	0
8	1	0	4	0	0
1	0	0	0	0	0
4	2	0	0	0	0

1-18 续

指　　标	单位数	7人及以下	8-19人	20-49人	50-99人
燃气生产和供应业	16	4	5	3	2
燃气生产和供应业	16	4	5	3	2
水的生产和供应业	26	6	8	4	4
自来水生产和供应	12	2	4	1	1
污水处理及其再生利用	10	3	3	2	2
其他水的处理、利用与分配	4	1	1	1	1
建筑业	631	254	160	92	74
房屋建筑业	72	16	5	15	17
房屋建筑业	72	16	5	15	17
土木工程建筑业	166	48	40	25	31
铁路、道路、隧道和桥梁工程建筑	53	12	11	8	12
水利和内河港口工程建筑	19	6	6	1	4
工矿工程建筑	17	2	1	3	4
架线和管道工程建筑	21	4	5	4	7
其他土木工程建筑	56	24	17	9	4
建筑安装业	134	45	33	29	19
电气安装	22	7	3	3	5
管道和设备安装	19	6	7	2	3
其他建筑安装业	93	32	23	24	11
建筑装饰和其他建筑业	259	145	82	23	7
建筑装饰业	174	108	49	13	4
工程准备活动	25	16	6	2	0
提供施工设备服务	12	0	6	4	1
其他未列明建筑业	48	21	21	4	2
批发和零售业	5503	3769	1249	334	84
批发业	1679	974	478	150	40
农、林、牧产品批发	161	90	54	15	2
食品、饮料及烟草制品批发	158	113	33	7	1
纺织、服装及家庭用品批发	27	18	5	4	0

表 8

单位:个

100-299 人	300-499 人	500-999 人	1000-4999 人	5000-9999 人	10000 人及以上
2	0	0	0	0	0
2	0	0	0	0	0
3	1	0	0	0	0
3	1	0	0	0	0
0	0	0	0	0	0
0	0	0	0	0	0
34	10	3	4	0	0
11	4	2	2	0	0
11	4	2	2	0	0
14	5	1	2	0	0
7	3	0	0	0	0
1	0	1	0	0	0
4	1	0	2	0	0
0	1	0	0	0	0
2	0	0	0	0	0
8	0	0	0	0	0
4	0	0	0	0	0
1	0	0	0	0	0
3	0	0	0	0	0
1	1	0	0	0	0
0	0	0	0	0	0
0	1	0	0	0	0
1	0	0	0	0	0
0	0	0	0	0	0
53	11	1	2	0	0
30	6	0	1	0	0
0	0	0	0	0	0
2	2	0	0	0	0
0	0	0	0	0	0

1-18 续

指 标	单位数	7人及以下	8-19人	20-49人	50-99人
文化、体育用品及器材批发	22	15	4	2	1
医药及医疗器材批发	17	13	3	1	0
矿产品、建材及化工产品批发	726	362	222	83	31
机械设备、五金产品及电子产品批发	407	265	108	29	3
贸易经纪与代理	9	5	3	0	1
其他批发业	152	93	46	9	1
零售业	3824	2795	771	184	44
综合零售	1455	1225	167	39	8
食品、饮料及烟草制品专门零售	305	215	71	14	4
纺织、服装及日用品专门零售	146	91	32	11	6
文化、体育用品及器材专门零售	122	73	35	13	0
医药及医疗器材专门零售	270	206	49	14	0
汽车、摩托车、燃料及零配件专门零售	450	268	129	36	14
家用电器及电子产品专门零售	197	131	51	12	3
五金、家具及室内装饰材料专门零售	464	323	112	21	6
货摊、无店铺及其他零售业	415	263	125	24	3
交通运输、仓储和邮政业	636	287	197	91	35
铁路运输业	4	1	0	0	1
铁路货物运输	4	1	0	0	1
道路运输业	524	231	166	77	30
城市公共交通运输	35	10	10	6	5
公路旅客运输	30	11	10	5	2
道路货物运输	437	201	144	63	20
道路运输辅助活动	22	9	2	3	3
管道运输业	1	0	0	1	0
管道运输业	1	0	0	1	0
装卸搬运和运输代理业	55	32	11	7	2
装卸搬运	33	15	9	4	2
运输代理业	22	17	2	3	0

表 9

单位:个

100-299 人	300-499 人	500-999 人	1000-4999 人	5000-9999 人	10000 人及以上
0	0	0	0	0	0
0	0	0	0	0	0
24	3	0	1	0	0
2	0	0	0	0	0
0	0	0	0	0	0
2	1	0	0	0	0
23	5	1	1	0	0
13	3	0	0	0	0
1	0	0	0	0	0
4	1	0	1	0	0
1	0	0	0	0	0
1	0	0	0	0	0
2	0	1	0	0	0
0	0	0	0	0	0
1	1	0	0	0	0
0	0	0	0	0	0
20	4	1	1	0	0
2	0	0	0	0	0
2	0	0	0	0	0
16	3	1	0	0	0
4	0	0	0	0	0
2	0	0	0	0	0
7	1	1	0	0	0
3	2	0	0	0	0
0	0	0	0	0	0
0	0	0	0	0	0
2	1	0	0	0	0
2	1	0	0	0	0
0	0	0	0	0	0

1-18 **续**

指　　标	单位数	7人及以下	8-19人	20-49人	50-99人
仓储业	31	13	10	6	2
谷物、棉花等农产品仓储	16	6	5	3	2
其他仓储业	15	7	5	3	0
邮政业	21	10	10	0	0
邮政基本服务	3	1	1	0	0
快递服务	18	9	9	0	0
住宿和餐饮业	277	81	68	65	44
住宿业	92	23	24	23	12
旅游饭店	15	2	3	3	1
一般旅馆	52	10	17	13	9
其他住宿业	25	11	4	7	2
餐饮业	185	58	44	42	32
正餐服务	143	34	34	36	30
快餐服务	14	9	3	1	1
饮料及冷饮服务	1	1	0	0	0
其他餐饮业	27	14	7	5	1
信息传输、软件和信息技术服务业	270	202	54	7	4
电信、广播电视和卫星传输服务	15	5	2	1	4
电信	9	3	0	1	3
广播电视传输服务	6	2	2	0	1
互联网和相关服务	57	46	11	0	0
互联网接入及相关服务	8	7	1	0	0
互联网信息服务	33	26	7	0	0
其他互联网服务	16	13	3	0	0
软件和信息技术服务业	198	151	41	6	0
软件开发	54	44	9	1	0
信息系统集成服务	21	17	3	1	0
信息技术咨询服务	43	32	9	2	0
数据处理和存储服务	5	4	1	0	0

表 10

单位:个

100-299 人	300-499 人	500-999 人	1000-4999 人	5000-9999 人	10000 人及以上
0	0	0	0	0	0
0	0	0	0	0	0
0	0	0	0	0	0
0	0	0	1	0	0
0	0	0	1	0	0
0	0	0	0	0	0
18	1	0	0	0	0
10	0	0	0	0	0
6	0	0	0	0	0
3	0	0	0	0	0
1	0	0	0	0	0
8	1	0	0	0	0
8	1	0	0	0	0
0	0	0	0	0	0
0	0	0	0	0	0
0	0	0	0	0	0
1	0	2	0	0	0
1	0	2	0	0	0
0	0	2	0	0	0
1	0	0	0	0	0
0	0	0	0	0	0
0	0	0	0	0	0
0	0	0	0	0	0
0	0	0	0	0	0
0	0	0	0	0	0
0	0	0	0	0	0
0	0	0	0	0	0
0	0	0	0	0	0
0	0	0	0	0	

1-18 续

指　　标	单位数	7人及以下	8–19人	20–49人	50–99人
集成电路设计	2	0	2	0	0
其他信息技术服务业	73	54	17	2	0
金融业	163	61	62	11	10
货币金融服务	117	42	48	6	8
中央银行服务	2	0	1	0	0
货币银行服务	38	5	11	3	7
非货币银行服务	76	37	36	3	0
银行监管服务	1	0	0	0	1
资本市场服务	17	8	7	2	0
证券市场服务	3	1	2	0	0
资本投资服务	11	5	4	2	0
其他资本市场服务	3	2	1	0	0
保险业	18	6	2	2	2
人身保险	3	0	0	0	0
财产保险	12	5	0	2	2
保险经纪与代理服务	1	1	0	0	0
其他保险活动	2	0	2	0	0
其他金融业	11	5	5	1	0
金融信托与管理服务	1	1	0	0	0
金融信息服务	1	0	0	1	0
其他未列明金融业	9	4	5	0	0
房地产业	500	158	198	102	30
房地产业	500	158	198	102	30
房地产开发经营	174	39	66	43	19
物业管理	296	102	123	55	11
房地产中介服务	22	15	5	2	0
自有房地产经营活动	1	0	0	1	0
其他房地产业	7	2	4	1	0

表 11

单位:个

100–299 人	300–499 人	500–999 人	1000–4999 人	5000–9999 人	10000 人及以上
0	0	0	0	0	0
0	0	0	0	0	0
9	4	6	0	0	0
6	3	4	0	0	0
1	0	0	0	0	0
5	3	4	0	0	0
0	0	0	0	0	0
0	0	0	0	0	0
0	0	0	0	0	0
0	0	0	0	0	0
0	0	0	0	0	0
0	0	0	0	0	0
3	1	2	0	0	0
1	1	1	0	0	0
2	0	1	0	0	0
0	0	0	0	0	0
0	0	0	0	0	0
0	0	0	0	0	0
0	0	0	0	0	0
0	0	0	0	0	0
0	0	0	0	0	0
12	0	0	0	0	0
12	0	0	0	0	0
7	0	0	0	0	0
5	0	0	0	0	0
0	0	0	0	0	0
0	0	0	0	0	0
0	0	0	0	0	0

1-18 续

指　　标	单位数	7人及以下	8-19人	20-49人	50-99人
租赁和商务服务业	926	595	257	52	13
租赁业	122	71	43	7	1
机械设备租赁	119	70	41	7	1
文化及日用品出租	3	1	2	0	0
商务服务业	804	524	214	45	12
企业管理服务	115	60	28	16	8
法律服务	23	16	7	0	0
咨询与调查	143	110	28	5	0
广告业	303	221	76	6	0
知识产权服务	1	1	0	0	0
人力资源服务	48	26	14	6	0
旅行社及相关服务	30	19	8	2	1
安全保护服务	15	4	3	4	2
其他商务服务业	126	67	50	6	1
科学研究和技术服务业	449	245	141	46	11
研究和试验发展	47	22	16	6	3
自然科学研究和试验发展	7	3	3	1	0
工程和技术研究和试验发展	11	4	5	2	0
农业科学研究和试验发展	21	9	7	3	2
医学研究和试验发展	5	3	1	0	1
社会人文科学研究	3	3	0	0	0
专业技术服务业	261	128	89	32	8
气象服务	11	8	3	0	0
地震服务	7	1	5	1	0
海洋服务	2	1	1	0	0
测绘服务	13	5	5	2	1
质检技术服务	29	11	9	8	1
环境与生态监测	12	4	4	3	1

表 12

单位:个

100-299 人	300-499 人	500-999 人	1000-4999 人	5000-9999 人	10000 人及以上
3	2	2	2	0	0
0	0	0	0	0	0
0	0	0	0	0	0
0	0	0	0	0	0
3	2	2	2	0	0
2	1	0	0	0	0
0	0	0	0	0	0
0	0	0	0	0	0
0	0	0	0	0	0
0	0	0	0	0	0
0	1	0	1	0	0
0	0	0	0	0	0
0	0	2	0	0	0
1	0	0	1	0	0
5	1	0	0	0	0
0	0	0	0	0	0
0	0	0	0	0	0
0	0	0	0	0	0
0	0	0	0	0	0
0	0	0	0	0	0
0	0	0	0	0	0
3	1	0	0	0	0
0	0	0	0	0	0
0	0	0	0	0	0
0	0	0	0	0	0
0	0	0	0	0	0
0	0	0	0	0	0
0	0	0	0	0	0

1-18 续

指　　标	单位数	7人及以下	8-19人	20-49人	50-99人
地质勘查	6	1	2	3	0
工程技术	67	30	24	7	3
其他专业技术服务业	114	67	36	8	2
科技推广和应用服务业	141	95	36	8	0
技术推广服务	99	67	24	6	0
科技中介服务	7	4	2	1	0
其他科技推广和应用服务业	35	24	10	1	0
水利、环境和公共设施管理业	159	50	58	39	7
水利管理业	55	16	26	11	2
防洪除涝设施管理	4	1	2	0	1
水资源管理	19	6	11	2	0
天然水收集与分配	8	2	2	3	1
水文服务	3	1	1	1	0
其他水利管理业	21	6	10	5	0
生态保护和环境治理业	19	10	5	4	0
生态保护	4	3	1	0	0
环境治理业	15	7	4	4	0
公共设施管理业	85	24	27	24	5
市政设施管理	9	1	4	3	1
环境卫生管理	13	1	2	7	0
城乡市容管理	3	0	1	2	0
绿化管理	40	16	12	7	3
公园和游览景区管理	20	6	8	5	1
居民服务、修理和其他服务业	457	275	135	34	10
居民服务业	129	70	40	14	4
家庭服务	25	7	11	4	2
洗染服务	4	4	0	0	0
理发及美容服务	7	6	0	1	0

表 13

单位:个

100–299 人	300–499 人	500–999 人	1000–4999 人	5000–9999 人	10000 人及以上
0	0	0	0	0	0
3	0	0	0	0	0
0	1	0	0	0	0
2	0	0	0	0	0
2	0	0	0	0	0
0	0	0	0	0	0
0	0	0	0	0	0
3	0	2	0	0	0
0	0	0	0	0	0
0	0	0	0	0	0
0	0	0	0	0	0
0	0	0	0	0	0
0	0	0	0	0	0
0	0	0	0	0	0
0	0	0	0	0	0
0	0	0	0	0	0
0	0	0	0	0	0
3	0	2	0	0	0
0	0	0	0	0	0
1	0	2	0	0	0
0	0	0	0	0	0
2	0	0	0	0	0
0	0	0	0	0	0
3	0	0	0	0	0
1	0	0	0	0	0
1	0	0	0	0	0
0	0	0	0	0	0
0	0	0	0	0	0

1-18 续

指　　标	单位数	7人及以下	8-19人	20-49人	50-99人
洗浴服务	7	0	5	1	1
保健服务	3	2	0	1	0
婚姻服务	5	4	1	0	0
殡葬服务	3	1	2	0	0
其他居民服务业	75	46	21	7	1
机动车、电子产品和日用产品修理业	106	69	28	7	1
汽车、摩托车修理与维护	93	60	26	6	1
计算机和办公设备维修	4	1	2	0	0
家用电器修理	2	1	0	1	0
其他日用产品修理业	7	7	0	0	0
其他服务业	222	136	67	13	5
清洁服务	38	21	11	5	1
其他未列明服务业	184	115	56	8	4
教育	555	82	146	122	90
教育	555	82	146	122	90
学前教育	101	12	52	24	13
初等教育	136	5	7	33	45
中等教育	125	8	12	16	26
高等教育	14	1	4	8	0
特殊教育	4	0	1	2	1
技能培训、教育辅助及其他教育	175	56	70	39	5
卫生和社会工作	316	96	104	88	13
卫生	247	68	78	74	12
医院	67	11	17	22	2
社区医疗与卫生院	118	29	44	36	9
门诊部(所)	23	20	3	0	0
计划生育技术服务活动	12	5	4	3	0
妇幼保健院(所、站)	8	0	3	5	0

表 14

单位:个

100-299 人	300-499 人	500-999 人	1000-4999 人	5000-9999 人	10000 人及以上
0	0	0	0	0	0
0	0	0	0	0	0
0	0	0	0	0	0
0	0	0	0	0	0
0	0	0	0	0	0
1	0	0	0	0	0
0	0	0	0	0	0
1	0	0	0	0	0
0	0	0	0	0	0
0	0	0	0	0	0
1	0	0	0	0	0
0	0	0	0	0	0
1	0	0	0	0	0
99	11	5	0	0	0
99	11	5	0	0	0
0	0	0	0	0	0
45	1	0	0	0	0
48	10	5	0	0	0
1	0	0	0	0	0
0	0	0	0	0	0
5	0	0	0	0	0
12	2	1	0	0	0
12	2	1	0	0	0
12	2	1	0	0	0
0	0	0	0	0	0
0	0	0	0	0	0
0	0	0	0	0	0
0	0	0	0	0	0

1–18 续

指　　标	单位数	7 人及以下	8–19 人	20–49 人	50–99 人
专科疾病防治院(所、站)	1	1	0	0	0
疾病预防控制中心	8	1	1	5	1
其他卫生活动	10	1	6	3	0
社会工作	69	28	26	14	1
提供住宿社会工作	57	21	21	14	1
不提供住宿社会工作	12	7	5	0	0
文化、体育和娱乐业	385	229	95	47	8
新闻和出版业	16	10	4	0	2
新闻业	13	9	3	0	1
出版业	3	1	1	0	1
广播、电视、电影和影视录音制作业	38	14	15	6	1
广播	2	0	1	1	0
电视	6	2	1	0	1
电影和影视节目制作	17	8	6	3	0
电影和影视节目发行	2	2	0	0	0
电影放映	10	1	7	2	0
录音制作	1	1	0	0	0
文化艺术业	138	57	49	23	5
文艺创作与表演	43	10	16	11	3
艺术表演场馆	3	0	0	3	0
图书馆与档案馆	13	5	7	1	0
文物及非物质文化遗产保护	18	10	4	3	1
博物馆	5	3	1	1	0
烈士陵园、纪念馆	2	0	1	0	1
群众文化活动	17	5	9	3	0
其他文化艺术业	37	24	11	1	0
体育	21	12	4	5	0
体育组织	14	9	1	4	0

表 15

单位:个

100-299 人	300-499 人	500-999 人	1000-4999 人	5000-9999 人	10000 人及以上
0	0	0	0	0	0
0	0	0	0	0	0
0	0	0	0	0	0
0	0	0	0	0	0
0	0	0	0	0	0
0	0	0	0	0	0
5	0	1	0	0	0
0	0	0	0	0	0
0	0	0	0	0	0
0	0	0	0	0	0
2	0	0	0	0	0
0	0	0	0	0	0
2	0	0	0	0	0
0	0	0	0	0	0
0	0	0	0	0	0
0	0	0	0	0	0
0	0	0	0	0	0
3	0	1	0	0	0
3	0	0	0	0	0
0	0	0	0	0	0
0	0	0	0	0	0
0	0	0	0	0	0
0	0	0	0	0	0
0	0	0	0	0	0
0	0	0	0	0	0
0	0	1	0	0	0
0	0	0	0	0	0
0	0	0	0	0	0

1-18 续

指　标	单位数	7人及以下	8-19人	20-49人	50-99人
体育场馆	1	0	1	0	0
休闲健身活动	4	1	2	1	0
其他体育	2	2	0	0	0
娱乐业	172	136	23	13	0
室内娱乐活动	157	131	16	10	0
游乐园	9	3	4	2	0
其他娱乐业	6	2	3	1	0
公共管理、社会保障和社会组织	3858	2467	805	347	147
中国共产党机关	122	53	40	23	5
中国共产党机关	122	53	40	23	5
国家机构	1271	405	386	262	131
国家权力机构	21	11	3	6	1
国家行政机构	1227	392	378	252	121
人民法院和人民检察院	17	1	2	2	9
其他国家机构	6	1	3	2	0
人民政协、民主党派	23	15	6	2	0
人民政协	13	5	6	2	0
民主党派	10	10	0	0	0
社会保障	76	38	30	8	0
社会保障	76	38	30	8	0
群众团体、社会团体和其他成员组织	570	350	176	30	10
群众团体	77	38	32	5	2
社会团体	395	230	134	22	6
基金会	2	2	0	0	0
宗教组织	96	80	10	3	2
基层群众自治组织	1796	1606	167	22	1
社区自治组织	109	58	32	19	0
村民自治组织	1687	1548	135	3	1

表 16

单位:个

100-299 人	300-499 人	500-999 人	1000-4999 人	5000-9999 人	10000 人及以上
0	0	0	0	0	0
0	0	0	0	0	0
0	0	0	0	0	0
0	0	0	0	0	0
0	0	0	0	0	0
0	0	0	0	0	0
0	0	0	0	0	0
84	4	4	0	0	0
1	0	0	0	0	0
1	0	0	0	0	0
79	4	4	0	0	0
0	0	0	0	0	0
76	4	4	0	0	0
3	0	0	0	0	0
0	0	0	0	0	0
0	0	0	0	0	0
0	0	0	0	0	0
0	0	0	0	0	0
0	0	0	0	0	0
0	0	0	0	0	0
4	0	0	0	0	0
0	0	0	0	0	0
3	0	0	0	0	0
0	0	0	0	0	0
1	0	0	0	0	0
0	0	0	0	0	0
0	0	0	0	0	0
0	0	0	0	0	0

主要统计指标解释

地区生产总值 是按市场价格计算的一个地区所有常住单位在一定时期内生产活动的最终成果。地区生产总值有三种表现形态，即价值形态、收入形态和产品形态。从价值形态看，它是所有常住单位在一定时期内所生产的全部货物和服务价值超过同期投入的全部非固定资产货物和服务价值的差额，即所有常住单位的增加值之和；从收入形态看，它是所有常住单位在一定时期内所创造并分配给常住单位和非常住单位的初次分配收入之和；从产品形态看，它是最终使用的货物和服务减去进口货物和服务。在核算中，地区生产总值的三种表现形态表现为三种计算方法，即生产法、收入法和支出法。三种方法分别从不同的方面反映地区生产总值及其构成。

三次产业 三次产业的划分是世界上较为通用的产业结构分类，但各国的划分不尽一致。我国的三次产业划分是：

第一产业：农业、林业、牧业、渔业。

第二产业：工业和建筑业。

第三产业：除第一、二产业以外的其他各业。

总产出 指一定时期内一个地区常住单位生产的所有货物和服务的价值，既包括新增价值，也包括被消耗的货物和服务价值以及固定资产的转移价值。总产出按生产者价格计算，它反映常住单位生产活动的总规模。

中间投入 指常住单位在生产或提供货物与服务过程中，消耗和使用的所有非固定资产货物和服务的价值。中间投入也称为中间消耗，一般按购买者价格计算。

增加值 指常住单位生产过程创造的新增价值和固定资产的转移价值。它可以按生产法计算，也可以按收入法计算，按生产法计算，它等于总产出减去中间投入；按收入法计算，它等于劳动者报酬、生产税净额、固定资产折旧和营业盈余之和。

劳动者报酬 指劳动者因从事生产活动所获得的全部报酬。包括劳动者获得的各种形式的工资、奖金和津贴，既有货币形式的，也有实物形式的，还包括劳动者所享受的公费医疗和医药卫生费、上下班交通补贴、单位支付的社会保险费、住房公积金等。对于个体经济来说，其所有者所获得的劳动报酬和经营利润不易区分，这两部分统一作为劳动者报酬处理。

生产税净额 指生产税减生产补贴后的差额。生产税指政府对生产单位从事生产、销售和经营活动以及因从事生产活动使用某些生产要素（如固定资产、土地、劳动力）所征收的各种税、附加费和规费。生产补贴与生产税相反，指政府对生产单位的单方面转移支付，因此视为负生产税，包括政策性亏损补贴、价格补贴等。

固定资产折旧 指一定时期内为弥补固定资产损耗按照规定的固定资产折旧率提取的固定资产折旧，或按国民经济核算统一规定的折旧率虚拟计算的固定资产折旧。它反映了固定资产在当期生产中的转移价值。各类企业和企业化管理的事业单位的固定资产折旧是指实际计提的折旧费；不计提折旧的政府机关、非企业化管理的事业单位和居民住房的固定资产折旧是按照统一规定的折旧率和固定资产原值计算的虚拟折旧。原则上，固定资产折旧应按固定资产的重置价值计算，但是目前我国尚不具备对全社会固定资产进行重估价的基础，所以暂时还不能采用这种办法。

营业盈余 指常住单位创造的增加值扣除劳动者报酬、生产税净额和固定资产折旧后的余额。它相当于企业的营业利润加上生产补贴，但要扣除从利润中开支的工资和福利等。

支出法地区生产总值 指一个地区所有常住单位在一定时期内用于最终消费、资本形成总额，以及货物和服务净出口的总额，它反映本期生产的地区生产总值的使用情况。

最终消费 指常住单位在一定时期内对于货物和服务的全部最终消费支出，也就是说常住单位为满足物质、文化和精神生活的需要，从本地区经济领土和地区外购买的货物和服务的支出，不包括非常住单位在本地区经济领土内的消费支出。最终消费分为居民消费和政府消费。

居民消费 指常住住户对货物和服务的全部最终消费支出。它除了常住住户直接以货币形式购买货物和服务的消费之外，还包括以其他方式获得的货物和服务的消费，即单位以实物报酬及实物转移的形式提供给劳动者的货物和服务；住户生产并由住户自己消费的货物和服务，其中的服务仅指住户的自有住房服务和付酬的家庭服务；金融机构提供的金融媒介服务；保险公司提供的保险服务。

政府消费 指政府部门为全社会提供公共服务的消费支出和免费或以较低价格向住户提供的货物消费和服务的净支出。前者等于政府服务的产出价值减去政府单位所获得的经营收入后的价值，政府服务的产出价值等于它的经常性业务支出加上固定资产折旧；后者等于政府部门免费或以较低价格向住户提供的货物和服务的市场价值减去向住户收取的价值。

资本形成总额 指常住单位在一定时期内获得的减去处置的固定资产加存货的净变动额，包括固定资本形成总额和存货增加。

固定资本形成总额 指生产者在一定的时期内获得的固定资产减处置的固定资产的价值总额。固定资产是通过生产活动生产出来的，其使用年限在一年以上，单位价值在规定标准以上的资产，不包括自然资产。固定资本形成总额分有形固定资本形成总额和无形固定资本形成总额。有形固定资本形成总额包括一定时期内完成的建筑工程、安装工程、设备工器具购置(减处置)价值以及土地改良、新增役、种、奶、毛、娱乐用牲畜和新增经济林木价值。无形固定资本形成总额包括矿藏的勘探、计算机软件等获得减处置。

存货增加 指常住单位存货实物量变动的市场价值，即期末价值减期初价值的差额，再扣除当期由于价格变动而产生的持有收益。存货增加可以是正值，也可以是负值；正值表示存货增加，负值表示存货减少。它包括生产单位购进的原材料、燃料和储备物资等存货，以及生产单位生产的产成品、在制品存货等。

货物和服务净出口 指货物和服务出口减货物和服务进口的差额。出口包括常住单位向非常住单位出售或无偿转让的各种货物和服务的价值；进口包括常住单位从非常住单位购买或无偿得到的各种货物和服务的价值。由于服务活动的提供与使用同时发生，因此服务的进出口业务并不发生出入境现象，一般把常住单位从国外得到的服务作为进口，常住单位向国外提供的服务作为出口。

法人单位 指有权拥有资产、承担负债，并独立从事社会经济活动(或与其他单位进行交易)的组织。

产业活动单位 指位于一个地点，从事一种或主要从事一种社会经济活动的组织或组织的一部分。

02

人口、从业人员和劳动报酬

2-1 总户数

单位:户

年 份	全 市	朔城区	平鲁区	山阴县	应 县	右玉县	怀仁县
1989	309141	69083	40080	55301	64755	23674	56248
1990	316623	71107	41006	56358	67019	24190	56943
1991	326749	75006	42263	56696	70420	24717	57647
1992	333870	76597	45053	57546	70004	24134	60536
1993	357066	87100	45514	63946	71256	24743	64507
1994	376459	100539	48935	59928	72991	26232	67834
1995	394104	105809	51532	63655	73571	26897	72667
1996	404340	109619	52394	65375	74188	27125	75639
1997	408953	111376	52538	65876	75341	27290	76532
1998	415801	115392	53184	66317	75941	27412	77555
1999	427248	123818	53889	66767	76373	27560	78841
2000	389578	104568	44436	58539	74672	28576	78787
2001	431521	123628	54465	66752	76891	28539	81246
2002	442075	130195	56882	66756	76891	28591	82760
2003	447465	119780	54032	66932	86085	32429	88204
2004	450850	120625	54467	67294	86748	32698	88865
2005	455355	121925	54933	68137	87614	32982	89761
2006	458389	122759	55313	68597	88190	33167	90360
2007	462592	123932	55841	69216	88997	33444	91160
2008	466752	141886	56332	69849	89792	33744	91966
2009	469317	125785	56620	70231	90266	33927	92485
2010	485725	143869	53189	69156	92102	34235	93174
2011	499151	147866	55872	65656	97851	35690	96216
2012	538337	162761	58674	73255	103745	37786	102116
2013	528536	146429	56337	76440	109519	37264	102547
2014	531925	147713	56668	76920	110104	37467	103053
2015	580350	159263	62464	81031	118807	42370	109262

注:1990、2000、2010 年为人口普查数据。

2-2 总人口

单位:人

年 份	全 市	朔城区	平鲁区	山阴县	应 县	右玉县	怀仁县
1989	1181091	284851	158828	186277	255942	97001	198192
1990	1207593	285462	164032	189956	261138	97806	209199
1991	1229748	290731	166431	191403	261777	98589	220817
1992	1237372	295717	169622	192452	265146	97996	216439
1993	1257755	309462	171921	191899	265253	97077	222143
1994	1284678	324530	174264	194482	266846	97079	227477
1995	1305491	331712	178659	198649	267051	97079	232341
1996	1317518	337502	179698	200306	266291	96920	236801
1997	1325894	341528	181115	201670	265685	97003	238893
1998	1335944	346309	181887	204136	265812	96921	240879
1999	1348940	352992	182626	206267	265983	96748	244324
2000	1452078	388688	175336	217298	279511	105145	286100
2001	1463595	391943	176728	218958	281553	106029	288384
2002	1474650	394973	178068	220558	283565	106890	290596
2003	1485586	397672	179389	222216	285805	107665	292839
2004	1496824	400477	180833	223419	288006	108559	295035
2005	1507227	403575	181831	225534	290004	109171	297112
2006	1517268	406333	183088	227057	291912	109784	299094
2007	1526556	408976	184278	228413	293691	110368	300830
2008	1535616	411470	185333	229806	295417	111019	302571
2009	1544054	413835	186281	231062	296978	111622	304276
2010	1714857	505294	203793	238885	327973	112063	326849
2011	1725617	508661	205052	240302	329761	112782	329059
2012	1734966	511072	205947	241744	331984	113360	330859
2013	1744169	513754	207024	243078	334032	114028	332253
2014	1753943	516996	207975	244608	335820	114652	333892
2015	1762225	520136	208733	245754	337230	115081	335291

注:1990、2000、2010 年为人口普查数据。

2-3 男性人口

单位:人

年　份	全　市	朔城区	平鲁区	山阴县	应　县	右玉县	怀仁县
1989	642030	153486	86939	102584	138405	52102	108514
1990	654188	152219	90343	104584	140263	52355	114424
1991	664034	154687	90934	104617	140532	52609	120655
1992	659932	156692	91614	106562	141616	52864	110584
1993	677915	164727	92458	105428	142071	51610	121621
1994	690356	172174	93799	105888	143130	51809	123556
1995	697343	176048	95433	105985	143238	51448	125191
1996	704169	179334	95737	106634	142891	51445	128128
1997	707843	181294	96068	107169	143035	51577	128700
1998	711534	182971	96569	108185	142454	51575	129780
1999	719157	186392	96946	109226	142382	51433	132778
2000	753293	199769	90977	112360	145136	54534	150517
2001	759245	201447	91702	113225	146194	54977	151700
2002	764817	202941	92364	114034	147217	55427	152834
2003	768218	203903	93175	114738	147845	55638	152919
2004	770861	205653	92392	115602	149109	55462	152643
2005	777654	206683	93858	116267	150006	56127	154713
2006	786567	207644	94215	118580	153066	56685	156377
2007	789763	209463	93274	118639	153547	57518	157322
2008	792822	210598	96835	117895	154664	56655	156175
2009	795936	212301	96992	118771	153607	57424	156841
2010	895412	261976	107223	124647	170234	60185	171147
2011	901090	261677	107166	125070	171669	62711	172797
2012	897626	265949	105695	124249	172217	58533	170983
2013	918322	273973	107296	129205	174806	59960	173082
2014	921703	272761	108714	129161	177219	60020	173828
2015	919459	270164	109515	128008	175581	60347	175844

注:1990、2000、2010年为人口普查数据。

2-4 女性人口

单位:人

年 份	全 市	朔城区	平鲁区	山阴县	应 县	右玉县	怀仁县
1989	539061	131365	71889	83693	117537	44899	89678
1990	553405	133243	73689	85372	120875	45451	94775
1991	565714	136044	75497	86786	121245	45980	100162
1992	577440	139025	78008	85890	123530	45132	105855
1993	579840	144735	79463	86471	123182	45467	100522
1994	594322	152356	80465	88594	123716	45270	103921
1995	608148	155664	83226	92664	123813	45631	107150
1996	613349	158168	83961	93672	123400	45475	108673
1997	618051	160234	85047	94501	122650	45426	110193
1998	624410	163338	85318	95951	123358	45346	111099
1999	629783	166600	85680	97041	123601	45315	111546
2000	698785	188919	84359	104938	134375	50611	135583
2001	704350	190496	85026	105733	135359	51052	136684
2002	709833	192032	85704	106524	136348	51463	137762
2003	717368	193769	86214	107478	137960	52027	139920
2004	725963	194824	88441	108312	138897	53097	142392
2005	729573	196892	87973	109267	139998	53044	142339
2006	730701	198689	88873	108477	138846	53099	142717
2007	736793	199513	91004	109774	140144	52850	143508
2008	742794	200872	88498	111911	140753	54364	146396
2009	748118	201534	89289	112291	143371	54198	147435
2010	819445	243318	96570	114238	157739	51878	155702
2011	824527	246984	97886	115232	158092	50071	156262
2012	837340	245123	100252	117495	159767	54827	159876
2013	825847	239781	99728	113873	159226	54068	159171
2014	832240	244235	99261	115447	158601	54632	160064
2015	842766	249972	99218	117746	161649	54734	159447

注:1990、2000、2010 年为人口普查数据。

2-5 人口性别比

女 =100

年 份	全 市	朔城区	平鲁区	山阴县	应 县	右玉县	怀仁县
1989	119.10	116.84	120.94	122.57	117.75	116.04	121.00
1990	118.21	114.24	122.60	122.50	116.04	115.19	120.73
1991	117.38	113.70	120.45	120.55	115.91	114.41	120.46
1992	114.29	112.71	117.44	124.07	114.64	117.13	104.47
1993	116.91	113.81	116.35	121.92	115.33	113.51	120.99
1994	116.16	113.01	116.57	119.52	115.70	114.44	118.89
1995	114.67	113.09	114.67	114.38	115.69	112.75	116.84
1996	114.81	113.38	114.03	113.84	115.79	113.13	117.90
1997	114.53	113.14	112.96	113.41	116.62	113.54	116.80
1998	113.95	112.02	113.19	112.75	115.48	113.74	116.81
1999	114.19	111.88	113.15	112.56	115.19	113.50	119.03
2000	107.80	105.74	107.85	107.07	108.01	107.75	111.01
2001	107.79	105.75	107.85	107.09	108.00	107.69	110.99
2002	107.75	105.68	107.77	107.05	107.97	107.70	110.94
2003	107.09	105.23	108.08	106.76	107.17	106.94	109.29
2004	106.18	105.56	104.47	106.73	107.35	104.45	107.20
2005	106.59	104.97	106.69	106.41	107.15	105.81	108.65
2006	107.65	104.65	106.51	109.31	110.24	106.75	109.57
2007	107.19	104.99	102.49	108.08	109.56	108.83	109.63
2008	106.74	104.84	109.42	105.35	109.88	104.21	106.68
2009	106.39	105.34	108.63	105.77	107.14	105.95	106.38
2010	109.27	107.67	111.03	109.11	107.92	116.01	109.92
2011	109.29	105.95	109.48	108.54	108.59	125.24	110.58
2012	107.20	108.50	105.43	105.75	107.79	106.76	106.95
2013	111.20	114.26	107.59	113.46	109.78	110.90	108.74
2014	110.75	111.68	109.52	111.88	111.74	109.86	108.60
2015	109.10	108.08	110.38	108.72	108.62	110.26	110.28

注:性别比(女 =100)

2-6 城镇人口

单位:人

年份	全市	朔城区	平鲁区	山阴县	应县	右玉县	怀仁县
1989	159181	58109	16878	20584	16857	9671	37082
1990	159433	53714	18637	21790	17051	9579	38662
1991	165160	56092	19291	22765	17247	9456	40309
1992	175236	60430	20088	23461	18273	9788	43196
1993	189331	64802	21304	24215	20092	10406	48512
1994	227706	85880	24284	29522	22530	11550	53940
1995	248689	93467	26175	31822	23774	12540	60911
1996	260093	98334	26691	32522	24392	12820	65334
1997	269394	102912	27594	32924	24786	13235	67943
1998	277298	106692	27953	33887	25897	13283	69586
1999	287670	111538	28320	34738	27507	13363	72204
2000	516600	185274	65669	50251	61837	30130	123439
2001	518540	186097	65938	50359	62092	30279	123775
2002	543664	183663	69857	83813	47271	41281	117779
2003	558345	187781	71667	86043	49702	42355	120797
2004	576949	192745	74082	88892	52802	43952	124477
2005	632532	210970	76817	91046	62296	47919	143484
2006	650460	215397	79662	92231	68337	48217	146616
2007	668889	220970	81138	95112	74098	48539	149032
2008	689449	226761	83604	98174	77724	50024	153162
2009	698535	231127	84087	99370	79342	50341	154268
2010	793560	288052	93514	103523	91041	51199	166231
2011	826051	297616	97174	107750	97996	53221	172294
2012	867830	308379	101222	115068	108881	55396	178884
2013	891020	314569	103800	119422	113694	56874	182661
2014	914605	321104	106252	123871	118635	58309	186434
2015	936733	327735	108580	126933	123821	59632	190032

注:1999年及以上年份城镇、乡村人口为非农业、农业人口。

2-7 乡村人口

单位:人

年 份	全 市	朔城区	平鲁区	山阴县	应 县	右玉县	怀仁县
1989	1021910	226742	141950	165693	239085	87330	161110
1990	1048160	231748	145395	168166	244087	88227	170537
1991	1064588	234639	147140	168638	244530	89133	180508
1992	1062136	235287	149534	168991	246873	88208	173243
1993	1068424	244660	150617	167684	245161	86671	173631
1994	1056972	238650	149980	164960	244316	85529	173537
1995	1056802	238245	152484	166827	243277	84539	171430
1996	1057425	239168	153007	167784	241899	84100	171467
1997	1056500	238616	153521	168746	240899	83768	170950
1998	1058646	239617	153934	170249	239915	83638	171293
1999	1061270	241454	154306	171529	238476	83385	172120
2000	935478	203414	109667	167047	217674	75015	162661
2001	945055	205846	110790	168599	219461	75750	164609
2002	930986	211310	108211	136745	236294	65609	172817
2003	927241	209891	107722	136173	236103	65310	172042
2004	919875	207732	106751	135022	235204	64607	170558
2005	874695	192605	105014	134488	227708	61252	153628
2006	866808	190936	103426	134826	223575	61567	152478
2007	857667	188006	103140	133301	219593	61829	151798
2008	846167	184709	101729	131632	217693	60995	149409
2009	845519	182708	102194	131692	217636	61281	150008
2010	921297	217242	110279	135362	236932	60864	160618
2011	899566	211045	107878	132552	231765	59561	156765
2012	867136	202693	104725	126676	223103	57964	151975
2013	853149	199185	103224	123656	220338	57154	149592
2014	839338	195892	101723	120737	217185	56343	147458
2015	825492	192401	100153	118821	213409	55449	145259

注:1999 年及以上年份城镇、乡村人口为非农业、农业人口。

2-8 城镇化率

单位:%

年　份	全　市	朔城区	平鲁区	山阴县	应　县	右玉县	怀仁县
1989	13.48	20.40	10.63	11.05	6.59	9.97	18.71
1990	13.20	18.82	11.36	11.47	6.53	9.79	18.48
1991	13.43	19.29	11.59	11.89	6.59	9.59	18.25
1992	14.16	20.44	11.84	12.19	6.89	9.99	19.96
1993	15.05	20.94	12.39	12.62	7.57	10.72	21.84
1994	17.72	26.46	13.94	15.18	8.44	11.90	23.71
1995	19.05	28.18	14.65	16.02	8.90	12.92	26.22
1996	19.74	29.14	14.85	16.24	9.16	13.23	27.59
1997	20.32	30.13	15.24	16.33	9.33	13.64	28.44
1998	20.76	30.81	15.37	16.60	9.74	13.70	28.89
1999	21.33	31.60	15.51	16.84	10.34	13.81	29.55
2000	35.58	47.67	37.45	23.13	22.12	28.66	43.15
2001	35.43	47.48	37.31	23.00	22.05	28.56	42.92
2002	36.87	46.50	39.23	38.00	16.67	38.62	40.53
2003	37.58	47.22	39.95	38.72	17.39	39.34	41.25
2004	38.54	48.13	40.97	39.70	18.33	40.49	42.19
2005	41.97	52.28	42.25	40.37	21.48	43.89	48.29
2006	42.87	53.01	43.15	40.62	23.41	43.92	49.02
2007	43.82	54.03	44.03	41.64	25.23	43.98	49.54
2008	44.90	55.11	45.11	42.72	26.31	45.06	50.62
2009	45.24	55.85	45.14	43.01	26.72	45.10	50.07
2010	46.28	57.01	45.89	43.34	27.76	45.69	50.86
2011	47.87	58.51	47.39	44.84	29.72	47.19	52.36
2012	50.02	60.34	49.15	47.60	32.80	48.87	54.07
2013	51.09	61.23	50.14	49.13	34.04	49.88	54.98
2014	52.15	62.11	51.09	50.64	35.33	50.86	55.84
2015	53.16	63.01	52.02	51.65	36.72	51.82	56.68

注:1999年及以上年份城镇、乡村人口为非农业、农业人口。

2-9 人口出生率

单位:‰

年 份	全 市	朔城区	平鲁区	山阴县	应 县	右玉县	怀仁县
1989	16.04	15.51	16.00	12.44	16.65	17.07	18.96
1990	22.76	21.49	16.72	15.95	26.10	21.31	32.08
1991	15.85	13.75	15.27	13.32	16.69	15.21	20.64
1992	16.05	13.43	22.25	12.92	15.71	12.46	19.60
1993	14.48	12.96	12.96	13.82	16.29	9.45	18.36
1994	14.12	13.33	12.29	13.20	16.92	9.34	16.18
1995	14.22	13.01	12.24	14.25	14.15	10.20	19.24
1996	12.74	13.40	12.56	13.86	10.86	9.24	14.55
1997	13.03	13.01	13.26	14.59	11.83	11.59	13.48
1998	11.36	13.54	11.81	14.20	9.80	3.52	10.36
1999	13.78	16.71	13.64	14.33	12.97	7.43	12.63
2000	14.06	13.75	14.13	14.00	14.05	14.56	14.10
2001	14.12	14.02	14.29	14.16	14.13	14.06	14.10
2002	13.97	13.66	14.14	14.06	14.01	14.46	14.03
2003	14.12	13.45	14.14	14.03	14.58	14.50	14.49
2004	13.90	12.65	13.67	13.82	14.68	14.97	13.82
2005	13.19	13.20	13.28	13.25	13.13	12.93	13.22
2006	12.67	12.07	13.07	12.86	12.83	12.72	12.93
2007	11.93	12.00	11.84	11.87	11.96	11.78	11.93
2008	11.86	11.75	11.92	11.89	11.95	11.74	11.90
2009	11.55	11.57	11.36	11.32	11.83	11.69	11.49
2010	10.27	10.37	10.41	9.99	9.80	10.58	10.58
2011	10.23	10.32	10.32	9.90	9.74	10.34	10.70
2012	10.86	10.23	10.65	11.11	11.75	11.42	10.68
2013	11.28	10.76	11.55	11.58	11.81	11.87	10.96
2014	11.25	11.63	10.48	11.69	11.94	11.16	10.15
2015	10.29	10.78	9.58	10.28	11.09	9.57	9.44

注:1990、2000、2010 年为人口普查数据。

2-10 出生人口

单位:人

年份	全市	朔城区	平鲁区	山阴县	应县	右玉县	怀仁县
1989	18810	4363	2519	2312	4244	1647	3725
1990	27185	6128	2699	3000	6747	2076	6535
1991	19320	3962	2523	2539	4364	1494	4438
1992	19804	3938	3739	2479	4138	1225	4285
1993	18060	3923	2213	2656	4320	922	4026
1994	17949	4224	2128	2551	4502	907	3637
1995	18478	4296	2160	2818	3778	988	4438
1996	16704	4483	2250	2764	2897	896	3414
1997	17217	4417	2392	2932	3147	1124	3205
1998	15115	4658	2144	2881	2605	341	2486
1999	18502	5842	2486	2941	3449	719	3065
2000	20341	5396	2467	3032	3903	1525	4018
2001	20654	5495	2525	3100	3978	1490	4066
2002	20607	5395	2517	3101	3972	1545	4077
2003	20976	5348	2536	3117	4161	1561	4243
2004	20567	5066	2485	3087	4227	1625	4077
2005	19880	5327	2416	2992	3807	1411	3927
2006	19165	4889	2385	2910	3733	1393	3855
2007	18211	4907	2181	2715	3512	1308	3588
2008	18159	4822	2203	2723	3520	1300	3591
2009	17785	4774	2111	2609	3504	1301	3486
2010	17573	5228	2117	2383	3210	1184	3451
2011	17596	5236	2110	2373	3203	1163	3511
2012	18784	5214	2188	2677	3889	1291	3525
2013	19620	5515	2385	2806	3932	1349	3633
2014	19676	5994	2174	2851	4000	1276	3381
2015	18094	5590	1995	2521	3732	1099	3157

注:1990、2000、2010年为人口普查数据。

2-11 人口死亡率

单位:‰

年 份	全 市	朔城区	平鲁区	山阴县	应 县	右玉县	怀仁县
1989	5.14	4.69	4.91	5.43	5.56	7.12	5.13
1990	5.81	4.98	5.55	6.53	6.08	17.59	5.68
1991	4.82	4.33	5.02	5.43	5.18	10.55	4.21
1992	5.18	4.63	3.97	5.96	5.64	11.62	5.94
1993	5.26	4.40	4.35	6.01	6.07	14.98	5.11
1994	5.17	4.56	4.98	5.38	5.94	13.08	4.61
1995	5.06	3.77	5.21	5.69	5.85	15.39	4.80
1996	4.93	3.86	4.23	6.19	6.45	10.24	4.20
1997	4.87	4.04	4.36	6.49	6.00	6.40	3.93
1998	4.71	4.40	4.58	6.00	5.83	8.45	4.14
1999	5.11	4.20	5.85	6.62	5.58	4.39	4.34
2000	6.26	5.81	6.23	6.67	6.61	6.21	6.24
2001	6.22	5.68	6.38	6.55	6.85	6.23	6.15
2002	6.45	5.96	6.60	6.78	6.89	6.38	6.40
2003	6.75	6.67	6.75	6.54	6.75	7.38	6.80
2004	6.36	5.62	5.65	6.21	7.01	6.70	6.35
2005	6.23	5.48	7.75	6.02	6.20	7.27	6.19
2006	6.03	5.26	6.18	6.13	6.27	7.12	6.28
2007	5.87	5.58	5.38	5.93	5.89	6.50	6.15
2008	5.94	5.82	5.98	5.99	6.06	5.86	5.96
2009	6.07	5.84	6.26	5.87	6.56	6.27	5.87
2010	5.03	5.05	5.08	5.64	4.09	5.48	5.31
2011	5.22	4.98	5.35	5.23	5.51	5.18	5.23
2012	5.45	5.30	5.81	5.12	5.79	5.85	5.23
2013	5.52	5.26	5.68	5.51	5.25	4.80	6.35
2014	5.66	5.34	5.89	5.42	6.60	5.70	5.23
2015	5.58	4.72	5.94	5.61	6.90	5.83	5.25

注:1990、2000、2010 年为人口普查数据。

2-12 死亡人口

单位:人

年 份	全 市	朔城区	平鲁区	山阴县	应 县	右玉县	怀仁县
1989	6032	1318	773	1010	1418	504	1009
1990	6937	1419	896	1227	1572	665	1158
1991	5876	1249	830	1035	1354	503	905
1992	6633	1358	908	1143	1485	441	1298
1993	6554	1334	743	1156	1609	592	1120
1994	6571	1444	863	1040	1581	606	1037
1995	6573	1246	920	1124	1561	615	1107
1996	6467	1290	757	1234	1722	478	986
1997	6430	1370	787	1304	1597	438	934
1998	6266	1516	832	1217	1550	156	995
1999	6854	1468	1066	1358	1483	425	1054
2000	9054	2251	1088	1447	1841	650	1777
2001	9148	2226	1127	1434	1928	660	1773
2002	9517	2354	1175	1495	1953	681	1859
2003	10027	2652	1210	1453	1927	794	1991
2004	9276	2250	1021	1387	2018	727	1873
2005	9390	2211	1392	1357	1798	793	1839
2006	9123	2131	1128	1378	1824	780	1873
2007	8960	2282	1011	1354	1729	727	1857
2008	9098	2388	1106	1372	1784	649	1799
2009	9347	2410	1163	1352	1943	698	1781
2010	8609	2547	1033	1345	1340	613	1731
2011	8982	2523	1093	1254	1813	582	1717
2012	9432	2702	1193	1234	1916	662	1725
2013	9603	2697	1172	1336	1748	546	2104
2014	9902	2752	1223	1321	2212	652	1742
2015	9812	2450	1237	1375	2322	670	1758

注:1990、2000、2010 年为人口普查数据。

2-13 人口自然增长率

单位:‰

年 份	全 市	朔城区	平鲁区	山阴县	应 县	右玉县	怀仁县
1989	10.90	10.82	11.09	7.01	11.09	11.84	13.83
1990	16.95	16.51	11.17	9.42	20.02	14.49	26.40
1991	11.03	9.42	10.25	7.89	11.51	10.09	16.43
1992	10.87	8.80	18.28	6.96	10.07	7.98	13.66
1993	9.22	8.56	8.61	7.81	10.22	3.38	13.25
1994	8.95	8.77	7.31	7.82	10.98	3.10	11.57
1995	9.16	9.24	7.03	8.56	8.30	3.85	14.44
1996	7.81	9.54	8.33	7.67	4.41	4.31	10.35
1997	8.16	8.97	8.90	8.10	5.83	7.08	9.55
1998	6.65	9.14	7.23	8.20	3.97	1.91	6.22
1999	8.67	12.51	7.79	7.71	7.39	3.04	8.29
2000	7.80	7.94	7.90	7.33	7.44	8.35	7.86
2001	7.90	8.34	7.91	7.61	7.28	8.37	7.95
2002	7.52	7.70	7.54	7.28	7.12	8.08	7.63
2003	7.37	6.78	7.39	7.49	7.83	7.12	7.69
2004	7.54	7.03	8.02	7.61	7.67	8.27	7.47
2005	6.96	7.72	5.53	7.23	6.93	5.66	7.03
2006	6.64	6.81	6.89	6.73	6.56	5.60	6.65
2007	6.06	6.42	6.46	5.93	6.06	5.28	5.78
2008	5.92	5.93	5.94	5.90	5.89	5.88	5.94
2009	5.48	5.73	5.10	5.45	5.27	5.42	5.62
2010	5.24	5.32	5.33	4.35	5.71	5.10	5.27
2011	5.01	5.35	4.97	4.64	4.23	5.17	5.47
2012	5.40	4.93	4.84	5.99	5.96	5.56	5.46
2013	5.76	5.50	5.87	6.06	6.56	7.06	4.61
2014	5.59	6.29	4.58	6.27	5.34	5.46	4.92
2015	4.71	6.06	3.64	4.67	4.19	3.73	4.18

注:1990、2000、2010 年为人口普查数据。

2-14 2015年人口主要指标

指 标	全 市	朔城区	平鲁区	山阴县	应 县	右玉县	怀仁县
总户数(户)	580350	159263	62464	81031	118807	42370	109262
总人口(人)	1762225	520136	208733	245754	337230	115081	335291
男性人口(人)	919459	270164	109515	128008	175581	60347	175844
女性人口(人)	842766	249972	99218	117746	161649	54734	159447
性别比(女=100)	109.10	108.08	110.38	108.72	108.62	110.26	110.28
城镇人口(人)	936733	327735	108580	126933	123821	59632	190032
乡村人口(人)	825492	192401	100153	118821	213409	55449	145259
城镇化率(%)	53.16	63.01	52.02	51.65	36.72	51.82	56.68
出生人口(人)	18094	5590	1995	2521	3732	1099	3157
死亡人口(人)	9812	2450	1237	1375	2322	670	1758
出生率(‰)	10.29	10.78	9.58	10.28	11.09	9.57	9.44
死亡率(‰)	5.58	4.72	5.94	5.61	6.90	5.83	5.25
人口自然增长率(‰)	4.71	6.06	3.64	4.67	4.19	3.73	4.18
平均家庭户规模(人/户)	3.04	3.27	3.34	3.04	2.84	2.72	3.07

2-15 城镇非私营单位从业人员

单位：人

项 目	2014	2015
总 计	202244	196976
一、按企业、事业、机关分组		
1.企业	127455	122270
2.事业	47417	47319
3.机关	26142	26084
4.民间非营利组织	684	685
5.其他	546	618
二、按国民经济行业分组		
1.农、林、牧、渔业	3051	2202
2.采矿业	54027	51100
3.制造业	11934	11281
4.电力、燃气及水的生产和供应业	10708	10249
5.建筑业	17873	16605
6.批发和零售业	11585	10810
7.交通运输、仓储和邮政业	4024	5423
8.住宿和餐饮业	1243	1182
9.信息传输、计算机服务和软件业	2285	2220
10.金融业	6729	6815
11.房地产业	1868	2767
12.租赁和商务服务业	2378	2414
13.科学研究、技术服务和地质勘查业	1636	1671
14.水利、环境和公共设施管理业	4726	4937
15.居民服务和其他服务业	611	541
16.教育	23564	22941
17.卫生、社会保障和社会福利业	7759	7702
18.文化、体育和娱乐业	1671	1784
19.公共管理和社会组织	34572	34332

2-16 城镇非私营单位女性从业人员

单位:人

项　目	2014	2015
总　计	63230	61641
一、按企业、事业、机关分组		
1.企业	31480	29844
2.事业	23433	23373
3.机关	7597	7694
4.民间非营利组织	491	477
5.其他	229	253
二、按国民经济行业分组		
1.农、林、牧、渔业	1026	608
2.采矿业	9296	8632
3.制造业	4476	4206
4.电力、燃气及水的生产和供应业	2805	2703
5.建筑业	2097	1956
6.批发和零售业	3991	3711
7.交通运输、仓储和邮政业	1287	1899
8.住宿和餐饮业	742	697
9.信息传输、计算机服务和软件业	1259	1082
10.金融业	3163	3183
11.房地产业	817	801
12.租赁和商务服务业	502	458
13.科学研究、技术服务和地质勘查业	557	525
14.水利、环境和公共设施管理业	1976	2035
15.居民服务和其他服务业	246	217
16.教育	13927	13805
17.卫生、社会保障和社会福利业	4035	4024
18.文化、体育和娱乐业	752	825
19.公共管理和社会组织	10276	10274

2-17 城镇非私营单位在岗职工

单位:人

项　目	2014	2015
总　计	195575	192401
一、按企业、事业、机关分组		
1.企业	124362	119399
2.事业	45366	46487
3.机关	24622	25227
4.民间非营利组织	684	685
5.其他	541	603
二、按国民经济行业分组		
1.农、林、牧、渔业	3020	2166
2.采矿业	52304	49438
3.制造业	11643	10854
4.电力、燃气及水的生产和供应业	10418	10155
5.建筑业	17247	16081
6.批发和零售业	11522	10694
7.交通运输、仓储和邮政业	3995	5423
8.住宿和餐饮业	1235	1174
9.信息传输、计算机服务和软件业	2071	2220
10.金融业	6714	6764
11.房地产业	1848	2749
12.租赁和商务服务业	2378	2413
13.科学研究、技术服务和地质勘查业	1575	1629
14.水利、环境和公共设施管理业	4529	4932
15.居民服务和其他服务业	611	541
16.教育	22747	22549
17.卫生、社会保障和社会福利业	7487	7551
18.文化、体育和娱乐业	1583	1725
19.公共管理和社会组织	32648	33343

2-18 城镇非私营单位其他从业人员

单位:人

项　目	2014	2015
总　计	6669	4575
一、按企业、事业、机关分组		
1.企业	3093	2871
2.事业	2051	832
3.机关	1520	857
4.民间非营利组织		
5.其他	5	15
二、按国民经济行业分组		
1.农、林、牧、渔业	31	36
2.采矿业	1723	1662
3.制造业	291	427
4.电力、燃气及水的生产和供应业	290	94
5.建筑业	626	524
6.批发和零售业	63	116
7.交通运输、仓储和邮政业	29	
8.住宿和餐饮业	8	8
9.信息传输、计算机服务和软件业	214	
10.金融业	15	51
11.房地产业	20	18
12.租赁和商务服务业		1
13.科学研究、技术服务和地质勘查业	61	42
14.水利、环境和公共设施管理业	197	5
15.居民服务和其他服务业		
16.教育	817	392
17.卫生、社会保障和社会福利业	272	151
18.文化、体育和娱乐业	88	59
19.公共管理和社会组织	1924	989

2-19 城镇非私营单位从业人员劳动报酬

单位:千元

项目	2014	2015
总　　计	10146684	10194390
一、按企业、事业、机关分组		
1.企业	7284181	6719237
2.事业	1766873	2162149
3.机关	1063509	1277409
4.民间非营利组织	18355	19569
5.其他	13766	16026
二、按国民经济行业分组		
1.农、林、牧、渔业	86746	60155
2.采矿业	4027519	3426124
3.制造业	503873	445828
4.电力、燃气及水的生产和供应业	803783	849537
5.建筑业	699560	640513
6.批发和零售业	366429	370175
7.交通运输、仓储和邮政业	155859	219239
8.住宿和餐饮业	29250	27107
9.信息传输、计算机服务和软件业	111264	122141
10.金融业	414541	489152
11.房地产业	48077	74413
12.租赁和商务服务业	61062	63648
13.科学研究、技术服务和地质勘查业	69288	71715
14.水利、环境和公共设施管理业	102648	128837
15.居民服务和其他服务业	10995	9972
16.教育	961105	1148111
17.卫生、社会保障和社会福利业	285800	332240
18.文化、体育和娱乐业	47920	61535
19.公共管理和社会组织	1360965	1653948

2-20 城镇非私营单位在岗职工工资总额

单位:千元

项　　目	2014	2015
总　　计	10019195	10073765
一、按企业、事业、机关分组		
1.企业	7209682	6637496
2.事业	1735466	2145625
3.机关	1042034	1255404
4.民间非营利组织	18355	19569
5.其他	13658	15671
二、按国民经济行业分组		
1.农、林、牧、渔业	86086	59418
2.采矿业	4002601	3388002
3.制造业	495574	434729
4.电力、燃气及水的生产和供应业	798423	847519
5.建筑业	673607	616559
6.批发和零售业	362269	365428
7.交通运输、仓储和邮政业	155254	219239
8.住宿和餐饮业	29185	27042
9.信息传输、计算机服务和软件业	105404	122141
10.金融业	413775	487730
11.房地产业	47544	73747
12.租赁和商务服务业	61062	63638
13.科学研究、技术服务和地质勘查业	68072	70765
14.水利、环境和公共设施管理业	100286	128782
15.居民服务和其他服务业	10995	9972
16.教育	948747	1141967
17.卫生、社会保障和社会福利业	281792	328315
18.文化、体育和娱乐业	46652	60165
19.公共管理和社会组织	1331867	1628607

2–21 城镇非私营单位其他从业人员劳动报酬

单位：千元

项　　目	2014	2015
总　　计	127489	120625
一、按企业、事业、机关分组		
1.企业	74499	81741
2.事业	31407	16524
3.机关	21475	22005
4.民间非营利组织		
5.其他	108	355
二、按国民经济行业分组		
1.农、林、牧、渔业	660	737
2.采矿业	24918	38122
3.制造业	8299	11099
4.电力、燃气及水的生产和供应业	5360	2018
5.建筑业	25953	23954
6.批发和零售业	4160	4747
7.交通运输、仓储和邮政业	605	
8.住宿和餐饮业	65	65
9.信息传输、计算机服务和软件业	5860	
10.金融业	766	1422
11.房地产业	533	666
12.租赁和商务服务业		10
13.科学研究、技术服务和地质勘查业	1216	950
14.水利、环境和公共设施管理业	2362	55
15.居民服务和其他服务业		
16.教育	12358	6144
17.卫生、社会保障和社会福利业	4008	3925
18.文化、体育和娱乐业	1268	1370
19.公共管理和社会组织	29098	25341

2-22 城镇非私营单位从业人员平均工资

单位:元

项　目	2014	2015
总　计	49845	51432
一、按企业、事业、机关分组		
1.企业	56524	54432
2.事业	37294	45609
3.机关	40763	49018
4.民间非营利组织	26835	28568
5.其他	25305	26016
二、按国民经济行业分组		
1.农、林、牧、渔业	28432	27281
2.采矿业	74908	67416
3.制造业	41736	40711
4.电力、燃气及水的生产和供应业	75465	80206
5.建筑业	36275	36813
6.批发和零售业	31641	31978
7.交通运输、仓储和邮政业	38761	40720
8.住宿和餐饮业	22109	22703
9.信息传输、计算机服务和软件业	47427	54944
10.金融业	61633	71797
11.房地产业	26518	27581
12.租赁和商务服务业	25295	26279
13.科学研究、技术服务和地质勘查业	40167	42662
14.水利、环境和公共设施管理业	21840	26170
15.居民服务和其他服务业	18054	18467
16.教育	40820	50081
17.卫生、社会保障和社会福利业	36754	42600
18.文化、体育和娱乐业	29237	35043
19.公共管理和社会组织	39427	48209

2–23 国有单位从业人员

单位:人

项　目	2014	2015
总　计	106287	101066
一、按隶属关系分组		
1.中央	9563	9223
2.省、自治区、直辖市	15608	12468
3.地区	17623	15756
4.县及县以下	62809	62952
5.其他	684	667
二、按企业、事业、机关分组		
1.企业	33882	28661
其中:地方	25624	20714
2.事业	45868	45934
其中:地方	45747	45812
3.机关	26138	26061
其中:地方	24954	24907
5.其他	399	410
三、按国民经济行业分组		
1.农、林、牧、渔业	1998	1149
2.采矿业	10367	9229
3.制造业	348	456
4.电力、燃气及水的生产和供应业	5844	3887
5.建筑业	5783	6367
6.批发和零售业	3957	3104
7.交通运输、仓储和邮政业	2535	2404
8.住宿和餐饮业	217	212
9.信息传输、计算机服务和软件业	575	572
10.金融业	1805	1785
11.房地产业	366	645
12.租赁和商务服务业	1645	879
13.科学研究、技术服务和地质勘查业	1243	1263
14.水利、环境和公共设施管理业	4675	4885
15.居民服务和其他服务业	119	119
16.教育	22050	21496
17.卫生、社会保障和社会福利业	6627	6608
18.文化、体育和娱乐业	1561	1674
19.公共管理和社会组织	34572	34332

2-24 国有单位女性从业人员

单位:人

项　　目	2014	2015
总　　计	38584	37375
一、按隶属关系分组		
1.中央	2019	1862
2.省、自治区、直辖市	4765	4343
3.地区	6803	6340
4.县及县以下	24849	24673
5.其他	148	157
二、按企业、事业、机关分组		
1.企业	8309	7037
其中:地方	6667	5555
2.事业	22538	22514
其中:地方	22510	22483
3.机关	7595	7689
其中:地方	7246	7340
5.其他	142	135
三、按国民经济行业分组		
1.农、林、牧、渔业	746	337
2.采矿业	1557	1444
3.制造业	86	104
4.电力、燃气及水的生产和供应业	1554	982
5.建筑业	856	841
6.批发和零售业	1416	1231
7.交通运输、仓储和邮政业	1077	1075
8.住宿和餐饮业	129	121
9.信息传输、计算机服务和软件业	273	278
10.金融业	789	799
11.房地产业	173	247
12.租赁和商务服务业	104	104
13.科学研究、技术服务和地质勘查业	457	424
14.水利、环境和公共设施管理业	1972	2030
15.居民服务和其他服务业	45	44
16.教育	12989	12904
17.卫生、社会保障和社会福利业	3364	3357
18.文化、体育和娱乐业	721	779
19.公共管理和社会组织	10276	10274

2-25 国有单位在岗职工

单位:人

项　　目	2014	2015
总　　计	102152	99042
一、按隶属关系分组		
1.中央	9319	9221
2.省、自治区、直辖市	15472	12410
3.地区	17311	15650
4.县及县以下	59366	61094
5.其他	684	667
二、按企业、事业、机关分组		
1.企业	33278	28296
其中:地方	25234	20349
2.事业	43861	45138
其中:地方	43742	45018
3.机关	24618	25204
其中:地方	23462	24050
5.其他	395	404
三、按国民经济行业分组		
1.农、林、牧、渔业	1967	1113
2.采矿业	10326	9160
3.制造业	166	274
4.电力、燃气及水的生产和供应业	5593	3811
5.建筑业	5742	6331
6.批发和零售业	3908	3051
7.交通运输、仓储和邮政业	2526	2404
8.住宿和餐饮业	217	212
9.信息传输、计算机服务和软件业	361	572
10.金融业	1805	1785
11.房地产业	366	645
12.租赁和商务服务业	1645	878
13.科学研究、技术服务和地质勘查业	1182	1221
14.水利、环境和公共设施管理业	4480	4880
15.居民服务和其他服务业	119	119
16.教育	21233	21104
17.卫生、社会保障和社会福利业	6390	6519
18.文化、体育和娱乐业	1478	1620
19.公共管理和社会组织	32648	33343

2-26 国有单位其他从业人员

单位:人

项　　目	2014	2015
总　　计	4135	2024
一、按隶属关系分组		
1.中央	244	2
2.省、自治区、直辖市	136	58
3.地区	312	106
4.县及县以下	3443	1858
5.其他		
二、按企业、事业、机关分组		
1.企业	604	365
其中:地方	390	365
2.事业	2007	796
其中:地方	2005	794
3.机关	1520	857
其中:地方	1492	857
5.其他	4	6
三、按国民经济行业分组		
1.农、林、牧、渔业	31	36
2.采矿业	41	69
3.制造业	182	182
4.电力、燃气及水的生产和供应业	251	76
5.建筑业	41	36
6.批发和零售业	49	53
7.交通运输、仓储和邮政业	9	
8.住宿和餐饮业		
9.信息传输、计算机服务和软件业	214	
10.金融业		
11.房地产业		
12.租赁和商务服务业		1
13.科学研究、技术服务和地质勘查业	61	42
14.水利、环境和公共设施管理业	195	5
15.居民服务和其他服务业		
16.教育	817	392
17.卫生、社会保障和社会福利业	237	89
18.文化、体育和娱乐业	83	54
19.公共管理和社会组织	1924	989

2-27 国有单位从业人员劳动报酬

单位:千元

项　　目	2014	2015
总　　计	4646588	4865461
一、按隶属关系分组		
1.中央	706478	672727
2.省、自治区、直辖市	914762	688155
3.地区	670693	670392
4.县及县以下	2327268	2804753
5.其他	27387	29434
二、按企业、事业、机关分组		
1.企业	1859164	1470414
其中:地方	1207344	872260
2.事业	1713857	2108069
其中:地方	1707615	2101053
3.机关	1063375	1276069
其中:地方	1014959	1208512
5.其他	10192	10909
三、按国民经济行业分组		
1.农、林、牧、渔业	67943	41011
2.采矿业	748971	600563
3.制造业	12490	18827
4.电力、燃气及水的生产和供应业	429133	251201
5.建筑业	199646	196319
6.批发和零售业	162205	135686
7.交通运输、仓储和邮政业	112445	118355
8.住宿和餐饮业	3587	3772
9.信息传输、计算机服务和软件业	25122	31355
10.金融业	119266	133702
11.房地产业	10522	16553
12.租赁和商务服务业	31564	21445
13.科学研究、技术服务和地质勘查业	48405	59444
14.水利、环境和公共设施管理业	101167	126731
15.居民服务和其他服务业	2437	2426
16.教育	920365	1104004
17.卫生、社会保障和社会福利业	245250	291562
18.文化、体育和娱乐业	45105	58557
19.公共管理和社会组织	1360965	1653948

2-28 国有单位在岗职工工资总额

单位:千元

项目	2014	2015
总计	4574907	4800265
一、按隶属关系分组		
1.中央	700222	653978
2.省、自治区、直辖市	910671	685644
3.地区	664794	668106
4.县及县以下	2271833	2763103
5.其他	27387	29434
二、按企业、事业、机关分组		
1.企业	1839713	1441720
其中:地方	1193784	862273
2.事业	1683186	2093737
其中:地方	1676973	2086763
3.机关	1041900	1254064
其中:地方	993820	1186507
5.其他	10108	10744
三、按国民经济行业分组		
1.农、林、牧、渔业	67283	40274
2.采矿业	747135	580326
3.制造业	8204	14572
4.电力、燃气及水的生产和供应业	425028	250092
5.建筑业	198524	195417
6.批发和零售业	158363	132954
7.交通运输、仓储和邮政业	111940	118355
8.住宿和餐饮业	3587	3772
9.信息传输、计算机服务和软件业	19262	31355
10.金融业	119266	133702
11.房地产业	10522	16553
12.租赁和商务服务业	31564	21435
13.科学研究、技术服务和地质勘查业	47189	58494
14.水利、环境和公共设施管理业	98829	126676
15.居民服务和其他服务业	2437	2426
16.教育	908007	1097860
17.卫生、社会保障和社会福利业	241863	290033
18.文化、体育和娱乐业	44037	57362
19.公共管理和社会组织	1331867	1628607

2-29 国有单位其他从业人员劳动报酬

单位:千元

项　　目	2014	2015
总　　计	71681	65196
一、按隶属关系分组		
1.中央	6256	18749
2.省、自治区、直辖市	4091	2511
3.地区	5899	2286
4.县及县以下	55435	41650
5.其他		
二、按企业、事业、机关分组		
1.企业	19451	28694
其中:地方	13560	9987
2.事业	30671	14332
其中:地方	30642	14290
3.机关	21475	22005
其中:地方	21139	22005
5.其他	84	165
三、按国民经济行业分组		
1.农、林、牧、渔业	660	737
2.采矿业	1836	20237
3.制造业	4286	4255
4.电力、燃气及水的生产和供应业	4105	1109
5.建筑业	1122	902
6.批发和零售业	3842	2732
7.交通运输、仓储和邮政业	505	
8.住宿和餐饮业		
9.信息传输、计算机服务和软件业	5860	
10.金融业		
11.房地产业		
12.租赁和商务服务业		10
13.科学研究、技术服务和地质勘查业	1216	950
14.水利、环境和公共设施管理业	2338	55
15.居民服务和其他服务业		
16.教育	12358	6144
17.卫生、社会保障和社会福利业	3387	1529
18.文化、体育和娱乐业	1068	1195
19.公共管理和社会组织	29098	25341

2-30 国有单位从业人员平均工资

单位:元

项　　目	2014	2015
总　　计	43322	47912
一、按隶属关系分组		
1.中央	70641	70325
2.省、自治区、直辖市	59977	54551
3.地区	38101	42916
4.县及县以下	36529	44456
5.其他	39691	44733
二、按企业、事业、机关分组		
1.企业	53190	50467
其中:地方	45964	41843
2.事业	37404	45858
其中:地方	37367	45826
3.机关	40764	49010
其中:地方	40773	48570
5.其他	25673	26738
三、按国民经济行业分组		
1.农、林、牧、渔业	34006	35507
2.采矿业	74606	67050
3.制造业	28258	45697
4.电力、燃气及水的生产和供应业	73633	60399
5.建筑业	28215	28909
6.批发和零售业	41117	41956
7.交通运输、仓储和邮政业	44270	49171
8.住宿和餐饮业	16379	17962
9.信息传输、计算机服务和软件业	42508	54530
10.金融业	65820	74527
11.房地产业	28670	25664
12.租赁和商务服务业	18844	24621
13.科学研究、技术服务和地质勘查业	38942	47066
14.水利、环境和公共设施管理业	21761	26017
15.居民服务和其他服务业	20653	20387
16.教育	41730	51397
17.卫生、社会保障和社会福利业	37097	43818
18.文化、体育和娱乐业	29500	35597
19.公共管理和社会组织	39427	48209

2-31 集体单位从业人员

单位：人

项　目	2014	2015
总　计	8766	8472
一、按企业、事业、机关分组		
1.企业	8667	8356
2.事业	95	43
3.机关	4	23
5.其他		50
二、按国民经济行业分组		
1.农、林、牧、渔业		
2.采矿业		
3.制造业	432	432
4.电力、燃气及水的生产和供应业	4	23
5.建筑业	1455	1273
6.批发和零售业	3395	3292
7.交通运输、仓储和邮政业	473	492
8.住宿和餐饮业	92	62
9.信息传输、计算机服务和软件业	56	56
10.金融业	2100	2161
11.房地产业		
12.租赁和商务服务业	374	371
13.科学研究、技术服务和地质勘查业	147	150
14.水利、环境和公共设施管理业		
15.居民服务和其他服务业	192	122
16.教育	6	
17.卫生、社会保障和社会福利业	40	38
18.文化、体育和娱乐业		
19.公共管理和社会组织		

2-32 集体单位女性从业人员

单位:人

项　　目	2014	2015
总　　计	2725	2614
一、按企业、事业、机关分组		
1.企业	2702	2569
2.事业	21	20
3.机关	2	5
4.其他		20
二、按国民经济行业分组		
1.农、林、牧、渔业		
2.采矿业		
3.制造业	68	102
4.电力、燃气及水的生产和供应业	2	5
5.建筑业	163	168
6.批发和零售业	966	932
7.交通运输、仓储和邮政业	111	103
8.住宿和餐饮业	49	25
9.信息传输、计算机服务和软件业	36	36
10.金融业	983	994
11.房地产业		
12.租赁和商务服务业	219	150
13.科学研究、技术服务和地质勘查业	35	37
14.水利、环境和公共设施管理业		
15.居民服务和其他服务业	74	46
16.教育	4	
17.卫生、社会保障和社会福利业	15	16
18.文化、体育和娱乐业		
19.公共管理和社会组织		

2–33 集体单位在岗职工

单位:人

项　目	2014	2015
总　计	8711	8375
一、按企业、事业、机关分组		
1.企业	8612	8259
2.事业	95	43
3.机关	4	23
4.其他		50
二、按国民经济行业分组		
1.农、林、牧、渔业		
2.采矿业		
3.制造业	432	432
4.电力、燃气及水的生产和供应业	4	23
5.建筑业	1400	1220
6.批发和零售业	3395	3292
7.交通运输、仓储和邮政业	473	492
8.住宿和餐饮业	92	62
9.信息传输、计算机服务和软件业	56	56
10.金融业	2100	2117
11.房地产业		
12.租赁和商务服务业	374	371
13.科学研究、技术服务和地质勘查业	147	150
14.水利、环境和公共设施管理业		
15.居民服务和其他服务业	192	122
16.教育	6	
17.卫生、社会保障和社会福利业	40	38
18.文化、体育和娱乐业		
19.公共管理和社会组织		

注:2015 年包含在岗劳务。

2-34 集体单位其他从业人员

单位:人

项　目	2014	2015
总　计	55	97
一、按企业、事业、机关分组		
1.企业	55	97
2.事业		
3.机关		
4.其他		
二、按国民经济行业分组		
1.农、林、牧、渔业		
2.采矿业		
3.制造业		
4.电力、燃气及水的生产和供应业		
5.建筑业	55	53
6.批发和零售业		
7.交通运输、仓储和邮政业		
8.住宿和餐饮业		
9.信息传输、计算机服务和软件业		
10.金融业		44
11.房地产业		
12.租赁和商务服务业		
13.科学研究、技术服务和地质勘查业		
14.水利、环境和公共设施管理业		
15.居民服务和其他服务业		
16.教育		
17.卫生、社会保障和社会福利业		
18.文化、体育和娱乐业		
19.公共管理和社会组织		

2-35 集体单位从业人员劳动报酬

单位：千元

项　　目	2014	2015
总　　计	283630	322053
一、按企业、事业、机关分组		
1.企业	281395	318758
2.事业	2101	953
3.机关	134	1340
4.其他		1002
二、按国民经济行业分组		
1.农、林、牧、渔业		
2.采矿业		
3.制造业	16765	16407
4.电力、燃气及水的生产和供应业	134	1340
5.建筑业	49977	48515
6.批发和零售业	94257	86078
7.交通运输、仓储和邮政业	8459	9229
8.住宿和餐饮业	2624	1163
9.信息传输、计算机服务和软件业	1300	1300
10.金融业	79453	130980
11.房地产业		
12.租赁和商务服务业	23007	20644
13.科学研究、技术服务和地质勘查业	3586	3703
14.水利、环境和公共设施管理业		
15.居民服务和其他服务业	2864	1861
16.教育	118	
17.卫生、社会保障和社会福利业	1086	833
18.文化、体育和娱乐业		
19.公共管理和社会组织		

2-36 集体单位在岗职工工资总额

单位:千元

项　　目	2014	2015
总　　计	281998	317752
一、按企业、事业、机关分组		
1.企业	279763	314457
2.事业	2101	953
3.机关	134	1340
4.其他		1002
二、按国民经济行业分组		
1.农、林、牧、渔业		
2.采矿业		
3.制造业	16765	16407
4.电力、燃气及水的生产和供应业	134	1340
5.建筑业	48345	45191
6.批发和零售业	94257	86078
7.交通运输、仓储和邮政业	8459	9229
8.住宿和餐饮业	2624	1163
9.信息传输、计算机服务和软件业	1300	1300
10.金融业	79453	130003
11.房地产业		
12.租赁和商务服务业	23007	20644
13.科学研究、技术服务和地质勘查业	3586	3703
14.水利、环境和公共设施管理业		
15.居民服务和其他服务业	2864	1861
16.教育	118	
17.卫生、社会保障和社会福利业	1086	833
18.文化、体育和娱乐业		
19.公共管理和社会组织		

2–37 集体单位其他从业人员劳动报酬

单位:千元

项　　目	2014	2015
总　　计	1632	4301
一、按企业、事业、机关分组		
1.企业	1632	4301
2.事业		
3.机关		
4.其他		
二、按国民经济行业分组		
1.农、林、牧、渔业		
2.采矿业		
3.制造业		
4.电力、燃气及水的生产和供应业		
5.建筑业	1632	3324
6.批发和零售业		
7.交通运输、仓储和邮政业		
8.住宿和餐饮业		
9.信息传输、计算机服务和软件业		
10.金融业		977
11.房地产业		
12.租赁和商务服务业		
13.科学研究、技术服务和地质勘查业		
14.水利、环境和公共设施管理业		
15.居民服务和其他服务业		
16.教育		
17.卫生、社会保障和社会福利业		
18.文化、体育和娱乐业		
19.公共管理和社会组织		

2-38 集体单位从业人员平均工资

单位:元

项　　目	2014	2015
总　　计	32534	38032
一、按企业、事业、机关分组		
1.企业	32648	38165
2.事业	22116	22163
3.机关	33500	58261
4.其他		20040
二、按国民经济行业分组		
1.农、林、牧、渔业		
2.采矿业		
3.制造业	38808	37979
4.电力、燃气及水的生产和供应业	33500	58261
5.建筑业	35903	37932
6.批发和零售业	27755	26179
7.交通运输、仓储和邮政业	17808	18835
8.住宿和餐饮业	28522	18758
9.信息传输、计算机服务和软件业	23214	23214
10.金融业	37727	60893
11.房地产业		
12.租赁和商务服务业	60545	54759
13.科学研究、技术服务和地质勘查业	24395	24687
14.水利、环境和公共设施管理业		
15.居民服务和其他服务业	14917	15254
16.教育	19667	
17.卫生、社会保障和社会福利业	27150	21921
18.文化、体育和娱乐业		
19.公共管理和社会组织		

2-39 其他单位从业人员

单位:人

项 目	2014	2015
总 计	87191	87438
一、按登记注册类型分组		
(一) 内资	83554	82354
1.股份合作	813	840
2.联营	786	779
其中:国有联营	750	742
3.有限责任公司	54963	55850
其中:国有独资	2278	4467
4.股份有限公司	22947	21117
5.其他	4045	3768
(二)港、澳、台商投资	217	1131
(三)外商投资	3420	3953
二、按企业、事业、机关分组		
1.企业	84906	85253
2.事业	1454	1342
3.机关		
4.民间非营利组织	684	685
5.其他	147	158
三、按国民经济行业分组		
1.农、林、牧、渔业	1053	1053
2.采矿业	43660	41871
3.制造业	11154	10393
4.电力、燃气及水的生产和供应业	4860	6339
5.建筑业	10635	8965
6.批发和零售业	4233	4414
7.交通运输、仓储和邮政业	1016	2527
8.住宿和餐饮业	934	908
9.信息传输、计算机服务和软件业	1654	1592
10.金融业	2824	2869
11.房地产业	1502	2122
12.租赁和商务服务业	359	1164
13.科学研究、技术服务和地质勘查业	246	258
14.水利、环境和公共设施管理业	51	52
15.居民服务和其他服务业	300	300
16.教育	1508	1445
17.卫生、社会保障和社会福利业	1092	1056
18.文化、体育和娱乐业	110	110
19.公共管理和社会组织		

2-40 其他单位女性从业人员

单位:人

项　　目	2014	2015
总　　计	21921	21652
一、按登记注册类型分组		
(一)内资	20662	19644
1.股份合作	497	502
2.联营	27	26
其中:国有联营	11	10
3.有限责任公司	11212	11931
其中:国有独资	428	1454
4.股份有限公司	7122	5560
5.其他	1804	1625
(二)港、澳、台商投资	56	399
(三)外商投资	1203	1609
二、按企业、事业、机关分组		
1.企业	20469	20238
2.事业	874	839
3.民间非营利组织	491	477
4.其他	87	98
三、按国民经济行业分组		
1.农、林、牧、渔业	280	271
2.采矿业	7739	7188
3.制造业	4322	4000
4.电力、燃气及水的生产和供应业	1249	1716
5.建筑业	1078	947
6.批发和零售业	1609	1548
7.交通运输、仓储和邮政业	99	721
8.住宿和餐饮业	564	551
9.信息传输、计算机服务和软件业	950	768
10.金融业	1391	1390
11.房地产业	644	554
12.租赁和商务服务业	179	204
13.科学研究、技术服务和地质勘查业	65	64
14.水利、环境和公共设施管理业	4	5
15.居民服务和其他服务业	127	127
16.教育	934	901
17.卫生、社会保障和社会福利业	656	651
18.文化、体育和娱乐业	31	46
19.公共管理和社会组织		

2-41 其他单位在岗职工

单位:人

项　目	2014	2015
总　计	84712	84984
一、按登记注册类型分组		
(一)内资	81077	79902
1.股份合作	813	813
2.联营	786	779
其中:国有联营	750	742
3.有限责任公司	52595	53575
其中:国有独资	2187	4421
4.股份有限公司	22909	21090
5.其他	3974	3645
(二)港、澳、台商投资	215	1129
(三)外商投资	3420	3953
二、按企业、事业、机关分组		
1.企业	82472	82844
2.事业	1410	1306
3.机关		
4.民间非营利组织	684	685
5.其他	146	149
三、按国民经济行业分组		
1.农、林、牧、渔业	1053	1053
2.采矿业	41987	40278
3.制造业	11045	10148
4.电力、燃气及水的生产和供应业	4821	6321
5.建筑业	10105	8530
6.批发和零售业	4219	4351
7.交通运输、仓储和邮政业	996	2527
8.住宿和餐饮业	926	900
9.信息传输、计算机服务和软件业	1654	1592
10.金融业	2809	2862
11.房地产业	1482	2104
12.租赁和商务服务业	359	1164
13.科学研究、技术服务和地质勘查业	246	258
14.水利、环境和公共设施管理业	49	52
15.居民服务和其他服务业	300	300
16.教育	1508	1445
17.卫生、社会保障和社会福利业	1057	994
18.文化、体育和娱乐业	105	105
19.公共管理和社会组织		

注:2015年包含在岗劳务。

2-42 其他单位其他从业人员

单位:人

项　　目	2014	2015
总　　计	2479	2454
一、按登记注册类型分组		
(一) 内资	2477	2452
1.股份合作		27
2.联营		
其中:国有联营		
3.有限责任公司	2368	2275
其中:国有独资	91	46
4.股份有限公司	38	27
5.其他	71	123
(二)港、澳、台商投资	2	2
(三)外商投资		
二、按企业、事业、机关分组		
1.企业	2434	2409
2.事业	44	36
3.机关		
4.民间非营利组织		
5.其他	1	9
三、按国民经济行业分组		
1.农、林、牧、渔业		
2.采矿业	1682	1593
3.制造业	109	245
4.电力、燃气及水的生产和供应业	39	18
5.建筑业	530	435
6.批发和零售业	14	63
7.交通运输、仓储和邮政业	20	
8.住宿和餐饮业	8	8
9.信息传输、计算机服务和软件业		
10.金融业	15	7
11.房地产业	20	18
12.租赁和商务服务业		
13.科学研究、技术服务和地质勘查业		
14.水利、环境和公共设施管理业	2	
15.居民服务和其他服务业		
16.教育		
17.卫生、社会保障和社会福利业	35	62
18.文化、体育和娱乐业	5	5
19.公共管理和社会组织		

2-43 其他单位从业人员劳动报酬

单位:千元

项　目	2014	2015
总　计	5216466	5006876
一、按登记注册类型分组		
(一)内资	4949632	4617792
1.股份合作	34813	37571
2.联营	37692	32152
其中:国有联营	36900	31360
3.有限责任公司	2704129	2677868
其中:国有独资	108655	309194
4.股份有限公司	2068756	1773513
5.其他	104242	96688
(二)港、澳、台商投资	23491	67189
(三)外商投资	243343	321895
二、按企业、事业、机关分组		
1.企业	5143622	4930065
2.事业	50915	53127
3.机关		
4.民间非营利组织	18355	19569
5.其他	3574	4115
三、按国民经济行业分组		
1.农、林、牧、渔业	18803	19144
2.采矿业	3278548	2825561
3.制造业	474618	410594
4.电力、燃气及水的生产和供应业	374516	596996
5.建筑业	449937	395679
6.批发和零售业	109967	148411
7.交通运输、仓储和邮政业	34955	91655
8.住宿和餐饮业	23039	22172
9.信息传输、计算机服务和软件业	84842	89486
10.金融业	215822	224470
11.房地产业	37555	57860
12.租赁和商务服务业	6491	21559
13.科学研究、技术服务和地质勘查业	17297	8568
14.水利、环境和公共设施管理业	1481	2106
15.居民服务和其他服务业	5694	5685
16.教育	40622	44107
17.卫生、社会保障和社会福利业	39464	39845
18.文化、体育和娱乐业	2815	2978
19.公共管理和社会组织		

2-44 其他单位在岗职工工资总额

单位:千元

项　　目	2014	2015
总　　计	5162290	4955748
一、按登记注册类型分组		
(一)内资	4895712	4566907
1.股份合作	34813	35681
2.联营	37692	32152
其中:国有联营	36900	31360
3.有限责任公司	2653181	2633492
其中:国有独资	104897	307538
4.股份有限公司	2067204	1772221
5.其他	102822	93361
(二)港、澳、台商投资	23235	66946
(三)外商投资	243343	321895
二、按企业、事业、机关分组		
1.企业	5090206	4881319
2.事业	50179	50935
3.民间非营利组织	18355	19569
4.其他	3550	3925
三、按国民经济行业分组		
1.农、林、牧、渔业	18803	19144
2.采矿业	3255466	2807676
3.制造业	470605	403750
4.电力、燃气及水的生产和供应业	373261	596087
5.建筑业	426738	375951
6.批发和零售业	109649	146396
7.交通运输、仓储和邮政业	34855	91655
8.住宿和餐饮业	22974	22107
9.信息传输、计算机服务和软件业	84842	89486
10.金融业	215056	224025
11.房地产业	37022	57194
12.租赁和商务服务业	6491	21559
13.科学研究、技术服务和地质勘查业	17297	8568
14.水利、环境和公共设施管理业	1457	2106
15.居民服务和其他服务业	5694	5685
16.教育	40622	44107
17.卫生、社会保障和社会福利业	38843	37449
18.文化、体育和娱乐业	2615	2803
19.公共管理和社会组织		

注:2015 年包含在岗劳务。

2-45 其他单位其他从业人员劳动报酬

单位:千元

项　　目	2014	2015
总　　计	54176	51128
一、按登记注册类型分组		
(一)内资	53920	50885
1.股份合作		1890
2.联营		
其中:国有联营		
3.有限责任公司	50948	44376
其中:国有独资	3758	1656
4.股份有限公司	1552	1292
5.其他	1420	3327
(二)港、澳、台商投资	256	243
(三)外商投资		
二、按企业、事业、机关分组		
1.企业	53416	48746
2.事业	736	2192
3.民间非营利组织		
4.其他	24	190
三、按国民经济行业分组		
1.农、林、牧、渔业		
2.采矿业	23082	17885
3.制造业	4013	6844
4.电力、燃气及水的生产和供应业	1255	909
5.建筑业	23199	19728
6.批发和零售业	318	2015
7.交通运输、仓储和邮政业	100	
8.住宿和餐饮业	65	65
9.信息传输、计算机服务和软件业		
10.金融业	766	445
11.房地产业	533	666
12.租赁和商务服务业		
13.科学研究、技术服务和地质勘查业		
14.水利、环境和公共设施管理业	24	
15.居民服务和其他服务业		
16.教育		
17.卫生、社会保障和社会福利业	621	2396
18.文化、体育和娱乐业	200	175
19.公共管理和社会组织		

2-46 其他单位从业人员平均工资

单位:元

项　　目	2014	2015
总　　计	59556	56772
一、按登记注册类型分组		
（一）内资	58926	55526
1.股份合作	41248	42215
2.联营	47954	43923
其中:国有联营	49200	45122
3.有限责任公司	49001	47305
其中:国有独资	46874	65369
4.股份有限公司	89475	83775
5.其他	25669	25688
（二）港、澳、台商投资	107265	59041
（三）外商投资	72144	82771
二、按企业、事业、机关分组		
1.企业	60303	57356
2.事业	34826	38111
3.民间非营利组织	26835	28568
4.其他	24313	26044
三、按国民经济行业分组		
1.农、林、牧、渔业	17857	18232
2.采矿业	74978	67494
3.制造业	42380	40625
4.电力、燃气及水的生产和供应业	77717	93135
5.建筑业	41595	42414
6.批发和零售业	25936	29365
7.交通运输、仓储和邮政业	34747	36854
8.住宿和餐饮业	22766	24048
9.信息传输、计算机服务和软件业	49936	56210
10.金融业	76860	78267
11.房地产业	25972	28183
12.租赁和商务服务业	18081	18364
13.科学研究、技术服务和地质勘查业	51633	31970
14.水利、环境和公共设施管理业	29039	40500
15.居民服务和其他服务业	19043	19013
16.教育	27373	30524
17.卫生、社会保障和社会福利业	35079	35994
18.文化、体育和娱乐业	25591	26829
19.公共管理和社会组织		

注:2015 年包含在岗劳务。

2-47 城镇非私营单位主要年份从业人员平均工资

单位:元

年　份	全部从业人员平均工资	国有从业人员平均工资	集体从业人员平均工资	其他从业人员平均工资
2005	14853	15416	11400	10329
2006	18710	19531	15717	12970
2007	23422	24050	19577	21395
2008	26595	27134	24871	23957
2009	27770	30376	25224	21879
2010	32210	35385	27018	26185
2011	37280	34358	29935	43255
2012	43964	38614	29763	53140
2013	46229	39659	31461	55995
2014	49845	43322	32534	59556
2015	51432	47912	38032	56772

主要统计指标解释

人口数 指一定时点、一定地区范围内有生命的个人总和。

年度统计的年末人口数指每年12月31日24时的常住人口数。

常住人口 包括：1.住本乡（镇）街道，户口登记地在本乡（镇）街道；2.住本乡（镇）街道半年以上，户口登记地在其他乡（镇）街道；3.住本乡（镇）街道不满半年，但是已离开户口登记地半年以上；4.户口登记地在本乡（镇）街道，离开不满半年；5.住本乡（镇）街道，户口待定。6.户口登记地在本乡（镇）街道，现居住国外。

城镇人口和乡村人口 城镇人口是指居住在城镇范围内的全部常住人口；乡村人口是除上述人口以外的全部人口。

城镇包括城区和镇区。城区是指在市辖区和不设区的市中，街道办事处所辖的居民委员会地域；城市公共设施、居住设施等连接到的其他居民委员会地域和村民委员会地域。

镇区是指在城区以外的镇和其他区域，其包括镇所辖的居民委员会地域；镇的公共设施、居住设施等连接到的村民委员会地域。

出生率（又称粗出生率） 指在一定时期内（通常为一年）一定地区的出生人数与同期内平均人数（或期中人数）之比，用千分率表示。本资料中的出生率指年出生率，其计算公式为：

出生率 = 年出生人数 / 年平均人数 × 1000‰

式中：出生人数指活产婴儿，即胎儿脱离母体时（不管怀孕月数），有过呼吸或其他生命现象。年平均人数指年初、年底人口数的平均数，也可用年中人口数代替。

死亡率（又称粗死亡率） 指在一定时期内（通常为一年）一定地区的死亡人数与同期内平均人数（或期中人数）之比，用千分率表示。本资料中的死亡率指年死亡率，其计算公式为：

死亡率 = 年死亡人数 / 年平均人数 × 1000‰

人口自然增长率 指在一定时期内（通常为一年）人口自然增加数（出生人数减死亡人数）与该时期内平均人数（或期中人数）之比，用千分率表示。计算公式为：

人口自然增长率 =（本年出生人数 – 本年死亡人数）/ 年平均人数 × 1000‰= 人口出生率 – 人口死亡率

总抚养比 也称总负担系数。指人口总体中非劳动年龄人口数与劳动年龄人口数之比。通常用百分比表示。用以表明每100名劳动年龄人口大致要负担多少名非劳动年龄人口。用于从人口角度反映人口与经济发展的基本关系。计算公式为：

$$GDR=(P_{0-14}+P_{65^+})/P_{15-64}\times 100\%$$

其中：GDR为总抚养比；

P_{0-14}为0–14岁少年儿童人口数；

P_{15-64}为15–64岁的劳动年龄人口数；

P_{65^+}为65岁及65岁以上的老年人口数。

老年人口抚养比 也称老年人口抚养系数。指某一人口中老年人口数与劳动年龄人口数之比。通常用百分比表示。用以表明每100名劳动年龄人口要负担多少名老年人。老年人口抚养比是从经济角度反映人口老龄化社会后果的指标之一。计算公式为：

$$ODR= P_{65^+}/ P_{15-64}\times 100\%$$

其中：ODR为老年人口抚养比；

P_{15-64}为15–64岁的劳动年龄人口数；

P_{65^+}为65岁及65岁以上的老年人口数。

少年儿童抚养比 也称少年儿童抚养系数。指某一人口中少年儿童人口数与劳动年龄人口数之比。通常用百分比表示。以反映每100名劳动年龄人口要负担多少名少年儿童。计算公式为：

$$CDR= P_{0-14} / P_{15-64}\times 100\%$$

其中：CDR为少年儿童抚养比；

P_{0-14}为 0–14 岁少年儿童人口数；

P_{15-64}为 15–64 岁的劳动年龄人口数。

劳动力资源总数 指在劳动年龄内，具有劳动能力，在正常情况下，可能或实际参加社会劳动的人口数。劳动力资源的范围为：劳动年龄内（16 周岁以上），有劳动能力，实际参加社会劳动和未参加社会劳动的人员。劳动力资源也可划分为经济活动人口和非经济活动人口。劳动力资源不包括下列人员：

（1）在押犯人；

（2）劳动年龄内丧失劳动能力的人员；

（3）16 岁以下实际参加社会劳动的人员。

从业人员期末人数 指报告期末最后一日 24 时在本单位工作，并取得工资或其他形式劳动报酬的人员数。该指标为时点指标，不包括最后一日当天及以前已经与单位解除劳动合同关系的人员，是在岗职工、劳务派遣人员及其他从业人员之和。从业人员不包括：

（1）离开本单位仍保留劳动关系，并定期领取生活费的人员；

（2）利用课余时间打工的学生及在本单位实习的各类在校学生；

（3）本单位因劳务外包而使用的人员，如：建筑业整建制使用的人员。

私营企业和个体从业人员 指在私营企业或个体经营者所经营的机构中劳动，并领取劳动报酬的人员，包括在私营或个体经营机构中劳动的帮工、学徒、雇用人员。

在岗职工 指在本单位工作且与本单位签订劳动合同，并由单位支付各项工资和社会保险、住房公积金的人员，以及上述人员中由于学习、病伤、产假等原因暂未工作仍由单位支付工资的人员。在岗职工还包括：

（1）应订立劳动合同而未订立劳动合同人员（如使用的农村户籍人员）；

（2）处于试用期人员；

（3）编制外招用的人员，如临时人员；

（4）派往外单位工作，但工资仍由本单位发放的人员（如挂职锻炼、外派工作等情况）。

在岗职工不包括：

（1）本单位使用的且由本单位直接支付工资的劳务派遣人员，应统计在本单位“劳务派遣人员”指标中；

（2）本单位因劳务外包而使用的人员，由承包劳务的单位统计为在岗职工。

在岗职工工资总额 指本单位在报告期内直接支付给本单位全部在岗职工的劳动报酬总额。在岗职工工资总额由基本工资、绩效工资、工资性津贴和补贴、其他工资四部分组成。工资总额不包括病假、事假等情况的扣款。

各单位在填报在岗职工工资总额四项构成时，应根据实际情况调整对应项目；如不能确定调整项，可扣减基本工资项。

在岗职工平均工资 指本单位在岗职工在报告期内平均每人所得的工资额。计算公式为：

$$在岗职工平均工资=\frac{在岗职工工资总额}{在岗职工平均人数}$$

在岗职工平均实际工资 指扣除物价变动因素后的在岗职工平均工资。计算公式为：

$$在岗职工平均实际工资=\frac{报告期在岗职工平均工资}{报告期职工生活费价格指数}\times100\%$$

在岗职工平均工资指数 指报告期平均工资与基础平均工资的比率，是反映不同时期职工货币工资水平变动情况的相对数。它表明报告期平均工资比基期平均工资提高或降低的程度。计算公式为：

$$在岗职工平均工资指数=\frac{报告期在岗职工平均工资}{基期在岗职工平均工资}\times100\%$$

城镇登记失业人员 指有非农业户口，在劳动年龄内（16 周岁至退休年龄），有劳动能力，无业而要求就业，并在当地劳动保障部门进行失业登记的人员。

$$城镇登记失业率=\frac{城镇期末实有登记失业人数}{城镇期末就业人员总数+城镇期末实有登记失业人员}\times100\%$$

03

固定资产投资

3-1 全社会固定资产投资主要指标

单位：万元

指　　标	2014	2015
一、投资总额	8152983	9370608
#住　宅	651829	607245
按登记注册类型分		
国　有	4148339	5358487
非国有	4004644	4012121
按构成分		
建筑、安装工程	5024394	6354524
设备工器具购置	2514454	1958178
其他费用	614135	1057906
按三次产业分		
第一产业	865775	1465405
第二产业	4489213	4251666
第三产业	2797995	3653537
二、新增固定资产	3618962	6575452
三、房屋建筑面积(万平方米)		
本年施工房屋面积	1475.9	1025.3
#住　宅	834.4	647.1
本年竣工房屋面积	94.8	163
#住　宅	72.5	114.3
四、本年资金来源小计	7780597	8796745
国家预算内资金	361123	655718
国内贷款	926033	763277
利用外资	7520	200
自筹资金	6250615	7127887
#企事业单位自有资金	301592	244837
其　他	235306	249663

3-2 全社会固定资产投资

单位:万元

年 份	总 计	住 宅	第一产业	第二产业	第三产业
1988	51009	3803	169	36443	14397
1989	46682	4013	277	39243	7162
1990	63210	6395	702	51779	4334
1991	81996	5894	128	72661	3643
1992	95601	7675	267	78489	16845
1993	97012	16330	106	61925	34981
1994	57296	8401	387	30927	17581
1995	44270	10535	737	11632	31901
1996	52159	10254	1085	16011	35063
1997	75143	15896	1141	26563	47439
1998	201878	26614	841	86446	114591
1999	175373	39347	291	102182	72900
2000	204861	21679	177	129966	53039
2001	253132	39875	3315	166505	83312
2002	314016	37039	5668	178454	129897
2003	506444	40904	12111	372401	121932
2004	620316	42110	13440	437803	169037
2005	727001	72004	23240	421665	282096
2006	950962	132204	37130	500605	413227
2007	1529396	165425	39154	937413	552829
2008	2218804	257622	76394	1401103	741307
2009	3015248	127467	124508	1744580	1146160
2010	3559528	255953	99283	2309623	1150782
2011	4745733	502343	92035	3035806	1617892
2012	6106161	439980	246688	2893279	2966194
2013	7747111	826002	642139	3451677	3653295
2014	8152983	651829	865775	4489213	2797995
2015	9370608	607245	1465405	4251666	3653537

3-3 按登记注册类型和控股情况分全社会固定资产投资

单位:万元

指　　标	2014	2015
总　计	8152983	9370608
内　资	8074204	9191656
国　有	3592781	4943677
集　体	300	
股份合作	131857	9700
国有联营	63883	33478
集体联营		
国有与集体联营		
其他联营		
国有独资公司		
其他有限责任公司		
股份有限公司	893403	817466
私　营	2508602	2473580
个体户		
个人合伙		
其　他		
港澳台投资	12416	7942
港澳台合资经营	12416	7942
港澳台合作经营		
港澳台独资		
港澳台股份有限		
外商投资	66363	168910
外商合资经营		
外商合作经营	15621	
外商独资	50742	168910
外商股份有限		
外商独资		
外商股份有限		
其他外商投资企业		
按控股情况分		
国有控股	4148339	5358487
集体控股	196221	49810
私人控股	3316024	3581746
港澳台商控股		
外商控股	63158	176852
民间投资	3941486	3835269

3-4 按国民经济行业分全社会固定资产投资

单位：万元

行　业	2014	2015
总　计	8152983	9370608
农、林、牧、渔业	922224	1610451
采矿业	1079900	886978
制造业	1339866	1124608
电力、热力、燃气及水生产和供应业	2067606	2276879
建筑业	23156	8444
批发和零售业	177569	300329
交通运输、仓储和邮政业	587223	713912
住宿和餐饮业	13458	95671
信息传输、软件和信息技术服务业	8905	95671
金融业		8461
房地产业	1233345	1120216
租赁和商务服务业	2230	1777
科学研究和技术服务业	35578	7767
水利、环境和公共设施管理业	382988	968463
居民服务、修理和其他服务业	86750	17891
教　育	36236	63672
卫生和社会工作	22069	18078
文化、体育和娱乐业	97014	129409
公共管理、社会保障和社会组织	28405	26063

3-5 按国民经济行业分固定资产投资

单位:万元

行　　业	2014	2015
总　　计	8152983	9370608
农、林、牧、渔业	922224	1610451
农　业	156283	298739
林　业	244064	207878
畜牧业	464868	929143
渔　业	560	29645
农、林、牧、渔服务业	56449	145046
采矿业	1079900	886978
煤炭开采和洗选业	1038804	788494
石油和天然气开采业		4924
黑色金属矿采选业		
有色金属矿采选业	11670	1789
非金属矿采选业	10458	55028
开采辅助活动	18968	36743
其他采矿业		
(三)制造业	1339866	1124608
农副食品加工业	183388	141009
食品制造业	100631	54386
酒、饮料和精制茶制造业		
烟草制品业		
纺织业	3000	
皮革、毛皮、羽毛(绒)及其制品业	1728	1189
木材加工及木、竹、藤、棕、草制	10205	8974
家具制造业	914	120
造纸及纸制品业		
印刷业和记录媒介的复制	56384	5260
文教体育用品制造业	1460	8565
石油加工、炼焦及核燃料加工业		
化学原料及化学制品制造业	81016	92701
医药制造业	31095	73500
化学纤维制造业		
橡胶和塑料制品业	9621	5170
非金属矿制品业	410424	324885
黑色金属冶炼和压延加工业		
有色金属冶炼和压延加工业	1000	50000
金属制品业	35808	
通用设备制造业	38860	42382
专用设备制造业	67986	20060
汽车制造业	126123	43273

3-5 续表 1

单位:万元

行 业	2014	2015
铁路、船舶、航空航天等制造业	3920	4116
电气机械及器材制造业	29270	111733
计算机、通信和其他电子设备制造业	8303	4984
仪器仪表制造业	16000	
其他制造业		
废弃资源综合利用业	117947	121198
金属制品、机械和设备修理业	2347	8500
(四)电力、热力、燃气及水的生产和供应业	2067606	2276879
电力、热力的生产和供应业	2039942	2018788
燃气生产和供应业	2463	149981
水的生产和供应业	25201	108110
(五)建筑业	28273	8444
房屋建筑业	500	8444
土木工程建筑业	25091	
建筑安装业		
建筑装饰和其他建筑业	2682	
(六)批发和零售业	177569	300329
批发业	111825	132126
零售业	65744	168203
(七)交通运输、仓储和邮政业	582606	713912
铁路运输业	398627	275634
道路运输业	96375	370290
水上运输业		
航空运输业		
管道运输业	6606	
装卸搬运和运输代理业	65185	61388
仓储业	15813	6600
邮政业		
(八)住宿和餐饮业	13458	95671
住宿业	2806	49961
餐饮业	10652	45710
(九)信息传输、软件和信息技术服务业	8905	
电信、广播电视和卫星传输服务业		
互联网和相关服务业		
软件和信息技术服务业	8905	
(十)金融业	8461	
货币金融业	8461	

3-5 续表 2

单位:万元

行　　业	2014	2015
资本市场业		
保险业		
其他金融业		
(十一)房地产业	1233345	1120216
房地产业	1233345	1120216
(十二)租赁和商务服务业	2230	1777
租赁业		
商务服务业	2230	1777
(十三)科学研究和技术服务业	35578	7767
研究与试验发展	13300	
专业技术服务业	4224	7767
科技交流和推广服务业	18054	
(十四)水利、环境和公共设施管理业	382488	968463
水利管理业	63815	179453
生态保护和环境治理业	8953	32967
公共设施管理业	309720	756043
(十五)居民服务、修理和其他服务业	86750	17891
居民服务业		
机动车、电子产品和日用产品修理业	48273	17891
其他服务业	38477	
(十六)教育	36236	63672
教育	36236	63672
(十七)卫生和社会工作	22069	18078
卫生	11577	18078
社会工作	10492	
(十八)文化、体育和娱乐业	97014	129409
新闻和出版业		
广播、电视、电影和影视录音制作业		
文化艺术业	29091	81628
体育	60996	19798
娱乐业	6927	27983
(十九)公共管理、社会保障和社会组织	28405	26063
中国共产党机关		
国家机构	28405	13964
人民政协和民主党派		
社会保障		12099
群众团体、社会团体和其他成员组织		
基层群众自治组织		
(二十)国际组织		
国际组织		

3-6 全社会固定资产投资主要指标

单位:万元

指　　标	2014	2015
一、投资总额	8152983	9370608
#国有经济控股	4148339	5358487
#住　宅	651829	607245
按隶属关系分		
中　央	1258423	989652
地　方	6894560	8380956
按登记注册类型分		
内　资	8074204	9191656
港、澳、台商投资	12416	7942
外商投资	66363	168910
按构成分		
建筑工程	3593385	5083722
安装工程	1431009	1270802
设备工器具购置	2514454	1958178
其他费用	614135	1057906
按建设性质分		
新　建	6012840	7633481
扩　建	740062	564745
改建和技术改造	537870	284797
单纯建造生活设施	85308	138329
按三次产业分		
第一产业	865775	1465405
第二产业	4489213	4251666
第三产业	2797995	3653537

3-6 续表

单位:万元

指　　标	2014	2015
二、新增固定资产	3618962	6575452
三、建设项目(个)		
施工项目	790	880
#本年新开工	472	682
本年投产项目	586	762
四、房屋建筑面积(平方米)		
本年施工房屋面积	14759222	10253138
#住　宅	8344602	6471386
本年竣工房屋面积	948683	1630112
#住　宅	725409	1143598
本年竣工房屋价值(万元)	207832	378166
#住　宅	207832	299897
五、投资资金来源合计	7948952	9061894
上年结余资金	168355	265149
本年资金来源小计	7780597	8796745
国家预算内资金	361123	655718
国内贷款	926033	763277
利用外资	7520	200
自筹资金	6250615	7127887
#企事业单位自有资金	301592	244837
其　他	235306	249663

3-7 按登记注册类型分

行业	总计	内资		
			国有	集体
总计	8693980	8515028	4943677	
农、林、牧、渔业	1610451	1440541	583732	
农业	298739	298739	198823	
林业	207878	207878	111028	
畜牧业	929143	759233	195503	
渔业	29645	29645	9580	
农、林、牧、渔服务业	145046	145046	68798	
采矿业	886978	877936	513014	
煤炭开采和洗选业	788494	780552	458935	
石油和天然气开采业	4924	4924	4924	
黑色金属矿采选业				
有色金属矿采选业	1789	1789		
非金属矿采选业	55028	53928	20912	
开采辅助活动	36743	36743	28243	
其他采矿业				
制造业	1124608	1124608	428063	
农副食品加工业	141009	141009	9407	
食品制造业	54386	54386		
酒、饮料和精制茶制造业				
烟草制品业				
纺织业				
纺织服装、服饰业	2603	2603		
皮革、毛皮、羽毛及其制品和制鞋业	1189	1189		
木材加工和木、竹、藤、棕、草制品业	8974	8974	8974	
家具制造业	120	120		
造纸和纸制品业				
印刷和记录媒介复制业	5260	5260		
文教、工美、体育和娱乐用品制造业	8565	8565	8565	
石油加工、炼焦和核燃料加工业				
化学原料和化学制品制造业	92701	92701	16010	
医药制造业	73500	73500		
化学纤维制造业				
橡胶和塑料制品业	5170	5170		
非金属矿物制品业	324885	324885	64476	
黑色金属冶炼和压延加工业				
有色金属冶炼和压延加工业	50000	50000	50000	
金属制品业				
通用设备制造业	42382	42382	35013	

注：本表不含房地产开发投资。

固定资产投资(2015年)

单位:万元

股份合作	联营企业	国有联营	集体联营	其他联营企业
9700	33478	33478		
9700				
3000				
6700				
	33478	33478		
	33478	33478		

3-7 续

行　业	总　计	内　资	国　有	集　体
专用设备制造业	20060	20060	9728	
汽车制造业	43273	43273		
铁路、船舶、航空航天和其他运输设备制造业	4116	4116		
电气机械和器材制造业	111733	111733	104692	
计算机、通信和其他电子设备制造业	4984	4984		
仪器仪表制造业				
其他制造业				
废弃资源综合利用业	121198	121198	121198	
金属制品、机械和设备修理业	8500	8500		
电力、热力、燃气及水生产和供应业	2276879	2276879	1520707	
电力、热力生产和供应业	2018788	2018788	1468936	
燃气生产和供应业	149981	149981	12645	
水的生产和供应业	108110	108110	39126	
建筑业	8444	8444		
房屋建筑业	8444	8444		
土木工程建筑业				
建筑安装业				
建筑装饰和其他建筑业				
批发和零售业	300329	300329	24418	
批发业	132126	132126		
零售业	168203	168203	24418	
交通运输、仓储和邮政业	713912	713912	645524	
铁路运输业	275634	275634	275634	
道路运输业	370290	370290	364390	
水上运输业				
航空运输业				
管道运输业				
装卸搬运和运输代理业	61388	61388		
仓储业	6600	6600	5500	
邮政业				
住宿和餐饮业	95671	95671		
住宿业	49961	49961		
餐饮业	45710	45710		
信息传输、软件和信息技术服务业				
电信、广播电视和卫星传输服务				
互联网和相关服务				
软件和信息技术服务业				

表 1

单位:万元

股份合作	联营企业	国有联营	集体联营	其他联营企业

3-7 续

行业	总计	内资	国有	集体
金融业				
货币金融服务				
资本市场服务				
保险业				
其他金融业				
房地产业	443588	443588	248905	
房地产业	443588	443588	248905	
租赁和商务服务业	1777	1777	977	
租赁业				
商务服务业	1777	1777	977	
科学研究和技术服务业	7767	7767	656	
研究和试验发展				
专业技术服务业	7767	7767	656	
科技推广和应用服务业				
水利、环境和公共设施管理业	968463	968463	903947	
水利管理业	179453	179453	164313	
生态保护和环境治理业	32967	32967	15597	
公共设施管理业	756043	756043	724037	
居民服务、修理和其他服务业	17891	17891	9296	
居民服务业				
机动车、电子产品和日用产品修理业	17891	17891	9296	
其他服务业				
教育	63672	63672	10361	
教育	63672	63672	10361	
卫生和社会工作	18078	18078	18078	
卫生	18078	18078	18078	
社会工作				
文化、体育和娱乐业	129409	129409	9936	
新闻和出版业				
广播、电视、电影和影视录音制作业				
文化艺术业	81628	81628	4138	
体育	19798	19798	5798	
娱乐业	27983	27983		
公共管理、社会保障和社会组织	26063	26063	26063	
中国共产党机关				
国家机构	13964	13964	13964	
人民政协、民主党派				
社会保障	12099	12099	12099	
群众团体、社会团体和其他成员组织				
基层群众自治组织				

表 2

单位:万元

股份合作	联营企业	国有联营	集体联营	其他联营企业

3-7 续

行　业	有限责任公司	国有独资公司	其他有限责任公司	股份有限公司	私营企业
总　计	670394		670394	194271	2016276
农、林、牧、渔业	1720		1720	4500	375338
农业					49773
林业					74714
畜牧业	1720		1720	4500	168274
渔业					8979
农、林、牧、渔服务业					73598
采矿业	41053		41053	40771	247120
煤炭开采和洗选业	34641		34641	40771	212727
石油和天然气开采业					
黑色金属矿采选业					
有色金属矿采选业					1789
非金属矿采选业	6412		6412	24104	
开采辅助活动					8500
其他采矿业					
制造业	132219		132219	2934	525128
农副食品加工业	7576		7576		113946
食品制造业	35257		35257		19129
酒、饮料和精制茶制造业					
烟草制品业					
纺织业					
纺织服装、服饰业					2603
皮革、毛皮、羽毛及其制品和制鞋业					1189
木材加工和木、竹、藤、棕、草制品业					
家具制造业					120
造纸和纸制品业					
印刷和记录媒介复制业					5260
文教、工美、体育和娱乐用品制造业					
石油加工、炼焦和核燃料加工业					
化学原料和化学制品制造业	5850		5850		70841
医药制造业					66400
化学纤维制造业					
橡胶和塑料制品业					5170
非金属矿物制品业	83536		83536		162773
黑色金属冶炼和压延加工业					
有色金属冶炼和压延加工业					
金属制品业					
通用设备制造业				1903	5466

表 3

单位:万元

私营独资企业	私营合伙企业	私营有限责任公司	私营股份有限公司	其他企业
118502	32011	1673975	191788	647232
28462	24886	321990		465551
15222	1440	33111		50143
	5841	68873		19136
7861	14005	146408		382536
5379	3600			11086
		73598		2650
15405		110035	121680	2500
6905		90612	115210	
		1789		
		17634	6470	2500
8500				
9471	5325	456983	53349	36264
9471	820	91217	12438	10080
		16429	2700	
		2603		
		1189		
		120		
		5260		
		51630	19211	
		66400		7100
		5170		
	4505	153310	4958	14100
		5466		

3-7 续

行　　业				股份有限公司	私营企业
	有限责任公司	国有独资公司	其他有限责任公司		
专用设备制造业					10332
汽车制造业					43273
铁路、船舶、航空航天和其他运输设备制造业					4116
电气机械和器材制造业				1031	6010
计算机、通信和其他电子设备制造业					
仪器仪表制造业					
其他制造业					
废弃资源综合利用业					
金属制品、机械和设备修理业					8500
电力、热力、燃气及水生产和供应业	430798		430798	143444	178430
电力、热力生产和供应业	243405		243405	143444	163003
燃气生产和供应业	119769		119769		14067
水的生产和供应业	67624		67624		1360
建筑业					8444
房屋建筑业					8444
土木工程建筑业					
建筑安装业					
建筑装饰和其他建筑业					
批发和零售业	45000		45000		223376
批发业	45000		45000		79591
零售业					143785
交通运输、仓储和邮政业	1100		1100		67288
铁路运输业					
道路运输业					5900
水上运输业					
航空运输业					
管道运输业					
装卸搬运和运输代理业					61388
仓储业	1100		1100		
邮政业					
住宿和餐饮业					86740
住宿业					41030
餐饮业					45710
信息传输、软件和信息技术服务业					
电信、广播电视和卫星传输服务					
互联网和相关服务					
软件和信息技术服务业					

表 4

单位:万元

私营独资企业	私营合伙企业	私营有限责任公司	私营股份有限公司	其他企业
		1290	9042	
		38273	5000	
		4116		
		6010		
				4984
		8500		
		174386	4044	3500
		158959	4044	
		14067		3500
		1360		
		8444		
		8444		
		219696	3680	7535
		75911	3680	7535
		143785		
		67288		
		5900		
		61388		
8860		77880		8931
		41030		8931
8860		36850		

3-7 续

行　　业					
	有限责任公司	国有独资公司	其他有限责任公司	股份有限公司	私营企业
金融业					
货币金融服务					
资本市场服务					
保险业					
其他金融业					
房地产业	13500		13500	2622	166537
房地产业	13500		13500	2622	166537
租赁和商务服务业					
租赁业					
商务服务业					
科学研究和技术服务业	1398		1398		5713
研究和试验发展					
专业技术服务业	1398		1398		5713
科技推广和应用服务业					
水利、环境和公共设施管理业	3606		3606		37880
水利管理业					9800
生态保护和环境治理业					14380
公共设施管理业	3606		3606		13700
居民服务、修理和其他服务业					8595
居民服务业					
机动车、电子产品和日用产品修理业					8595
其他服务业					
教育					4104
教育					4104
卫生和社会工作					
卫生					
社会工作					
文化、体育和娱乐业					81583
新闻和出版业					
广播、电视、电影和影视录音制作业					
文化艺术业					68260
体育					1800
娱乐业					11523
公共管理、社会保障和社会组织					
中国共产党机关					
国家机构					
人民政协、民主党派					
社会保障					
群众团体、社会团体和其他成员组织					
基层群众自治组织					
国际组织					

表 5

单位:万元

私营独资企业	私营合伙企业	私营有限责任公司	私营股份有限公司	其他企业
		159002	7535	12024
		159002	7535	12024
				800
				800
		5713		
		5713		
3200		33180	1500	23030
		9800		5340
		14380		2990
3200		9000	1500	14700
		8595		
		8595		
4104				49207
4104				49207
49000	1800	30783		37890
49000		19260		9230
	1800			12200
		11523		16460

3-7 续

行　　业	港、澳、台商投资企业	合资经营企业(港或澳、台资)
总　　计	7942	7942
农、林、牧、渔业		
农业		
林业		
畜牧业		
渔业		
农、林、牧、渔服务业		
采矿业	7942	7942
煤炭开采和洗选业	7942	7942
石油和天然气开采业		
黑色金属矿采选业		
有色金属矿采选业		
非金属矿采选业		
开采辅助活动		
其他采矿业		
制造业		
农副食品加工业		
食品制造业		
酒、饮料和精制茶制造业		
烟草制品业		
纺织业		
纺织服装、服饰业		
皮革、毛皮、羽毛及其制品和制鞋业		
木材加工和木、竹、藤、棕、草制品业		
家具制造业		
造纸和纸制品业		
印刷和记录媒介复制业		
文教、工美、体育和娱乐用品制造业		
石油加工、炼焦和核燃料加工业		
化学原料和化学制品制造业		
医药制造业		
化学纤维制造业		
橡胶和塑料制品业		
非金属矿物制品业		
黑色金属冶炼和压延加工业		
有色金属冶炼和压延加工业		
金属制品业		
通用设备制造业		

表 6

单位:万元

外商投资企业	中外合资经营企业	中外合作经营企业	外资企业
168910			168910
168910			168910
168910			168910

3-8 按构成分

行　　业	本年完成投资	住　宅
总　　计	8693980	46651
农、林、牧、渔业	1610451	
农业	298739	
林业	207878	
畜牧业	929143	
渔业	29645	
农、林、牧、渔服务业	145046	
采矿业	886978	
煤炭开采和洗选业	788494	
石油和天然气开采业	4924	
黑色金属矿采选业		
有色金属矿采选业	1789	
非金属矿采选业	55028	
开采辅助活动	36743	
其他采矿业		
制造业	1124608	
农副食品加工业	141009	
食品制造业	54386	
酒、饮料和精制茶制造业		
烟草制品业		
纺织业		
纺织服装、服饰业	2603	
皮革、毛皮、羽毛及其制品和制鞋业	1189	
木材加工和木、竹、藤、棕、草制品业	8974	
家具制造业	120	
造纸和纸制品业		
印刷和记录媒介复制业	5260	
文教、工美、体育和娱乐用品制造业	8565	
石油加工、炼焦和核燃料加工业		
化学原料和化学制品制造业	92701	
医药制造业	73500	
化学纤维制造业		
橡胶和塑料制品业	5170	
非金属矿物制品业	324885	
黑色金属冶炼和压延加工业		
有色金属冶炼和压延加工业	50000	
金属制品业		
通用设备制造业	42382	

固定资产投资（2015 年）

单位：万元

建筑工程	安装工程	设备工器具购置	其他费用
4602813	1120126	1920605	1050436
1094426	177085	198736	140204
144620	52368	53721	48030
117603	23497	37590	29188
696056	90937	98058	44092
13682	6097	3112	6754
122465	4186	6255	12140
333892	114565	312878	125643
289433	101763	294993	102305
1038	1427	1328	1131
1195	17	577	
30184	4402	10864	9578
12042	6956	5116	12629
454960	194437	320434	154777
76871	30638	23175	10325
36496	6310	11580	
2010	593		
	1189		
2065	2191	2025	2693
120			
3480	1780		
8565			
44047	11694	27029	9931
34106	12766	26628	
5170			
143838	58285	110709	12053
18337	3989	27674	
7960	598	30668	3156

3-8 续

行　业	本年完成投资	住　宅
专用设备制造业	20060	
汽车制造业	43273	
铁路、船舶、航空航天和其他运输设备制造业	4116	
电气机械和器材制造业	111733	
计算机、通信和其他电子设备制造业	4984	
仪器仪表制造业		
其他制造业		
废弃资源综合利用业	121198	
金属制品、机械和设备修理业	8500	
电力、热力、燃气及水生产和供应业	2276879	
电力、热力生产和供应业	2018788	
燃气生产和供应业	149981	
水的生产和供应业	108110	
建筑业	8444	
房屋建筑业	8444	
土木工程建筑业		
建筑安装业		
建筑装饰和其他建筑业		
批发和零售业	300329	
批发业	132126	
零售业	168203	
交通运输、仓储和邮政业	713912	
铁路运输业	275634	
道路运输业	370290	
水上运输业		
航空运输业		
管道运输业		
装卸搬运和运输代理业	61388	
仓储业	6600	
邮政业		
住宿和餐饮业	95671	
住宿业	49961	
餐饮业	45710	
信息传输、软件和信息技术服务业		
电信、广播电视和卫星传输服务		
互联网和相关服务		
软件和信息技术服务业		

表 1

单位:万元

建筑工程	安装工程	设备工器具购置	其他费用
13337	3428	1811	1484
13260	24372	5641	
4116			
35252	30232	39716	6533
1159	1345		2480
2866	2238	9972	106122
1905	2789	3806	
671863	395830	873350	335836
560849	376423	762130	319386
57581	16564	72570	3266
53433	2843	38650	13184
6176	809	1459	
6176	809	1459	
189778	66443	37216	6892
76284	22636	31333	1873
113494	43807	5883	5019
519270	14380	42149	138113
205891	2806	23587	43350
248491	11574	15462	94763
58288		3100	
6600			
88235	2889	2425	2122
44647	2889	2425	
43588			2122

3-8 续

行　业	本年完成投资	住　宅
金融业		
货币金融服务		
资本市场服务		
保险业		
其他金融业		
房地产业	443588	45671
房地产业	443588	45671
租赁和商务服务业	1777	800
租赁业		
商务服务业	1777	800
科学研究和技术服务业	7767	
研究和试验发展		
专业技术服务业	7767	
科技推广和应用服务业		
水利、环境和公共设施管理业	968463	
水利管理业	179453	
生态保护和环境治理业	32967	
公共设施管理业	756043	
居民服务、修理和其他服务业	17891	
居民服务业		
机动车、电子产品和日用产品修理业	17891	
其他服务业		
教育	63672	
教育	63672	
卫生和社会工作	18078	
卫生	18078	
社会工作		
文化、体育和娱乐业	129409	
新闻和出版业		
广播、电视、电影和影视录音制作业		
文化艺术业	81628	
体育	19798	
娱乐业	27983	
公共管理、社会保障和社会组织	26063	180
中国共产党机关		
国家机构	13964	
人民政协、民主党派		
社会保障	12099	180
群众团体、社会团体和其他成员组织		
基层群众自治组织		

表 2

单位:万元

建筑工程	安装工程	设备工器具购置	其他费用
295631	90677	33019	24261
295631	90677	33019	24261
1677	100		
1677	100		
7196	160	355	56
7196	160	355	56
787953	36137	42536	101837
163552	3275	7019	5607
25789	1376	4746	1056
598612	31486	30771	95174
7767	3423	2470	4231
7767	3423	2470	4231
55651	2769	4728	524
55651	2769	4728	524
1551		16527	
1551		16527	
70848	18458	24653	15450
38802	13276	15088	14462
11291	5182	3325	
20755		6240	988
15939	1964	7670	490
7372	102	6000	490
8567	1862	1670	

3-9 按建设性质分

行 业	新 建	扩 建	改建和技术改造
总 计	7633481	564745	284797
农、林、牧、渔业	1604032	6139	280
农业	298739		
林业	207878		
畜牧业	923784	5359	
渔业	29645		
农、林、牧、渔服务业	143986	780	280
采矿业	639070	135631	105752
煤炭开采和洗选业	546886	129331	105752
石油和天然气开采业	4924		
黑色金属矿采选业			
有色金属矿采选业	1789		
非金属矿采选业	48728	6300	
开采辅助活动	36743		
其他采矿业			
制造业	889153	23697	145655
农副食品加工业	131759		
食品制造业	54386		
酒、饮料和精制茶制造业			
烟草制品业			
纺织业			
纺织服装、服饰业	2603		
皮革、毛皮、羽毛及其制品和制鞋业		1189	
木材加工和木、竹、藤、棕、草制品业	8974		
家具制造业		120	
造纸和纸制品业			
印刷和记录媒介复制业	5260		
文教、工美、体育和娱乐用品制造业	8565		
石油加工、炼焦和核燃料加工业			
化学原料和化学制品制造业	82970	960	8771
医药制造业	55425		
化学纤维制造业			
橡胶和塑料制品业	5170		
非金属矿物制品业	262771	21428	19024
黑色金属冶炼和压延加工业			
有色金属冶炼和压延加工业			50000
金属制品业			
通用设备制造业	12190		13076

注：本表不含房地产开发投资。

固定资产投资(2015 年)

单位:万元

单纯建造生活设施	迁　建	恢　复	单纯购置
138329			72628
			6525
			6525
			66103
			9250
			18075
			21662
			17116

3-9 续

行　业	新　建	扩　建	改建和技术改造
专用设备制造业	20060		
汽车制造业	38273		5000
铁路、船舶、航空航天和其他运输设备制造业	4116		
电气机械和器材制造业	111733		
计算机、通信和其他电子设备制造业	4984		
仪器仪表制造业			
其他制造业			
废弃资源综合利用业	71414		49784
金属制品、机械和设备修理业	8500		
电力、热力、燃气及水生产和供应业	1868137	322491	6039
电力、热力生产和供应业	1614246	318291	6039
燃气生产和供应业	145781	4200	
水的生产和供应业	108110		
建筑业	8444		
房屋建筑业	8444		
土木工程建筑业			
建筑安装业			
建筑装饰和其他建筑业			
批发和零售业	259479	40850	
批发业	91276	40850	
零售业	168203		
交通运输、仓储和邮政业	705957		7955
铁路运输业	275634		
道路运输业	362335		7955
水上运输业			
航空运输业			
管道运输业			
装卸搬运和运输代理业	61388		
仓储业	6600		
邮政业			
住宿和餐饮业	95671		
住宿业	49961		
餐饮业	45710		
信息传输、软件和信息技术服务业			
电信、广播电视和卫星传输服务			
互联网和相关服务			
软件和信息技术服务业			

表 1

单位:万元

单纯建造生活设施	迁　建	恢　复	单纯购置
80212			
80212			

3-9 **续**

行　业	新　建	扩　建	改建和技术改造
金融业			
货币金融服务			
资本市场服务			
保险业			
其他金融业			
房地产业	380583	4500	388
房地产业	380583	4500	388
租赁和商务服务业	1777		
租赁业			
商务服务业	1777		
科学研究和技术服务业	6369		1398
研究和试验发展			
专业技术服务业	6369		1398
科技推广和应用服务业			
水利、环境和公共设施管理业	952953	9390	6120
水利管理业	179453		
生态保护和环境治理业	29977	2990	
公共设施管理业	743523	6400	6120
居民服务、修理和其他服务业	17891		
居民服务业			
机动车、电子产品和日用产品修理业	17891		
其他服务业			
教育	36053	16409	11210
教育	36053	16409	11210
卫生和社会工作	18078		
卫生	18078		
社会工作			
文化、体育和娱乐业	124171	5238	
新闻和出版业			
广播、电视、电影和影视录音制作业			
文化艺术业	77490	4138	
体育	18698	1100	
娱乐业	27983		
公共管理、社会保障和社会组织	25663	400	
中国共产党机关			
国家机构	13564	400	
人民政协、民主党派			
社会保障	12099		
群众团体、社会团体和其他成员组织			
基层群众自治组织			
国际组织			
国际组织			

表 2

单位:万元

单纯建造生活设施	迁　建	恢　复	单纯购置
58117			
58117			

3-10 按资金来源分

行业	本年资金来源小计	国家预算内资金	国内贷款
总　计	8215715	655718	715678
农、林、牧、渔业	1563645	117308	27219
农业	295561	12646	2900
林业	199414	74413	2000
畜牧业	894837	6627	22319
渔业	29127	7258	
农、林、牧、渔服务业	144706	16364	
采矿业	843290		46786
煤炭开采和洗选业	749141		46786
石油和天然气开采业	4924		
黑色金属矿采选业			
有色金属矿采选业	1790		
非金属矿采选业	50692		
开采辅助活动	36743		
其他采矿业			
制造业	1079780	4768	88431
农副食品加工业	127786		
食品制造业	53665		4015
酒、饮料和精制茶制造业			
烟草制品业			
纺织业			
纺织服装、服饰业	2603		
皮革、毛皮、羽毛及其制品和制鞋业	1189		
木材加工和木、竹、藤、棕、草制品业	8974		
家具制造业	120		
造纸和纸制品业			
印刷和记录媒介复制业	5260		
文教、工美、体育和娱乐用品制造业	8565		
石油加工、炼焦和核燃料加工业			
化学原料和化学制品制造业	79709		3000
医药制造业	72852		
化学纤维制造业			
橡胶和塑料制品业	5170		
非金属矿物制品业	319705		700
黑色金属冶炼和压延加工业			
有色金属冶炼和压延加工业	39184		
金属制品业			
通用设备制造业	42583		

注:本表不含房地产开发投资。

固定资产投资(2015年)

单位:万元

利用外资	自筹资金	企事业单位自有资金	其他资金
200	6765802	68020	78317
200	1414853		4065
	280015		
	120501		2500
	864438		1453
200	21669		
	128230		112
	796144	48762	360
	702355	46462	
	4924		
	1790		
	50332	2300	360
	36743		
	982647		3934
	126976		810
	49320		330
	2603		
	1000		189
	8974		
	120		
	5260		
	8200		365
	76709		
	72232		620
	5170		
	318525		480
	39184		
	42583		

3-10 续

行　业	本年资金来源小计	国家预算内资金	国内贷款
专用设备制造业	19847	4768	
汽车制造业	42920		
铁路、船舶、航空航天和其他运输设备制造业	4232		
电气机械和器材制造业	111652		79216
计算机、通信和其他电子设备制造业	4984		
仪器仪表制造业			
其他制造业			
废弃资源综合利用业	122184		
金属制品、机械和设备修理业	6596		1500
电力、热力、燃气及水生产和供应业	2146832	32862	271773
电力、热力生产和供应业	1905021	32862	271492
燃气生产和供应业	140702		
水的生产和供应业	101109		281
建筑业	8450		
房屋建筑业	8450		
土木工程建筑业			
建筑安装业			
建筑装饰和其他建筑业			
批发和零售业	298902		
批发业	130524		
零售业	168378		
交通运输、仓储和邮政业	578571	47620	187363
铁路运输业	246000		105000
道路运输业	266369	47620	82363
水上运输业			
航空运输业			
管道运输业			
装卸搬运和运输代理业	60458		
仓储业	5744		
邮政业			
住宿和餐饮业	94426		2000
住宿业	48716		2000
餐饮业	45710		
信息传输、软件和信息技术服务业			
电信、广播电视和卫星传输服务			
互联网和相关服务			
软件和信息技术服务业			

表 1

单位:万元

利用外资	自筹资金		其他资金
		企事业单位自有资金	
	15079		
	42160		760
	4232		
	32056		380
	4984		
	122184		
	5096		
	1838674	19258	3523
	1600028	19258	639
	137818		2884
	100828		
	8450		
	8450		
	298332		570
	129954		570
	168378		
	279683		63905
	141000		
	73311		63075
	59628		830
	5744		
	92426		
	46716		
	45710		

3-10 续

行　　业	本年资金来源小计	国家预算内资金	国内贷款
金融业			
货币金融服务			
资本市场服务			
保险业			
其他金融业			
房地产业	407049	48302	
房地产业	407049	48302	
租赁和商务服务业	1777		
租赁业			
商务服务业	1777		
科学研究和技术服务业	7832	600	
研究和试验发展			
专业技术服务业	7832	600	
科技推广和应用服务业			
水利、环境和公共设施管理业	937748	379413	89306
水利管理业	180583	55717	82934
生态保护和环境治理业	32967	18587	
公共设施管理业	724198	305109	6372
居民服务、修理和其他服务业	17916	2446	
居民服务业			
机动车、电子产品和日用产品修理业	17916	2446	
其他服务业			
教育	59632	8690	1000
教育	59632	8690	1000
卫生和社会工作	17721		
卫生	17721		
社会工作			
文化、体育和娱乐业	127402	1100	1800
新闻和出版业			
广播、电视、电影和影视录音制作业			
文化艺术业	80590		1800
体育	20498	1100	
娱乐业	26314		
公共管理、社会保障和社会组织	24742	12609	
中国共产党机关			
国家机构	13740	2822	
人民政协、民主党派			
社会保障	11002	9787	
群众团体、社会团体和其他成员组织			

表 2

单位：万元

利用外资	自筹资金		其他资金
		企业事业单位自有资金	
	358267		480
	358267		480
	1777		
	1777		
	7232		
	7232		
	467869		1160
	41672		260
	14380		
	411817		900
	15470		
	15470		
	49942		
	49942		
	17401		320
	17401		320
	124502		
	78790		
	19398		
	26314		
	12133		
	10918		
	1215		

3-11 固定资产投资规模

生产能力(或效益)	建设规模	本年施工规模
原煤开采	840	645
洗煤	5547	4941
焦炭	0.2	0.2
水力发电		
火力发电	460	370.2
核能发电		
风力发电	183.65	135.71
太阳能发电	98.3	98.3
其他发电		
输电线路长度(110KV 及以上)		
水泥	203	3
平板玻璃		
新建铁路里程	193.81	21.81
复线里程		
电气化铁路里程		
新建高速铁路里程		
新建公路	128.1	29.3
其中:高速公路	64.5	
二级公路	63.6	29.3
改建公路	46.9	46.9
二级公路	46.9	46.9
新建独立公路桥梁		
新建独立公路隧道	800	800
新扩建公路客运站(个)		
新扩建公路客运站(平方米)		
城市自来水供水能力		
城市公共交通车辆购置		
新建轿车制造	3000	1760

及新增生产能力(2015 年)

单位:万元

本年新开工	累计新增生产能力	本年新增
213	360	213
4416.7	5546.7	4416.7
0.2	0.2	0.2
230.2	270.8	230.2
104.1	131.75	71.19
78.3	96.1	96.1
	6.7	6.7
20.65	193.81	20.65
29.3	63.6	39.4
29.3	63.6	39.4
46.9	46.9	46.9
46.9	46.9	46.9
800	800	800
1760	1760	1760

3-12 固定资产投资总规模及

行　　业	计划总投资	自开始建设至本年底累计完成投资	本年完成投资
总　　计	17956273	16017550	8693980
农、林、牧、渔业	1850055	1766801	1610451
农业	340322	326682	298739
林业	228941	209080	207878
畜牧业	1089792	1052045	929143
渔业	29045	29645	29645
农、林、牧、渔服务业	161955	149349	145046
采矿业	2158188	2152112	886978
煤炭开采和洗选业	2039210	2028843	788494
石油和天然气开采业	4924	4924	4924
黑色金属矿采选业			
有色金属矿采选业	1999	1999	1789
非金属矿采选业	75312	79603	55028
开采辅助活动	36743	36743	36743
其他采矿业			
制造业	2152609	2154892	1124608
农副食品加工业	297078	306327	141009
食品制造业	101400	102688	54386
酒、饮料和精制茶制造业			
烟草制品业			
纺织业			
纺织服装、服饰业	2169	2603	2603
皮革、毛皮、羽毛及其制品和制鞋业	991	1189	1189
木材加工和木、竹、藤、棕、草制品业	8974	8974	8974
家具制造业	1000	1034	120
造纸和纸制品业			
印刷和记录媒介复制业	6000	7200	5260
文教、工美、体育和娱乐用品制造业	8354	10025	8565
石油加工、炼焦和核燃料加工业			
化学原料和化学制品制造业	214869	219376	92701
医药制造业	78760	80529	73500
化学纤维制造业			
橡胶和塑料制品业	4580	5490	5170
非金属矿物制品业	492190	466569	324885
黑色金属冶炼和压延加工业			
有色金属冶炼和压延加工业	50000	50000	50000
金属制品业			
通用设备制造业	69427	56923	42382

新增固定资产（2015 年）

单位：万元

施工项目(个)	本年新开工	本年投产项目(个)	本年新增固定资产
880	682	762	6172704
275	260	246	1440725
43	40	37	270025
40	38	33	168223
169	161	156	862904
6	6	6	29645
17	15	14	109928
100	78	91	744181
81	64	72	645687
1	1	1	4924
1		1	1789
12	8	12	55038
5	5	5	36743
114	69	101	899459
18	8	18	131759
7	4	6	51127
1		1	2603
1	1	1	1189
2	2	2	8974
1		1	120
1		1	5260
1		1	8565
7	3	5	64719
4	3	4	55425
1		1	5170
47	36	41	249452
1	1	1	50000
6	2	4	22052

3-12 续

行　　业	计划总投资	自开始建设至本年底累计完成投资	本年完成投资
专用设备制造业	25328	25328	20060
汽车制造业	145800	173956	43273
铁路、船舶、航空航天和其他运输设备制造业	13531	10614	4116
电气机械和器材制造业	144196	145206	111733
计算机、通信和其他电子设备制造业	4984	4984	4984
仪器仪表制造业			
其他制造业			
废弃资源综合利用业	474478	467377	121198
金属制品、机械和设备修理业	8500	8500	8500
电力、热力、燃气及水生产和供应业	5849856	4442611	2276879
电力、热力生产和供应业	5133468	4158559	2018788
燃气生产和供应业	408713	149986	149981
水的生产和供应业	307675	134066	108110
建筑业	26660	26662	8444
房屋建筑业	26660	26662	8444
土木工程建筑业			
建筑安装业			
建筑装饰和其他建筑业			
批发和零售业	326017	328001	300329
批发业	157814	159798	132126
零售业	168203	168203	168203
交通运输、仓储和邮政业	2968698	2726504	713912
铁路运输业	1551220	1577605	275634
道路运输业	1275990	981040	370290
水上运输业			
航空运输业			
管道运输业			
装卸搬运和运输代理业	129788	156044	61388
仓储业	11700	11815	6600
邮政业			
住宿和餐饮业	94967	95671	95671
住宿业	49257	49961	49961
餐饮业	45710	45710	45710
信息传输、软件和信息技术服务业			
电信、广播电视和卫星传输服务			
互联网和相关服务			
软件和信息技术服务业			

表 1

单位:万元

施工项目(个)		本年投产项目(个)	本年新增固定资产
	本年新开工		
4	2	4	24770
2	1	2	43273
1			
5	3	5	111733
1	1	1	4984
2	1	1	49784
1	1	1	8500
72	34	49	939638
55	23	36	891507
8	6	7	30212
9	5	6	17919
1		1	8444
1		1	8444
25	24	25	300329
10	9	10	132126
15	15	15	168203
33	19	28	273717
3	2	1	18000
25	16	22	182514
3		3	61388
2	1	2	11815
18	18	18	95671
10	10	10	49961
8	8	8	45710

3-12 续

行　　业	计划总投资	自开始建设至本年底累计完成投资	本年完成投资
金融业			
货币金融服务			
资本市场服务			
保险业			
其他金融业			
房地产业	1060060	902400	443588
房地产业	1060060	902400	443588
租赁和商务服务业	2798	3197	1777
租赁业			
商务服务业	2798	3197	1777
科学研究和技术服务业	10718	10653	7767
研究和试验发展			
专业技术服务业	10718	10653	7767
科技推广和应用服务业			
水利、环境和公共设施管理业	1070988	1024371	968463
水利管理业	196429	183723	179453
生态保护和环境治理业	33437	32970	32967
公共设施管理业	841122	807678	756043
居民服务、修理和其他服务业	64096	64096	17891
居民服务业			
机动车、电子产品和日用产品修理业	64096	64096	17891
其他服务业			
教育	80458	79226	63672
教育	80458	79226	63672
卫生和社会工作	28252	31006	18078
卫生	28252	31006	18078
社会工作			
文化、体育和娱乐业	174018	175748	129409
新闻和出版业			
广播、电视、电影和影视录音制作业			
文化艺术业	87060	89490	81628
体育	20498	19798	19798
娱乐业	66460	66460	27983
公共管理、社会保障和社会组织	37835	33599	26063
中国共产党机关			
国家机构	22952	21388	13964
人民政协、民主党派			
社会保障	14883	12211	12099
群众团体、社会团体和其他成员组织			
基层群众自治组织			
国际组织			

表 2

单位:万元

施工项目(个)	本年新开工	本年投产项目(个)	本年新增固定资产
54	26	44	353313
54	26	44	353313
2	1	2	1777
2	1	2	1777
5	4	4	6812
5	4	4	6812
136	120	114	865592
21	19	16	132020
7	6	5	16311
108	95	93	717261
4	2	4	17891
4	2	4	17891
14	12	13	59568
14	12	13	59568
2		2	18078
2		2	18078
13	11	12	125179
5	4	5	79198
5	5	4	17998
3	2	3	27983
12	4	8	22330
8	1	6	12737
4	3	2	9593

3-13 房地产开发施工、

指 标	合 计	住 宅	#90平方米及以下住房	#144平方米以上住房
房屋施工面积	7466793	5646235	2186149	859278
其中:本年新开工面积	1750492	1506493	890837	43175
本年房屋竣工面积	1549587	1142798	654269	120008
其中:不可销售面积	46358			
本年住宅竣工套数	–	11561	7846	668
本年房屋竣工价值	378166	299897	176134	38674
本年商品房销售面积	348375	338735	126435	105576
现房销售面积	110813	102683	32600	65668
期房销售面积	237562	236052	93835	39908
本年商品房销售额	126177	119019	44196	37947
现房销售额	46479	40177	9714	29709
期房销售额	79698	78842	34482	8238
本年商品住宅销售套数	–	3008	1468	569
现房销售套数	–	755	370	344
期房销售套数	–	2253	1098	225
待售面积	1728755	1342861	761338	346369
其中:待售1–3年(含1年)	702259	596535	550934	7250
待售3年以上(含3年)				

销售和空置情况(2015年)

单位:万元

#别墅、高档公寓	办公楼	商业营业用房	其　他
2887	207519	974572	638467
	3887	132598	107514
	64790	153535	188464
			46358
	–		–
	15496	41137	21636
		9410	230
		7900	230
		1510	
		7086	72
		6230	72
		856	
	–		–
	–		–
	–		–
	45675	194440	145779
	24115	37400	44209

3-14 房地产开发财务情况

指　　标	2014	2015
年初存货	744669.2	493727.9
流动资产合计	1636702.2	1854942
应收账款	54391.7	67886.1
存货	798747.5	1058940.6
固定资产合计	65847	64700.8
固定资产原价	44886.6	40342.8
累计折旧	8408.5	6779.3
本年折旧	1407.4	1436.1
在建工程	38351	74213.7
资产总计	1832178.3	2163247
流动负债合计	1627797.2	1877340.7
应付账款	496166	338692.2
非流动负债合计	32251.2	34602.5
负债合计	1660048.4	1911943.2
所有者权益合计	172129.9	251303.8
实收资本	129185.7	192713.4
营业收入	101331.4	270614.2
主营业务收入	101005.7	270303.9
土地转让收入	160.3	12496.2
商品房屋销售收入	100095.4	247045.2
房屋出租收入	216.5	2540.4
其他收入	533.5	8222.1

3-14 续表

指　　标	2014	2015
营业成本	241315.7	90467.2
主营业务成本	224755.6	81643.4
营业税金及附加	20589.3	5424.8
主营业务税金及附加	20064.4	5405.7
其他业务利润	115.8	141.1
销售费用	6529.9	4994.9
管理费用	13003.7	10518.6
其中:税金	292.9	367
财务费用	12015.1	24246.6
利息收入	231.2	64.3
利息支出	10677.7	10957.1
资产减值损失	38.3	-25.7
公允价值变动收益	-5.4	4.6
投资收益	-21	-17
营业利润	-24338.7	-32186.5
营业外收入	752.2	576.3
补贴收入	1	1
营业外支出	1029.9	99.3
利润总额	-24613.3	-31709.5
应交所得税	2801.7	-410.5
本年应付职工薪酬(贷方累计发生额)	22049.9	8072.1

3-15 房地产

指　　标	企业个数（个）	计划总投资
合　　计	94	2415830
按登记注册类型分：	94	
内资企业	93	2415830
国有企业	1	
集体企业		
股份合作企业		
国有联营企业		
集体联营企业		
国有与集体联营企业		
其他联营企业		
国有独资公司	2	270000
其他有限责任公司	11	341810
股份有限公司	1	225400
私营独资企业		
私营合伙企业		
私营有限责任公司	67	1548972
私营股份有限公司	11	29648
其他企业		
港澳台商投资企业	1	
与港澳台商合资经营企业		
与港澳台商合资合作经营企业		
港澳台商独资经营企业	1	
港澳台商投资股份有限公司		
其他港澳台投资		
外商投资企业		
中外合资经营企业		
中外合作经营企业		
外资企业		
外商投资股份有限公司		
其他外商投资		
按控股情况分：	94	
国有控股	5	548101
集体控股		
私人控股	87	1867729
港澳台商控股	1	
外商控股		
其他	1	

开发投资(2015年)

单位:万元

累计完成投资	本年完成投资	#配套工程投资
2148474	676628	
2148474	676628	
199328	51354	
347062	100944	
145252	72252	
1427263	451696	
29569	382	
396573	140649	
1751901	535979	

3-15 续

指　　标	建筑工程	安装工程
合　　计	480909	150676
按登记注册类型分：		
内资企业	480909	150676
国有企业		
集体企业		
股份合作企业		
国有联营企业		
集体联营企业		
国有与集体联营企业		
其他联营企业		
国有独资公司	51354	0
其他有限责任公司	86310	12114
股份有限公司	65854	6398
私营独资企业		
私营合伙企业		
私营有限责任公司	277009	132164
私营股份有限公司	382	0
其他企业		
港澳台商投资企业		
与港澳台商合资经营企业		
与港澳台商合资合作经营企业		
港澳台商独资经营企业		
港澳台商投资股份有限公司		
其他港澳台投资		
外商投资企业		
中外合资经营企业		
中外合作经营企业		
外资企业		
外商投资股份有限公司		
其他外商投资		
按控股情况分：		
国有控股	131731	6398
集体控股		
私人控股	349178	144278
港澳台商控股		
外商控股		
其他		

表 1

单位:万元

设备工器具购置	其他费用	#旧建筑物购置费	#土地购置费
37573	7470	0	1590
37573	7470	0	1590
0	0	0	0
0	2520	0	0
0	0	0	0
37573	4950	0	1590
0	0	0	0
0	2520	0	0
37573	4950	0	1590

3-15 续

指　　标	住　宅	#90平方米及以下住房	#144平方米以上住房	#别 墅、高档公寓
合　　计	560594	340424	38159	477
按登记注册类型分:				
内资企业	560594	340424	38159	477
国有企业				
集体企业				
股份合作企业				
国有联营企业				
集体联营企业				
国有与集体联营企业				
其他联营企业				
国有独资公司	51354	0	20542	0
其他有限责任公司	93802	83632	6191	0
股份有限公司	72252	72252	0	0
私营独资企业				
私营合伙企业				
私营有限责任公司	342804	184192	11392	477
私营股份有限公司	382	348	34	0
其他企业				
港澳台商投资企业				
与港澳台商合资经营企业				
与港澳台商合资合作经营企业				
港澳台商独资经营企业				
港澳台商投资股份有限公司				
其他港澳台投资				
外商投资企业				
中外合资经营企业				
中外合作经营企业				
外资企业				
外商投资股份有限公司				
其他外商投资				
按控股情况分:				
国有控股	140649	83104	26733	0
集体控股				
私人控股	419945	257320	11426	477
港澳台商控股				
外商控股				
其他				

表 2

单位:万元

办公楼	商业营业用房	其 他	本年新增固定资产
19394	73036	23604	402748
19394	73036	23604	402748
0	0	0	0
806	3140	3196	191632
0	0	0	24000
18588	69896	20408	159505
0	0	0	27611
0	0	0	24000
19394	73036	23604	378748

3-16 房地产开发资金

指　　标	本年资金来源合计	上年末结余资金	本年资金来源小计	国内贷款
合　　计	715462	134432	581030	47599
按登记注册类型分:				
内资企业	715462	134432	581030	47599
国有企业	0	0	0	0
集体企业				
股份合作企业				
国有联营企业				
集体联营企业				
国有与集体联营企业				
其他联营企业				
国有独资公司	51354	0	51354	0
其他有限责任公司	97529	9184	88345	0
股份有限公司	69189	58460	10729	0
私营独资企业				
私营合伙企业				
私营有限责任公司	497008	66788	430220	47599
私营股份有限公司	382	0	382	0
其他企业				
港澳台商投资企业	0	0	0	0
与港澳台商合资经营企业				
与港澳台商合资合作经营企业				
港澳台商独资经营企业	0	0	0	0
港澳台商投资股份有限公司				
其他港澳台投资				
外商投资企业				
中外合资经营企业				
中外合作经营企业				
外资企业				
外商投资股份有限公司				
其他外商投资				
按控股情况分:				
国有控股	137586	58460	79126	0
集体控股				
私人控股	577876	75972	501904	47599
港澳台商控股	0	0	0	0
外商控股				
其他	0	0	0	0

来源情况(2015 年)

单位:万元

利用外资	自筹资金	其他资金来源	#定金及预付款
0	362085	171346	126468
0	362085	171346	126468
0	0	0	0
0	51354	0	0
0	24738	63607	57607
0	520	10209	10209
0	285091	97530	58652
0	382	0	0
0	0	0	0
0	0	0	0
0	68917	10209	10209
0	293168	161137	116259
0	0	0	0
0	0	0	0

3-17 房地产开发企业

指　　标	年初存货	流动资产合计	应收账款	存货
合　　计	744669.2	1636702.2	54391.7	798747.5
按登记注册类型分：				
内资企业	744669.2	1636702.2	54391.7	798747.5
国有企业	0	41614.2	270.6	10174.5
集体企业				
股份合作企业				
国有联营企业				
集体联营企业				
国有与集体联营企业				
其他联营企业				
国有独资公司	91746.2	150611.8	578.8	111209.6
其他有限责任公司	34693.5	126019.9	4418.2	40250
股份有限公司	34416.8	40131.8	0	38821.2
私营独资企业				
私营合伙企业				
私营有限责任公司	559736.1	1189882.1	48526.5	529636
私营股份有限公司	24076.6	88442.4	597.6	68656.2
其他企业				
港澳台商投资企业	0	0	0	0
与港澳台商合资经营企业				
与港澳台商合资合作经营企业				
港澳台商独资经营企业	0	0	0	0
港澳台商投资股份有限公司				
其他港澳台投资				
外商投资企业				
中外合资经营企业				
中外合作经营企业				
外资企业				
外商投资股份有限公司				
其他外商投资				
按控股情况分：				
国有控股	142064.8	274554.4	849.4	177143.8
集体控股				
私人控股	601067.7	1356636.4	53368.7	617211.4
港澳台商控股	0	0	0	0
外商控股				
其他	1536.7	5511.4	173.6	4392.3

财务状况(2015年)

单位:万元

固定资产合计	固定资产原价	累计折旧	其中:本年折旧	在建工程	资产总计
65847	44886.6	8408.5	1407.4	38351	1832178.3
65122.2	44182.3	8388	1407.4	38351	1830271.9
227.7	550.6	346.4	25.3	23.6	41892
69.7	120.3	50.7	17.7	0	151190.5
4547.5	6273.5	1731.1	236.1	11594.5	160456.6
7977.3	8667	689.6	301.4	1443.3	51255.6
50443.9	26214.1	5061.5	678.4	25289.6	1324876.6
1856.1	2356.8	508.7	148.5	0	100600.6
724.8	704.3	20.5	0	0	20.5
724.8	704.3	20.5	0	0	1906.4
11914.3	13023.3	1132.5	359.7	1466.9	291264
53207.9	31159	7255.5	1047.7	36884.1	1533496.5
724.8	704.3	20.5	0	0	1906.4
0	0	0	0	0	5511.4

3-17 续

指　　标	流动负债合计	其中:应付账款	非流动负债合计
合　　计	1627797.2	496166	32251.2
按登记注册类型分:			
内资企业	1627086.9	495659	32045.9
国有企业	40360	3972.2	300
集体企业			
股份合作企业			
国有联营企业			
集体联营企业			
国有与集体联营企业			
其他联营企业			
国有独资公司	144400.2	1539.5	0
其他有限责任公司	116190.9	28694.4	2687.9
股份有限公司	53847	47244.1	0
私营独资企业			
私营合伙企业			
私营有限责任公司	1187468.6	363973.6	21048
私营股份有限公司	84820.2	50235.2	8010
其他企业			
港澳台商投资企业	710.3	507	205.3
与港澳台商合资经营企业			
与港澳台商合资合作经营企业			
港澳台商独资经营企业	710.3	507	205.3
港澳台商投资股份有限公司			
其他港澳台投资			
外商投资企业			
中外合资经营企业			
中外合作经营企业			
外资企业			
外商投资股份有限公司			
其他外商投资			
按控股情况分:			
国有控股	271812.9	53614.4	300
集体控股			
私人控股	1350368.6	438610.5	31745.9
港澳台商控股	710.3	507	205.3
外商控股			
其他	4905.4	3434.1	0

表 1

单位:万元

负债合计	所有者权益合计	其中:实收资本
1660048.4	172129.9	129185.7
1659132.8	171139.1	128194.9
40660	1232	2000
144400.2	6790.3	7000
118878.8	41577.8	40526
53847	-2591.4	4000
1208516.6	116360	65874.2
92830.2	7770.4	8794.7
915.6	990.8	990.8
915.6	990.8	990.8
272112.9	19151.1	33000
1382114.5	151382	94588.9
915.6	990.8	990.8
4905.4	606	606

3-17 续

指　　标	营　业 收　入	#主营业务 收　入	土地转让 收　入	商品房屋 销售收入
合　计	101331.4	101005.7	160.3	100095.4
按登记注册类型分:				
内资企业	101331.4	101005.7	160.3	100095.4
国有企业	0	0	0	0
集体企业				
股份合作企业				
国有联营企业				
集体联营企业				
国有与集体联营企业				
其他联营企业				
国有独资公司	10.1	0	0	0
其他有限责任公司	21307.6	21147.6	0	21147.6
股份有限公司	25535.6	25535.6	0	25535.6
私营独资企业				
私营合伙企业				
私营有限责任公司	52441.5	52285.9	160.3	51375.6
私营股份有限公司	2036.6	2036.6	0	2036.6
其他企业				
港澳台商投资企业	0	0	0	0
与港澳台商合资经营企业				
与港澳台商合资合作经营企业				
港澳台商独资经营企业	0	0	0	0
港澳台商投资股份有限公司				
其他港澳台投资				
外商投资企业				
中外合资经营企业				
中外合作经营企业				
外资企业				
外商投资股份有限公司				
其他外商投资				
按控股情况分:				
国有控股	25545.7	25535.6	0	25535.6
集体控股				
私人控股	75385.7	75070.1	160.3	74159.8
港澳台商控股	0	0	0	0
外商控股				
其他	400	400	0	400

表 2

单位:万元

房屋出租收入	其他收入	营业成本	主营业务成本
216.5	533.5	90467.2	81643.4
216.5	533.5	90467.2	81643.4
0	0	381.2	381.2
0	0	1.2	0
0	0	24659.3	16018.5
0	0	21943.1	21943.1
216.5	533.5	42521.8	42340
0	0	960.6	960.6
0	0	0	0
0	0	0	0
0	0	25824.2	22324.3
216.5	533.5	64361.2	59037.3
0	0	0	0
0	0	281.8	281.8

3-17 续

指　　标	营业税金及附加	# 主营业务税金及附加	其他业务利润	销售费用
合　　计	5424.8	5405.7	141.1	4994.9
按登记注册类型分：				
内资企业	5411.3	5392.2	141.1	4973.6
国有企业	0	0	0	9.8
集体企业				
股份合作企业				
国有联营企业				
集体联营企业				
国有与集体联营企业				
其他联营企业				
国有独资公司	0.5	0	0	8.8
其他有限责任公司	1345.3	1345.3	141.1	797.6
股份有限公司	1692.1	1692.1	0	902.2
私营独资企业				
私营合伙企业				
私营有限责任公司	2223.8	2205.2	0	3137.2
私营股份有限公司	149.6	149.6	0	118
其他企业				
港澳台商投资企业	13.5	13.5	0	21.3
与港澳台商合资经营企业				
与港澳台商合资合作经营企业				
港澳台商独资经营企业	13.5	13.5	0	21.3
港澳台商投资股份有限公司				
其他港澳台投资				
外商投资企业				
中外合资经营企业				
中外合作经营企业				
外资企业				
外商投资股份有限公司				
其他外商投资				
按控股情况分：				
国有控股	1692.6	1692.1	0	1562.2
集体控股				
私人控股	3682.9	3664.3	141.1	3411.4
港澳台商控股	13.5	13.5	0	21.3
外商控股				
其他	35.8	35.8	0	0

表 3

单位:万元

管理费用	税金	财务费用	利息收入	利息支出
10518.6	367	24246.6	64.3	10957.1
10494.6	349.3	24235.6	64.3	10957.1
372.4	0	0.4	0	0
81.9	0.3	-3.1	4.2	0
1762.4	198.6	3948.4	33.4	3873.3
1441.4	0	13099.7	0	0
6356.5	150.3	7163.9	25.2	7058.8
480	0.1	26.3	1.5	25
24	17.7	11	0	0
24	17.7	11	0	0
2413.2	198.8	15436.6	37.1	2371.8
7999	150.5	8799	27.2	8585.3
24	17.7	11	0	0
82.4	0	0	0	0

3-17 续

指　　标	资产减值损失	公允价值变动收益	投资收益	营业利润	营业外收入
合　　计	-25.7	4.6	-17	-32186.5	576.3
按登记注册类型分：					
内资企业	-25.7	4.6	-17	-32116.7	576.3
国有企业	0.5	0	10	-754.3	111.5
集体企业					
股份合作企业					
国有联营企业					
集体联营企业					
国有与集体联营企业					
其他联营企业					
国有独资公司	0	0	0	-101.4	0
其他有限责任公司	0.3	0	0	-7726	0.7
股份有限公司	0	0	0	-13542.9	23
私营独资企业					
私营合伙企业					
私营有限责任公司	-26.5	4.6	-27	-10294.6	441.1
私营股份有限公司	0	0	0	302.5	0
其他企业					
港澳台商投资企业	0	0	0	-69.8	0
与港澳台商合资经营企业					
与港澳台商合资合作经营企业					
港澳台商独资经营企业	0	0	0	-69.8	0
港澳台商投资股份有限公司					
其他港澳台投资					
外商投资企业					
中外合资经营企业					
中外合作经营企业					
外资企业					
外商投资股份有限公司					
其他外商投资					
按控股情况分：					
国有控股	0.8	0	10	-17897.3	134.7
集体控股					
私人控股	-26.5	4.6	-27	-14219.4	441.6
港澳台商控股	0	0	0	-69.8	0
外商控股					
其他	0	0	0	0	0

表 4

单位:万元

补贴收入	营业外支出	利润总额	应交所得税	应付职工薪酬（贷方累计发生额）	年末从业人员总计（人）
10	99.3	-31709.5	-410.5	8072.1	2697
10	99.3	-31639.7	-428.2	7922.1	2657
0	3.1	-645.9	0	179.2	133
0	2.1	-103.5	0	69.4	140
0	3.8	-7729.1	-430.2	711.9	271
0	0	-13519.9	0	436.8	102
10	90.1	-9943.6	-1.7	5989.9	1780
0	0.2	302.3	3.7	534.9	231
0	0	-69.8	17.7	150	40
0	0	-69.8	17.7	150	40
0	5.2	-17767.8	-640.3	828	406
10	94.1	-13871.9	212.1	7077.6	2239
0	0	-69.8	17.7	150	40
0	0	0	0	16.5	12

3-18 房地产开发完成情况

单位:万元

项　　目	2014	2015
本年完成投资(万元)	771700	676628
#住　宅	556112	560594
本年新增固定资产(万元)		
本年商品房销售额 (万元)	455594	126177
#住　宅	332944	119019
本年商品房销售面积 (万平方米)	132	35
#住　宅	108	34
本年房屋施工面积　(万平方米)	841	746
#住　宅	608.1	565
#房屋新开工面积　(万平方米)	208	175
#住　宅	154.8	151
本年房屋竣工面积(万平方米)	89.4	155
#住　宅	70.7	114

主要统计指标解释

全社会固定资产投资 是以货币形式表现的在一定时期内全社会建造和购置固定资产的工作量以及与此有关的费用的总称。该指标是反映固定资产投资规模、结构和发展速度的综合性指标，又是观察工程进度和考核投资效果的重要依据。全社会固定资产投资按登记注册类型可分为国有、集体、个体、联营、股份制、外商、港澳台商、其他等。

从2011年起，城镇固定资产投资数据发布口径改为固定资产投资（不含农户），固定资产投资（不含农户）等于原口径的城镇固定资产投资加上农村企事业组织项目投资，除房地产投资、农村个人投资外，固定资产投资统计起点由50万元提高到500万元，增长速度按可比口径计算。

房地产开发投资 指各种登记注册类型的房地产开发法人单位统一开发的包括统代建、拆迁还建的住宅、厂房、仓库、饭店、宾馆、度假村、写字楼、办公楼等房屋建筑物，配套的服务设施，土地开发工程（如道路、给水、排水、供电、供热、通讯、平整场地等基础设施工程）和土地购置的投资；不包括单纯的土地交易活动。

固定资产投资的资金来源 指固定资产投资单位在报告期收到的，用于固定资产投资的各种货币资金。根据固定资产投资的资金来源不同，分为国家预算资金、国内贷款、债券、利用外资、自筹资金和其他资金。

（1）国家预算资金：自2011年起，各级财政的所有资金，包括税收和非税收入，均必须纳入预算管理，因此各级政府用于固定资产投资的财政资金均为预算资金。由于已经没有预算外资金，因此名称改为国家预算资金，包括中央预算资金和地方预算资金，旧的国家预算内资金的内容和现中央预算资金的内容基本一致。

国家预算包括一般预算、政府性基金预算、国有资本经营预算和社保基金预算。各类预算中用于固定资产投资的资金全部作为国家预算资金填报，其中一般预算中用于固定资产投资的部分包括基建投资、车购税、灾后恢复重建基金和其他财政投资。各级政府债券也应归入国家预算资金。

（2）国内贷款：指报告期固定资产投资项目单位向银行及非银行金融机构借入的用于固定资产投资的各种国内借款，包括银行贷款、非银行金融机构贷款等。

银行贷款：是指向各商业银行、政策性银行借入的用于固定资产投资的各项贷款。

非银行金融机构贷款：是指向除上述银行之外从事金融业务的机构借入的用于固定资产投资的各项贷款。非银行金融机构包括保险公司和养老基金（企业年金）、信托投资公司、金融租赁公司、金融资产管理公司、汽车金融服务公司，金融担保公司、证券公司、投资基金、证券交易所、其他金融辅助机构。

投资项目单位从上级部门、总公司或公司股东处取得的用于固定资产投资的资金中，来源于银行或非银行金融机构贷款的部分，也应归入国内贷款。

通过银行理财产品和信托产品筹集的资金，如果是用于固定资产投资的，也作为国内贷款统计。

报告期固定资产投资单位向银行及非银行金融机构借入的用于固定资产投资的长期借款和短期借款，均以报告期实际发生额计算。

（3）利用外资：指报告期收到的用于固定资产建造和购置的国外资金（包括设备、材料、技术在内）。包括对外借款（外国政府、国际金融组织贷款、出口信贷、外国银行商业贷款、对外发行债券和股票）、外商直接投资及外商其他投资。不包括我国自有外汇资金（国家外汇、地方外汇、留成外汇、调剂外汇和中国银行自有资金发行的外汇贷款等）。计算利用外资时，需要折算成人民币，折算中所使用的外汇汇率按现汇计算，即按使用外汇时的汇率计算。

（4）自筹资金：指固定资产投资单位在报告期收

到的，由各企事业单位筹集用于固定资产投资的资金，包括各类企事业单位的自有资金和从其他单位筹集的用于固定资产投资的资金，但不包括各类财政性资金、从各类金融机构借入资金和国外资金。自筹资金包括以下三项内容：企、事业单位自有资金、股东投入资金、借入资金。

（5）其他资金：指在报告期收到的除以上各种资金之外其他用于固定资产投资的资金，包括企业或金融机构通过发行各种债券筹集到的资金、群众集资、个人资金、无偿捐赠的资金及其他单位拨入的资金等。

固定资产投资按国民经济行业分 根据建设项目建成投产后的主要产品或主要用途及社会经济活动性质来确定国民经济行业。一般情况下，一个建设项目只能属于一种国民经济行业。

固定资产投资按隶属关系分 是按建设单位或企业、事业、行政单位的主管上级机关确定的。

（1）中央：是指中共中央、人大常委会和国务院各部、委、局、总公司以及直属机构直接领导的建设项目和企业、事业、行政单位。这些单位的固定资产投资计划由国务院各部门直接编制和下达，建设中所需物资、主要设备以及建设中的问题都由中央有关部门安排和解决。

（2）地方：是由省（自治区、直辖市）、地区（州、盟、省辖市）、县（旗、县级市）三级政府及业务主管部门直接领导和管理的建设项目、企业、事业、行政单位。地方项目还包括不隶属以上各级政府及主管部门的建设项目和企业、事业单位，如外商投资企业和无主管部门的企业等。

固定资产投资按建设性质分 根据整个建设项目情况来确定。建设项目的性质一般分为新建、扩建、改建和技术改造、迁建、恢复。

（1）新建：一般指从无到有"平地起家"开始建设的企业、事业和行政单位或建设项目。现有企业、事业、行政单位一般不属于新建。但如有的单位原有基础很小，经过建设后新增的固定资产价值超过该企、事业、行政单位原有固定资产价值（原值）三倍以上的也应作为新建。

（2）扩建：指在厂内或其他地点，为扩大原有产品的生产能力（或效益）或增加新的产品生产能力，而增建主要的生产车间（或主要工程）、分厂、独立的生产线。行政、事业单位在原单位增建业务用房（如学校增建教学用房、医院增建门诊部、病房等）也作为扩建。

现有企、事业单位为扩大原有主要产品生产能力或增加新的产品生产能力，增建一个或几个主要生产车间（或主要工程）、分厂，同时进行一些更新改造工程的，也应作为扩建。

（3）改建和技术改造：指现有企业、事业单位，对原有设施进行技术改造或更新（包括相应配套的辅助性生产、生活福利设施）的建设项目。现有企业、事业单位为适应市场变化的需要，而改变企业的主要产品种类（如军工企业转产民用品等）的建设项目，应作为改建。原有产品生产作业线由于各工序（车间）之间能力不平衡，为填平补齐充分发挥原有生产能力而增建不增加本企业主要产品设计能力的车间，也应作为改建。技术改造是指企业、事业单位在现有基础上，用先进的技术代替落后的技术，用先进的工艺和装备代替落后的工艺和装备，以改变企业落后的技术经济面貌，实现以内涵为主的扩大再生产，达到提高产品质量、促进产品更新换代、节约能源、降低消耗、扩大生产规模、全面提高社会经济效益的目的。技术改造具体包括以下内容：机器设备和工具的更新改造；生产工艺改革、节约能源和原材料的改造；厂房建筑和公共设施的改造；劳动条件和生产环境的改造等。

固定资产投资按构成分 固定资产投资活动按其工作内容和实现方式分为建筑安装工程，设备、工具、器具购置，其他费用三个部分。

（1）建筑安装工程（建筑安装工作量）：指各种房屋、建筑物的建造工程和各种设备、装置的安装工程。包括各种房屋建造工程；各种用途设备基础和各种工业窑炉的砌筑工程及金属结构工程；为施工而进行的各种准备工作和临时工程以及完工后的清理工作等；铁路、道路的铺设，矿井的开凿及石油管道的架设等；水利工程；防空地下建筑等特殊工程；列入房屋工程预算内的暖气、卫生、通风、照明、煤气等设备的价值及装设油饰工程；列入建筑工程预算内的各种管道(蒸汽、压缩空气、石油、给排水等管道)、电力、电讯电缆导线等的敷设工程;以及各种机械设备的安装工程;为测定安装工程质量,对设备进行的试运工作;房地产开发单位进行的商品房屋开发建设工程、土地开发工程。

在安装工程中,不包括被安装设备本身的价值。

(2)设备、工具、器具购置:指建设单位或企、事业单位购置或自制的,达到固定资产标准的设备、工具、器具的价值。新建单位及扩建单位的新建车间,按照设计或计划要求购置或自制的全部设备、工具、器具,不论是否达到固定资产标准均计入“设备、工具、器具购置”中。

(3)其他费用:指在固定资产建造和购置过程中发生的,除上述几项内容以外的各种应分摊计入固定资产的费用。

施工项目 指报告期内进行过建筑或安装施工活动的项目。凡是报告期内施过工的建设项目,不论施工时间长短,均作为施工项目统计。施工项目个数可以反映一定时期固定资产投资的实际规模,与同期全部建成投产项目个数相比,可以从建设速度的角度反映固定资产投资的效果。根据建设项目施工活动的不同性质,施工项目又分为:本年正式施工项目、本年收尾项目和以前年度全部停缓建项目。

全部建成投产项目 工业项目指设计文件规定形成生产能力的主体工程及其相应配套的辅助设施全部建成,经负荷试运转,证明具备生产设计规定合格产品的条件,并经过验收鉴定合格或达到竣工验收标准,与生产性工程配套的生活福利设施可以满足近期正常生产的需要,正式移交生产的建设项目。非工业项目指设计文件规定的主体工程和相应的配套工程全部建成,能够发挥设计规定的全部效益,经验收鉴定合格或达到竣工验收标准,正式移交使用的建设项目。

新增生产能力(或工程效益) 指通过固定资产投资活动而增加的设计能力(或工程效益),主要指标包括建设规模、本年施工规模、自开始建设累计新增生产能力(或工程效益)、本年新增生产能力(或工程效益)。

建设规模 指建设项目或工程设计文件中规定的全部设计能力(或工程效益)。包括已经建成投产和尚未建成投产的工程的生产能力(或工程效益)。

本年施工规模 指报告期内施工的单项工程(或更新改造项目)的设计能力(或工程效益),包括报告期以前已开工跨入本年继续施工的工程的设计能力和报告期新开工工程的设计能力。也包括报告期内建成投产或报告期施工后又停缓建的单项工程设计能力。不包括在报告期以前建成投产或已经停、缓建的工程,以及报告期内尚未正式开工的工程的设计能力。

自开始建设累计新增生产能力(或工程效益) 指自开始建设至本年底止建成投产的全部单项工程累计新增生产能力(或工程效益)。包括报告期以前已经建成投产和报告期内建成投产的单项工程的生产能力(或工程效益)。

本年新增生产能力(或工程效益) 指在本年度内按照新增生产能力(或工程效益)的计算条件和标准,实际建成投入生产或交付使用的生产能力(或工程效益)。

房屋施工面积 指报告期内施工的全部房屋建筑面积。包括本期新开工的面积、上期跨入本期继续施工的房屋面积、上期停缓建在本期恢复施工的房屋面积、本期竣工的房屋面积以及本期施工后又停缓建的房屋面积。多层建筑应填各层建筑面积之和。

房屋竣工面积 指在报告期内房屋建筑按照设计要求已全部完工,达到住人和使用条件,经验收鉴定合格或达到竣工验收标准,可正式移交使用的各栋房屋建筑面积的总和。

房屋竣工价值 指在报告期内按规定已经上报竣工的房屋本身的建造价值。一般按房屋设计和预算规定的内容计算。包括竣工房屋本身的基础、结构、屋面、装修以及水、电、卫等附属工程的建造价值,也包括作为房屋建筑组成部分而列入房屋建筑工程预算内的设备(如电梯、通风设备等)的购置和安装费用。不包括厂房内的工艺设备、工艺管线的购置和安装,工艺设备基础的建造,室外的水、暖、电、卫、道路工程、挡土墙等环境工程的费用,办公及生活用家具的购置等费用,购置土地的费用,迁移补偿费和场地平整的费用及城市建设配套投资。

新增固定资产　指报告期内已经完成建造和购置过程,并已交付生产或使用单位的固定资产价值。该指标是表示固定资产投资成果的价值指标，也是反映建设进度,计算固定资产投资效果的重要指标。

项目建设投产率　指一定时期内全部建成投产项目个数与同期施工项目个数的比率。该指标是从建设单位速度的角度反映投资效果的指标。

固定资产交付使用率　指一定时期新增固定资产与同期完成投资额的比率。该指标是反映固定资产动用速度，衡量建设过程中宏观投资效果的综合指标。由于新增固定资产是较长时期内形成的结果,而投资额则是当年完成的,因此,该指标一般适宜于反映较长时期内固定资产的动用情况。

04 能源消费与库存

4-1 主要耗能工业企业单位产品能源消耗情况

指　　标	单　位	2014	2015
吨原煤生产综合能耗	千克标准煤 / 吨	4.29	4.22
吨原煤生产耗电	千瓦时 / 吨	6.50	6.78
选煤电力单耗	千瓦时 / 吨	5.08	5.64
单位合成氨生产综合能耗	千克标准煤 / 吨	1575.02	1504.53
单位合成氨耗电	千瓦时 / 吨	1353.61	1219.23
吨水泥综合能耗	千克标准煤 / 吨	84.98	84.61
吨水泥综合电耗	千瓦时 / 吨	85.36	82.36
硅锰合金工序单位能耗	千克标准煤/标准吨	944.24	950.91
硅锰合金单位电耗	千瓦时 / 标准吨	4185.27	4155.78
单位电解铝综合能耗	千克标准煤 / 吨	1682.95	1723.44
电厂火力发电标准煤耗	克标准煤 / 千瓦时	307.83	307.29
电厂火力供电标准煤耗	克标准煤 / 千瓦时	331.65	331.52

4-2 规模以上工业企业能源购进、

指　　标	单　位	年初库存量	购进量	合计
原煤	吨	703668.17	81259445.91	174687302.20
其中:1.无烟煤	吨	85.00	11999.00	11999.00
2.炼焦烟煤	吨	0.00	0.00	0.00
3.一般烟煤	吨	656716.17	79447928.91	172870099.20
4.褐煤	吨	46867.00	1799518.00	1805204.00
洗精煤	吨	0.00	0.00	17085.00
其它洗煤	吨	0.00	295097.24	0.00
煤制品	吨	0.00	0.00	0.00
焦炭	吨	2708.23	141349.51	139372.74
其它焦化产品	吨	0.00	0.00	0.00
焦炉煤气	万立方米	0.00	0.00	0.00
高炉煤气	万立方米	0.00	0.00	0.00
转炉煤气	万立方米	0.00	0.00	0.00
发生炉煤气	万立方米	0.00	21280.00	21280.00
天然气(气态)	万立方米	51.00	6506.58	6550.58
液化天然气(液态)	吨	0.00	0.00	0.00
煤层气(煤田)	万立方米	0.00	0.00	0.00
原油	吨	0.00	0.00	0.00
汽油	吨	5.00	3793.17	3932.95
煤油	吨	0.00	0.00	0.67
柴油	吨	1066.33	149059.24	149545.98
燃料油	吨	65.71	841.86	717.41
液化石油气	吨	0.00	0.00	0.00
炼厂干气	吨	0.00	0.00	0.00
石脑油	吨	0.00	0.00	0.00
润滑油	吨	0.00	0.00	0.00
石蜡	吨	0.00	0.00	0.00
溶剂油	吨	0.00	0.00	0.00
石油焦	吨	0.00	0.00	0.00
石油沥青	吨	0.00	0.00	0.00
其它石油制品	吨	0.00	0.00	0.00
热力	百万千焦	0.00	1409115.00	1777117.00
电力	万千瓦时	0.00	420124.60	626473.64
煤矸石用于燃料	吨	0.00	2451186.70	2451186.70
城市垃圾用于燃料	吨	0.00	0.00	0.00
生物质废料用于燃料	吨	0.00	198303.00	198303.00
余热余压	百万千焦	0.00	0.00	0.00
其它工业废料用于燃料	吨	0.00	0.00	0.00
其它燃料	吨标准煤	0.00	162.00	716.12
能源合计	吨标准煤	0.00	0.00	111106588.57

消费与库存(2015年)

消费量				期末库存量
1.工业生产消费	用于原材料	2.非工业生产消费	合计中:运输工具消费	
174628141.28	17085.00	59160.92	0.00	665720.11
11899.00	11600.00	100.00	0.00	0.00
0.00	0.00	0.00	0.00	0.00
172811038.28	5485.00	59060.92	0.00	624539.11
1805204.00	0.00	0.00	0.00	41181.00
17085.00	0.00	0.00	0.00	0.00
0.00	0.00	0.00	0.00	0.00
0.00	0.00	0.00	0.00	0.00
139372.74	37321.99	0.00	0.00	4568.00
0.00	0.00	0.00	0.00	0.00
0.00	0.00	0.00	0.00	0.00
0.00	0.00	0.00	0.00	0.00
0.00	0.00	0.00	0.00	0.00
21280.00	0.00	0.00	0.00	0.00
6153.33	545.22	397.25	0.00	0.00
0.00	0.00	0.00	0.00	0.00
0.00	0.00	0.00	0.00	0.00
0.00	0.00	0.00	0.00	0.00
3001.79	0.00	931.17	368.52	3.87
0.00	0.00	0.67	0.00	0.00
146083.44	0.00	3462.54	2232.22	654.29
717.41	0.00	0.00	0.00	190.16
0.00	0.00	0.00	0.00	0.00
0.00	0.00	0.00	0.00	0.00
0.00	0.00	0.00	0.00	0.00
0.00	0.00	0.00	0.00	0.00
0.00	0.00	0.00	0.00	0.00
0.00	0.00	0.00	0.00	0.00
0.00	0.00	0.00	0.00	0.00
0.00	0.00	0.00	0.00	0.00
0.00	0.00	0.00	0.00	0.00
1777117.00	0.00	0.00	0.00	0.00
611451.79	0.00	15021.85	0.00	0.00
2451186.70	0.00	0.00	0.00	0.00
0.00	0.00	0.00	0.00	0.00
198303.00	0.00	0.00	0.00	0.00
0.00	0.00	0.00	0.00	0.00
0.00	0.00	0.00	0.00	0.00
716.12	0.00	0.00	0.00	0.00
111037157.69	0.00	69430.86	0.00	0.00

4-3 能源加工转换

指 标	单 位	工业生产消费量	加工转换投入合计	火力发电
原煤	吨	173843278.35	173704004.85	12638030.27
其中:1.无烟煤	吨	0.00	0.00	0.00
2.炼焦烟煤	吨	0.00	0.00	0.00
3.一般烟煤	吨	172038074.35	171898800.85	10894068.63
4.褐煤	吨	1805204.00	1805204.00	1743961.64
洗精煤	吨	17085.00	0.00	0.00
其它洗煤	吨	0.00	0.00	0.00
煤制品	吨	0.00	0.00	0.00
焦炭	吨	0.00	0.00	0.00
其它焦化产品	吨	0.00	0.00	0.00
焦炉煤气	万立方米	0.00	0.00	0.00
高炉煤气	万立方米	0.00	0.00	0.00
转炉煤气	万立方米	0.00	0.00	0.00
发生炉煤气	万立方米	0.00	0.00	0.00
天然气(气态)	万立方米	0.00	0.00	0.00
液化天然气(液态)	吨	0.00	0.00	0.00
煤层气(煤田)	万立方米	0.00	0.00	0.00
原油	吨	0.00	0.00	0.00
汽油	吨	2318.14	0.00	0.00
煤油	吨	0.00	0.00	0.00
柴油	吨	139628.79	2057.86	2040.91
燃料油	吨	717.41	0.00	0.00
液化石油气	吨	0.00	0.00	0.00
炼厂干气	吨	0.00	0.00	0.00
石脑油	吨	0.00	0.00	0.00
润滑油	吨	0.00	0.00	0.00
石蜡	吨	0.00	0.00	0.00
溶剂油	吨	0.00	0.00	0.00
石油焦	吨	0.00	0.00	0.00
石油沥青	吨	0.00	0.00	0.00
其它石油制品	吨	0.00	0.00	0.00
热力	百万千焦	1777117.00	0.00	0.00
电力	万千瓦时	323375.65	0.00	0.00
煤矸石用于燃料	吨	2451186.70	2451186.70	2354520.13
城市垃圾用于燃料	吨	0.00	0.00	0.00
生物质废料用于燃料	吨	198303.00	198303.00	198303.00
余热余压	百万千焦	0.00	0.00	0.00
其它工业废料用于燃料	吨	0.00	0.00	0.00
其他燃料	吨标准煤	0.00	0.00	0.00
能源合计	吨标准煤	109867072.36	109102194.99	7640232.78

投入与产出(2015 年)

供热	原煤入洗	炼焦	炼油及煤制油	制气	天然气液化	加工煤制品	能源加工转换产出	回收利用
915449.34	160150525.24	0.00	0.00	0.00	0.00	0.00	0.00	0.00
0.00	0.00	0.00	0.00	0.00	0.00	0.00	0.00	0.00
0.00	0.00	0.00	0.00	0.00	0.00	0.00	0.00	0.00
854206.98	160150525.24	0.00	0.00	0.00	0.00	0.00	0.00	0.00
61242.36	0.00	0.00	0.00	0.00	0.00	0.00	0.00	0.00
0.00	0.00	0.00	0.00	0.00	0.00	0.00	42500932.00	0.00
0.00	0.00	0.00	0.00	0.00	0.00	0.00	83921617.98	0.00
0.00	0.00	0.00	0.00	0.00	0.00	0.00	0.00	0.00
0.00	0.00	0.00	0.00	0.00	0.00	0.00	0.00	0.00
0.00	0.00	0.00	0.00	0.00	0.00	0.00	0.00	0.00
0.00	0.00	0.00	0.00	0.00	0.00	0.00	0.00	0.00
0.00	0.00	0.00	0.00	0.00	0.00	0.00	0.00	0.00
0.00	0.00	0.00	0.00	0.00	0.00	0.00	0.00	0.00
0.00	0.00	0.00	0.00	0.00	0.00	0.00	0.00	0.00
0.00	0.00	0.00	0.00	0.00	0.00	0.00	0.00	0.00
0.00	0.00	0.00	0.00	0.00	0.00	0.00	0.00	0.00
0.00	0.00	0.00	0.00	0.00	0.00	0.00	0.00	0.00
0.00	0.00	0.00	0.00	0.00	0.00	0.00	0.00	0.00
0.00	0.00	0.00	0.00	0.00	0.00	0.00	0.00	0.00
0.00	0.00	0.00	0.00	0.00	0.00	0.00	0.00	0.00
16.95	0.00	0.00	0.00	0.00	0.00	0.00	0.00	0.00
0.00	0.00	0.00	0.00	0.00	0.00	0.00	0.00	0.00
0.00	0.00	0.00	0.00	0.00	0.00	0.00	0.00	0.00
0.00	0.00	0.00	0.00	0.00	0.00	0.00	0.00	0.00
0.00	0.00	0.00	0.00	0.00	0.00	0.00	0.00	0.00
0.00	0.00	0.00	0.00	0.00	0.00	0.00	0.00	0.00
0.00	0.00	0.00	0.00	0.00	0.00	0.00	0.00	0.00
0.00	0.00	0.00	0.00	0.00	0.00	0.00	0.00	0.00
0.00	0.00	0.00	0.00	0.00	0.00	0.00	0.00	0.00
0.00	0.00	0.00	0.00	0.00	0.00	0.00	0.00	0.00
0.00	0.00	0.00	0.00	0.00	0.00	0.00	0.00	0.00
0.00	0.00	0.00	0.00	0.00	0.00	0.00	13229336.92	0.00
0.00	0.00	0.00	0.00	0.00	0.00	0.00	2442254.07	0.00
96666.57	0.00	0.00	0.00	0.00	0.00	0.00	0.00	0.00
0.00	0.00	0.00	0.00	0.00	0.00	0.00	0.00	0.00
0.00	0.00	0.00	0.00	0.00	0.00	0.00	0.00	0.00
0.00	0.00	0.00	0.00	0.00	0.00	0.00	0.00	0.00
0.00	0.00	0.00	0.00	0.00	0.00	0.00	0.00	0.00
0.00	0.00	0.00	0.00	0.00	0.00	0.00	0.00	0.00
583927.79	100878034.41	0.00	0.00	0.00	0.00	0.00	93431282.92	0.00

4-4 主要能源按工业

指标	原煤(吨)		焦炭(吨)	
	2014	2015	2014	2015
全部工业企业(按工业行业门类分)	212833828.90	174687302.20	213847.34	139372.74
一、轻工业	159876.51	167443.94	0.00	0.00
二、重工业	212673952.39	174519858.26	213847.34	139372.74
三、采矿业	195647706.54	160478688.36	0.00	0.00
煤炭开采和洗选业	195647706.54	160478688.36	0.00	0.00
石油和天然气开采业	0.00	0.00	0.00	0.00
黑色金属矿采选业	0.00	0.00	0.00	0.00
有色金属矿采选业	0.00	0.00	0.00	0.00
非金属矿采选业	0.00	0.00	0.00	0.00
开采辅助活动	0.00	0.00	0.00	0.00
其他采矿业	0.00	0.00	0.00	0.00
四、制造业	641646.55	655134.23	213847.34	139372.74
农副食品加工业	3498.00	1519.00	0.00	0.00
食品制造业	52383.00	46347.30	0.00	0.00
饮料制造业	10064.51	10221.18	0.00	0.00
烟草制品业	0.00	0.00	0.00	0.00
纺织业	0.00	0.00	0.00	0.00
纺织服装、鞋、帽制造业	0.00	0.00	0.00	0.00
皮革、毛皮、羽毛(绒)等	730.00	650.00	0.00	0.00
木材加工及木、竹、藤等	482.00	0.00	0.00	0.00
家具制造业	0.00	0.00	0.00	0.00
造纸及纸制品业	2213.00	3200.00	0.00	0.00
印刷业和记录媒介的复制	0.00	0.00	0.00	0.00
文教体育用品制造业	0.00	0.00	0.00	0.00
石油加工炼焦及核燃料	0.00	0.00	0.00	0.00

行业分组消费量(2015 年)

汽油(吨)		柴油(吨)		热力(百万千焦)		电力(万千瓦时)	
2014	2015	2014	2015	2014	2015	2014	2015
5159.8	3932.95	193502.03	149545.98	1154728	1777117.00	732238.66	626473.64
203.28	167.38	159.20	156.05	0	0.00	28097.46	23656.40
4956.52	3765.57	193342.83	149389.93	1154728	1777117.00	704141.20	602817.24
4240.72	3102.11	183858.83	142217.08	1154728	1409115.00	245570.59	223735.07
4240.72	3102.11	183858.83	142217.08	1154728	1409115.00	245570.59	223735.07
0.00	0.00	0.00	0.00	0	0.00	0.00	0.00
0.00	0.00	0.00	0.00	0	0.00	0.00	0.00
0.00	0.00	0.00	0.00	0	0.00	0.00	0.00
0.00	0.00	0.00	0.00	0	0.00	0.00	0.00
0.00	0.00	0.00	0.00	0	0.00	0.00	0.00
0.00	0.00	0.00	0.00	0	0.00	0.00	0.00
691.82	631.46	6959.20	4898.83	0	0.00	257834.98	211262.21
6.00	1.00	0.00	0.60	0	0.00	1224.50	681.20
22.72	14.00	20.59	12.72	0	0.00	3442.42	3381.75
15.35	12.03	0.00	0.00	0	0.00	1493.72	2657.53
0.00	0.00	0.00	0.00	0	0.00	0.00	0.00
0.00	0.00	0.00	0.00	0	0.00	500.44	466.30
0.00	0.00	0.00	0.00	0	0.00	0.00	1.87
0.00	0.00	0.00	0.00	0	0.00	495.00	375.00
0.00	0.00	0.00	0.00	0	0.00	52.00	0.00
0.00	0.00	0.00	0.00	0	0.00	0.00	0.00
18.00	23.00	96.00	90.00	0	0.00	812.00	876.00
0.00	0.00	0.00	0.00	0	0.00	0.00	0.00
0.00	0.00	0.00	0.00	0	0.00	0.00	0.00
236.68	151.61	2368.59	1604.77	0	0.00	470.00	448.44

4-4 续

指　　标	原煤(吨)		焦炭(吨)	
	2014	2015	2014	2015
化学原料及化学制品制造	21027.31	134795.29	75471.28	43201.14
医药制造业	7094.00	4672.16	0.00	0.00
化学纤维制造业	0.00	0.00	0.00	0.00
橡胶和塑料制品业	2678.00	2358.00	0.00	0.00
非金属矿物制品业	538837.73	448691.30	40814.00	36185.00
黑色金属冶炼和压延加工业	0.00	0.00	66314.44	53395.61
有色金属冶炼和压延加工业	0.00	0.00	31247.62	6590.99
金属制品业	0.00	0.00	0.00	0.00
通用设备制造业	1015.00	1350.00	0.00	0.00
专用设备制造业	0.00	0.00	0.00	0.00
汽车制造业	1624.00	1330.00	0.00	0.00
铁路、船舶、航空航天和其他运输设备制造业	0.00	0.00	0.00	0.00
电气机械和器材制造业	0.00	0.00	0.00	0.00
计算机、通信和其他电子设备制造业	0.00	0.00	0.00	0.00
仪器仪表制造业	0.00	0.00	0.00	0.00
其他制造业	0.00	0.00	0.00	0.00
废弃资源综合利用业	0.00	0.00	0.00	0.00
金属制品、机械和设备修理业	0.00	0.00	0.00	0.00
(五)电力、热力、燃气及水生产和供应业	16544475.81	13553479.61	0.00	0.00
电力、热力生产和供应业	16544475.81	13553479.61	0.00	0.00
燃气生产和供应业	0.00	0.00	0.00	0.00
水的生产和供应业	0.00	0.00	0.00	0.00

表

汽油(吨)		柴油(吨)		热力(百万千焦)		电力(万千瓦时)	
2014	2015	2014	2015	2014	2015	2014	2015
11.00	10.00	104.11	101.35	0	0.00	17402.94	8970.68
61.70	41.91	4.51	6.31	0	0.00	1614.51	1713.19
0.00	0.00	0.00	0.00	0	0.00	0.00	0.00
0.00	0.00	0.00	0.00	0	0.00	3237.13	979.98
209.87	97.24	4201.40	2839.70	0	0.00	51752.56	36392.43
40.00	21.00	74.00	35.00	0	0.00	57648.17	42750.61
0.00	0.00	0.00	0.00	0	0.00	112441.00	105645.85
0.00	0.00	0.00	0.00	0	0.00	0.00	0.00
19.50	176.00	16.00	138.00	0	0.00	1415.50	2018.20
51.00	80.92	15.00	11.38	0	0.00	3407.46	3489.18
0.00	2.75	59.00	59.00	0	0.00	287.00	414.00
0.00	0.00	0.00	0.00	0	0.00	0.00	0.00
0.00	0.00	0.00	0.00	0	0.00	0.00	0.00
0.00	0.00	0.00	0.00	0	0.00	138.63	0.00
0.00	0.00	0.00	0.00	0	0.00	0.00	0.00
0.00	0.00	0.00	0.00	0	0.00	0.00	0.00
0.00	0.00	0.00	0.00	0	0.00	0.00	0.00
0.00	0.00	0.00	0.00	0	0.00	0.00	0.00
227.26	199.38	2684.00	2430.07	0	368002.00	228833.09	191476.36
130.17	136.32	2663.04	2419.95	0	368002.00	227616.64	190378.75
62.09	29.06	20.96	10.12	0	0.00	119.71	77.61
35.00	34.00	0.00	0.00	0	0.00	1096.74	1020.00

4-5 原煤企业产品产销存

单位:万吨

指　　标	2014	2015
年初库存量	324.91	210.57
本年累计生产量	20254.86	18220.04
本年累计销售量	9352.93	8274.20
其中:销往省内	7703.71	7113.48
销往省外	1649.22	1160.72
企业自用量及其他	10821.05	9419.35
年末库存量	405.79	737.06

4-6 全社会用电量

单位:亿千瓦时

指　　标	2014	2015
全社会用电总计	105.26	97.17
一、终端消费量	101.93	92.56
(一)第一产业	1.65	2.14
农.林.牧.渔业	1.65	2.14
(二)第二产业	89.40	79.25
1.工　业	88.64	78.71
2.建 筑 业	0.76	0.54
(三)第三产业	6.88	6.95
1.交通运输.仓储和邮政业	3.39	3.21
2.批发、零售业和住宿、餐饮业	0.90	0.98
3.其他	2.59	2.76
(四)生活消费	4.00	4.22
1. 城 镇	2.89	3.06
2. 乡 村	1.11	1.16
二、损失量	3.33	4.61
运输和输配损失	3.33	4.61

主要统计指标解释

能源资源 指报告期全省各种能源资源总量。能源品种包括原煤、洗精煤、焦炭、原油、汽油、柴油、煤油、燃料油、天然气、焦炉煤气、其他煤气、其他焦化制品、热力、电力等品种。能源资源组成包括三部分：

1.期初、期末库存量是指一定时点各种能源的库存量，其中包括产成品库存量，各种能源库存量。产成品库存量中，还包括乡村企业能源产成品库存量。

2.一次能源生产量是指报告期一次能源的生产量，其中包括原煤、水电、风电、天然气(煤矿瓦斯)的生产量。由一次能源加工转换产出的二次能源产量不包括在内。

3.外省市调入量是指报告期调入的各种能源数量。我省从外省市调入的能源主要是石油制品：汽油、柴油、煤油、燃料油及电网交界处输入部分电力和相邻省调入的部分煤炭。

能源消费总量 是指报告期全省用于生产、生活的各种能源消费量的总和。能源消费总量按标准煤折算。能源消费总量中包括：原煤、原油及其制品、天然气、电力，不包括生物能和太阳能等的利用。能源消费总量包括三部分：

1.能源终端消费量 指报告期全省物质生产部门、非物质生产部门的各种能源消费量。不包括加工转换损失量和运输、管理中的损失量。

2.能源加工转换损失量 指全省投入加工转换的各种能源数量和与产出能源及制品之和的差数，是能源加工转换过程的消费量，也称加工转换损失量。

3.损失量 指能源的运输、储存中发生的经营管理损失量，包括煤炭库存中的水冲、自燃等损失量。

能源生产弹性系数 是研究能源生产量的增长与国民经济增长之间关系的指标。国民经济年平均增长速度，可根据不同目的的需要，用工农业总产值、国内生产总值等指标来计算，本资料是采用国内生产总值指标计算的。其计算公式为：

$$能源生产弹性系数=\frac{能源生产量年平均增长速度}{国内生产总值年平均增长速度}\times 100\%$$

电力生产弹性系数 是研究电力生产的增长与国民经济增长之间关系的指标。其计算公式为：

$$电力生产弹性系数=\frac{电力生产量年均增长速度}{国内生产总值年平均增长速度}\times 100\%$$

能源消费弹性系数 是反映能源消费增长速度与国民经济增长速度之间比例关系的指标。其计算公式为：

$$能源消费弹性系数=\frac{能源消费年平均增长速度}{国内生产总值年平均增长速度}\times 100\%$$

电力消费弹性系数 是反映电力消费增长速度与国民经济增长速度之间比例关系的指标。其计算公式为：

$$电力消费弹性系数=\frac{电力消费年平均增长速度}{国内生产总值年平均增长速度}\times 100\%$$

能源加工转换效率 是指报告期内一次能源产品经过加工转换后，产出的各种能源产品及其制品的数量，与同期投入加工转换的各种一次能源数量的比率。它是观察能源加工转换装置和生产工艺先进与落后、管理水平高低等的重要指标。

能源外调量 是报告期通过铁路、公路售给外省市、供应外贸出口的各种能源数量。

一、二次能源外调量构成 是报告期各种能源外调量在能源外调总量中的结构比，反映外调能源结构变化，同时反映能源产业结构的变化。

05

物　价

5-1　1989—2015 年价格指数

上年 =100

年　份	居民消费价格总指数	商品零售价格总指数
1989	117.6	115.6
1990	99.8	97.4
1991	104.4	104.1
1992	109.7	109.4
1993	115.1	112.4
1994	125.9	121.9
1995	116.7	115.2
1996	106.5	105.5
1997	101.9	101.2
1998	99.1	97.3
1999	99.3	96.9
2000	106.8	99.2
2001	101.2	101.1
2002	100.9	98.5
2003	101.3	100
2004	104.2	103.2
2005	101.2	99.9
2006	101.9	101
2007	104.1	103.5
2008	106.7	106.7
2009	98.9	98.2
2010	103.2	103
2011	104.8	104.3
2012	102.7	102.5
2013	102.9	102.4
2014	101.9	101.4
2015	101.2	100.5

5-2 居民消费价格分类指数

上年 =100

指　　标	2014	2015
居民消费价格总指数	101.9	101.2
一、食品	103.6	99.4
1.粮　食	104.5	101.8
大　米	106.8	100.6
面　粉	99.9	99.5
粮食制品	104.2	105.3
其　他	121.4	97.0
2.淀粉及制品	102.0	96.4
淀粉及制品	102.0	96.4
3.干豆类及豆制品	103.5	98.6
干　豆	107.0	102.9
豆 制 品	101.9	96.6
4.油脂	93.2	98.0
食用植物油	94.1	95.3
植物油制品	91.7	103.7
其　他	86.9	85.4
5.肉禽及其制品	101.0	102.7
(1)食用畜肉及副产品	100.5	102.5
猪　肉	90.9	113.7
牛　肉	108.7	102.1
羊　肉	101.9	91.8
畜肉副产品	100.2	103.0
其　他	104.5	104.9
(2)禽	104.2	107.6
鸡	104.1	106.4
鸭	103.0	111.5
其　他	111.0	118.2
(3)加工肉禽	101.5	100.2
畜肉制品	100.8	99.8
禽 制 品	103.2	101.1
6.蛋	110.3	83.3
鲜　蛋	110.9	81.8
蛋 制 品	103.6	99.6
7.水产品	98.0	102.9
(1)鱼	98.4	103.8
淡 水 鱼	98.9	102.0
海 水 鱼	97.6	106.6
(2)其他水产品	97.5	101.7
虾 蟹 类	96.2	103.9
其　他	101.6	95.4
8.菜	88.4	101.9
鲜　菜	87.3	102.4
干菜及菜制品	98.7	107.4

5-2 续表1

上年=100

指　　标	2014	2015
薯　类	97.2	80.6
9.调味品	110.6	101.5
食用盐	122.6	100.0
酱　油	98.7	99.9
食　醋	114.2	103.4
味　精	100.0	99.3
其　他	101.6	108.6
10.糖	104.6	100.1
食　糖	103.1	100.1
糖　果	99.9	100.1
巧克力制品	118.1	100.0
糖类小食品	102.6	100.5
11.茶及饮料	103.0	99.8
(1)茶叶	114.4	103.8
茶　叶	114.4	103.8
(2)饮料	101.7	99.2
固体饮料	100.2	99.4
液体饮料	102.0	97.5
冷冻饮品	103.8	101.2
12.干鲜瓜果	116.1	96.5
鲜瓜果	117.6	94.8
干(坚)果	112.5	101.0
13.糕点饼干面包	103.1	103.3
糕　点	104.0	104.4
饼　干	100.1	104.4
面　包	104.9	101.4
14.液体乳及乳制品	120.9	88.0
巴氏杀菌乳或灭菌乳	130.1	83.7
酸牛乳	111.7	90.8
乳　粉	100.9	101.2
其　他	113.4	93.1
15.在外用膳食品	103.0	101.2
主　食	104.5	101.8
炒　菜	100.7	100.7
地方小吃	101.3	99.6
其　他	108.8	103.4
16.其他食品	99.8	97.5
其他食品	99.8	97.5
二、烟酒	99.2	104.0
1.烟草	100.0	106.6
高档卷烟	100.0	106.1
中档卷烟	100.0	106.8
其　他	100.0	106.7

5-2 续表 2

上年 =100

指　　标	2014	2015
2.酒	97.6	99.0
白　酒	97.1	97.9
葡萄酒	98.5	100.0
啤　酒	100.2	100.0
其　他	103.1	121.2
三、衣着	102.1	101.9
1.服　装	102.2	102.4
(1)男式服装	100.9	101.2
大　衣	95.7	96.9
毛线衣	97.4	102.1
夹克衫	105.9	99.9
衬　衫	100.9	104.1
T 恤衫	102.0	98.2
裤　子	101.5	104.7
西　服	100.8	95.8
运动衫裤	111.2	108.1
内　衣	100.0	100.0
羽绒衣	99.6	102.4
其　他	100.0	100.0
(2)女式服装	103.2	101.9
大　衣	101.1	102.1
毛线衣	99.1	100.8
羽绒衣	104.0	100.4
套　装	114.3	103.5
衬　衫	101.7	99.4
T 恤衫	101.5	98.9
裙　子	96.6	103.9
裤　子	105.6	105.7
运动衫裤	107.6	103.8
内　衣	100.0	100.0
其　他	100.0	100.0
(3)儿童服装	102.2	109.7
上　衣	94.8	103.2
裤　子	104.7	114.2
裙　子	107.0	111.8
其　他	111.3	103.2
2.衣着材料	100.1	100.0
棉　布	100.0	100.0
化纤布	100.1	100.0
毛　线	100.2	100.0
其　他	100.0	100.0
3.鞋袜帽	101.9	100.7
(1)鞋	102.0	100.6

5-2 续表 3

上年 =100

指　　标	2014	2015
男　鞋	102.6	99.2
女　鞋	100.4	100.9
童　鞋	104.5	102.8
(2)袜子	101.3	100.0
男　袜	101.3	100.0
女　袜	101.4	100.0
(3)帽子	99.0	102.0
男　帽	99.0	102.8
女　帽	99.0	101.4
4.衣着加工服务费	103.4	100.0
缝　纫	109.2	100.0
清　洗	101.1	100.0
其　他	100.0	100.0
四、家庭设备用品及维修服务	100.8	100.7
1.耐用消费品	99.8	99.9
(1)家　具	100.0	100.0
柜	100.0	100.0
床	100.0	100.0
桌	100.0	100.0
椅	100.0	100.0
沙　发	100.0	100.0
其　他	100.0	100.0
(2)家庭设备	99.7	99.9
洗衣机	97.3	99.9
电风扇	100.0	99.9
电冰箱(柜)	99.3	99.9
吸排油烟机	100.0	100.0
空调器	100.0	100.0
热水器	100.0	99.7
微波炉	100.0	100.0
其　他	100.0	99.7
2.室内装饰品	100.9	100.2
纺织装饰品	102.5	100.5
装饰灯具	100.0	100.0
其　他	100.0	100.0
3.床上用品	101.8	100.0
被　子	100.0	100.0
床上套件	102.6	100.0
其　他	102.7	100.0
4.家庭日用杂品	100.3	100.0
茶　具	100.0	100.0
餐　具	100.0	100.0
厨　具	100.6	100.0

5-2 续表 4

上年 =100

指　　标	2014	2015
家用手工工具	101.7	100.0
洗涤用品	100.0	100.0
其　他	100.0	100.0
5.家庭服务及加工维修服务	112.2	112.4
家庭服务	117.0	116.5
加工维修服务	100.0	100.0
五、医疗保健和个人用品	101.6	108.1
1.医疗保健	100.3	111.3
(1)医疗器具及用品	100.0	100.0
医疗器具及用品	100.0	100.0
(2)中药材及中成药	99.0	105.2
中 药 材	97.5	96.6
中 成 药	100.6	113.5
(3)西药	100.0	121.4
抗菌素(抗感染药)	100.0	110.4
消化系统用药	100.0	114.7
呼吸系统用药	100.0	154.6
解热镇痛药	100.0	149.3
抗肿瘤药	100.0	100.0
激素类药	100.0	100.3
心血管系统用药	100.0	100.0
中枢神经系统用药	100.0	113.1
消毒防腐及创伤外科用药	100.0	100.0
泌尿系统用药	100.0	100.0
维生素类	100.0	120.3
其　他	100.0	208.3
(4)保健器具及用品	100.0	100.0
保健器具	100.0	100.0
滋补保健用品	100.0	100.0
(5)医疗保健服务	101.1	103.0
挂号诊疗费	100.0	100.0
注 射 费	100.0	100.0
检 查 费	100.0	100.0
手 术 费	100.0	100.0
床 位 费	105.9	114.6
理 疗 费	100.0	100.0
化 验 费	100.0	101.6
其　他	100.0	100.0
2.个人用品及服务	105.0	100.9
(1)化妆美容用品	100.0	100.0
化妆美容器具	100.0	100.0
美容化妆品	100.0	100.0
护 肤 品	100.0	100.0

5-2 续表 5

上年 =100

指　　标	2014	2015
护发美容品	100.0	100.0
(2)清洁类化妆品	98.5	100.2
洗发用品	100.1	99.9
洗浴用品	100.0	100.0
其　他	94.0	100.8
(3)个人饰品	98.1	97.7
首　饰	92.0	90.8
皮　件	99.8	100.0
手　表	98.6	99.3
领　带	102.8	107.5
其　他	105.7	100.0
(4)个人服务	120.6	105.0
美　容	100.0	100.0
理(烫)发	132.9	107.7
洗　浴	103.2	99.6
其　他	102.4	100.0
六、交通和通信	99.5	99.1
1.交通	98.9	98.4
(1)交通工具	98.0	100.0
助动自行车	99.8	100.0
轿　车	97.8	100.0
自 行 车	100.2	100.4
其　他	100.0	100.0
(2)车用燃料及零配件	100.1	83.2
汽　油	99.2	81.2
柴　油	97.5	77.2
零 配 件	100.0	100.0
其　他	121.9	102.6
(3)车辆使用及维修费	101.7	99.1
保 险 费	100.0	100.0
停 车 费	100.0	100.0
车辆修理服务费	105.5	100.0
其　他	101.3	96.7
(4)市区公共交通费	101.0	110.9
公共汽车票	100.0	100.0
出租汽车	101.7	118.0
其　他	100.0	100.0
(5)城市间交通费	100.0	101.8
飞 机 票	100.7	125.7
火 车 票	100.0	100.0
长途汽车	100.0	100.0
短途汽车	100.0	100.0
其　他	0.0	0.0

5-2 续表 6

上年=100

指 标	2014	2015
2.通信	100.3	99.9
(1)通信工具	97.5	99.5
固定电话机	98.0	93.2
移动电话机	97.4	100.0
其 他	98.8	100.0
(2)通信服务	100.7	100.0
移动通信费	100.0	100.0
市内电话费	100.0	100.0
长途电话费	100.0	100.0
月 租 费	100.0	100.0
上 网 费	103.2	100.0
邮政邮寄	100.0	100.0
其他邮寄	100.0	100.0
其 他	100.0	100.0
七、娱乐教育文化用品及服务	102.6	103.2
1.文娱用耐用消费品及服务	100.0	99.4
电 视 机	100.0	98.0
激光视盘机	100.0	100.0
摄 像 机	100.0	100.0
照 相 机	100.0	100.0
家用音响	100.0	100.0
便携式音响	100.0	100.0
电 脑	100.0	100.0
修理服务	100.0	100.0
其 他	100.0	100.0
2.教育	103.3	106.2
(1)教材及参考书	100.8	100.1
工 具 书	100.0	100.0
教 材	102.3	100.4
参 考 书	100.0	100.0
教育软件	100.0	100.0
(2)教育服务	103.7	107.1
学前教育	185.6	192.2
中等教育	100.0	100.0
高等教育	100.0	100.0
专业技能培训	100.0	100.0
其 他	100.0	100.0
3.文化娱乐类	100.8	101.8
(1)文化娱乐用品	100.0	103.8
乐 器	100.0	100.0
音像光盘和视盘	100.0	100.0
电子存储器	100.0	100.0
儿童玩具	100.0	100.0
纸张本册	100.0	126.0

5-2 续表 7

上年 =100

指　　标	2014	2015
文　具	100.0	100.0
体育用品	100.3	100.0
其　他	100.0	100.0
(2)书报杂志	100.0	104.5
书　籍	100.0	100.0
报　纸	100.0	100.0
杂　志	100.0	114.5
(3)文娱费	101.5	100.0
电 影 票	100.0	100.0
景点门票	100.0	100.0
有线电视	100.0	100.0
健身活动	102.0	101.9
其　他	108.1	100.0
4.旅游	103.6	98.9
旅行社收费	103.8	98.8
宾馆住宿	102.9	100.0
其他住宿	100.0	100.0
八、居住	100.5	100.1
1.建房及装修材料	99.8	97.6
木　材	105.7	101.5
木 地 板	100.8	95.3
砖	101.7	97.0
水　泥	82.9	83.2
涂　料	100.0	100.0
板　材	103.3	106.1
玻　璃	100.0	100.0
粘　胶	100.0	100.0
厨卫设备	101.9	100.0
其　他	100.0	100.0
2.住房租金	100.8	100.1
公房房租	100.0	100.0
私房房租	101.6	100.3
其他费用	100.0	100.0
3.自有住房	101.1	100.7
住房估算租金	101.0	100.3
物业管理费用	110.0	109.1
维护修理费用	102.1	107.8
其　他	100.0	100.0
4.水、电、燃料	99.1	100.6
水	100.0	100.0
电	100.0	100.0
液化石油气	112.5	100.0
管道燃气	100.0	100.0
其他燃料	94.3	103.4

5-3 商品零售价格分类指数

上年=100

指　标	2014	2015
商品零售价格总指数	101.4	100.5
一、食品	103.7	99.3
1.粮食	109.1	107.9
1.粮食	104.5	101.8
大米	106.8	100.6
面粉	99.9	99.5
粮食制品	104.2	105.3
其他	121.4	97.0
2.淀粉及制品	102.0	96.4
淀粉及制品	102.0	96.4
3.干豆类及豆制品	103.5	98.6
干豆	107.0	102.9
豆制品	101.9	96.6
4.油脂	92.7	97.5
食用植物油	94.1	95.3
植物油制品	91.7	103.7
其他	86.9	85.4
5.肉禽及其制品	101.0	102.7
猪肉	90.9	113.7
牛肉	108.7	102.1
羊肉	101.9	91.8
畜肉副产品	100.2	103.0
其他	104.5	104.9
(2)禽	104.2	107.6
鸡	104.1	106.4
鸭	103.0	111.5
其他	111.0	118.2
(3)加工肉禽	101.5	100.2
畜肉制品	100.8	99.8
禽制品	103.2	101.1
6.蛋	109.8	84.4
鲜蛋	110.9	81.8
蛋制品	103.6	99.6
7.水产品	98.0	102.9
(1)鱼	98.4	103.8
淡水鱼	98.9	102.0
海水鱼	97.6	106.6
(2)其他水产品	97.5	101.7
虾蟹类	96.2	103.9
其他	101.6	95.4
8.菜	88.6	101.7
鲜菜	87.3	102.4
干菜及菜制品	98.7	107.4
薯类	97.2	80.6

5-3 续表 1

上年 =100

指　　标	2014	2015
9.调味品	110.6	101.5
食用盐	122.6	100.0
酱　油	98.7	99.9
食　醋	114.2	103.4
味　精	100.0	99.3
其　他	101.6	108.6
10.糖	104.6	100.1
食　糖	103.1	100.1
糖　果	99.9	100.1
巧克力制品	118.1	100.0
糖类小食品	102.6	100.5
11.干鲜瓜果	116.1	96.5
鲜瓜果	117.6	94.8
干(坚)果	112.5	101.0
12.糕点饼干面包	103.1	103.3
糕　点	104.0	104.4
饼　干	100.1	104.4
面　包	104.9	101.4
13.液体乳及乳制品	120.9	88.0
巴氏杀菌奶或消毒奶	130.1	83.7
酸牛乳	111.7	90.8
乳　粉	100.9	101.2
其　他	113.4	93.1
14.在外用膳食品	103.0	101.2
主　食	104.5	101.8
炒　菜	100.7	100.7
地方小吃	101.3	99.6
其　他	108.8	103.4
15.其他食品	99.8	97.5
其他食品	99.8	97.5
二、饮料、烟酒	99.9	103.3
1.茶及饮料	103.2	99.8
(1)茶叶	114.4	103.8
茶　叶	114.4	103.8
(2)饮料	101.9	99.3
固体饮料	100.2	99.4
液体饮料	102.0	97.5
冷冻饮品	103.8	101.2
2.烟草	100.0	106.6
高档卷烟	100.0	106.1
中档卷烟	100.0	106.8
其　他	100.0	106.7
3.酒	97.6	99.0
白　酒	97.1	97.9
葡萄酒	98.5	100.0
啤　酒	100.2	100.0
其　他	103.1	121.2

5-3 续表 2

上年 =100

指 标	2014	2015
三、服装、鞋帽	102.1	102.2
1.服装	102.3	102.5
（1）男式服装	101.1	101.5
大衣	95.7	96.9
毛线衣	97.4	102.1
夹克衫	105.9	99.9
衬衫	100.9	104.1
T 恤衫	102.0	98.2
裤子	101.5	104.7
西服	100.8	95.8
运动衫裤	111.2	108.1
内衣	100.0	100.0
羽绒衣	99.6	102.4
其他	100.0	100.0
（2）女式服装	103.2	101.9
大衣	101.1	102.1
毛线衣	99.1	100.8
羽绒衣	104.0	100.4
套装	114.3	103.5
衬衫	101.7	99.4
T 恤衫	101.5	98.9
裙子	96.6	103.9
裤子	105.6	105.7
运动衫裤	107.6	103.8
内衣	100.0	100.0
其他	100.0	100.0
（3）儿童服装	102.2	109.7
上衣	94.8	103.2
裤子	104.7	114.2
裙子	107.0	111.8
其他	111.3	103.2
2.鞋袜帽	101.4	100.7
（1）鞋	101.6	100.7
男鞋	102.6	99.2
女鞋	100.4	100.9
童鞋	104.5	102.8
（2）袜子	101.3	100.0
男袜	101.3	100.0
女袜	101.4	100.0
（3）帽子	99.0	101.9
男帽	99.0	102.8
女帽	99.0	101.4
3.其他	102.8	107.5
领带	102.8	107.5

5-3 续表 3

上年 =100

指　　标	2014	2015
四、纺织品	100.6	100.0
1.衣着材料	100.0	100.0
棉布	100.0	100.0
化纤布	100.1	100.0
毛线	100.2	100.0
其他	100.0	100.0
2.床上用品	101.1	100.0
被子	100.0	100.0
床上套件	102.6	100.0
五、家用电器及音像器材	99.8	99.6
1.家庭设备	99.6	99.9
洗衣机	97.3	99.9
电风扇	100.0	99.9
电冰箱（柜）	99.3	99.9
吸排油烟机	100.0	100.0
空调器	100.0	100.0
热水器	100.0	99.7
微波炉	100.0	100.0
其他	100.0	99.7
2.文娱用耐用消费品	100.0	99.0
电视机	100.0	98.0
激光视盘机	100.0	100.0
摄像机	100.0	100.0
照相机	100.0	100.0
家用音响	100.0	100.0
便携式音响	100.0	100.0
其他	100.0	100.0
3.专业音像器材	100.0	100.0
专业音响器材	100.0	100.0
专业声像器材	100.0	100.0
六、文化办公用品	100.0	103.8
纸张本册	100.0	126.0
文具	100.0	100.0
电脑	100.0	100.0
电脑附件	100.3	100.0
电子存储器	100.0	100.0
打印机及配件	100.0	100.0
扫描仪	99.6	99.6
复印机	100.0	100.0
计算器	100.0	100.0
教学设备	99.9	98.9
其他	0.0	0.0

5-3 续表 4

上年 =100

指　　标	2014	2015
七、日用品	100.7	99.5
1.日用百货	100.4	99.3
自行车	100.2	100.4
助动自行车	99.8	100.0
雨具	103.0	100.6
剃须刀具	100.0	100.0
电池	100.7	88.2
卫生用纸制品	99.8	102.2
其他	100.0	100.0
2.日用杂品	100.2	100.0
茶具	100.0	100.0
餐具	100.0	100.0
厨具	100.6	100.0
其他	100.0	100.0
3.洗涤用品	100.1	99.5
洗衣粉(液)	101.4	99.8
肥皂类	99.6	99.8
清洁洗涤剂	99.0	98.2
4.其他日用品	102.1	99.5
儿童玩具	100.0	100.0
照明器具	100.0	100.0
钟表眼镜及配件	108.2	99.8
日用普通饰品	100.0	96.2
日用皮革制品	99.8	100.0
其他	107.2	101.1
八、体育娱乐用品	101.1	99.8
1.体育用品	102.6	100.3
球类	103.1	100.0
棋牌	100.4	100.0
健身器材	103.1	100.8
2.娱乐用品	99.9	99.4
游艺器材	99.6	98.1
乐器	100.0	100.0
九、交通、通信用品	98.5	99.6
1.交通运输机械	98.6	100.0
轿车	97.8	100.0
客车	0.0	0.0
货车	99.4	100.0
其他	100.0	100.0
2.通信器材	98.2	99.0
固定电话机	98.0	93.2
移动电话机	97.4	100.0
传真机	100.0	100.0
其他	0.0	0.0

5-3 续表5

上年=100

指 标	2014	2015
十、家具	100.0	100.0
柜	100.0	100.0
床	100.0	100.0
桌	100.0	100.0
椅	100.0	100.0
沙发	100.0	100.0
其他	100.0	100.0
十一、化妆品	100.0	100.0
护肤品	100.0	100.0
美容、装饰类化妆品	100.0	100.0
护发美容品	100.0	100.0
洗发用品	100.1	99.9
洗浴用品	100.0	100.0
药物美容用品	100.0	100.0
十二、金银珠宝	90.6	94.5
金饰品	94.1	93.9
银饰品	62.5	93.1
铂金饰品	95.6	95.2
其他	99.3	100.0
十三、中西药品及医疗保健用品	99.8	116.2
1.医疗器具及用品	100.0	100.0
医疗器具及用品	100.0	100.0
2.中药材及中成药	99.0	105.2
中药材	97.5	96.6
中成药	100.6	113.5
3.西药	100.0	121.4
抗菌素(抗感染药)	100.0	110.4
消化系统用药	100.0	114.7
呼吸系统用药	100.0	154.6
解热镇痛药	100.0	149.3
抗肿瘤药	100.0	100.0
激素类药	100.0	100.3
心血管系统用药	100.0	100.0
中枢神经系统用药	100.0	113.1
消毒防腐及创伤外科用药	100.0	100.0
泌尿系统用药	100.0	100.0
维生素类	100.0	120.3
其他	100.0	208.3
4.保健器具及用品	100.0	100.0
保健器具	100.0	100.0
滋补保健用品	100.0	100.0

5-3 续表 6

上年 =100

指　　标	2014	2015
十四、书报杂志及电子出版物	100.5	101.2
1.教材及参考书	100.8	100.1
工具书	100.0	100.0
教材	102.3	100.4
参考书	100.0	100.0
教育软件	100.0	100.0
2.书报杂志	100.0	104.5
书籍	100.0	100.0
报纸	100.0	100.0
杂志	100.0	114.5
3.电子音像制品	100.0	100.0
音像光盘和视盘	100.0	100.0
计算机软件	100.0	100.0
十五、燃料	102.1	90.7
1.煤炭及制品	89.6	97.5
原煤	87.7	94.8
煤制品	94.3	103.4
2.石油及制品	102.3	90.6
液化石油气	112.5	100.0
管道燃气	100.0	100.0
汽油	99.2	81.2
柴油	97.5	77.2
其他	122.4	100.0
十六、建筑材料及五金电料	99.8	98.7
1.建筑装璜材料	99.2	97.3
木材	105.7	101.5
木地板	100.8	95.3
钢材	90.7	85.1
砖	101.7	97.0
水泥	82.9	83.2
涂料	100.0	100.0
板材	103.3	106.1
玻璃	100.0	100.0
粘胶	100.0	100.0
管材	101.8	100.0
厨卫设备	101.9	100.0
其他	100.0	100.0
2.五金电料	100.4	100.0
五金工具	100.4	100.0
电工电料	100.5	100.0
水暖器材	100.0	100.0
其他	102.0	100.0

5-4 工业生产者出厂价格指数

上年 =100

指　　标	2014	2015
总指数	88.4	78.3
(一)核心指数	91.4	97.3
(二)高技术	–	–
(三)能源	85.8	75.9
(四)按轻重工业分		
(1)轻工业	111.7	96.5
1.以农产品为原料	113.8	96.3
2.以非农产品为原料	91.9	99.8
(2)重工业	86.1	76.7
1.采掘	76.4	77.9
2.原料	86.6	75.8
3.加工	91.9	96.2
(五)按生产生活资料分		
(1)生产资料	86.3	77.2
1.采掘	76.4	77.9
2.原料	86.6	75..8
3.加工	93.4	97.2
(2)生活资料	115.9	96.1
1.食品	116.0	96.1
2.衣着	–	–
3.一般日用品	84.6	103.7
4.耐用消费品	–	–
分行业(中类)		
煤炭开采和洗选业	80.6	68.0
烟煤和无烟煤的开采洗选	80.6	68.0
非金属矿采选业	81.7	100.0
土砂石开采	81.7	100.0
农副食品加工业	96.6	98.3
饲料加工	101.2	98.3
植物油加工	102.4	100.0
制糖	78.3	94.2
屠宰及肉类加工	94.9	98.4

5-4 续表

上年=100

指　　标	2014	2015
食品制造业	123.0	96.0
方便食品制造	95.4	100.0
液体乳及乳制品制造	124.6	95.8
其他食品制造	97.9	99.3
饮料制造业	108.3	94.8
酒的制造	102.2	97.1
软饮料制造	125.7	87.9
皮革、毛皮、羽毛(绒)及其制品业	86.4	103.5
皮革鞣制加工	86.4	103.5
造纸及纸制品业	93.3	100.5
造纸	93.3	100.5
化学原料及化学制品制造业	94.9	95.6
基础化学原料制造	98.8	96.9
肥料制造	93.7	95.2
专用化学产品制造	96.6	95.4
非金属矿物制品业	91.1	97.6
水泥、石灰和石膏的制造	85.0	90.8
砖瓦、石材及其他建筑材料制造	89.9	92.8
玻璃及玻璃制品制造	84.6	103.7
陶瓷制品制造	91.8	99.7
耐火材料制品制造	97.4	103.8
石墨及其他非金属矿物制品制造	98.4	104.1
黑色金属冶炼及压延加工业	93.6	94.4
铁合金冶炼	93.6	94.4
通用设备制造业	93.8	100.0
锅炉及原动机制造	93.8	100.0
电力、热力的生产和供应业	97.0	95.2
电力生产	96.8	94.8
电力供应	100.1	100.0
热力生产和供应	100.0	100.0
燃气生产和供应业	112.9	105.7
水的生产和供应业	99.7	100.0

主要统计指标解释

居民消费价格指数 反映居民生活消费品及服务项目价格变动趋势和变动程度的相对数，采用链式拉斯贝尔公式，加权平均计算。根据抽样调查方法在全省抽取17个调查市、县为填报单位。

商品零售价格指数 反映市场商品零售价格变动趋势和变动程度的相对数，计算方法及样本单位同上。

农业生产资料价格指数 反映农业生产资料价格变动趋势和变动程度的相对数，计算方法同上，根据抽样调查方法在全省抽取6个县、市为填报单位。

工业生产者出厂价格指数 是反映全部工业产品出厂价格总水平的变动趋势和程度的相对数，根据全省部分重点企业的产品出厂价格的定期调查资料，按加权算术平均公式计算。

工业生产者购进价格指数 是反映工业企业购进主要原材料、燃料、动力价格水平变动趋势和程度的相对数。根据全省部分重点企业主要原材料、燃料、动力购进价格的定期调查资料，按加权算术平均公式计算。

06 人民生活

6-1 农村住户收支与生活状况

指　　标	单位	2014 年	2015 年
农村调查样本住户数	户	326	327
人均可支配收入	元	10137	10816
工资性收入	元	4245	4559
经营净收入	元	3878	4153
财产净收入	元	93	100
转移净收入	元	1921	2001
人均消费支出	元	6431	6837
食品烟酒	元	2290	2383
衣着	元	433	386
居住	元	1292	1420
生活用品及服务	元	263	272
交通通信	元	602	665
教育文化娱乐	元	908	1083
医疗保健	元	516	587
其他用品和服务	元	127	85
住户耐用消费品拥有情况(人均)	—		
1. 家用汽车	辆	0.04	0.04
2. 摩托车	辆	0.19	0.20
3. 助力车	台	0.12	0.12
4. 洗衣机	台	0.27	0.29
5. 电冰箱(柜)	台	0.21	0.25
6. 微波炉	台	0.03	0.03
7. 彩色电视机	台	0.33	0.34
8. 其中:接入有线电视	台	0.13	0.12
9. 空调	台	-	-
10. 热水器	台	0.01	0.02
11. 其中:太阳能热水器	台	-	-
12. 消毒碗柜	台	-	-
13. 洗碗机	台	-	-
14. 排油烟机	台	0.02	0.02
15. 固定电话	线	0.08	0.07
16. 移动电话	部	0.60	0.66
17. 其中:接入互联网	部	0.25	0.35
18. 计算机	台	0.06	0.07
19. 其中:接入互联网	台	0.04	0.04
20. 摄像机	台	-	-
21. 照相机	台	0.01	0.01
22. 中高档乐器	架	-	-
23. 健身器材	台	-	-
24. 组合音响	套	0.01	0

6-2 城镇住户收支与生活状况

指　　标	单　位	2014	2015
城镇调查样本住户数	户	269	271
人均可支配收入	元	25725	27500
工资性收入	元	15863	17116
经营净收入	元	4111	4381
财产净收入	元	1843	1942
转移净收入	元	3908	4060
人均消费支出	元	13633	14096
食品烟酒	元	3314	3610
衣着	元	1636	1497
居住	元	2769	2918
生活用品及服务	元	669	602
交通通信	元	1319	2104
教育文化娱乐	元	2415	2354
医疗保健	元	1128	728
其他用品和服务	元	381	282
住户耐用消费品拥有情况(人均)	—		
1. 家用汽车	辆	0.08	0.09
2. 摩托车	辆	0.11	0.1
3. 助力车	台	0.15	0.14
4. 洗衣机	台	0.29	0.29
5. 电冰箱(柜)	台	0.25	0.26
6. 微波炉	台	0.09	0.3
7. 彩色电视机	台	0.30	0.16
8. 其中:接入有线电视	台	0.18	0.03
9. 空调	台	0.02	0.11
10. 热水器	台	0.11	0.05
11. 其中:太阳能热水器	台	0.04	0.01
12. 消毒碗柜	台	0.00	–
13. 洗碗机	台	0.00	–
14. 排油烟机	台	0.13	0.13
15. 固定电话	线	0.10	0.07
16. 移动电话	部	0.60	0.64
17. 其中:接入互联网	部	0.25	0.4
18. 计算机	台	0.17	0.19
19. 其中:接入互联网	台	0.12	0.11
20. 摄像机	台	0.01	0.01
21. 照相机	台	0.04	0.06
22. 中高档乐器	架	0.01	0.01
23. 健身器材	台	0.01	0.01
24. 组合音响	套	0.01	0.01

主要统计指标解释

居民可支配收入 指调查户在调查期内获得的、可用于最终消费支出和储蓄的总和，即调查户可以用来自由支配的收入。可支配收入既包括现金，也包括实物收入。按照收入的来源，可支配收入包含工资性收入、经营净收入、财产净收入、转移净收入。计算公式为：

可支配收入＝工资性收入＋经营净收入＋财产净收入＋转移净收入

其中：经营净收入＝经营收入－经营费用－生产性固定资产折旧－生产税净额（生产税－生产补贴）

财产净收入＝财产性收入－财产性支出

转移净收入＝转移性收入－转移性支出

工资性收入 指就业人员通过各种途径得到的全部劳动报酬，包括所从事的主要职业的工资以及从事第二职业、其他兼职和零星劳动得到的其它劳动收入。

消费支出 指住户用于满足本家庭日常生活的全部支出，包括食品、烟酒、衣着、居住、家庭设备用品及服务、医疗保健、交通和通信、教育文化娱乐服务、杂项商品和服务八大类等。根据来源不同可划分为现金消费支出、实物消费支出（含自产自用、来自单位、来自政府和其他社会组织）。

07

农村经济

7-1 农村基层组织情况

指　　标	2014	2015
一、农村基层组织情况		
1.乡(镇)政府(个)	73	73
#镇政府	19	19
2.村民委员会(个)	1687	1624
二、乡村户数(万户)	40.37	39.37
三、乡村人口数(万人)	115.40	104.98
四、乡村劳动力(万人)	60.32	55.88
1.按性别分		
男劳动力	33.40	30.96
女劳动力	26.93	24.92
2.按行业分		
农　业	34.15	32.65
工　业	4.34	3.76
建筑业	3.34	2.89
交通运输、仓储和邮政业	2.68	2.42
批发、零售贸易及餐饮业	2.74	2.34
其他非农行业	3.20	2.55

7-2 造林面积

单位:公顷

指　　标	2014	2015
一、当年造林面积	19097	11332
#经济林	180	866
防护林	16337	8519
二、当年育苗面积	4667	4667
三、当年零星植树(万株)		400

7-3 果园面积和水果产量

指　　标	2014	2015
一、年末果园面积(公顷)	2547.7	2346.4
#苹果(公顷)	388.2	373.0
梨(公顷)	34.9	35.0
杏(公顷)	1656.2	1481.3
葡萄(公顷)	39.3	41.1
红枣(公顷)	63.6	19.3
二、水果产量(吨)	6368	5886
#苹果(吨)	1696	1007
梨(吨)	191	179
杏(吨)	2587	2294
葡萄(吨)	544	613
红枣(吨)	47	44

7-4 畜牧业生产情况

指　标	2014	2015
一、大牲畜年末存栏(头)	216516	220052
1.牛(头)	188019	192503
#良种及改良种乳牛	157182	161229
2.马(头)	333	348
3.驴(头)	18881	18206
4.骡(头)	9279	8950
二、猪年末存栏(头)	253362	220915
#能繁殖的母猪	28479	24087
三、羊年末存栏(只)	1988419	1914789
1.山　羊	147223	176766
2.绵　羊	1841196	1738023
四、家禽年末存栏(只)	1738007	2301022
五、养兔年末存栏(只)	21900	35900
六、猪、牛、羊出栏		
猪全年出栏(头)	305259	288269
牛全年出栏(头)	58090	55599
羊全年出栏(只)	2753856	3077335
七、当年肉类总产量(吨)	89644	92973
#猪肉产量	29555	27915
牛肉产量	8621	8017
羊肉产量	48965	54383
禽肉产量	1541	1844
兔肉产量	56	63
八、畜禽产品产量(吨)		
1.奶　类	519143	522743
#牛　奶	519143	522743
2.绵羊毛产量	2009	2033
3.山羊毛产量	55	56
4.山羊绒产量	51	51
5.禽蛋产量	17980	24250
6.蜂蜜产量		

7-5 农业机械拥有量

指　标	单位	2014	2015
农业机械总动力	万千瓦	241.38	245.92
大中型农用拖拉机	台	12872	13676
	万千瓦	38.52	41.12
小型农用拖拉机	台	18171	18177
	万千瓦	23.22	23.33
大中型拖拉机配套机具	部	24614	25418
小型拖拉机配套机具	部	34945	35872
农用排灌动力机械	台	17154	16950
	万千瓦	19.87	19.98
农用水泵	台	13543	13529
联合收获机	台	1407	1685
机动脱粒机	台	5112	5278
农用运输车	台	57310	56477

7-6 农业现代化情况

指　　标	2014	2015
一、农业机械化情况		
1.当年实际机耕面积（千公顷）	276.15	289.43
2.当年机械播种面积（千公顷）	255.62	268.26
占总播种面积(%)	73.6	81.7
3.当年机械收获面积(千公顷)	152.6	166.33
占总播种面积(%)	43.9	50.7
二、农田水利情况		
年末有效灌溉面积(千公顷)	136.84	139.45
#机电排灌面积(千公顷)	94.03	100.66
机电井数量(眼)	8160	9140
三、农村用电情况		
农村用电量(万千瓦小时)	25818.7	27455
四、农用化肥情况		
农用化肥施用折纯量(吨)	86285	86358
1.氮　肥	25942	23913
2.磷　肥	13318	12571
3.钾　肥	7528	6948
4.复合肥	39497	42926

7-7 主要年份耕地面积

单位：公顷

年 份	耕地总资源	有效灌溉面积	#机电排	机耕地面积
1988	324.58	97.40		199.26
1990	322.76	100.70		207.20
1993	321.34	107.30		204.78
1995	320.86	111.50		229.36
1997	342.15	115.40		216.54
1999	330.48	118.70		222.15
2001	318.36	119.90		289.10
2005	297.32	120.60		192.06
2006	365.92	120.40		192.11
2007	365.32	121.70		197.20
2008	365.87	122.00		208.91
2009	365.47	122.02		222.78
2010	395.90	120.45		237.63
2011	395.80	122.00		243.04
2012	396.16	123.68		246.03
2013	396.07	132.01		93.22
2014				
2015	395.41	139.45	100.66	289.43

7-8 主要农作物产量

单位：吨

指　　标	2014	2015
一、粮 食	1281062	1099692
(一)谷 物	1133164	1028926.2
# 小 麦	0	0
玉 米	1041210	949146.7
谷 子	24457	26890.4
高 粱	5035	5006.6
燕 麦	21611	20599.2
(二)豆 类	37790.9	25368
# 大 豆	10424	6992.9
(三)薯 类	110107	45397.8
# 马铃薯	110107	45397.8
二、油 料	31830	24860.9
# 胡 麻	23068	19091.9
向日葵	5711.7	4814.6
三、甜 菜	65741.7	43231.4
四、蔬 菜	1066351.1	716423.6
五、瓜果类	247689.9	112183.9

7-9 主要农作物播种面积

单位:千公顷

指　标	2014	2015
农作物总播种面积	347.44	328.30
一、粮 食	275.9	268.09
(一)谷 物	211.26	218.04
#小麦		
玉米	154.1	159.72
谷子	8.16	10.02
高粱	1.64	2.05
燕麦	21.99	22.86
(二)豆类	35.32	25.42
#大豆	9.17	8.25
(三)薯类	29.32	24.63
#马铃薯	29.32	24.63
二、油 料	28.97	25.74
#胡麻	24.01	21.78
向日葵	2.72	2.80
三、甜 菜	1.48	0.98
四、蔬菜及食用菌	25.45	15.87
五、瓜果类	7.72	6.30
六、其他作物	7.79	11.1
#青饲料	7.74	10.85

主要统计指标解释

乡村户数 指长期(一年以上)居住在乡镇(不包括城关镇)行政管理区域内的住户,还包括居住在城关镇所辖行政村范围内的农村住户。户口不在本地而在本地居住一年及以上的住户也包括在本地农村住户内;有本地户口,但举家外出谋生一年以上的住户,无论是否保留承包耕地都不包括在本地农村住户范围内。不包括乡村地区内的国有经济的机关、团体、学校、企业、事业单位的集体户。

乡村人口 乡村地区常住居民户数中的常住人口数,即经常在家或在家居住6个月以上,而且经济和生活与本户连成一体的人口。外出从业人员在外居住时间虽然在6个月以上,但收入主要带回家中,经济与本户连为一体,仍视为家庭常住人口;在家居住,生活和本户连成一体的国家职工、退休人员也为家庭常住人口,但是现役军人、中专及以上(走读生除外)的在校学生以及常年在外(不包括探亲、看病等)且已有稳定的职业与居住场所的外出从业人员,不应当作家庭常住人口。

乡村从业人员 指乡村人口中16岁以上实际参加生产经营活动并取得实物或货币收入的人员,既包括劳动年龄内经常参加劳动的人员,也包括超过劳动年龄但经常参加劳动的人员。但不包括户口在家的在外学生、现役军人和丧失劳动能力的人,也不包括待业人员和家务劳动者。从业人员年龄为16岁以上。从业人员按从事主业时间最长(时间相同按收入)分为农业从业人员、工业从业人员、建筑业从业人员、交运仓储及邮政从业人员、信息传输、计算机服务业和软件业从业人员、批发与零售业从业人员、住宿和餐饮业从业人员、其他行业从业人员。

农林牧渔业总产值 指以货币表现的农林牧渔业的全部产品总量和对农林牧渔业生产进行的各种支持性服务活动的价值。它反映一定时期内农林牧渔业生产总规模和总成果,是观察农林牧渔业生产水平和发展速度,研究农林牧渔业内部比例关系、农林牧渔业与工业、农林牧渔业与国家建设、人民生活比例关系的重要指标,同时也是计算农林牧渔业劳动生产率和农林牧渔业增加值的基础资料。

农林牧渔业增加值 指农、林、牧、渔业生产及农林牧渔服务业提供服务活动所增加的价值,为农林牧渔业现价总产值扣除农林牧渔业中间消耗后的余额。

耕地总资源 指种植农作物的土地。包括熟地,新开发、复垦、整理地,休闲地(含轮歇地、轮作地);以种植农作物(含蔬菜)为主,间有零星果树、桑树或其他树木的土地;平均每年能保证收获一季的已是滩地和海涂。耕地中包括南方宽度<1.0米、北方宽度<2.0米固定的沟、渠、路和地坎(梗);临时种植药材、草皮、花卉、苗木等的耕地,以及其他临时改变用途的耕地。

有效灌溉面积 具有一定水源, 地块比较平整,灌溉工程或设备已经配套,在一般年景下当年能够进行正常灌溉的耕地面积。在一般情况下,有效灌溉面积应等于灌溉工程或设备已经配套,能够进行正常灌溉的水田和水浇地之和。

农作物播种面积 指实际播种或移植有农作物的面积。凡是实际种植有农作物的面积,不论种植在耕地上还是种植在非耕地上,均包括在农作物播种面积中。在播种季节基本结束后,因遭灾而重新改种和补种的农作物面积,也包括在内。

农作物总产量 指本年度内生产的各种农作物总产量,不论计划内外、数量多少,耕地与非耕地上的农作物产量,都应统计在内。包括粮食、棉花、油料、麻类、糖类、药材、蔬菜、瓜类及其他农作物。

农业机械总动力 指指主要用于农、林、牧、渔业的各种动力机械的动力总和。包括耕作机械、排灌机械、收获机械、农用运输机械、植物保护机械、牧业机械、林业机械、渔业机械和其他农业机械。总

动力按法定计算单位千瓦计算。(注:1 马力 =735.5 瓦特 =0.735 千瓦)

农用化肥施用量 指本年内实际用于农业生产的化肥数量,包括氮肥、磷肥、钾肥和复合肥。化肥施用量要求按折纯量计算数量。折纯量是指把氮肥、磷肥、钾肥分别按含氮、含五氧化二磷、含氧化钾的百分之百成份进行折算后的数量。复合肥按其所含主要成分折算。公式为:折纯量 = 实物量 × 某种化肥有效成份含量的百分比

农村用电量 本年度内,扣除在农村中的国有工业、交通、基建等单位的用电量以后的农村生产和生活的全年用电总量。包括国家电网供电和农村自办电站供电量。

08 工业经济

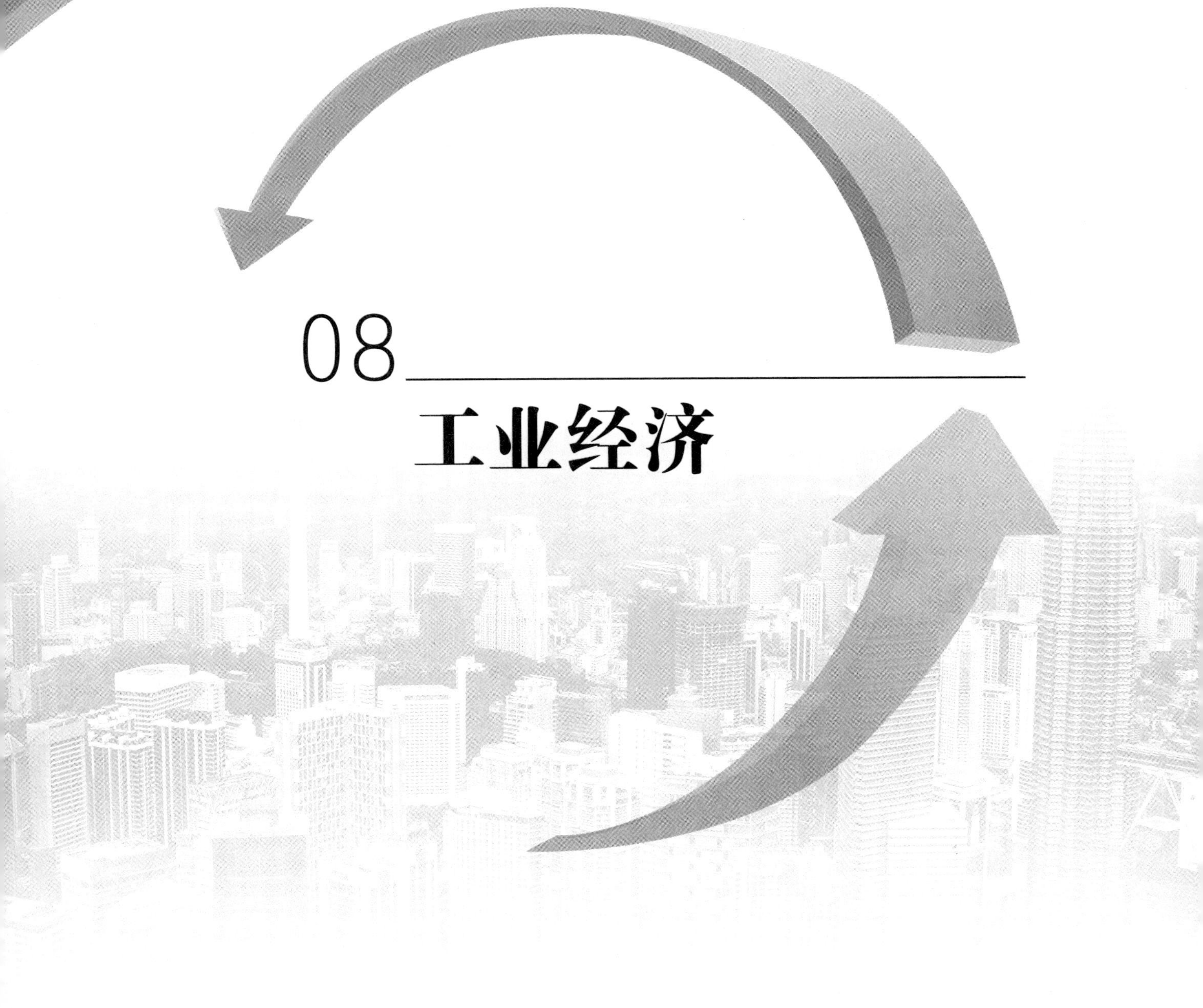

8-1 主要年份工业产品产量

年份	原煤产量（万吨）	发电量（亿千瓦小时）	乳制品（吨）	白酒（千升）	啤酒（千升）	焦炭（万吨）	化肥（万吨）	水泥（万吨）	陶瓷（万件）	石墨及炭素制品（吨）	铁合金（吨）	电解铝（吨）	电石（吨）
1990	2857.0	70.2	5927.0	2150.0		1.5	4.4	15.4	6315.0				8585.0
1995	3938.0	120.2	9437.0	1645.0		4.8	7.9	29.6	9033.0				38907.0
2000	2912.0	116.1	11840.0	1157.0		6.8	7.3	47.2	7264.0				30215.0
2001	3578.0	118.8	17829.0	1071.0		8.2	8.4	50.0	13248.0				56848.0
2002	4749.4	142.3	21775.0	599.0		6.6	9.6	51.0	24600.0				66023.0
2003	5552.7	159.3	94648.0	1208.0		5.7	10.0	69.0	31984.0				106797.0
2004	6310.5	169.4	258095.0	500.0		4.3	9.3	71.2	32576.0		40384.0		113504.0
2005	7948.5	198.5	260503.0	600.0	5049.0	2.2	9.8	80.7	27950.0	4518.0	44823.0		94627.0
2006	9274.9	222.5	255663.0	911.0	7314.0	1.4	9.0	64.7	30426.0	2749.0	81081.0	41302.0	78799.0
2007	10822.8	224.2	444103.0	1515.0	3682.0	7.0	10.7	75.2	39929.0	1689.0	122997.0	52753.0	64329.0
2008	11844.8	207.5	217468.0	2697.0	24082.0	8.5	6.1	53.9	29394.0	13764.0	131821.0	47967.0	79043.0
2009	12684.0	196.5	175614.0	3123.0	66238.0		7.5	100.0	51287.0	19371.0	109890.0		45754.0
2010	15994.8	217.0	170374.0	4259.0	78172.0		6.4	68.4	59576.0	31486.0	93100.0		31309.0
2011	18582.9	232.9	210767.0	10342.0	73418.1		6.5	283.5		55968.0	181304.7	43773.0	32264.0
2012	20691.2	264.3	295307.0	13114.0	56665.0		5.1	397.1		40640.7	309230.0	66077.0	37449.0
2013	22091.0	278.7	281288.0	6842.0	62065.0		4.3	343.9		44224.0	234908.0	68987.0	
2014	20255.0	251.0	243821.0	8997.0	40975.0		3.2	251.1		31013.0	294743.0	67255.0	
2015	18220.0	267.5	232167.0	7663.0	39643.0		1.8	205.4		39393.0	125211.0	66990.0	

8-2 工业增加值

单位:万元

指　　标	2014	2015
总　　计	3317057	2077275
一、按登记注册类型分组:		
内资企业	3189449	1966359
国有企业	177802	60087
中央企业	61367	19270
地方企业	116435	41289
集体企业	852	0
股份合作企业	0	0
联营企业	-9757	-6145
国有联营企业	-9757	-6145
集体联营企业	0	0
国有与集体联营企业	0	0
其他联营企业	0	0
有限责任公司	1072574	801938
国有独资公司	125790	147086
其他有限责任公司	946784	659673
股份有限公司	837884	354231
私营企业	1110094	773975
私营独资企业	2453	289
私营合伙企业	0	0
私营有限责任公司	1092675	755608
私营股份有限公司	14965	14533
其他企业	0	0
港、澳、台商投资企业	53679	43222
合资经营企业(港或澳、台资)	53679	43222

8-2 续表1

单位:万元

指　　标	2014	2015
合资经营企业(港或澳、台资)	53679	43222
合作经营企业(港或澳、台资)	0	0
港澳台商独资经营企业	0	0
港澳台商投资股份有限公司	0	0
其他港澳台投资	0	0
外商投资企业	73929	67404
中外合资经营企业	70567	60550
中外合作经营企业	0	0
外资企业	3362	1031
外商投资股份有限公司	0	0
其他外商投资	0	0
二、按经济组织类型分组		
独资企业	184470	65326
国有企业	177802	60087
集体企业	853	0
营独资企业	2453	289
港澳台商独资经营企业	0	0
外资企业	3362	1031
合作、合伙企业	-9757	-6145
股份合作企业	0	0
国有联营企业	-9757	-6145
集体联营企业	0	0
国有与集体联营企业	0	0
其他联营企业	0	0
私营合伙企业	0	0
合作经营企业(港或澳、台资)	0	0
中外合作经营企业	0	0
其他企业(内资)	0	0
其他港澳台商投资企业	0	0
其他外商投资企业	0	0
股份有限公司	852849	370099
股份有限公司(内资)	837884	354231
私营股份有限公司	14965	14533
港澳台商投资股份有限公司	0	0
外商投资股份有限公司	0	0
有限责任公司	2289495	1667754
国有独资公司	125790	147086
私营有限责任公司	1092675	755608
合资经营企业(港或澳、台资)	53679	43222

8-2 续表 2

单位:万元

指　　标	2014	2015
中外合资经营企业	70567	60550
其他有限责任公司	946784	659673
三、在总计中:亏损企业	382824	608803
在总计中:国有控股企业	1949353	1143798
在总计中:农村工业	859	244
在总计中:轻工业	137030	114202
重工业	3180027	1953460
在总计中:大型企业	1420626	723614
中型企业	715721	422339
小型企业	1180710	962465
微型企业	0	0
煤炭开采和洗选业	2459106	1448313
烟煤和无烟煤开采洗选	2459106	1448313
黑色金属矿采选业	10	
铁矿采选	10	
农副食品加工业	6152	1993
饲料加工	-14	\70
植物油加工	210	
制糖业	-2333	
屠宰及肉类加工	6333	3974
蔬菜、水果和坚果加工	0	750
其他农副食品加工	1955	
食品制造业	34477	28877
糖果、巧克力及蜜饯制造		786
方便食品制造	1276	993
乳制品制造	33201	27577
酒、饮料和精制茶制造业	13460	9600
酒的制造	11144	7833
饮料制造	794	616

8-2 续表3

单位:万元

指　　标	2014	2015
精制茶加工	1522	1293
纺织业	5101	402
毛纺织及染整精加工	4964	
麻纺织及染整精加工	136	52
皮革、毛皮、羽毛及其制品和制鞋业	6472	4650
皮革鞣制加工	6472	4650
木材加工和木、竹、藤、棕、草制品业	44	
人造板制造	44	
造纸和纸制品业	1175	1058
纸制品制造	1175	1058
石油加工、炼焦和核燃料加工业	24547	17130
精炼石油产品制造	24547	17130
化学原料和化学制品制造业	19334	13906
基础化学原料制造	125	210
肥料制造	2264	917
专用化学产品制造	13528	7485
炸药、火工及焰火产品制造	3417	12407
医药制造业	4270	2504
化学药品原料药制造	1045	1417
化学药品制剂制造	2568	1548
卫生材料及医药用品制造	657	578
橡胶和塑料制品业	6292	2847
橡胶制品业	4827	2678
塑料制品业	1465	538
非金属矿物制品业	128982	110217
水泥、石灰和石膏制造	28209	26808
石膏、水泥制品及类似制品制造	4465	4919

8-2 续表 4

单位:万元

指　　标	2014	2015
砖瓦、石材等建筑材料制造	11307	2715
玻璃制品制造	947	908
陶瓷制品制造	62935	57236
耐火材料制品制造	13245	5690
石墨及其他非金属矿物制品制造	7875	10589
黑色金属冶炼和压延加工业	84307	35556
钢压延加工	15	
铁合金冶炼	84291	35556
有色金属冶炼和压延加工业	4292	1403
常用有色金属冶炼	3920	1815
稀有稀土金属冶炼	373	942
通用设备制造业	11407	10245
锅炉及原动设备制造	8437	7740
物料搬运设备制造	486	619
通用零部件制造	2484	2302
专用设备制造业	19741	18734
采矿、冶金、建筑专用设备制造	19741	13734
汽车制造业	5555	5886
汽车车身、挂车制造	5555	5450
计算机、通信和其他电子设备制造业	437	
电子器件制造	437	
电力、热力生产和供应业	469423	413721
电力生产	425823	385530
电力供应	25904	21704
热力生产和供应	17697	12664
燃气生产和供应业	10449	4516
水的生产和供应业	1695	1501
自来水生产和供应	1829	1994
其他水的处理、利用与分配	-134	

8-3 工业企业单位数

单位:个

指　　标	2014	2015
总　计	280	258
采矿业	113	104
煤炭开采和洗选业	112	104
烟煤和无烟煤开采洗选	112	104
黑色金属矿采选业	1	
铁矿采选	1	
制造业	140	128
农副食品加工业	10	8
饲料加工	1	1
植物油加工	1	
制糖业	1	
屠宰及肉类加工	4	5
蔬菜、水果和坚果加工	2	2
其他农副食品加工	1	
食品制造业	8	8
糖果、巧克力及蜜饯制造	0	1
方便食品制造	2	2
乳制品制造	6	5
酒、饮料和精制茶制造业	4	4
酒的制造	2	2
饮料制造	1	1
精制茶加工	1	1
纺织业	3	1
毛纺织及染整精加工	2	
麻纺织及染整精加工	1	1
纺织服装、服饰业	1	1
针织或钩针编织服装制造	1	1
皮革、毛皮、羽毛及其制品和制鞋业	1	1

8-3 续表1

单位:个

指 标	2014	2015
皮革鞣制加工	1	1
木材加工和木、竹、藤、棕、草制品业	1	
人造板制造	1	
造纸和纸制品业	1	1
纸制品制造	1	1
石油加工、炼焦和核燃料加工业	1	1
精炼石油产品制造	1	1
化学原料和化学制品制造业	11	13
基础化学原料制造	2	3
肥料制造	4	4
专用化学产品制造	4	4
炸药、火工及焰火产品制造	1	2
医药制造业	4	4
化学药品原料药制造	2	2
化学药品制剂制造	1	1
卫生材料及医药用品制造	1	1
橡胶和塑料制品业	4	4
橡胶制品业	3	3
塑料制品业	1	1
非金属矿物制品业	70	64
水泥、石灰和石膏制造	19	17
石膏、水泥制品及类似制品制造	6	4
砖瓦、石材等建筑材料制造	8	6
玻璃制品制造	1	1
陶瓷制品制造	26	27
耐火材料制品制造	3	3
石墨及其他非金属矿物制品制造	7	6
黑色金属冶炼和压延加工业	3	2

8-3 续表2

单位:个

指　　标	2014	2015
钢压延加工	1	0
铁合金冶炼	2	2
有色金属冶炼和压延加工业	3	2
常用有色金属冶炼	2	1
稀有稀土金属冶炼	1	1
金属制品业		1
结构性金属制品制造		1
通用设备制造业	6	6
锅炉及原动设备制造	3	3
物料搬运设备制造	1	1
通用零部件制造	2	2
专用设备制造业	6	5
采矿、冶金、建筑专用设备制造	6	5
汽车制造业	2	2
电车制造	1	1
汽车车身、挂车制造	1	1
计算机、通信和其他电子设备制造业	1	0
电子器件制造	1	0
电力、热力、燃气及水生产和供应业	27	26
电力、热力生产和供应业	22	22
电力生产	17	18
电力供应	1	1
热力生产和供应	4	3
燃气生产和供应业	3	3
水的生产和供应业	2	1
自来水生产和供应	1	1
污水处理及其再生利用	0	0
其他水的处理、利用与分配	1	0

8-4 工业企业

指　　标	企业单位数（个）	亏损企业	工业总产值（当年价格）
总　　计	258	90	7623930
一、按登记注册类型分组:			
内资企业	253	88	7371082
国有企业	9	7	187275
中央企业	2	2	54343
地方企业	7	5	132933
集体企业	0	0	0
股份合作企业	0	0	0
联营企业	1	1	44307
国有联营企业	1	1	44307
集体联营企业	0	0	0
国有与集体联营企业	0	0	0
其他联营企业	0	0	0
有限责任公司	85	35	2853366
国有独资公司	11	8	377579
其他有限责任公司	74	27	2475787
股份有限公司	7	4	1773370
私营企业	151	41	2512763
私营独资企业	1	0	2395
私营合伙企业	0	0	0
私营有限责任公司	142	36	2402199
私营股份有限公司	8	5	108169
其他企业	0	0	0
港、澳、台商投资企业	1	0	80548
合资经营企业(港或澳、台资)	1	0	80548
合作经营企业(港或澳、台资)	0	0	0
港澳台商独资经营企业	0	0	0
港澳台商投资股份有限公司	0	0	0
其他港澳台商投资企业	0	0	0
外商投资企业	4	2	172300
中外合资经营企业	2	1	145013
中外合作经营企业	0	0	0
外资企业	2	1	27287
外商投资股份有限公司	0	0	0
其他外商投资企业	0	0	0
二、按经济组织类型分组			
独资企业	12	8	216957

主要经济指标总表(2015年)

单位:万元

工业销售产值（当年价格）	资产总计	流动资产合计	固定资产合计	固定资产原价
7426273	23415448	6902072	12636376	15052871
7180488	22619380	6762353	11994994	14273368
155557	851614	249742	359044	491475
54716	320740	140581	136294	231435
100841	530874	109161	222751	260041
0	0	0	0	0
0	0	0	0	0
44307	134286	42329	20454	52019
44307	134286	42329	20454	52019
0	0	0	0	0
0	0	0	0	0
0	0	0	0	0
2768645	11851484	4124256	4736681	6317135
371480	2079645	630052	969607	1349577
2397164	9771839	3494203	3767074	4967558
1774434	6760396	1038598	5586941	5905204
2437546	3021601	1307428	1291874	1507535
2395	3602	3040	562	574
0	0	0	0	0
2331730	2796632	1260172	1235714	1430860
103421	221367	44216	55598	76100
0	0	0	0	0
80548	230062	25958	192463	324267
80548	230062	25958	192463	324267
0	0	0	0	0
0	0	0	0	0
0	0	0	0	0
0	0	0	0	0
165237	566007	113761	448919	455236
144700	538035	99819	437483	445488
0	0	0	0	0
20537	27972	13942	11437	9748
0	0	0	0	0
0	0	0	0	0
178489	883188	266724	371042	501798

8-4 **续**

指　　标	企业单位数（个）	亏损企业	工业总产值（当年价格）
国有企业	9	7	187275
集体企业	0	0	0
私营独资企业	1	0	2395
港澳台商独资经营企业	0	0	0
外资企业	2	1	27287
合作、合伙企业	1	1	44307
股份合作企业	0	0	0
国有联营企业	1	1	44307
集体联营企业	0	0	0
国有与集体联营企业	0	0	0
其他联营企业	0	0	0
私营合伙企业	0	0	0
合作经营企业(港或澳、台资)	0	0	0
中外合作经营企业	0	0	0
其他企业（内资）	0	0	0
其他港澳台商投资企业	0	0	0
其他外商投资企业	0	0	0
股份有限公司	15	9	1881540
股份有限公司(内资)	7	4	1773370
私营股份有限公司	8	5	108169
港澳台商投资股份有限公司	0	0	0
外商投资股份有限公司	0	0	0
有限责任公司	230	72	5481126
国有独资公司	11	8	377579
私营有限责任公司	142	36	2402199
合资经营企业(港或澳、台资)	1	0	80548
中外合资经营企业	2	1	145013
其他有限责任公司	74	27	2475787
三、在总计中:亏损企业	90	90	3565464
在总计中:国有控股企业	67	34	4509356
在总计中:农村工业	1	1	7351
在总计中:轻工业	57	13	633753
重工业	201	77	6990177
在总计中:大型企业	10	3	3051291
中型企业	61	30	1397549
小型企业	187	57	3175090
纯小型企业	172	50	3091536
微型企业	15	7	83554

表1

单位:万元

工业销售产值（当年价格）	资产总计	流动资产合计	固定资产合计	固定资产原价
155557	851614	249742	359044	491475
0	0	0	0	0
2395	3602	3040	562	574
0	0	0	0	0
20537	27972	13942	11437	9748
44307	134286	42329	20454	52019
0	0	0	0	0
44307	134286	42329	20454	52019
0	0	0	0	0
0	0	0	0	0
0	0	0	0	0
0	0	0	0	0
0	0	0	0	0
0	0	0	0	0
0	0	0	0	0
0	0	0	0	0
0	0	0	0	0
1877854	6981762	1082814	5642539	5981304
1774434	6760396	1038598	5586941	5905204
103421	221367	44216	55598	76100
0	0	0	0	0
0	0	0	0	0
5325623	15416212	5510205	6602340	8517750
371480	2079645	630052	969607	1349577
2331730	2796632	1260172	1235714	1430860
80548	230062	25958	192463	324267
144700	538035	99819	437483	445488
2397164	9771839	3494203	3767074	4967558
3525846	15085817	4331819	8515424	9540531
4416011	18482399	4993660	10351296	12449870
7351	4694	4108	55	56
576665	592598	260804	240998	308647
6849608	22822851	6641268	12395378	14744224
2980749	11651129	3366531	6922882	7794527
1329390	5694636	1820826	2517737	3125351
3116134	6069684	1714715	3195757	4132994
3034723	5312116	1589222	2820271	3772440
81412	757567	125493	375487	360554

8-4 续

指　　标	累计折旧	负债合计	所有者权益合计	主营业务收入	主营业务成本	主营业务税金及附加
总　　计	5204256	16662233	6663899	7427706	5402016	136832
一、按登记注册类型分组:						
内资企业	5017982	16106373	6423691	7174884	5202799	135314
国有企业	184649	696315	155299	163153	152131	8182
中央企业	95141	159999	160741	53355	52402	4833
地方企业	89508	536316	-5442	109798	99729	3350
集体企业	0	0	0	0	0	0
股份合作企业	0	0	0	0	0	0
联营企业	31565	225124	-90839	32828	39482	2977
国有联营企业	31565	225124	-90839	32828	39482	2977
集体联营企业	0	0	0	0	0	0
国有与集体联营企业	0	0	0	0	0	0
其他联营企业	0	0	0	0	0	0
有限责任公司	1911752	9572504	2294447	2704945	1925825	103725
国有独资公司	507229	1679268	415845	391522	331092	27117
其他有限责任公司	1404523	7893236	1878602	2313423	1594734	76608
股份有限公司	2486493	3783183	2879444	1752203	1056793	984
私营企业	403524	1829247	1185340	2521756	2028567	19447
私营独资企业	300	1173	2429	5185	4374	3
私营合伙企业	0	0	0	0	0	0
私营有限责任公司	382701	1676469	1113149	2432722	1945214	18229
私营股份有限公司	20523	151604	69762	83849	78979	1216
其他企业	0	0	0	0	0	0
港、澳、台商投资企业	131804	134246	95816	83229	60661	995
合资经营企业(港或澳、台资)	131804	134246	95816	83229	60661	995
合作经营企业(港或澳、台资)	0	0	0	0	0	0
港澳台商独资经营企业	0	0	0	0	0	0
港澳台商投资股份有限公司	0	0	0	0	0	0
其他港澳台商投资企业	0	0	0	0	0	0
外商投资企业	54470	421614	144392	169594	138557	523
中外合资经营企业	51494	409568	128467	144675	115883	264
中外合作经营企业	0	0	0	0	0	0
外资企业	2975	12047	15925	24918	22674	259
外商投资股份有限公司	0	0	0	0	0	0
其他外商投资企业	0	0	0	0	0	0
二、按经济组织类型分组						
独资企业	187924	709535	173653	193256	179178	8443

表 2

单位:万元

管理费用	财务费用	利息支出	利润总额	亏损企业亏损总额
410461	404539	382862	−304425	879409
406695	379344	357654	−324855	878863
18313	8322	8584	−36089	37755
10465	−378	−142	−22098	22098
7848	8700	8726	−13991	15657
0	0	0	0	0
0	0	0	0	0
5757	4130	1682	−19781	19781
5757	4130	1682	−19781	19781
0	0	0	0	0
0	0	0	0	0
0	0	0	0	0
192491	207506	191896	−219666	369388
34050	38410	35539	−52642	68203
158442	169096	156356	−167024	301185
128550	122449	124943	−373417	380558
61583	36936	30550	324097	71382
79	173	173	186	0
0	0	0	0	0
57621	34640	28748	328927	63784
3884	2124	1629	−5016	7598
0	0	0	0	0
2865	6255	6255	17002	0
2865	6255	6255	17002	0
0	0	0	0	0
0	0	0	0	0
0	0	0	0	0
0	0	0	0	0
902	18940	18953	3428	547
129	18719	18739	3561	9
0	0	0	0	0
773	221	214	−133	538
0	0	0	0	0
0	0	0	0	0
19165	8716	8971	−36036	38293

8-4 续

指　　标	累计折旧	负债合计	所有者权益合计	主营业务收入	主营业务成本	主营业务税金及附加
国有企业	184649	696315	155299	163153	152131	8182
集体企业	0	0	0	0	0	0
私营独资企业	300	1173	2429	5185	4374	3
港澳台商独资经营企业	0	0	0	0	0	0
外资企业	2975	12047	15925	24918	22674	259
合作、合伙企业	31565	225124	-90839	32828	39482	2977
股份合作企业	0	0	0	0	0	0
国有联营企业	31565	225124	-90839	32828	39482	2977
集体联营企业	0	0	0	0	0	0
国有与集体联营企业	0	0	0	0	0	0
其他联营企业	0	0	0	0	0	0
私营合伙企业	0	0	0	0	0	0
合作经营企业(港或澳、台资)	0	0	0	0	0	0
中外合作经营企业	0	0	0	0	0	0
其他企业(内资)	0	0	0	0	0	0
其他港澳台商投资企业	0	0	0	0	0	0
其他外商投资企业	0	0	0	0	0	0
股份有限公司	2507016	3934787	2949206	1836051	1135772	2199
股份有限公司(内资)	2486493	3783183	2879444	1752203	1056793	984
私营股份有限公司	20523	151604	69762	83849	78979	1216
港澳台商投资股份有限公司	0	0	0	0	0	0
外商投资股份有限公司	0	0	0	0	0	0
有限责任公司	2477751	11792787	3631879	5365571	4047583	123213
国有独资公司	507229	1679268	415845	391522	331092	27117
私营有限责任公司	382701	1676469	1113149	2432722	1945214	18229
合资经营企业(港或澳、台资)	131804	134246	95816	83229	60661	995
中外合资经营企业	51494	409568	128467	144675	115883	264
其他有限责任公司	1404523	7893236	1878602	2313423	1594734	76608
三、在总计中:亏损企业	3486591	10934933	4068582	3565380	2588297	84739
在总计中:国有控股企业	4570148	13576783	4831422	4346060	2920059	105222
在总计中:农村工业	24	1447	3247	7351	7189	0
在总计中:轻工业	94126	297922	279555	568984	491740	6338
重工业	5110130	16364311	6384344	6858723	4910276	130494
在总计中:大型企业	3127766	7807671	3843458	3007756	1853539	43130
中型企业	982357	4535839	1158797	1201145	1046644	67628
小型企业	1094134	4318723	1661644	3218805	2501832	26074
纯小型企业	1056792	3767392	1536617	3134520	2462234	25957
微型企业	37342	551332	125028	84285	39598	118

表 3

单位:万元

管理费用	财务费用	利息支出	利润总额	亏损企业亏损总额
18313	8322	8584	-36089	37755
0	0	0	0	0
79	173	173	186	0
0	0	0	0	0
773	221	214	-133	538
5757	4130	1682	-19781	19781
0	0	0	0	0
5757	4130	1682	-19781	19781
0	0	0	0	0
0	0	0	0	0
0	0	0	0	0
0	0	0	0	0
0	0	0	0	0
0	0	0	0	0
0	0	0	0	0
0	0	0	0	0
0	0	0	0	0
132434	124573	126571	-378432	388155
128550	122449	124943	-373417	380558
3884	2124	1629	-5016	7598
0	0	0	0	0
0	0	0	0	0
253105	267120	245638	129824	433181
34050	38410	35539	-52642	68203
57621	34640	28748	328927	63784
2865	6255	6255	17002	0
129	18719	18739	3561	9
158442	169096	156356	-167024	301185
279782	273820	262242	-879409	879409
308575	334997	321495	-626572	782416
167	0	0	-5	5
21762	7706	7215	25891	5891
388700	396833	375647	-330316	873518
197148	199976	201221	-426551	455463
138309	94479	80656	-184973	220772
75004	110084	100985	307099	203175
70522	95058	86111	281913	198140
4482	15026	14874	25185	5035

8-4 续

指　标	利税总额	本年应交增值税	总资产贡献率(%)	资产负债率(%)
总　计	242057	344377	2.62	71.16
一、按登记注册类型分组:				
内资企业	209424	333692	2.45	71.21
国有企业	-12632	15275	-0.38	81.76
中央企业	-10954	6311	-3.20	49.88
地方企业	-1678	8964	1.32	101.03
集体企业	0	0	0.00	0.00
股份合作企业	0	0	0.00	0.00
联营企业	-16108	696	-10.75	167.65
国有联营企业	-16108	696	-10.75	167.65
集体联营企业	0	0	0.00	0.00
国有与集体联营企业	0	0	0.00	0.00
其他联营企业	0	0	0.00	0.00
有限责任公司	19898	135022	1.76	80.77
国有独资公司	350	25453	1.67	80.75
其他有限责任公司	19548	109569	1.78	80.78
股份有限公司	-303509	4940	-2.78	55.96
私营企业	521774	177759	18.27	60.54
私营独资企业	197	9	10.29	32.57
私营合伙企业	0	0	0.00	0.00
私营有限责任公司	523327	175700	19.73	59.95
私营股份有限公司	-1750	2050	-0.06	68.49
其他企业	0	0	0.00	0.00
港、澳、台商投资企业	26080	8082	14.05	58.35
合资经营企业(港或澳、台资)	26080	8082	14.05	58.35
合作经营企业(港或澳、台资)	0	0	0.00	0.00
港澳台商独资经营企业	0	0	0.00	0.00
港澳台商投资股份有限公司	0	0	0.00	0.00
其他港澳台商投资企业	0	0	0.00	0.00
外商投资企业	6554	2603	4.50	74.49
中外合资经营企业	5983	2159	4.59	76.12
中外合作经营企业	0	0	0.00	0.00
外资企业	570	445	2.80	43.07
外商投资股份有限公司	0	0	0.00	0.00
其他外商投资企业	0	0	0.00	0.00
二、按经济组织类型分组				
独资企业	-11864	15729	-0.24	80.34

表 4

单位:万元

流动资产周转率（次 / 年）	成本费用利润率(%)	全员劳动生产率（元 / 人·年）	产品销售率(%)	从业人员平均人数（人）
1.09	-4.00	0.00	97.41	91746
1.07	-4.41	0.00	97.41	88335
0.66	-19.27	0.00	83.06	6700
0.38	-34.37	0.00	100.69	767
1.01	-11.38	0.00	75.86	5933
0.00	0.00	0.00	0.00	0
0.00	0.00	0.00	0.00	0
0.78	-40.04	0.00	100.00	695
0.78	-40.04	0.00	100.00	695
0.00	0.00	0.00	0.00	0
0.00	0.00	0.00	0.00	0
0.00	0.00	0.00	0.00	0
0.67	-7.66	0.00	97.03	40316
0.63	-12.69	0.00	98.38	4625
0.68	-6.81	0.00	96.82	35691
1.72	-17.89	0.00	100.06	17014
1.93	14.84	0.00	97.01	23610
1.71	3.71	0.00	100.00	35
0.00	0.00	0.00	0.00	0
1.93	15.74	0.00	97.07	22222
1.90	-5.68	0.00	95.61	1353
0.00	0.00	0.00	0.00	0
3.21	24.37	0.00	100.00	120
3.21	24.37	0.00	100.00	120
0.00	0.00	0.00	0.00	0
0.00	0.00	0.00	0.00	0
0.00	0.00	0.00	0.00	0
0.00	0.00	0.00	0.00	0
1.49	2.09	0.00	95.90	3291
1.45	2.56	0.00	99.78	2911
0.00	0.00	0.00	0.00	0
1.79	-0.54	0.00	75.26	380
0.00	0.00	0.00	0.00	0
0.00	0.00	0.00	0.00	0
0.73	-16.60	0.00	82.27	7115

8-4 续

指　　标	利税总额	本年应交增值税	总资产贡献率(%)	资产负债率(%)
国有企业	-12632	15275	-0.38	81.76
集体企业	0	0	0.00	0.00
私营独资企业	197	9	10.29	32.57
港澳台商独资经营企业	0	0	0.00	0.00
外资企业	570	445	2.80	43.07
合作、合伙企业	-16108	696	-10.75	167.65
股份合作企业	0	0	0.00	0.00
国有联营企业	-16108	696	-10.75	167.65
集体联营企业	0	0	0.00	0.00
国有与集体联营企业	0	0	0.00	0.00
其他联营企业	0	0	0.00	0.00
私营合伙企业	0	0	0.00	0.00
合作经营企业(港或澳、台资)	0	0	0.00	0.00
中外合作经营企业	0	0	0.00	0.00
其他企业(内资)	0	0	0.00	0.00
其他港澳台商投资企业	0	0	0.00	0.00
其他外商投资企业	0	0	0.00	0.00
股份有限公司	-305259	6990	-2.69	56.36
股份有限公司(内资)	-303509	4940	-2.78	55.96
私营股份有限公司	-1750	2050	-0.06	68.49
港澳台商投资股份有限公司	0	0	0.00	0.00
外商投资股份有限公司	0	0	0.00	0.00
有限责任公司	575288	320963	5.30	76.50
国有独资公司	350	25453	1.67	80.75
私营有限责任公司	523327	175700	19.73	59.95
合资经营企业(港或澳、台资)	26080	8082	14.05	58.35
中外合资经营企业	5983	2159	4.59	76.12
其他有限责任公司	19548	109569	1.78	80.78
三、在总计中:亏损企业	-644756	86098	-2.57	72.48
在总计中:国有控股企业	-302415	154186	0.04	73.46
在总计中:农村工业	-5	0	-0.11	30.83
在总计中:轻工业	46532	14089	9.01	50.27
重工业	195526	330288	2.45	71.70
在总计中:大型企业	-254192	64992	-0.50	67.01
中型企业	-35563	81216	0.77	79.65
小型企业	531812	198170	10.34	71.15
纯小型企业	505888	197551	11.05	70.92
微型企业	25924	619	5.38	72.78

表 5

单位:万元

流动资产周转率（次 / 年）	成本费用利润率(%)	全员劳动生产率（元 / 人·年）	产品销售率(%)	从业人员平均人数（人）
0.66	−19.27	0.00	83.06	6700
0.00	0.00	0.00	0.00	0
1.71	3.71	0.00	100.00	35
0.00	0.00	0.00	0.00	0
1.79	−0.54	0.00	75.26	380
0.78	−40.04	0.00	100.00	695
0.00	0.00	0.00	0.00	0
0.78	−40.04	0.00	100.00	695
0.00	0.00	0.00	0.00	0
0.00	0.00	0.00	0.00	0
0.00	0.00	0.00	0.00	0
0.00	0.00	0.00	0.00	0
0.00	0.00	0.00	0.00	0
0.00	0.00	0.00	0.00	0
0.00	0.00	0.00	0.00	0
0.00	0.00	0.00	0.00	0
0.00	0.00	0.00	0.00	0
1.73	−17.40	0.00	99.80	18367
1.72	−17.89	0.00	100.06	17014
1.90	−5.68	0.00	95.61	1353
0.00	0.00	0.00	0.00	0
0.00	0.00	0.00	0.00	0
0.98	2.51	0.00	97.16	65569
0.63	−12.69	0.00	98.38	4625
1.93	15.74	0.00	97.07	22222
3.21	24.37	0.00	100.00	120
1.45	2.56	0.00	99.78	2911
0.68	−6.81	0.00	96.82	35691
0.83	−20.40	0.00	98.89	43552
0.88	−12.95	0.00	97.93	55368
1.79	−0.07	0.00	100.00	21
2.33	4.49	0.00	90.99	13967
1.04	−4.70	0.00	97.99	77779
0.90	−12.74	0.00	97.69	32836
0.66	−14.02	0.00	95.12	38103
1.91	10.45	0.00	98.14	20807
2.00	9.79	0.00	98.16	19373
0.67	42.48	0.00	97.44	1434

8-5 工业企业主要

指　　标	企业单位数（个）	亏损企业	工业总产值（当年价格）
总　　计	258	90	76216281
采矿业	104	53	52974154
煤炭开采和洗选业	104	53	52974154
烟煤和无烟煤开采洗选	104	53	52974154
制造业	128	31	14275375
农副食品加工业	8	3	329395
饲料加工	1	1	22733
屠宰及肉类加工	5	1	257902
牲畜屠宰	2	0	139856
肉制品及副产品加工	3	1	118046
蔬菜、水果和坚果加工	2	1	48760
蔬菜加工	2	1	48760
食品制造业	8	0	1992863
糖果、巧克力及蜜饯制造	1	0	31387
糖果、巧克力制造	1	0	31387
方便食品制造	2	0	58283
米、面制品制造	1	0	29982
速冻食品制造	1	0	28301
乳制品制造	5	0	1903193
酒、饮料和精制茶制造业	4	2	554900
酒的制造	2	1	484090
白酒制造	1	0	404105
啤酒制造	1	1	79985
饮料制造	1	1	26686
果菜汁及果菜汁饮料制造	1	1	26686
精制茶加工	1	0	44124
纺织业	1	1	15800
麻纺织及染整精加工	1	1	15800
麻纤维纺前加工和纺纱	1	1	15800

经济指标(按行业)(2015年)

单位:千元

工业销售产值(当年价格)	资产总计	流动资产合计	固定资产合计	固定资产原价
74239955	234086351	69011224	126305118	150517361
51616747	177629517	50744590	94333091	106965178
51616747	177629517	50744590	94333091	106965178
51616747	177629517	50744590	94333091	106965178
13657243	22057923	11773940	7259744	8828468
318913	1244347	351309	643946	645649
25250	15511	8120	7390	8152
251088	559328	189683	191374	192315
135555	111156	61599	28924	29913
115533	448172	128084	162450	162402
42575	669508	153506	445182	445182
42575	669508	153506	445182	445182
1894491	1725761	968794	590608	1012723
31387	43614	21603	19660	28017
31387	43614	21603	19660	28017
55383	124767	61212	42840	54550
27093	30023	28660	0	0
28290	94744	32552	42840	54550
1807721	1557380	885979	528108	930156
560344	742330	350599	282526	424428
494563	385089	178905	162629	281491
412106	103870	79463	11829	30802
82457	281219	99442	150800	250689
24463	205121	121571	83550	97482
24463	205121	121571	83550	97482
41318	152120	50123	36347	45455
12673	116935	29468	80134	96707
12673	116935	29468	80134	96707
12673	116935	29468	80134	96707

8-5 续

指　标	企业单位数（个）	亏损企业	工业总产值（当年价格）
纺织服装、服饰业	1	0	34514
针织或钩针编织服装制造	1	0	34514
皮革、毛皮、羽毛及其制品和制鞋业	1	0	713161
皮革鞣制加工	1	0	713161
造纸和纸制品业	1	0	107118
纸制品制造	1	0	107118
纸和纸板容器制造	1	0	107118
石油加工、炼焦和核燃料加工业	1	0	1257678
精炼石油产品制造	1	0	1257678
原油加工及石油制品制造	1	0	1257678
化学原料和化学制品制造业	13	3	1058294
基础化学原料制造	3	1	153348
无机盐制造	2	1	129763
有机化学原料制造	1	0	23585
肥料制造	4	2	92663
氮肥制造	3	2	71768
复混肥料制造	1	0	20895
专用化学产品制造	4	0	507812
化学试剂和助剂制造	1	0	40475
专项化学用品制造	1	0	55260
信息化学品制造	1	0	368265
环境污染处理专用药剂材料制造	1	0	43812
炸药、火工及焰火产品制造	2	0	304471
炸药及火工产品制造	2	0	304471
医药制造业	4	2	338801
化学药品原料药制造	2	1	68062
化学药品制剂制造	1	0	246179
卫生材料及医药用品制造	1	1	24560
橡胶和塑料制品业	4	2	454869
橡胶制品业	3	1	427845

表 1

单位:千元

工业销售产值（当年价格）	资产总计	流动资产合计	固定资产合计	固定资产原价
22648	12693	3035	4687	4925
22648	12693	3035	4687	4925
637804	186894	99894	39948	51708
637804	186894	99894	39948	51708
102901	10246	7116	3130	5148
102901	10246	7116	3130	5148
102901	10246	7116	3130	5148
1518558	2283819	1831458	336718	537272
1518558	2283819	1831458	336718	537272
1518558	2283819	1831458	336718	537272
984407	1709927	677835	725668	901932
138084	243924	126781	63504	110058
115890	216502	104403	58591	104555
22194	27422	22378	4913	5503
84666	178385	41590	105753	150483
69831	139393	22467	85884	127905
14835	38992	19123	19869	22578
454670	798299	199838	408245	416312
30345	108699	10997	75702	85753
55260	32391	9785	12973	1237
322998	595216	127435	309628	309628
46067	61993	51621	9942	19694
306987	489319	309626	148166	225079
306987	489319	309626	148166	225079
259665	595865	246990	159937	137735
57644	350527	131196	68759	94478
180904	74600	17850	30815	0
21117	170738	97944	60363	43257
402782	807548	409124	332101	380244
376715	773938	382101	325514	372210

8-5 **续**

指　　标	企业单位数（个）	亏损企业	工业总产值（当年价格）
再生橡胶制造	1	0	113495
其他橡胶制品制造	2	1	314350
塑料制品业	1	1	27024
塑料丝、绳及编织品制造	1	1	27024
非金属矿物制品业	64	12	3897350
水泥、石灰和石膏制造	17	6	888867
水泥制造	11	5	659112
石灰和石膏制造	6	1	229755
石膏、水泥制品及类似制品制造	4	0	112054
水泥制品制造	4	0	112054
砖瓦、石材等建筑材料制造	6	0	144856
粘土砖瓦及建筑砌块制造	5	0	105281
建筑陶瓷制品制造	1	0	39575
玻璃制品制造	1	0	84577
玻璃包装容器制造	1	0	84577
陶瓷制品制造	27	4	2134867
日用陶瓷制品制造	10	1	671793
园林、陈设艺术及其他陶瓷制品制造	17	3	1463074
耐火材料制品制造	3	0	136869
耐火陶瓷制品及其他耐火材料制造	3	0	136869
石墨及其他非金属矿物制品制造	6	2	395260
石墨及碳素制品制造	4	2	283066
其他非金属矿物制品制造	2	0	112194
黑色金属冶炼和压延加工业	2	2	1351428
铁合金冶炼	2	2	1351428
有色金属冶炼和压延加工业	2	2	994888
常用有色金属冶炼	1	1	723282
铝冶炼	1	1	723282
稀有稀土金属冶炼	1	1	271606

表 2

单位：千元

工业销售产值（当年价格）	资产总计	流动资产合计	固定资产合计	固定资产原价
111679	68192	29728	2297	2297
265036	705746	352373	323217	369913
26067	33610	27023	6587	8034
26067	33610	27023	6587	8034
3490768	8740457	4135816	3246920	3619208
803234	5849140	2895146	1937854	2025979
580118	5423980	2682023	1816993	1879190
223116	425160	213123	120861	146789
130481	336923	212172	103095	169252
130481	336923	212172	103095	169252
144484	329497	82723	223559	242462
104904	204381	59326	121840	120284
39580	125116	23397	101719	122178
65129	14869	8147	4247	5324
65129	14869	8147	4247	5324
1861338	1228591	521355	574702	638285
562916	455044	162110	263980	277038
1298422	773547	359245	310722	361247
138500	77420	26249	50107	51679
138500	77420	26249	50107	51679
347602	904017	390024	353356	486227
233890	671035	326697	236581	333701
113712	232982	63327	116775	152526
1347939	1553419	1315281	148314	166264
1347939	1553419	1315281	148314	166264
1000039	863609	326121	448586	546092
723282	688309	247858	425127	525300
723282	688309	247858	425127	525300
276757	175300	78263	23459	20792

8-5 **续**

指　　标	企业单位数（个）	亏损企业	工业总产值（当年价格）
其他稀有金属冶炼	1	1	271606
金属制品业	1	0	22150
结构性金属制品制造	1	0	22150
金属结构制造	1	0	22150
通用设备制造业	6	0	718916
锅炉及原动设备制造	3	0	541235
锅炉及辅助设备制造	3	0	541235
物料搬运设备制造	1	0	33415
电梯、自动扶梯及升降机制造	1	0	33415
通用零部件制造	2	0	144266
机械零部件加工	2	0	144266
专用设备制造业	5	1	287205
采矿、冶金、建筑专用设备制造	5	1	287205
矿山机械制造	4	1	273565
冶金专用设备制造	1	0	13640
汽车制造业	2	1	146045
电车制造	1	1	21561
汽车车身、挂车制造	1	0	124484
电力、热力、燃气及水生产和供应业	26	6	8966752
电力、热力生产和供应业	22	3	8717260
电力生产	18	1	7702892
火力发电	8	1	6302128
风力发电	9	0	1233815
其他电力生产	1	0	166949
电力供应	1	0	618864
热力生产和供应	3	2	395504
燃气生产和供应业	3	2	217958
水的生产和供应业	1	1	31534
自来水生产和供应	1	1	31534

表 3

单位:千元

工业销售产值（当年价格）	资产总计	流动资产合计	固定资产合计	固定资产原价
276757	175300	78263	23459	20792
22080	58819	11926	35133	35002
22080	58819	11926	35133	35002
22080	58819	11926	35133	35002
655668	557078	393751	77192	125518
498255	239520	178621	28640	70562
498255	239520	178621	28640	70562
33415	43200	4530	0	0
33415	43200	4530	0	0
123998	274358	210600	48552	54956
123998	274358	210600	48552	54956
279645	678023	580773	67057	100843
279645	678023	580773	67057	100843
267331	627145	542720	56744	83741
12314	50878	38053	10313	17102
145918	170153	34650	37139	37070
21561	132357	25280	8713	8713
124357	37796	9370	28426	28357
8965965	34398911	6492694	24712283	34723715
8717260	33861002	6236716	24448976	34359110
7702892	30585971	5612016	21923009	31317054
6302128	17241900	2276774	14423199	23566610
1233815	13155318	3235243	7479510	7726615
166949	188753	99999	20300	23829
618864	2469404	322321	2026720	2556231
395504	805627	302379	499247	485825
217958	490464	234648	237192	300771
30747	47445	21330	26115	63834
30747	47445	21330	26115	63834

8-5 **续**

指　　标	累计折旧	负债合计	所有者权益合计	主营业务收入	主营业务成本	主营业务税金及附加
总　　计	52041548	166613097	66580089	74254287	54004594	1368278
采矿业	38374529	127428054	49304835	50759931	34795567	1215497
煤炭开采和洗选业	38374529	127428054	49304835	50759931	34795567	1215497
烟煤和无烟煤开采洗选	38374529	127428054	49304835	50759931	34795567	1215497
制造业	2329657	14914706	7146684	14439382	12856505	89734
农副食品加工业	7691	792995	370285	306008	251333	20
饲料加工	974	2714	12797	20001	20767	0
屠宰及肉类加工	2347	270180	208081	240092	195526	14
牲畜屠宰	2320	44285	66871	135555	97930	13
肉制品及副产品加工	27	225895	141210	104537	97596	1
蔬菜、水果和坚果加工	4370	520101	149407	45915	35040	6
蔬菜加工	4370	520101	149407	45915	35040	6
食品制造业	546369	762693	963068	1894617	1649623	6164
糖果、巧克力及蜜饯制造	8357	16608	27006	31387	25124	0
糖果、巧克力制造	8357	16608	27006	31387	25124	0
方便食品制造	11710	68890	55877	53469	43267	119
米、面制品制造	0	10439	19584	30064	23550	65
速冻食品制造	11710	58451	36293	23405	19717	54
乳制品制造	526302	677195	880185	1809761	1581232	6045
酒、饮料和精制茶制造业	160541	317107	425223	503261	383179	28455
酒的制造	121680	234859	150230	390793	294491	27840
白酒制造	21791	60245	43625	308336	231873	17307
啤酒制造	99889	174614	106605	82457	62618	10533
饮料制造	29753	67968	137153	68280	59228	577
果菜汁及果菜汁饮料制造	29753	67968	137153	68280	59228	577
精制茶加工	9108	14280	137840	44188	29460	38
纺织业	28836	27075	89860	12673	12645	47
麻纺织及染整精加工	28836	27075	89860	12673	12645	47
麻纤维纺前加工和纺纱	28836	27075	89860	12673	12645	47

表 4

单位:千元

管理费用	财务费用	利息支出	利润总额	亏损企业亏损总额
4104483	4045233	3828460	−3051084	8794094
3259203	2898518	2749061	−4804703	8327817
3259203	2898518	2749061	−4804703	8327817
3259203	2898518	2749061	−4804703	8327817
546594	269778	228666	285496	417451
13166	11269	10542	31461	19449
908	801	0	−505	505
8010	6518	6542	28169	17157
2228	1440	1464	32167	0
5782	5078	5078	−3998	17157
4248	3950	4000	3797	1787
4248	3950	4000	3797	1787
75285	25242	25464	77094	0
774	964	964	4341	0
774	964	964	4341	0
6036	979	0	2065	0
4260	68	0	1362	0
1776	911	0	703	0
68475	23299	24500	70688	0
45462	7073	7090	−15517	28163
37031	6418	6510	−16662	22784
20479	1263	1283	6122	0
16552	5155	5227	−22784	22784
4482	75	0	−5379	5379
4482	75	0	−5379	5379
3949	580	580	6524	0
1287	19	0	−88	88
1287	19	0	−88	88
1287	19	0	−88	88

8-5 **续**

指　　标	累计折旧	负债合计	所有者权益合计	主营业务收入	主营业务成本	主营业务税金及附加
纺织服装、服饰业	484	4352	8341	33497	27106	0
针织或钩针编织服装制造	484	4352	8341	33497	27106	0
皮革、毛皮、羽毛及其制品和制鞋业	11760	7751	179143	637804	615894	5622
皮革鞣制加工	11760	7751	179143	637804	615894	5622
造纸和纸制品业	2186	7821	2425	102901	94533	1864
纸制品制造	2186	7821	2425	102901	94533	1864
纸和纸板容器制造	2186	7821	2425	102901	94533	1864
石油加工、炼焦和核燃料加工业	194600	1748163	535656	1292526	1163316	3651
精炼石油产品制造	194600	1748163	535656	1292526	1163316	3651
原油加工及石油制品制造	194600	1748163	535656	1292526	1163316	3651
化学原料和化学制品制造业	239215	885422	824503	864315	752345	2721
基础化学原料制造	46554	184710	59213	179502	168598	98
无机盐制造	45964	173561	42940	156772	151139	8
有机化学原料制造	590	11149	16273	22730	17459	90
肥料制造	44730	116537	61847	84666	77182	4
氮肥制造	42021	106721	32671	69831	65131	4
复混肥料制造	2709	9816	29176	14835	12051	0
专用化学产品制造	70952	380721	417578	330870	292134	223
化学试剂和助剂制造	10051	76660	32039	30345	28544	179
专项化学用品制造	1057	11340	21051	55260	53512	0
信息化学品制造	49992	261056	334160	199325	167523	0
环境污染处理专用药剂材料制造	9852	31665	30328	45940	42555	44
炸药、火工及焰火产品制造	76979	203454	285865	269277	214431	2396
炸药及火工产品制造	76979	203454	285865	269277	214431	2396
医药制造业	29505	375435	220430	255287	221978	2067
化学药品原料药制造	25719	191488	159039	53266	43192	43
化学药品制剂制造	0	52500	22100	180904	167509	2010
卫生材料及医药用品制造	3786	131447	39291	21117	11277	14
橡胶和塑料制品业	50999	382321	425227	322794	317997	980
橡胶制品业	49552	360125	413813	296727	292535	925

表 5

单位:千元

管理费用	财务费用	利息支出	利润总额	亏损企业亏损总额
685	201	158	4534	0
685	201	158	4534	0
2761	2215	2090	8920	0
2761	2215	2090	8920	0
2304	1512	1512	1665	0
2304	1512	1512	1665	0
2304	1512	1512	1665	0
41522	31930	32013	37962	0
41522	31930	32013	37962	0
41522	31930	32013	37962	0
36552	10503	4205	44929	7548
5956	1289	1284	–1897	6274
5464	1287	1284	–6272	6274
492	2	0	4375	0
1276	2846	2846	1568	1274
1194	2846	2846	–1061	1274
82	0	0	2629	0
21447	5869	75	4554	0
213	75	75	1135	0
51	15	0	1607	0
20354	6221	0	1711	0
829	–442	0	101	0
7873	499	0	40704	0
7873	499	0	40704	0
16881	8959	8597	–410	4921
7332	2227	2223	–936	1397
3250	2135	2135	4050	0
6299	4597	4239	–3524	3524
27936	1431	–1113	–92567	100217
27132	1429	–1113	–92253	99903

8-5 续

指　　标	累计折旧	负债合计	所有者权益合计	主营业务收入	主营业务成本	主营业务税金及附加
再生橡胶制造	0	19326	48866	45307	40917	30
其他橡胶制品制造	49552	340799	364947	251420	251618	895
塑料制品业	1447	22196	11414	26067	25462	55
塑料丝、绳及编织品制造	1447	22196	11414	26067	25462	55
非金属矿物制品业	817240	6293695	2531299	3530472	2916171	29704
水泥、石灰和石膏制造	434546	4905366	1098450	859834	701699	9033
水泥制造	404610	4744119	834539	649784	540148	4902
石灰和石膏制造	29936	161247	263911	210050	161551	4131
石膏、水泥制品及类似制品制造	67277	79000	257920	149866	108843	580
水泥制品制造	67277	79000	257920	149866	108843	580
砖瓦、石材等建筑材料制造	46588	167884	161613	139684	98088	0
粘土砖瓦及建筑砌块制造	12975	136991	67390	100104	70625	0
建筑陶瓷制品制造	33613	30893	94223	39580	27463	0
玻璃制品制造	1077	12182	2687	65129	64153	90
玻璃包装容器制造	1077	12182	2687	65129	64153	90
陶瓷制品制造	114937	657194	501261	1847912	1576219	18045
日用陶瓷制品制造	37691	174438	280605	562485	478941	3020
园林、陈设艺术及其他陶瓷制品制造	77246	482756	220656	1285427	1097278	15025
耐火材料制品制造	3677	24425	52995	134347	98807	258
耐火陶瓷制品及其他耐火材料制造	3677	24425	52995	134347	98807	258
石墨及其他非金属矿物制品制造	149138	447644	456373	333700	268362	1698
石墨及碳素制品制造	113387	372956	298079	233128	189213	1156
其他非金属矿物制品制造	35751	74688	158294	100572	79149	542
黑色金属冶炼和压延加工业	50072	1798376	-244957	2431154	2444856	2061
铁合金冶炼	50072	1798376	-244957	2431154	2444856	2061
有色金属冶炼和压延加工业	102840	793957	69652	1149055	1173330	243
常用有色金属冶炼	100173	586193	102116	728931	748429	219
铝冶炼	100173	586193	102116	728931	748429	219
稀有稀土金属冶炼	2667	207764	-32464	420124	424901	24

表 6

单位:千元

管理费用	财务费用	利息支出	利润总额	亏损企业亏损总额
293	286	286	3527	0
26839	1143	-1399	-95780	99903
804	2	0	-314	314
804	2	0	-314	314
179532	105482	78083	187353	106705
89163	77409	54343	-66430	99071
78493	74010	51445	-81503	97678
10670	3399	2898	15073	1393
10794	1695	59	23136	0
10794	1695	59	23136	0
2892	199	181	36455	0
2676	163	145	24590	0
216	36	36	11865	0
307	42	42	395	0
307	42	42	395	0
50984	20575	16651	150877	6267
13307	9395	4794	48183	611
37677	11180	11857	102694	5656
1535	98	97	33170	0
1535	98	97	33170	0
23857	5464	6710	9750	1367
16478	5301	5830	6418	1367
7379	163	880	3332	0
17001	42526	42592	-88784	88784
17001	42526	42592	-88784	88784
19503	12071	8369	-60466	60466
16548	7192	8369	-44775	44775
16548	7192	8369	-44775	44775
2955	4879	0	-15691	15691

8-5 续

指　　标	累计折旧	负债合计	所有者权益合计	主营业务收入	主营业务成本	主营业务税金及附加
其他稀有金属冶炼	2667	207764	-32464	420124	424901	24
金属制品业	41	2127	56692	22080	16720	0
结构性金属制品制造	41	2127	56692	22080	16720	0
金属结构制造	41	2127	56692	22080	16720	0
通用设备制造业	48327	261105	295973	663969	553701	2841
锅炉及原动设备制造	41922	83667	155853	498754	414941	2641
锅炉及辅助设备制造	41922	83667	155853	498754	414941	2641
物料搬运设备制造	0	1236	41964	21000	14230	0
电梯、自动扶梯及升降机制造	0	1236	41964	21000	14230	0
通用零部件制造	6405	176202	98156	144215	124530	200
机械零部件加工	6405	176202	98156	144215	124530	200
专用设备制造业	38051	360389	317633	271051	153554	3222
采矿、冶金、建筑专用设备制造	38051	360389	317633	271051	153554	3222
矿山机械制造	31262	325095	302049	258737	143457	3097
冶金专用设备制造	6789	35294	15584	12314	10097	125
汽车制造业	900	93922	76231	145918	108224	72
电车制造	0	83409	48948	21561	21561	0
汽车车身、挂车制造	900	10513	27283	124357	86663	72
电力、热力、燃气及水生产和供应业	11337362	24270337	10128570	9054974	6352522	63047
电力、热力生产和供应业	11217477	24008438	9852561	8795104	6155867	61397
电力生产	10583108	21497616	9088352	7735076	5229015	54184
火力发电	9622730	11365031	5876867	6327396	4634906	53551
风力发电	956849	9964430	3190887	1240731	448439	437
其他电力生产	3529	168155	20598	166949	145670	196
电力供应	529511	1707836	761568	630775	495146	7213
热力生产和供应	104858	802986	2641	429253	431706	0
燃气生产和供应业	82011	247281	243182	229123	175920	644
水的生产和供应业	37874	14618	32827	30747	20735	1006
自来水生产和供应	37874	14618	32827	30747	20735	1006

表 7

单位：千元

管理费用	财务费用	利息支出	利润总额	亏损企业亏损总额
2955	4879	0	−15691	15691
499	99	99	3069	0
499	99	99	3069	0
499	99	99	3069	0
38270	7938	7907	32468	0
23253	5593	5571	31614	0
23253	5593	5571	31614	0
2520	0	0	596	0
2520	0	0	596	0
12497	2345	2336	258	0
12497	2345	2336	258	0
26835	1135	890	77618	58
26835	1135	890	77618	58
25902	1131	890	76660	58
933	4	0	958	0
1113	173	168	36255	1052
937	115	110	−1052	1052
176	58	58	37307	0
298686	876937	850733	1468123	48826
271012	877112	850733	1424957	44717
245932	793720	766648	1393077	30419
226482	500132	460066	870460	30419
18715	293454	306582	504241	0
735	134	0	18376	0
10926	73304	73899	46175	0
14154	10088	10186	−14295	14298
19180	−131	0	43188	4087
8494	−44	0	−22	22
8494	−44	0	−22	22

8-5 续

指　　标	利税总额	本年应交增值税	总资产贡献率(%)	资产负债率(%)
总　　计	2411197	3441269	3	71
采矿业	-207880	2739676	1	72
煤炭开采和洗选业	-207880	2739676	1	72
烟煤和无烟煤开采洗选	-207880	2739676	1	72
制造业	685876	305816	4	68
农副食品加工业	41947	10466	4	64
饲料加工	-505	0	-3	18
屠宰及肉类加工	38649	10466	8	48
牲畜屠宰	34918	2738	33	40
肉制品及副产品加工	3731	7728	2	50
蔬菜、水果和坚果加工	3803	0	1	78
蔬菜加工	3803	0	1	78
食品制造业	142120	58862	10	44
糖果、巧克力及蜜饯制造	4348	7	12	38
糖果、巧克力制造	4348	7	12	38
方便食品制造	3881	1697	3	55
米、面制品制造	2592	1165	9	35
速冻食品制造	1289	532	1	62
乳制品制造	133891	57158	10	43
酒、饮料和精制茶制造业	22623	9621	4	43
酒的制造	16829	5651	6	61
白酒制造	23610	181	24	58
啤酒制造	-6781	5470	-1	62
饮料制造	-1017	3785	-1	33
果菜汁及果菜汁饮料制造	-1017	3785	-1	33
精制茶加工	6811	185	5	9
纺织业	-41	0	0	23
麻纺织及染整精加工	-41	0	0	23
麻纤维纺前加工和纺纱	-41	0	0	23

表 8

单位:千元

流动资产周转率(次/年)	成本费用利润率(%)	产品销售率(%)	从业人员平均人数(人)
1	-4	97	91654
1	-9	97	59097
1	-9	97	59097
1	-9	97	59097
1	2	96	24836
1	11	97	731
2	-2	111	70
1	13	97	476
2	31	97	173
1	-4	98	303
0	9	87	185
0	9	87	185
2	4	95	2282
1	16	100	76
1	16	100	76
1	4	95	143
1	5	90	53
1	3	100	90
2	3	95	2063
1	-3	101	1044
2	-4	102	768
4	2	102	330
1	-23	103	438
1	-7	92	200
1	-7	92	200
1	17	94	76
0	-1	80	136
0	-1	80	136
0	-1	80	136

8-5 **续**

指　　标	利税总额	本年应交增值税	总资产贡献率(%)	资产负债率(%)
纺织服装、服饰业	4666	132	38	34
针织或钩针编织服装制造	4666	132	38	34
皮革、毛皮、羽毛及其制品和制鞋业	17612	3070	11	4
皮革鞣制加工	17612	3070	11	4
造纸和纸制品业	6419	2890	77	76
纸制品制造	6419	2890	77	76
纸和纸板容器制造	6419	2890	77	76
石油加工、炼焦和核燃料加工业	47892	6162	3	77
精炼石油产品制造	47892	6162	3	77
原油加工及石油制品制造	47892	6162	3	77
化学原料和化学制品制造业	55080	7430	3	52
基础化学原料制造	-1311	488	0	76
无机盐制造	-6137	127	-2	80
有机化学原料制造	4826	361	18	41
肥料制造	1574	2	2	65
氮肥制造	-1055	2	1	77
复混肥料制造	2629	0	7	25
专用化学产品制造	7044	2267	1	48
化学试剂和助剂制造	1458	144	1	71
专项化学用品制造	1607	0	5	35
信息化学品制造	3400	1689	1	44
环境污染处理专用药剂材料制造	579	434	1	51
炸药、火工及焰火产品制造	47773	4673	10	42
炸药及火工产品制造	47773	4673	10	42
医药制造业	2445	788	2	63
化学药品原料药制造	-761	132	0	55
化学药品制剂制造	6720	660	12	70
卫生材料及医药用品制造	-3514	-4	0	77
橡胶和塑料制品业	-84910	6677	-11	47
橡胶制品业	-84651	6677	-11	47

表 9

单位：千元

流动资产周转率(次/年)	成本费用利润率(%)	产品销售率(%)	从业人员平均人数(人)
11	16	66	41
11	16	66	41
6	1	89	250
6	1	89	250
14	2	96	95
14	2	96	95
14	2	96	95
1	3	121	1785
1	3	121	1785
1	3	121	1785
1	5	93	1757
1	−1	90	379
2	−4	89	329
1	24	94	50
2	2	91	423
3	−2	97	365
1	22	71	58
2	1	90	584
3	4	75	185
6	3	100	35
2	1	88	305
1	0	105	59
1	18	101	371
1	18	101	371
1	0	77	522
0	−2	85	220
10	2	73	180
0	−14	86	122
1	−26	89	290
1	−28	88	225

8-5 续

指　标	利税总额	本年应交增值税	总资产贡献率(%)	资产负债率(%)
再生橡胶制造	3587	30	6	28
其他橡胶制品制造	-88238	6647	-13	48
塑料制品业	-259	0	-1	66
塑料丝、绳及编织品制造	-259	0	-1	66
非金属矿物制品业	344082	124843	5	72
水泥、石灰和石膏制造	-31229	26056	0	84
水泥制造	-54735	21754	0	87
石灰和石膏制造	23506	4302	6	38
石膏、水泥制品及类似制品制造	31653	7937	9	23
水泥制品制造	31653	7937	9	23
砖瓦、石材等建筑材料制造	49543	13088	15	51
粘土砖瓦及建筑砌块制造	33324	8734	16	67
建筑陶瓷制品制造	16219	4354	13	25
玻璃制品制造	932	447	7	82
玻璃包装容器制造	932	447	7	82
陶瓷制品制造	224713	53721	20	53
日用陶瓷制品制造	71071	17798	17	38
园林、陈设艺术及其他陶瓷制品制造	153642	35923	21	62
耐火材料制品制造	46963	13535	61	32
耐火陶瓷制品及其他耐火材料制造	46963	13535	61	32
石墨及其他非金属矿物制品制造	21507	10059	3	50
石墨及碳素制品制造	13829	6255	3	56
其他非金属矿物制品制造	7678	3804	4	32
黑色金属冶炼和压延加工业	-77721	9002	-2	116
铁合金冶炼	-77721	9002	-2	116
有色金属冶炼和压延加工业	-60632	-409	-6	92
常用有色金属冶炼	-45162	-606	-6	85
铝冶炼	-45162	-606	-6	85
稀有稀土金属冶炼	-15470	197	-9	119

表 10

单位:千元

流动资产周转率(次/年)	成本费用利润率(%)	产品销售率(%)	从业人员平均人数(人)
2	8	98	61
1	-34	84	164
1	-1	96	65
1	-1	96	65
1	6	90	12820
0	-7	90	2513
0	-11	88	1977
1	8	97	536
1	17	116	314
1	17	116	314
2	35	100	507
2	33	100	375
2	43	100	132
8	1	77	97
8	1	77	97
4	9	87	8391
3	9	84	3231
4	9	89	5160
5	33	101	169
5	33	101	169
1	3	88	829
1	3	83	654
2	3	101	175
2	-4	100	602
2	-4	100	602
4	-5	101	888
3	-6	100	698
3	-6	100	698
5	-4	102	190

8-5 续

指　标	利税总额	本年应交增值税	总资产贡献率(%)	资产负债率(%)
其他稀有金属冶炼	-15470	197	-9	119
金属制品业	5056	1987	9	4
结构性金属制品制造	5056	1987	9	4
金属结构制造	5056	1987	9	4
通用设备制造业	63397	25621	13	47
锅炉及原动设备制造	48142	13887	22	35
锅炉及辅助设备制造	48142	13887	22	35
物料搬运设备制造	596	0	1	3
电梯、自动扶梯及升降机制造	596	0	1	3
通用零部件制造	14659	11734	6	64
机械零部件加工	14659	11734	6	64
专用设备制造业	105835	24995	16	53
采矿、冶金、建筑专用设备制造	105835	24995	16	53
矿山机械制造	104504	24747	17	52
冶金专用设备制造	1331	248	3	69
汽车制造业	50006	13679	29	55
电车制造	-1052	0	-1	63
汽车车身、挂车制造	51058	13679	135	28
电力、热力、燃气及水生产和供应业	1933201	395777	8	71
电力、热力生产和供应业	1880555	389758	8	71
电力生产	1815682	363978	8	70
火力发电	1339002	410768	10	66
风力发电	458108	-46790	6	76
其他电力生产	18572	0	10	89
电力供应	60364	6976	5	69
热力生产和供应	4509	18804	2	100
燃气生产和供应业	50767	5124	10	50
水的生产和供应业	1879	895	4	31
自来水生产和供应	1879	895	4	31

表 11

单位:千元

流动资产周转率(次/年)	成本费用利润率(%)	产品销售率(%)	从业人员平均人数(人)
5	-4	102	190
2	16	100	33
2	16	100	33
2	16	100	33
2	5	91	782
3	7	92	438
3	7	92	438
5	3	100	23
5	3	100	23
1	0	86	321
1	0	86	321
0	39	97	638
0	39	97	638
0	40	98	583
0	9	90	55
4	33	100	140
1	-5	100	70
13	43	100	70
1	19	100	7721
1	19	100	7130
1	22	100	6035
3	16	100	5485
0	66	100	347
2	12	100	203
2	8	100	202
1	-3	100	893
1	18	100	213
1	0	98	378
1	0	98	378

8-6 大中型工业企业主要

指标	企业单位数（个）	亏损企业	工业总产值（当年价格）
总计	71	33	44488398
煤炭开采和洗选业	41	26	35377134
食品制造业	1	0	750783
酒、饮料和精制茶制造业	2	1	484090
石油加工、炼焦和核燃料加工业	1	0	1257678
非金属矿物制品业	17	2	1939736
黑色金属冶炼和压延加工业	1	1	277279
有色金属冶炼和压延加工业	1	1	723282
通用设备制造业	1	0	476600
专用设备制造业	1	0	163303
电力、热力生产和供应业	4	1	3006979
水的生产和供应业	1	1	31534

经济指标（大类行业）（2015 年）

单位：千元

工业销售产值（当年价格）	资产总计	流动资产合计	固定资产合计	固定资产原价
43101388	173457646	51873571	94406185	109198771
34121062	156899421	44411913	85826836	97007439
693737	739279	296325	324619	486884
494563	385089	178905	162629	281491
1518558	2283819	1831458	336718	537272
1624149	4227830	2824170	1250518	1241889
291388	253199	137007	116192	160418
723282	688309	247858	425127	525300
433620	164645	105449	26975	59620
163303	269243	241923	19439	28287
3006979	7499367	1577233	5891017	8806337
30747	47445	21330	26115	63834

8-6 续

指　　标	累计折旧	负债合计	所有者权益合计	主营业务收入	主营业务成本	主营业务税金及附加
总　　计	41101227	123435094	50022549	42089017	29001837	1107575
煤炭开采和洗选业	36497394	111528335	45371085	33379730	21676784	1038063
食品制造业	269433	405711	333568	693737	558576	1960
酒、饮料和精制茶制造业	121680	234859	150230	390793	294491	27840
石油加工、炼焦和核燃料加工业	194600	1748163	535656	1292526	1163316	3651
非金属矿物制品业	338123	3261217	966612	1607528	1331418	16843
黑色金属冶炼和压延加工业	44226	202763	50436	336952	319526	1920
有色金属冶炼和压延加工业	100173	586193	102116	728931	748429	219
通用设备制造业	32645	45481	119164	433620	362831	1039
专用设备制造业	8848	114726	154517	154078	65541	2014
电力、热力生产和供应业	3456231	5293028	2206338	3040375	2460190	13020
水的生产和供应业	37874	14618	32827	30747	20735	1006

表 1

单位:千元

管理费用	财务费用	利息支出	利润总额	亏损企业亏损总额
3354573	2944549	2818768	-6115238	6762347
2975690	2618120	2498456	-6411001	6668211
25810	24579	24099	37249	0
37031	6418	6510	-16662	22784
41522	31930	32013	37962	0
70926	47339	37749	92235	5004
6842	7682	7716	-8654	8654
16548	7192	8369	-44775	44775
21170	5280	5315	23190	0
13008	-15	0	68559	0
137532	196068	198541	106681	12897
8494	-44	0	-22	22

8-6 续

指　　标	利税总额	本年应交增值税	总资产贡献率(%)	资产负债率(%)
总　　计	-2897549	1462075	0	71
煤炭开采和洗选业	-3490715	1240594	-1	71
食品制造业	56612	17403	11	55
酒、饮料和精制茶制造业	16829	5651	6	61
石油加工、炼焦和核燃料加工业	47892	6162	3	77
非金属矿物制品业	150811	39663	4	77
黑色金属冶炼和压延加工业	1120	7854	3	80
有色金属冶炼和压延加工业	-45162	-606	-6	85
通用设备制造业	38089	13860	26	28
专用设备制造业	87394	16821	32	43
电力、热力生产和供应业	237702	113778	6	71
水的生产和供应业	1879	895	4	31

表 2

单位：千元

流动资产周转率（次 / 年）	成本费用利润率（%）	产品销售率（%）	从业人员平均人数（人）
1	–13	97	70939
1	–17	96	52434
2	6	92	1028
2	–4	102	768
1	3	121	1785
1	6	84	7514
2	–3	105	329
3	–6	100	698
4	6	91	348
1	73	100	326
2	4	100	5331
1	0	98	378

8-7 国有控股工业企业

指　　标	企业单位数（个）	亏损企业	工业总产值（当年价格）
总　　计	67	34	45093555
煤炭开采和洗选业	36	26	34805398
纺织业	1	1	15800
石油加工、炼焦和核燃料加工业	1	0	1257678
化学原料和化学制品制造业	2	0	279637
橡胶和塑料制品业	2	1	314350
非金属矿物制品业	4	1	422783
黑色金属冶炼和压延加工业	1	1	277279
有色金属冶炼和压延加工业	1	1	723282
专用设备制造业	1	0	20043
电力、热力生产和供应业	16	2	6835430
燃气生产和供应业	1	0	110341
水的生产和供应业	1	1	31534

主要经济指标(2015 年)

单位:千元

工业销售产值（当年价格）	资产总计	流动资产合计	固定资产合计	固定资产原价
44160110	184823992	49936598	103512964	124498702
33743838	149633497	39793263	82602287	93145691
12673	116935	29468	80134	96707
1518558	2283819	1831458	336718	537272
279637	367820	193221	113741	129328
265036	705746	352373	323217	369913
335371	3831429	2375257	655547	520874
291388	253199	137007	116192	160418
723282	688309	247858	425127	525300
13809	82880	79495	3377	4117
6835430	26530048	4713369	18722991	28796970
110341	282865	162499	107518	148278
30747	47445	21330	26115	63834

8-7 续

指　标	累计折旧	负债合计	所有者权益合计	主营业务收入	主营业务成本	主营业务税金及附加
总　计	45701482	135767829	48314218	43460600	29200590	1052222
煤炭开采和洗选业	34400387	110608756	38128116	33226710	21373662	979744
纺织业	28836	27075	89860	12673	12645	47
石油加工、炼焦和核燃料加工业	194600	1748163	535656	1292526	1163316	3651
化学原料和化学制品制造业	15587	144551	223269	250299	204880	1904
橡胶和塑料制品业	49552	340799	364947	251420	251618	895
非金属矿物制品业	182419	3492595	493515	353678	274353	3813
黑色金属冶炼和压延加工业	44226	202763	50436	336952	319526	1920
有色金属冶炼和压延加工业	100173	586193	102116	728931	748429	219
专用设备制造业	740	68531	14349	16396	12436	48
电力、热力生产和供应业	10606328	18416051	8113996	6849927	4750534	58384
燃气生产和供应业	40760	117734	165131	110341	68456	591
水的生产和供应业	37874	14618	32827	30747	20735	1006

表1

单位:千元

管理费用	财务费用	利息支出	利润总额	亏损企业亏损总额
3085751	3349971	3214950	-6265724	7824160
2681819	2626521	2535027	-7448538	7614408
1287	19	0	-88	88
41522	31930	32013	37962	0
3101	405	446	39060	0
26839	1143	-1399	-95780	99903
35639	38102	19083	-1622	12994
6842	7682	7716	-8654	8654
16548	7192	8369	-44775	44775
1974	890	890	726	0
253820	636258	612805	1208732	43316
7866	-127	0	47275	0
8494	-44	0	-22	22

8-7 **续**

指　　标	利税总额	本年应交增值税	总资产贡献率(%)	资产负债率(%)
总　　计	-3024153	1541860	0.04	73.46
煤炭开采和洗选业	-4692044	1135632	-1.48	73.92
纺织业	-41	0	-0.04	23.15
石油加工、炼焦和核燃料加工业	47892	6162	3.49	76.55
化学原料和化学制品制造业	40964	0	11.26	39.30
橡胶和塑料制品业	-88238	6647	-12.74	48.29
非金属矿物制品业	17353	15162	0.94	91.16
黑色金属冶炼和压延加工业	1120	7854	3.48	80.08
有色金属冶炼和压延加工业	-45162	-606	-5.53	85.16
专用设备制造业	3136	2362	4.86	82.69
电力、热力生产和供应业	1634100	362541	8.29	69.42
燃气生产和供应业	54888	5211	19.40	41.62
水的生产和供应业	1879	895	3.85	30.81

表 2

单位:千元

流动资产周转率(次/年)	成本费用利润率(%)	产品销售率(%)	从业人员平均人数(人)
0.88	-12.95	97.93	55368
0.84	-18.97	96.95	46309
0.43	-0.61	80.21	136
0.71	3.03	120.74	1785
1.30	18.71	100.00	242
0.72	-33.93	84.31	164
0.16	-0.44	79.32	1133
2.46	-2.51	105.09	329
2.94	-5.75	100.00	698
0.21	4.66	68.90	34
1.48	21.14	100.00	4026
1.01	41.19	100.00	134
1.44	-0.08	97.50	378

8-8 私营工业企业

指　　标	企业单位数（个）	亏损企业	工业总产值（当年价格）
总　　计	151	41	25104617
煤炭开采和洗选业	54	19	16124152
农副食品加工业	7	2	281975
食品制造业	5	0	1717756
酒、饮料和精制茶制造业	1	0	44124
纺织服装、服饰业	1	0	34514
皮革、毛皮、羽毛及其制品和制鞋业	1	0	713161
化学原料和化学制品制造业	10	3	703778
医药制造业	3	2	92622
橡胶和塑料制品业	2	1	140519
非金属矿物制品业	50	10	2502526
黑色金属冶炼和压延加工业	1	1	1074149
有色金属冶炼和压延加工业	1	1	271606
金属制品业	1	0	22150
通用设备制造业	6	0	718916
专用设备制造业	1	0	66635
汽车制造业	2	1	146045
电力、热力生产和供应业	4	0	415880
燃气生产和供应业	1	1	34109

主要经济指标(2015年)

单位:千元

工业销售产值（当年价格）	资产总计	流动资产合计	固定资产合计	固定资产原价
24352679	30147877	13064790	12860100	15063996
15912481	16668754	7319522	6860245	8339713
273865	1005609	270209	643946	645649
1619395	1449069	809559	501348	856639
41318	152120	50123	36347	45455
22648	12693	3035	4687	4925
637804	186894	99894	39948	51708
639105	1270162	468305	564426	680187
78761	521265	229140	129122	137735
137746	101802	56751	8884	10331
2315958	4253944	1445218	2307532	2726900
1056551	1300220	1178274	32122	5846
276757	175300	78263	23459	20792
22080	58819	11926	35133	35002
655668	557078	393751	77192	125518
66635	177137	152030	17933	21276
145918	170153	34650	37139	37070
415880	1926202	433071	1411509	1167313
34109	160656	31069	129128	151937

8-8 续

指　标	累计折旧	负债合计	所有者权益合计	主营业务收入	主营业务成本
总　计	4034223	18283235	11794498	25194779	20270104
煤炭开采和洗选业	2564784	9641742	7027010	15619070	11884907
农副食品加工业	7691	635324	370285	267399	200702
食品制造业	473203	575414	873655	1622366	1410251
酒、饮料和精制茶制造业	9108	14280	137840	44188	29460
纺织服装、服饰业	484	4352	8341	33497	27106
皮革、毛皮、羽毛及其制品和制鞋业	11760	7751	179143	637804	615894
化学原料和化学制品制造业	178712	714069	556092	555906	494254
医药制造业	29505	322935	198330	74383	54469
橡胶和塑料制品业	1447	41522	60280	71374	66379
非金属矿物制品业	547228	2550936	1632868	2331210	1941764
黑色金属冶炼和压延加工业	5846	1595613	-295393	2094202	2125330
有色金属冶炼和压延加工业	2667	207764	-32464	420124	424901
金属制品业	41	2127	56692	22080	16720
通用设备制造业	48327	261105	295973	663969	553701
专用设备制造业	3343	79951	97186	66635	48959
汽车制造业	900	93922	76231	145918	108224
电力、热力生产和供应业	108167	1419354	506847	479380	231510
燃气生产和供应业	41010	115074	45582	45274	35573

表 1

单位：千元

主营业务税金及附加	财务费用	利息支出	利润总额	亏损企业亏损总额
194428	369208	305344	3234139	713816
165562	156746	116815	2785760	504143
19	11269	10542	48618	2292
5593	24672	25464	74303	0
38	580	580	6524	0
0	201	158	4534	0
5622	2215	2090	8920	0
812	8814	2475	5867	7548
57	6824	6462	-4460	4921
85	288	286	3213	314
12475	56081	46966	139557	93691
141	34844	34876	-80130	80130
24	4879	0	-15691	15691
0	99	99	3069	0
2841	7938	7907	32468	0
614	-10	0	7433	0
72	173	168	36255	1052
420	53599	50456	181933	0
53	-4	0	-4034	4034

8-8 **续**

指　　标	利税总额	本年应交增值税	总资产贡献率(%)	资产负债率(%)
总　　计	5208364	1775084	18.28	60.65
煤炭开采和洗选业	4504021	1552699	27.72	57.84
农副食品加工业	59103	10466	6.81	63.18
食品制造业	133130	53234	10.84	39.71
酒、饮料和精制茶制造业	6811	185.	4.86	9.39
纺织服装、服饰业	4666	132	37.82	34.29
皮革、毛皮、羽毛及其制品和制鞋业	17612	3070	10.54	4.15
化学原料和化学制品制造业	14057	7378	1.30	56.22
医药制造业	-4275	128	0.39	61.95
橡胶和塑料制品业	3328	30	3.55	40.79
非金属矿物制品业	248763	94549	6.93	59.97
黑色金属冶炼和压延加工业	-78841	1148	-3.38	122.72
有色金属冶炼和压延加工业	-15470	197	-8.82	118.52
金属制品业	5056	1987	8.76	3.62
通用设备制造业	63397	25621	12.79	46.87
专用设备制造业	13162	5115	7.43	45.14
汽车制造业	50006	13679	29.49	55.20
电力、热力生产和供应业	187906	5553	12.36	73.69
燃气生产和供应业	-4068	-87	-2.53	71.63

表 2

单位：千元

流动资产周转率(次/年)	成本费用利润率(%)	产品销售率(%)	从业人员平均人数(人)
1.93	14.82	97.00	23518
2.13	21.99	98.69	7785
0.99	21.73	97.12	538
2.04	4.71	94.27	1753
0.88	17.35	93.64	76
11.04	15.65	65.62	41
6.38	1.43	89.43	250
1.19	1.07	90.81	1301
0.32	-5.67	85.03	342
1.26	4.72	98.03	126
1.61	6.40	92.54	9423
1.78	-3.68	98.36	273
5.37	-3.60	101.90	190
1.85	16.14	99.68	33
1.69	5.16	91.20	782
0.44	12.70	100.00	163
4.21	33.08	99.91	140
1.11	60.90	100.00	244
1.46	-8.21	100.00	58

主要统计指标解释

工业 从事自然资源的开采，对采掘品和农产品进行加工和再加工的物质生产部门。具体包括：(1)对自然资源的开采，如采矿、晒盐、森林采伐等(但不包括禽兽捕猎和水产捕捞)；(2) 对农副产品的加工、再加工，如粮油加工、食品加工、轧花、缫丝、纺织、制革等；(3)对采掘品的加工、再加工，如炼铁、炼钢、化工生产、石油加工、机器制造、木材加工等，以及电力、自来水、煤气的生产和供应等；(4)对工业品的修理、翻新，如机器设备的修理、交通运输工具(包括小卧车)的修理等。

1984 年以前农村的村及村以下办工业归属农业，1984 年以后划归工业。

工业统计调查单位 工业统计调查单位分为两类：独立核算法人工业企业和工业活动单位。

（1）独立核算法人工业企业 指从事工业生产经营活动的单位。独立核算法人工业企业应同时具备以下条件：①依法成立，有自己的名称、组织机构和场所，能够承担民事责任；②独立拥有和使用资产，承担负债，有权与其他单位签订合同；③独立核算盈亏，并能够编制资产负债表。

（2）工业活动单位 指在一个场所从事一种或主要从事一种工业生产活动的经济单位。它包括独立核算工业企业按主营业务活动 (即工业生产活动)划分的主营业务活动单位和非工业企业所属的工业生产活动单位(即原非独立核算工业生产单位)。工业活动单位，一般应同时具备以下三个条件：①具有一个场所，从事一种或主要从事一种工业活动；②单独组织工业生产、经营或业务活动；③单独核算收入和支出。

本年鉴中涉及的企业登记注册类型：

国有控股企业 国有企业和国有控股企业。国有企业(即过去的全民所有制工业或国营工业)是指企业全部资产归国家所有，并按《中华人民共和国企业法人登记管理条例》规定登记注册的非公司制的经济组织。包括国有企业、国有独资公司和国有联营企业。1957 年以前的公私合营和私营工业，后均改造为国营工业，1992 年改为国有工业，这部分工业的资料不单独分列时，均包括在国有企业内。国有控股企业是对混合所有制经济的企业进行的“国有控股”分类。它是指这些企业的全部资产中国有资产(股份）相对其他所有者中的任何一个所有者占资(股)最多的企业。该分组反映了国有经济控股情况。

集体企业 企业资产归集体所有，并按《中华人民共和国企业法人登记管理条例》规定登记注册的经济组织。是社会主义公有制经济的组成部分。包括城乡所有使用集体投资举办的企业，以及部分个人通过集资自愿放弃所有权并依法经工商行政管理机关认定为集体所有制的企业。

股份有限公司 根据《中华人民共和国企业法人登记管理条例》规定登记注册，其全部注册资本由等额股份构成并通过发行股票筹集资本，股东以其认购的股份对公司承担有限责任，公司以其全部资产对其债务承担责任的经济组织。

港、澳、台商投资企业 企业注册登记类型中的港、澳、台资合资、合作、独资经营企业和股份有限公司之和。

外商投资企业 企业注册登记类型中的中外合资、合作经营企业、外资企业和外商投资股份有限公司之和。

本年鉴中主要年份工业企业单位数涉及的名称为“其他”的企业 指除国有企业、集体企业以外的其他类型工业企业 (单位)。包括股份合作企业、联营企业、私营企业、股份有限公司、有限责任公司；外商投资企业(中外合资经营、中外合作经营、外资企业)；港、澳、台投资企业(与大陆合资经营、与大陆合作经营、港、澳、台独资企业)及其他企业。

轻工业 主要提供生活消费品和制作手工工具的工业。按其所使用的原料不同，可分为两大类：(1)

以农产品为原料的轻工业，是指直接或间接以农产品为基本原料的轻工业。主要包括食品制造、饮料制造、烟草加工、纺织、缝纫、皮革和毛皮制作、造纸以及印刷等工业；(2)以非农产品为原料的轻工业，是指以工业品为原料的轻工业。主要包括文教体育用品、化学药品制造、合成纤维制造、日用化学制品、日用玻璃制品、日用金属制品、手工工具制造、医疗器械制造、文化和办公用机械制造等工业。

重工业　指为国民经济各部门提供物质技术基础的主要生产资料的工业。按其生产性质和产品用途，可以分为下列三类：(1)采掘工业，是指对自然资源的开采，包括石油开采、煤炭开采、金属矿开采、非金属矿开采和木材采伐等工业；(2)原材料工业，指向国民经济各部门提供基本材料、动力和燃料的工业。包括金属冶炼及加工、炼焦及焦炭、化学、化工原料、水泥、人造板以及电力、石油和煤炭加工等工业；(3)加工工业，是指对工业原材料进行再加工制造的工业。包括装备国民经济各部门的机械设备制造工业、金属结构、水泥制品等工业，以及为农业提供的生产资料如化肥、农药等工业。

根据上述划分原则，修理业中以重工业产品为修理作业对象的划为重工业，反之划为轻工业。从2003年起轻、重工业内部不再细划分。

工业增加值　指工业企业在报告期内以货币表现的工业生产活动的最终成果。

资产合计　企业拥有或控制的能以货币计量的经济资源。包括各种财产、债权和其他权利。资产按其流动性划分为流动资产、长期投资、固定资产、无形及递延资产和其他资产。

(1)流动资产　企业可以在一年内或者超过一年的一个生产周期内变现或耗用的资产合计。包括现金及各种存款、短期投资、应收及预付款项、存货等。

(2)固定资产　企业固定资产净值、固定资产清理、在建工程、待处理固定资产损失所占用的资金合计。

负债合计　企业承担的能以货币计量，将以资产或劳务偿付的债务。负债一般按偿还期长短分为流动负债和长期负债、递延税项等。

流动负债　企业在一年内或者超过一年的一个营业周期内需要偿还的债务合计，其中包括短期借款、应付及预收款项、应付工资、应交税金和应交利润等。

所有者权益　企业投资人对企业净资产的所有权。企业净资产等于企业全部资产减去全部负债后的余额，其中包括投资者对企业的最初投入，以及资本公积金、盈余公积金和未分配利润，股份制企业即为股东权益。

固定资产原价　企业在建造、购置、安装、改建、扩建、技术改造某项固定资产时所支出的全部货币总额。它一般包括买价、包装费、运杂费和安装费等。

主营业务收入　企业销售产品和提供劳务等主要经营业务取得的业务总额。

主营业务成本　企业销售产品和提供劳务等主要经营业务的实际成本。

主营业务税金及附加　企业销售产品和提供工业性劳务等主要经营业务应负担的城市维护建设税、消费税、资源税和教育费附加。

利润总额　企业在生产经营过程中各种收入扣除各种耗费后的盈余，反映企业在报告期内实现的亏盈总额，包括营业利润、补贴收入、投资净收益和营业外收支净额。

应交增值税　企业按税法规定，从事货物销售或提供加工、修理修配劳务等增加货物价值的活动报告期应交纳的增值税额。计算公式为：

应交增值税 = 销项税额 -（进项税额 - 进项税额转出）- 出口抵减内销产品应纳税额 - 减免税款 + 出口退税

总资产贡献率　反映企业全部资产的获利能力，是企业经营业绩和管理水平的集中体现，是评价和考核企业盈利能力的核心指标。计算公式为：

总资产贡献率(%) =（利润总额 + 税金总额 + 利息支出）/ 平均资产总额 × 100%

资产负债率　指标既反映企业经营风险的大小，也反映企业利用债权人提供的资金从事经营活动的能力。计算公式：

资产负债率(%) = 负债总额 / 资产总额 × 100%

工业成本费用利润率　在一定时期内实现的利

润与成本费用之比，是反映工业生产成本及费用投入的经济效益指标，同时也是反映降低成本的经济效益的指标。计算公式为：

工业成本费用利润率（%）= 利润总额 / 成本费用总额 × 100%

产品销售率 指报告期工业销售产值与同期工业总产值之比，是反映工业产品已实现销售的程度，分析工业产销衔接情况，研究工业产品满足社会需求程度的指标。计算公式为：

产品销售率（%）= 工业销售产值 / 工业总产值 × 100%

亏损面 指亏损企业单位数占全部工业企业单位数的比重。计算公式为：

亏损面（%）= 亏损企业单位数 / 全部工业企业单位数 × 100%。

销售收入利润率 指企业实现的总利润对同期的销售收入的比率，用以反映企业销售收入与利润之间的关系。计算公式为：

销售收入利润率 = 利润总额 / 营业收入 × 100%

09

建筑业

9-1 建筑施工企业主要经济指标

指　　标	2014	2015
施工企业个数(个)	124	127
计算劳动生产率平均人数(万人)	3.33	2.69
固定资产原价(万元)	133283	140028
固定资产合计(万元)	89653	94358
建筑业总产值(万元)	623193	493907
竣工产值(万元)	373396	296601
固定资产折旧(万元)	53469	59030
施工面积(万平方米)	144.7	82.4
竣工面积(万平方米)	984.1	52.2
营业利润(万元)	6732	3463
管理费用(万元)	31027	29490
利润总额(万元)	6812	3750
上缴税金(万元)	33392	25699
实收资本金(万元)	161749	163447
资产总计(万元)	676863	672156
负债合计(万元)	514753	500866
所有者权益合计(万元)	162110	171290

9-2 建筑企业签订的合同额

单位:万元

指　　标	2014	2015
总　　计	663808	506021
其中:国有及国有控股企业	324007	257665
一、按登记注册类型分组		
内资企业	656757	500914
国有企业	157198	136645
集体企业	39793	25676
有限责任公司	296105	198086
股份有限公司	5549	3682
私营企业	152193	135899
其他企业	5920	927
外商投资企业	7050	5107
二、按国民经济行业分组		
房屋工程建筑	166113	148586
土木工程建筑业	420110	293019
建筑安装业	57616	47351
建筑装饰业	3596	3659
其他建筑业	16373	1389
三、按隶属关系分组		
中央	85234	81036
省(自治区、直辖市)		
地区(州、盟、省辖市)	309379	205718
县(区、市、旗)	99931	68177
村委会	5000	95
其他	164264	150994
四、按企业资质等级分组		
施工总承包	545652	423286
一级	116258	114070
二级	145213	86832
三级及以下	284182	222385
专业承包	118155	82734
一级	3981	6074
二级	818	654
三级及以下	113356	76006
五、按地区分		
朔城区	371126	292208
开发区	24547	25300
平鲁区	19458	16870
山阴县	21322	14623
应　县	62605	31619
右玉县	20193	11582
怀仁县	144558	113819

9-3 建筑业总产值

单位:万元

指　　标	2014	2015
总　　计	623193	493907
其中:国有及国有控股企业	273328	213606
一、按登记注册类型分组		
内资企业	618313	488800
国有企业	130120	99986
集体企业	44224	27389
有限责任公司	291511	230363
股份有限公司	5449	3501
私营企业	141990	126640
其他企业	5020	921
外商投资企业	4880	5107
二、按国民经济行业分组		
房屋工程建筑	187655	171029
土木工程建筑业	370378	272389
建筑安装业	48109	35632
建筑装饰业	2821	3509
其他建筑业	14231	1383
三、按隶属关系分组		
中央	59139	43031
省(自治区、直辖市)		
地区(州、盟、省辖市)	308173	238839
县(区、市、旗)	95400	69490
村委会	4100	89
其他	156382	142458
四、按企业资质等级分组		
施工总承包	509962	404517
一级	87405	93474
二级	165181	87877
三级及以下	257376	223166
专业承包	113232	89390
一级	6089	4615
二级	818	654
三级及以下	106325	84121
五、按地区分		
朔城区	363997	280958
开发区	21480	24512
平鲁区	18182	16606
山阴县	19311	20398
应　县	58312	29043
右玉县	18251	11576
怀仁县	123662	110814

9-4 在外省完成的产值

单位:万元

指 标	2014	2015
总 计	34169	6365
其中:国有及国有控股企业	826	1540
一、按登记注册类型分组		
内资企业	30945	3498
国有企业	826	1540
集体企业		0
有限责任公司	29304	1893
股份有限公司		0
私营企业	815	65
其他企业		0
外商投资企业	3224	2867
二、按国民经济行业分组		
房屋工程建筑	0	0
土木工程建筑业	31865	4473
建筑安装业	2304	1893
建筑装饰业	0	0
其他建筑业	0	0
三、按隶属关系分组	#VALUE!	
中央	4050	4407
省(自治区、直辖市)		
地区(州、盟、省辖市)	29304	0
县(区、市、旗)		0
村委会	0	0
其他	815	1958
四、按企业资质等级分组		
施工总承包	28173	1540
一级	826	1540
二级	27000	0
三级及以下	346	0
专业承包	5997	4825
一级		0
二级		0
三级及以下	5997	4825
五、按地区分		
朔城区	34169	6365
开发区		0
平鲁区		0
山阴县		0
应 县		0
右玉县		0
怀仁县		0

9-5 建筑工程产值

单位:万元

指　　标	2014	2015
总　　计	408912	317708
其中:国有及国有控股企业	188554	144591
一、按登记注册类型分组		
内资企业	408912	317708
国有企业	78087	57898
集体企业	33352	18974
有限责任公司	196648	155711
股份有限公司	5260	3332
私营企业	91465	81584
其他企业	4100	209
外商投资企业	0	0
二、按国民经济行业分组		
房屋工程建筑	146768	135858
土木工程建筑业	228519	161651
建筑安装业	22161	9714
建筑装饰业	1339	1108
其他建筑业	10126	115
三、按隶属关系分组		
中央	21827	13900
省(自治区、直辖市)		
地区(州、盟、省辖市)	208882	163545
县(区、市、旗)	68639	48582
村委会	4100	89
其他	105464	91592
四、按企业资质等级分组		
施工总承包	383293	299525
一级	54973	63463
二级	134632	69347
三级及以下	193688	166716
专业承包	25619	18183
一级	4789	3365
二级	42	20
三级及以下	20788	14798
五、按地区分		
朔城区	216857	158264
开发区	8856	14219
平鲁区	16953	15094
山阴县	14355	17218
应　县	49641	23992
右玉县	13911	6041
怀仁县	88340	82880

9-6 安装工程产值

单位:万元

指　　标	2014	2015
总　　计	17184	143394
其中:国有及国有控股企业	7646	62430
一、按登记注册类型分组		
内资企业	17184	143394
国有企业	4372	35503
集体企业	1087	8401
有限责任公司	8997	69033
股份有限公司	19	170
私营企业	2710	30288
其他企业		0
外商投资企业		0
二、按国民经济行业分组		
房屋工程建筑	3460	29333
土木工程建筑业	11196	89438
建筑安装业	2411	23720
建筑装饰业	4	201
其他建筑业	114	0
三、按隶属关系分组		
中央	3134	23359
省(自治区、直辖市)		
地区(州、盟、省辖市)	9850	71302
县(区、市、旗)	1451	12635
村委会		0
其他	2749	36097
四、按企业资质等级分组		
施工总承包	10468	87229
一级	3134	25924
二级	2521	14157
三级及以下	4813	47149
专业承包	6716	56164
一级	130	1250
二级		0
三级及以下	6586	54914
五、按地区分		
朔城区	13322	108146
开发区		5286
平鲁区	2	0
山阴县	60	284
应　县	763	4977
右玉县		0
怀仁县	3037	24701

9-7 其他产值

单位:万元

指　　标	2014	2015
总　　计	42437	32805
其中:国有及国有控股企业	8317	6585
一、按登记注册类型分组		
内资企业	37557	27698
国有企业	8317	6585
集体企业		15
有限责任公司	4894	5618
股份有限公司		0
私营企业	23427	14768
其他企业	920	712
外商投资企业	4880	5107
二、按国民经济行业分组		
房屋工程建筑	6288	5838
土木工程建筑业	29897	21300
建筑安装业	1842	2199
建筑装饰业	1442	2200
其他建筑业	2969	1268
三、按隶属关系分组		
中央	5968	5772
省(自治区、直辖市)		
地区(州、盟、省辖市)	790	3992
县(区、市、旗)	12251	8273
村委会		0
其他	23427	14768
四、按企业资质等级分组		
施工总承包	21986	17762
一级	1088	4087
二级	5337	4374
三级及以下	15561	9301
专业承包	20451	15043
一级	0	
二级	776	634
三级及以下	19676	14409
五、按地区分		
朔城区	13924	14548
开发区	12624	5006
平鲁区	1207	1512
山阴县	4353	2897
应　县	1037	74
右玉县	4340	5535
怀仁县	4952	3233

9-8 建筑业竣工产值

单位:万元

指 标	2014	2015
总 计	373396	296601
其中:国有及国有控股企业	110262	78220
一、按登记注册类型分组		
内资企业	368516	291494
国有企业	103050	57603
集体企业	40876	24896
有限责任公司	108444	102520
股份有限公司	5449	1527
私营企业	107778	104092
其他企业	2920	857
外商投资企业	4880	5107
二、按国民经济行业分组		
房屋工程建筑	151127	120929
土木工程建筑业	173617	126090
建筑安装业	30684	34806
建筑装饰业	7180	3509
其他建筑业	10788	1374
三、按隶属关系分组		
中央	49829	5107
省(自治区、直辖市)		
地区(州、盟、省辖市)	121168	117285
县(区、市、旗)	76570	62163
村委会	2000	26
其他	123830	112020
四、按企业资质等级分组		
施工总承包	280296	216062
一级	44949	28123
二级	123156	69767
三级及以下	112191	118172
专业承包	93100	80539
一级	3385	4663
二级	818	654
三级及以下	88897	75222
五、按地区分		
朔城区	259315	195043
开发区	11157	13620
平鲁区	14821	16660
山阴县	14628	17211
应 县	43515	24792
右玉县	16151	8432
怀仁县	13810	20843

9-9 建筑业企业房屋建筑施工面积

单位:平方米

指　标	2014	2015
总　计	1447160	823524
其中:国有及国有控股企业	395571	286306
一、按登记注册类型分组		
内资企业	1447160	823524
国有企业	300413	285676
集体企业	66600	50500
有限责任公司	542422	165086
股份有限公司	16800	14600
私营企业	487395	301510
其他企业	33530	6152
外商投资企业		
二、按国民经济行业分组		
房屋工程建筑	982185	618339
土木工程建筑业	236905	122178
建筑安装业	188670	44507
建筑装饰业		
其他建筑业	39400	
三、按隶属关系分组		
中央	19909	16406
省(自治区、直辖市)		
地区(州、盟、省辖市)	431446	129887
县(区、市、旗)	341081	321572
村委会	33530	1050
其他	621194	354609
四、按企业资质等级分组		
施工总承包	1415522	796681
一级	19909	24406
二级	684687	381435
三级及以下	710926	390840
专业承包	31638	26843
一级	29038	20541
二级		
三级及以下	2600	6302
五、按地区分		
朔城区	774154	471467
开发区	112305	115054
平鲁区	22500	3500
山阴县	45965	16511
应　县	163002	99152
右玉县	117218	51352
怀仁县	212016	66488

9-10 建筑企业房屋建筑竣工面积

单位:平方米

指　　标	2014	2015
总　　计	984144	521737
其中:国有及国有控股企业	254174	228315
一、按登记注册类型分组		
内资企业	984144	521737
国有企业	253374	227685
集体企业	40000	26870
有限责任公司	335518	122710
股份有限公司	16800	
私营企业	316452	139370
其他企业	22000	5102
外商投资企业	0	
二、按国民经济行业分组		
房屋工程建筑	717080	357449
土木工程建筑业	130688	105772
建筑安装业	96976	20016
建筑装饰业	0	
其他建筑业	39400	
三、按隶属关系分组		
中央	8050	
省(自治区、直辖市)		
地区(州、盟、省辖市)	265300	125087
县(区、市、旗)	281601	257280
村委会	22000	
其他	407193	139370
四、按企业资质等级分组		
施工总承包	963044	508635
一级	8050	8000
二级	553873	179079
三级及以下	401121	321556
专业承包	21100	13102
一级	20000	8000
二级	0	
三级及以下	1100	5102
五、按地区分		
朔城区	614592	349612
开发区	59326	14746
平鲁区	8200	3070
山阴县	24488	15434
应　县	127822	58179
右玉县	105688	31502
怀仁县	44028	49194

9-11 住宅竣工面积

单位:平方米

指　标	2014	2015
总　计	862839	431447
其中:国有及国有控股企业	180360	190845
一、按登记注册类型分组		
内资企业	862839	431447
国有企业	180360	190845
集体企业	40000	26870
有限责任公司	332786	101670
股份有限公司	16800	
私营企业	270893	106960
其他企业	22000	5102
外商投资企业		
二、按国民经济行业分组		
房屋工程建筑	607455	270509
土木工程建筑业	121538	105772
建筑安装业	94446	16666
建筑装饰业		
其他建筑业	39400	
三、按隶属关系分组		
中央		
省(自治区、直辖市)		
地区(州、盟、省辖市)	264220	109670
县(区、市、旗)	214985	214817
村委会	22000	
其他	361634	106960
四、按企业资质等级分组		
施工总承包	842839	418345
一级		
二级	473549	142239
三级及以下	369290	276106
专业承包	20000	13102
一级	20000	8000
二级		
三级及以下		5102
五、按地区分		
朔城区	589002	334195
开发区	59326	14746
平鲁区	8200	3070
山阴县	23936	9811
应　县	62858	21339
右玉县	105688	31502
怀仁县	13829	16784

9-12 商业及服务用房竣工面积

单位:平方米

指　　标	2014	2015
总　　计	11704	1600
其中:国有及国有控股企业	9854	
一、按登记注册类型分组		
内资企业	11704	1600
国有企业	9854	
集体企业		
有限责任公司		100
股份有限公司		
私营企业	1850	1500
其他企业		
外商投资企业		
二、按国民经济行业分组		
房屋工程建筑	9854	100
土木工程建筑业		
建筑安装业	1850	1500
建筑装饰业		
其他建筑业		
三、按隶属关系分组		
中央		
省(自治区、直辖市)		
地区(州、盟、省辖市)		
县(区、市、旗)	9854	100
村委会		
其他	1850	1500
四、按企业资质等级分组		
施工总承包	11704	1600
一级		
二级	9854	
三级及以下	1850	1600
专业承包		
一级		
二级		
三级及以下		
五、按地区分		
朔城区		
开发区		
平鲁区		
山阴县		100
应　县	9854	
右玉县		
怀仁县	1850	1500

9-13 办公用房竣工面积

单位:平方米

指　　标	2014	2015
总　　计	21428	21455
其中:国有及国有控股企业	20596	21455
一、按登记注册类型分组		
内资企业	21428	21455
国有企业	20566	21425
集体企业		
有限责任公司	862	30
股份有限公司		
私营企业		
其他企业		
外商投资企业		
二、按国民经济行业分组		
房屋和土木工程建筑业	21428	21455
房屋工程建筑		
土木工程建筑业		
建筑安装业		
建筑装饰业		
其他建筑业		
三、按隶属关系分组		
中央		
省(自治区、直辖市)	310	30
地区(州、盟、省辖市)	21118	21425
县(区、市、旗)		
村委会		
其他		
四、按企业资质等级分组		
施工总承包		21455
一级	20566	21455
二级	862	
三级及以下		21455
专业承包		21425
一级		
二级		30
三级及以下		
五、按地区分		
朔城区	310	
开发区		
平鲁区		
山阴县	552	21455
应　县	20566	
右玉县		
怀仁县		

9-14 科研、教育、医疗用房屋

单位:平方米

指　　标	2014	2015
总　　计	40980	48204
其中:国有及国有控股企业	18239	8621
一、按登记注册类型分组		
内资企业	40980	48204
国有企业	18239	8621
集体企业		
有限责任公司		13523
股份有限公司		
私营企业	22741	26060
其他企业		
外商投资企业		
二、按国民经济行业分组		
房屋工程建筑	40980	48204
土木工程建筑业		
建筑安装业		
建筑装饰业		
其他建筑业		
三、按隶属关系分组		
中央		
省(自治区、直辖市)		
地区(州、盟、省辖市)		8000
县(区、市、旗)	18239	14144
村委会		
其他	22741	26060
四、按企业资质等级分组		
施工总承包	40980	48204
一级		8000
二级	18239	8621
三级及以下	22741	31583
专业承包		
一级		
二级		
三级及以下		
五、按地区分		
朔城区		8000
开发区		
平鲁区		
山阴县		5523
应　县	18239	8621
右玉县		
怀仁县	22741	26060

9-15 厂房

单位:平方米

指　　标	2014	2015
总　　计	30478	11250
其中:国有及国有控股企业	25125	600
一、按登记注册类型分组		
内资企业	30478	11250
国有企业	24355	
集体企业		
有限责任公司	1870	6400
股份有限公司		0
私营企业	4253	4850
其他企业		
外商投资企业		
二、按国民经济行业分组		
房屋工程建筑	20648	9400
土木工程建筑业	9150	
建筑安装业	680	1850
建筑装饰业		
其他建筑业		
三、按隶属关系分组		
中央	8050	
省(自治区、直辖市)		
地区(州、盟、省辖市)	770	6400
县(区、市、旗)	17405	
村委会		
其他	4253	4850
四、按企业资质等级分组		
施工总承包	29378	11250
一级	8050	
二级	16305	
三级及以下	5023	11250
专业承包	1100	
一级		
二级		
三级及以下	1100	
五、按地区分		
朔城区	9920	6400
开发区		
平鲁区		
山阴县		
应　县	16305	
右玉县		
怀仁县	4253	4850

9-16 其他用房

单位:平方米

指　　标	2014	2015
总　　计	15360	
其中:国有及国有控股企业		
一、按登记注册类型分组		
内资企业	15360	
国有企业		
集体企业		
有限责任公司		
股份有限公司		
私营企业	15360	
其他企业		
外商投资企业		
二、按国民经济行业分组		
房屋工程建筑	15360	
土木工程建筑业		
建筑安装业		
建筑装饰业		
其他建筑业		
三、按隶属关系分组		
中央		
省(自治区、直辖市)		
地区(州、盟、省辖市)		
县(区、市、旗)		
村委会		
其他	15360	
四、按企业资质等级分组		
施工总承包	15360	
一级		
二级	15360	
三级及以下		
专业承包		
一级		
二级		
三级及以下		
五、按地区分		
朔城区	15360	
开发区		
平鲁区		
山阴县		
应　县		
右玉县		
怀仁县		

9-17 建筑业企业房屋建筑竣工价值

单位:万元

指　标	2014	2015
总　计	125718	76291
其中:国有及国有控股企业	39648	33310
一、按登记注册类型分组		
内资企业	125718	76291
国有企业	39489	33187
集体企业	5615	2737
有限责任公司	45412	18430
股份有限公司	2350	
私营企业	30852	21105
其他企业	2000	832
外商投资企业		
二、按国民经济行业分组		
房屋工程建筑	95670	53292
土木工程建筑业	17580	15832
建筑安装业	7740	2547
建筑装饰业		
其他建筑业	4728	
三、按隶属关系分组		
中央	1560	
省(自治区、直辖市)		
地区(州、盟、省辖市)	31576	19035
县(区、市、旗)	44071	36151
村委会	2000	0
其他	46512	21105
四、按企业资质等级分组		
施工总承包	123549	73660
一级	1560	1600
二级	73861	26518
三级及以下	48128	45542
专业承包	2170	2632
一级	1950	1800
二级		
三级及以下	220	832
五、按地区分		
朔城区	75259	46970
开发区	4114	1676
平鲁区	985	457
山阴县	3840	2838
应　县	22932	10024
右玉县	11811	3499
怀仁县	6779	10828

9-18 住宅

单位:万元

指 标	2014	2015
总 计	103598	58566
其中:国有及国有控股企业	24292	26306
一、按登记注册类型分组		
内资企业	103598	58566
国有企业	24292	26306
集体企业	5615	2737
有限责任公司	44932	15200
股份有限公司	2350	
私营企业	24409	13492
其他企业	2000	832
外商投资企业		
二、按国民经济行业分组		
房屋工程建筑	75486	36126
土木工程建筑业	15800	15832
建筑安装业	7584	1989
建筑装饰业		
其他建筑业	4728	
三、按隶属关系分组		
中央		
省(自治区、直辖市)		
地区(州、盟、省辖市)	31384	17000
县(区、市、旗)	30146	28075
村委会	0	
其他	40069	13492
四、按企业资质等级分组		
施工总承包	101648	55935
一级		
二级	59093	19637
三级及以下	42555	36298
专业承包	1950	2632
一级	1950	1800
二级		
三级及以下		832
五、按地区分		
朔城区	72157	44935
开发区	4114	1676
平鲁区	985	457
山阴县	3772	1643
应 县	9294	3143
右玉县	11811	3499
怀仁县	1466	3214

9-19 商业及服务用房

单位:万元

指　　标	2014	2015
总　　计	2418	377
其中:国有及国有控股企业	2266	
一、按登记注册类型分组		
内资企业	2418	377
国有企业	2266	
集体企业		
有限责任公司		118
股份有限公司		
私营企业	152	259
其他企业		
外商投资企业		
二、按国民经济行业分组		
房屋工程建筑	2266	118
土木工程建筑业		
建筑安装业	152	259
建筑装饰业		
其他建筑业		
三、按隶属关系分组		
中央		
省(自治区、直辖市)		
地区(州、盟、省辖市)		
县(区、市、旗)	2266	118
村委会		
其他	152	259
四、按企业资质等级分组		
施工总承包	2418	377
一级		
二级	2266	
三级及以下	152	377
专业承包		
一级		
二级		
三级及以下		
五、按地区分		
朔城区		
开发区		
平鲁区		
山阴县		118
应　县	2266	
右玉县		
怀仁县	152	259

9-20 办公用房

单位:万元

指　　标	2014	2015
总　　计	3961	4179
其中:国有及国有控股企业	3860	4179
一、按登记注册类型分组		
内资企业	3961	4179
国有企业	3855	4173
集体企业		
有限责任公司	107	6
股份有限公司		
私营企业		
其他企业		
外商投资企业		
二、按国民经济行业分组		
房屋工程建筑	3961	4179
土木工程建筑业		
建筑安装业		
建筑装饰业		
其他建筑业		
三、按隶属关系分组		
中央		
省(自治区、直辖市)		
地区(州、盟、省辖市)	39	6
县(区、市、旗)	3922	4173
村委会		
其他		
四、按企业资质等级分组		
施工总承包	3961	4179
一级		
二级	3855	4173
三级及以下	107	6
专业承包		
一级		
二级		
三级及以下		
五、按地区分		
朔城区	39	6
开发区		
平鲁区		
山阴县	67	
应　县	3855	4173
右玉县		
怀仁县		

9-21 科研、教育、医疗用房

单位:万元

指　　标	2014	2015
总　　计	8162	10005
其中:国有及国有控股企业	3830	1123
一、按登记注册类型分组		
内资企业	8162	10005
国有企业	3830	1123
集体企业		
有限责任公司		2676
股份有限公司		
私营企业	4331	6205
其他企业		
外商投资企业		
二、按国民经济行业分组		
房屋工程建筑	8162	10005
土木工程建筑业		
建筑安装业		
建筑装饰业		
其他建筑业		
三、按隶属关系分组		
中央		
省(自治区、直辖市)		
地区(州、盟、省辖市)		1600
县(区、市、旗)	3830	2199
村委会		
其他	4331	6205
四、按企业资质等级分组		
施工总承包	8162	10005
一级		1600
二级	3830	1123
三级及以下	4331	7282
专业承包		
一级		
二级		
三级及以下		
五、按地区分		
朔城区		1600
开发区		
平鲁区		
山阴县		1076
应　县	3830	1123
右玉县		
怀仁县	4331	6205

9-22 厂房、竣工价值

单位:万元

指 标	2014	2015
总 计	6329	1517
其中:国有及国有控股企业	5400	117
一、按登记注册类型分组		
内资企业	6329	1517
国有企业	5247	
集体企业		
有限责任公司	373	367
股份有限公司		
私营企业	709	1150
其他企业		
外商投资企业		
二、按国民经济行业分组		
房屋工程建筑	4544	1217
土木工程建筑业	1780	
建筑安装业		300
建筑装饰业		
其他建筑业		
三、按隶属关系分组		
中央	1560	
省(自治区、直辖市)		
地区(州、盟、省辖市)	153	367
县(区、市、旗)	3907	
村委会		
其他	709	1150
四、按企业资质等级分组		
施工总承包	6109	1517
一级	1560	
二级	3687	
三级及以下	862	1517
专业承包	220	
一级		
二级		
三级及以下	220	
五、按地区分		
朔城区	1933	367
开发区		
平鲁区		
山阴县		
应 县	3687	
右玉县		
怀仁县	709	1150

9-23 其他用房

单位:万元

指标	2014	2015
总计	1130	
其中:国有及国有控股企业		
一、按登记注册类型分组		
内资企业	1130	
国有企业		
集体企业		
有限责任公司		
股份有限公司		
私营企业	1130	
其他企业		
外商投资企业		
二、按国民经济行业分组		
房屋工程建筑	1130	
土木工程建筑业		
建筑安装业		
建筑装饰业		
其他建筑业		
三、按隶属关系分组		
中央		
省(自治区、直辖市)		
地区(州、盟、省辖市)		
县(区、市、旗)		
村委会		
其他	1130	
四、按企业资质等级分组		
施工总承包	1130	
一级		
二级	1130	
三级及以下		
专业承包		
一级		
二级		
三级及以下		
朔城区		
开发区	1130	
平鲁区		
山阴县		
应　县		
右玉县		
怀仁县		

9-24 计算建筑业劳动生产率的平均人数

单位:人

指　　标	2014	2015
总　　计	33921	2240
其中:国有及国有控股企业	13256	1085
一、按登记注册类型分组		
内资企业	32869	2240
国有企业	7116	636
集体企业	1436	126
有限责任公司	15499	817
股份有限公司	238	19
私营企业	8372	622
其他企业	208	22
外商投资企业	1052	
二、按国民经济行业分组		
房屋工程建筑	9694	801
土木工程建筑业	17541	1136
建筑安装业	5818	221
建筑装饰业	226	20
其他建筑业	868	18
三、按隶属关系分组		
中央	4019	256
省(自治区、直辖市)		
地区(州、盟、省辖市)	16037	921
县(区、市、旗)	4502	394
村委会	148	7
其他	9215	663
四、按企业资质等级分组		
施工总承包	23686	1768
一级	4117	373
二级	6157	334
三级及以下	13412	1061
专业承包	10235	473
一级	694	72
二级	60	7
三级及以下	9481	395
五、按地区分		
朔城区	21467	1376
开发区	1248	103
平鲁区	970	48
山阴县	940	62
应　县	2163	82
右玉县	732	58
怀仁县	6401	512

9-25 工程技术人员

单位:人

指　标	2014	2015
总　计	6801	
其中:国有及国有控股企业	1881	
一、按登记注册类型分组		
内资企业	6687	
国有企业	1169	
集体企业	95	
有限责任公司	3438	
股份有限公司	52	
私营企业	1870	
其他企业	63	
外商投资企业	114	
二、按国民经济行业分组		
房屋工程建筑	1609	
土木工程建筑业	4279	
建筑安装业	745	
建筑装饰业	73	
其他建筑业	168	
三、按隶属关系分组		
中央	734	
省(自治区、直辖市)		
地区(州、盟、省辖市)	3247	
县(区、市、旗)	726	
村委会	33	
其他	2061	
四、按企业资质等级分组		
施工总承包	4312	
一级	859	
二级	1126	
三级及以下	2327	
专业承包	2489	
一级	72	
二级	2	
三级及以下	2415	
五、按地区分		
朔城区	4737	
开发区	322	
平鲁区	168	
山阴县	283	
应　县	328	
右玉县	177	
怀仁县	786	

9-26 一级建造师

单位:人

指　　标	2014	2015
总　　计	210	
其中:国有及国有控股企业	69	
一、按登记注册类型分组		
内资企业	210	
国有企业	26	
集体企业	1	
有限责任公司	69	
股份有限公司	1	
私营企业	110	
其他企业	3	
外商投资企业	0	
二、按国民经济行业分组		
房屋工程建筑	8	
土木工程建筑业	100	
建筑安装业	100	
建筑装饰业	0	
其他建筑业	2	
三、按隶属关系分组		
中央	23	
省(自治区、直辖市)		
地区(州、盟、省辖市)	64	
县(区、市、旗)	8	
村委会	3	
其他	112	
四、按企业资质等级分组		
施工总承包	193	
一级	38	
二级	67	
三级及以下	88	
专业承包	17	
一级	0	
二级	0	
三级及以下	17	
五、按地区分		
朔城区	83	
开发区	5	
平鲁区	0	
山阴县	50	
应　县	2	
右玉县	5	
怀仁县	65	

9-27 建筑业财务状况流动资产情况

单位:万元

指　　标	2014	2015
总　　计	539148	533321
其中:国有及国有控股企业	185012	173152
一、按登记注册类型分组		
内资企业	536073	529583
国有企业	70212	68208
集体企业	28262	23886
有限责任公司	228045	241118
股份有限公司	2230	2217
私营企业	184050	180712
其他企业	23274	13442
外商投资企业	3075	3738
二、按国民经济行业分组		
房屋工程建筑	181108	174850
土木工程建筑业	273171	281334
建筑安装业	71335	62897
建筑装饰业	5289	4052
其他建筑业	8245	6312
三、按隶属关系分组		
中央	50937	46456
省(自治区、直辖市)		
地区(州、盟、省辖市)	230935	235650
县(区、市、旗)	36354	37803
村委会	23166	13090
其他	197756	200322
四、按企业资质等级分组		
施工总承包	432591	416836
一级	79464	113163
二级	76968	60295
三级及以下	276159	243379
专业承包	106557	116485
一级	6362	6876
二级	1420	1455
三级及以下	98775	108153
五、按地区分	0	
朔城区	271256	243668
开发区	20336	73997
平鲁区	16431	24000
山阴县	12611	13861
应　县	8150	8384
右玉县	27036	16463
怀仁县	183329	152949

9-28 固定资产

单位：万元

指　　标	2014	2015
总　　计	89653	94358
其中：国有及国有控股企业	16544	15139
一、按登记注册类型分组		
内资企业	88416	93237
国有企业	12366	11165
集体企业	2319	2279
有限责任公司	29801	30106
股份有限公司	1170	1271
私营企业	39109	46935
其他企业	3652	1482
外商投资企业	1237	1121
二、按国民经济行业分组		
房屋工程建筑	30440	28182
土木工程建筑业	44618	50489
建筑安装业	7606	8658
建筑装饰业	3224	3651
其他建筑业	3765	1490
三、按隶属关系分组		
中央	6923	5913
省(自治区、直辖市)		
地区(州、盟、省辖市)	25852	26099
县(区、市、旗)	9741	9486
村委会	3260	1092
其他	43877	51769
四、按企业资质等级分组		
施工总承包	65622	68971
一级	9074	9989
二级	15600	13481
三级及以下	40949	45501
专业承包	24031	25387
一级	1761	1874
二级	469	329
三级及以下	21801	23184
五、按地区分		
朔城区	55107	45498
开发区	414	12639
平鲁区	5208	5027
山阴县	10950	5876
应　县	5333	5412
右玉县	6143	3742
怀仁县	6498	16165

9-29 累计折旧

单位:万元

指　　标	2014	2015
总　　计	53423	59030
其中:国有及国有控股企业	29622	31509
一、按登记注册类型分组		
内资企业	51462	57013
国有企业	19673	20981
集体企业	446	436
有限责任公司	18580	20985
股份有限公司	200	230
私营企业	12410	14023
其他企业	153	358
外商投资企业	1961	2017
二、按国民经济行业分组		
房屋工程建筑	9806	10239
土木工程建筑业	36482	40483
建筑安装业	3126	3545
建筑装饰业	434	835
其他建筑业	3574	1838
三、按隶属关系分组		
中央	16256	17148
省(自治区、直辖市)		
地区(州、盟、省辖市)	18617	20942
县(区、市、旗)	4624	5027
村委会	152	336
其他	13775	15577
四、按企业资质等级分组		
施工总承包	42527	46202
一级	22736	25078
二级	7754	7921
三级及以下	12037	13203
专业承包	10896	12828
一级	1600	1751
二级	789	929
三级及以下	8507	10148
五、按地区分	0	
朔城区	42479	35723
开发区	312	11397
平鲁区	404	678
山阴县	4530	4613
应　县	2432	2669
右玉县	305	549
怀仁县	2961	3402

9-30 资产合计

单位:万元

指　标	2014	2015
总　计	671649	672156
其中:国有及国有控股企业	203139	191411
一、按登记注册类型分组		
内资企业	667278	667237
国有企业	83692	82030
集体企业	30682	27297
有限责任公司	278693	287496
股份有限公司	3400	3489
私营企业	237885	241960
其他企业	32926	24965
外商投资企业	4372	4919
二、按国民经济行业分组		
房屋工程建筑	228529	219087
土木工程建筑业	336956	349496
建筑安装业	85429	82121
建筑装饰业	8726	7881
其他建筑业	12010	7802
三、按隶属关系分组		
中央	58417	52653
省(自治区、直辖市)		
地区(州、盟、省辖市)	274774	277286
县(区、市、旗)	46742	49933
村委会	32426	24135
其他	259289	268149
四、按企业资质等级分组		
施工总承包	535144	523123
一级	89341	131732
二级	105611	76570
三级及以下	340192	314821
专业承包	136505	149033
一级	8401	9202
二级	1889	1784
三级及以下	126216	138046
五、按地区分	0	
朔城区	361217	319862
开发区	20820	88994
平鲁区	21641	29080
山阴县	23750	19737
应　县	13910	14249
右玉县	39197	30368
怀仁县	191114	169866

9-31 负债合计

单位:万元

指　　标	2014	2015
总　　计	514753	500866
其中:国有及国有控股企业	261439	249720
一、按登记注册类型分组		
内资企业	511015	496586
国有企业	155763	161103
集体企业	16743	13219
有限责任公司	189379	185820
股份有限公司	1212	1201
私营企业	116093	111378
其他企业	31826	23865
外商投资企业	3738	4281
二、按国民经济行业分组		
房屋工程建筑	106904	99723
土木工程建筑业	340441	343040
建筑安装业	61902	53240
建筑装饰业	5505	1314
其他建筑业	1926	1810
三、按隶属关系分组		
中央	143586	148435
省(自治区、直辖市)		
地区(州、盟、省辖市)	189896	181011
县(区、市、旗)	26249	27275
村委会	31826	23535
其他	123196	120610
四、按企业资质等级分组		
施工总承包	430176	410111
一级	168281	189591
二级	35819	24792
三级及以下	226077	195728
专业承包	84577	90755
一级	4711	5054
二级	721	648
三级及以下	79145	85053
五、按地区分		
朔城区	302116	286300
开发区	27252	48627
平鲁区	6144	17485
山阴县	5632	9156
应　县	33833	5794
右玉县	139776	25940
怀仁县		107565

9-32 所有者权益

单位:万元

指　　标	2014	2015
总　　计	157487	171290
其中:国有及国有控股企业		-58309
一、按登记注册类型分组		
内资企业	156853	170651
国有企业		-79073
集体企业	13940	14078
有限责任公司	89878	101676
股份有限公司	2188	2288
私营企业	121818	130582
其他企业	1100	1100
外商投资企业	634	638
二、按国民经济行业分组		
房屋工程建筑	121624	119365
土木工程建筑业		6457
建筑安装业	23553	28881
建筑装饰业	6799	6567
其他建筑业	8432	5992
三、按隶属关系分组		
中央		-95783
省(自治区、直辖市)		
地区(州、盟、省辖市)	84879	96275
县(区、市、旗)	20493	22658
村委会	600	600
其他	136684	147539
四、按企业资质等级分组		
施工总承包	105532	113012
一级		-57859
二级	69792	51778
三级以下	114680	119094
一级	3690	4149
二级	1168	1136
三级以下	47097	52993
五、按地区分	0	
朔城区	59102	33562
开发区	6193	40367
平鲁区	9607	11595
山阴县	17605	10581
应　县	8279	8455
右玉县	5364	4428
怀仁县	51338	62301

9-33 实收资本金

单位:万元

指　　标	2014	2015
总　　计	157119	163447
其中:国有及国有控股企业	29438	28881
一、按登记注册类型分组		
内资企业	152306	163447
国有企业	20286	20158
集体企业	7006	7646
有限责任公司	46240	46518
股份有限公司	2164	2272
私营企业	75511	85753
其他企业	1100	1100
外商投资企业	4814	0
二、按国民经济行业分组		
房屋工程建筑	53584	54648
土木工程建筑业	71925	74422
建筑安装业	18479	20182
建筑装饰业	5548	5120
其他建筑业	7583	5574
三、按隶属关系分组		
中央	14457	9643
省(自治区、直辖市)		
地区(州、盟、省辖市)	45071	42640
县(区、市、旗)	16001	16513
村委会	600	600
其他	80991	94049
四、按企业资质等级分组		
施工总承包	113047	121968
一级	12265	19265
二级	33717	26189
三级及以下	67065	76515
专业承包	44073	41478
一级	1826	1826
二级	1200	802
三级及以下	41047	38850
五、按地区分		
朔城区	96843	82956
开发区	5600	18706
平鲁区	7539	8539
山阴县	10233	8244
应　县	7875	7875
右玉县	4860	4408
怀仁县	24169	32718

9-34 营业业务收入

单位:万元

指　　标	2014	2015
总　　计	610273	499690
其中:国有及国有控股企业	253962	224930
一、按登记注册类型分组		
内资企业	605393	494583
国有企业	130203	102774
集体企业	44745	27567
有限责任公司	249120	239080
股份有限公司	4524	4226
私营企业	175125	119792
其他企业	1676	1145
外商投资企业	4880	5107
二、按国民经济行业分组		
房屋工程建筑	213922	170303
土木工程建筑业	329612	282031
建筑安装业	49394	32283
建筑装饰业	3095	3500
其他建筑业	14250	1599
三、按隶属关系分组		
中央	65855	43561
省(自治区、直辖市)		
地区(州、盟、省辖市)	263222	247675
县(区、市、旗)	94503	72624
村委会	757	313
其他	185936	135517
四、按企业资质等级分组		
施工总承包	496784	411428
一级	74995	98992
二级	139011	92758
三级及以下	282777	219678
专业承包	113489	88262
一级	6414	5990
二级	818	654
三级及以下	106257	81618
五、按地区分	0	
朔城区	329374	258469
开发区	21501	49365
平鲁区	22491	18380
山阴县	21335	21016
应　县	46979	33366
右玉县	15135	11496
怀仁县	153457	107597

9-35 营业业务成本

单位:万元

指　　标	2014	2015
总　　计	538742	441573
其中:国有及国有控股企业	236874	203678
一、按登记注册类型分组		
内资企业	533887	436719
国有企业	123375	100204
集体企业	39976	23872
有限责任公司	217530	206529
股份有限公司	3760	3494
私营企业	147757	101657
其他企业	1490	963
外商投资企业	4855	4854
二、按国民经济行业分组		
房屋工程建筑	183223	148942
土木工程建筑业	298108	253011
建筑安装业	42814	26744
建筑装饰业	2096	2479
其他建筑业	12500	1270
三、按隶属关系分组		
中央	70158	48741
省(自治区、直辖市)		
地区(州、盟、省辖市)	230696	215124
县(区、市、旗)	80728	62691
村委会	695	257
其他	156466	114760
四、按企业资质等级分组		
施工总承包	443406	363691
一级	78977	90608
二级	115097	77512
三级及以下	249332	195571
专业承包	95336	77882
一级	5241	5106
二级	584	483
三级及以下	89511	72292
五、按地区分		
朔城区	293152	239759
开发区	17864	34284
平鲁区	20242	16120
山阴县	18558	17961
应　县	38063	27295
右玉县	12892	8909
怀仁县	137972	97246

9-36 营业结算税金及附加

单位:万元

指　　标	2014	2015
总　　计	21609	17857
其中:国有及国有控股企业	8970	7702
一、按登记注册类型分组		
内资企业	21506	17749
国有企业	4558	3686
集体企业	1536	860
有限责任公司	9126	7834
股份有限公司	160	144
私营企业	6064	5182
其他企业	61	43
外商投资企业	103	107
二、按国民经济行业分组		
房屋工程建筑	8018	6761
土木工程建筑业	11562	9554
建筑安装业	1531	1040
建筑装饰业	114	144
其他建筑业	384	46
三、按隶属关系分组		
中央	2045	1504
省(自治区、直辖市)		
地区(州、盟、省辖市)	9635	8222
县(区、市、旗)	3488	2511
村委会	16	18
其他	6426	5601
四、按企业资质等级分组		
施工总承包	18030	15041
一级	2404	3475
二级	5533	3087
三级及以下	10094	8479
专业承包	3578	2815
一级	203	192
二级	42	33
三级及以下	3334	2591
五、按地区分	0	
朔城区	11375	9023
开发区	781	1505
平鲁区	980	725
山阴县	811	775
应　县	1740	1134
右玉县	294	322
怀仁县	5628	4374

9-37 其他业务利润

单位:万元

指　　标	2014	2015
总　　计	580	745
其中:国有及国有控股企业	497	194
一、按登记注册类型分组		
内资企业	566	743
国有企业	470	557
集体企业		0
有限责任公司	33	-62
股份有限公司		0
私营企业	64	248
其他企业		0
外商投资企业	14	2
二、按国民经济行业分组		
房屋工程建筑		17
土木工程建筑业	512	196
建筑安装业	63	382
建筑装饰业		0
其他建筑业		150
三、按隶属关系分组		
中央	484	487
省(自治区、直辖市)		
地区(州、盟、省辖市)	33	-62
县(区、市、旗)	0	72
村委会	0	0
其他	64	248
四、按企业资质等级分组		
施工总承包	523	211
一级	497	122
二级		0
三级及以下	26	89
专业承包	57	534
一级		0
二级		0
三级及以下	57	534
五、按地区分		
朔城区	517	788
开发区	38	-132
平鲁区		0
山阴县		0
应　县		0
右玉县		0
怀仁县	26	89

9-38 管理费用

单位:万元

指　　标	2014	2015
总　　计	30691	29490
其中:国有及国有控股企业	11507	10933
一、按登记注册类型分组		
内资企业	30545	29313
国有企业	6762	6105
集体企业	1568	1765
有限责任公司	13161	13415
股份有限公司	184	129
私营企业	8776	7783
其他企业	93	116
外商投资企业	146	177
二、按国民经济行业分组		
房屋工程建筑	8938	7433
土木工程建筑业	18659	18059
建筑安装业	2229	3347
建筑装饰业	298	276
其他建筑业	567	238
三、按隶属关系分组		
中央	2737	2675
省(自治区、直辖市)		
地区(州、盟、省辖市)	13555	13717
县(区、市、旗)	4972	4400
村委会	32	29
其他	9396	8668
四、按企业资质等级分组		
施工总承包	20951	19045
一级	4412	5272
二级	6810	4795
三级及以下	9729	8979
专业承包	9741	10445
一级	362	445
二级	160	141
三级及以下	9219	9859
五、按地区分		
朔城区	19648	16995
开发区	1739	3979
平鲁区	773	905
山阴县	996	1075
应　县	2573	2048
右玉县	445	569
怀仁县	4518	3919

9-39 财务费用

单位:万元

指　　标	2014	2015
总　　计	2890	2455
其中:国有及国有控股企业	1241	710
一、按登记注册类型分组		
内资企业	2841	2456
国有企业	1265	565
集体企业	8	4
有限责任公司	783	831
股份有限公司	56	105
私营企业	704	949
其他企业	25	1
外商投资企业	49	-1
二、按国民经济行业分组		
房屋工程建筑	1259	1273
土木工程建筑业	1374	1003
建筑安装业	245	158
建筑装饰业	8	11
其他建筑业	3	11
三、按隶属关系分组		
中央	870	266
省(自治区、直辖市)		
地区(州、盟、省辖市)	578	449
县(区、市、旗)	322	224
村委会	9	3
其他	1111	1514
四、按企业资质等级分组		
施工总承包	2356	2213
一级	806	610
二级	1038	635
三级及以下	513	968
专业承包	533	242
一级	166	93
二级	3	0
三级及以下	364	148
五、按地区分		
朔城区	2114	936
开发区	132	815
平鲁区	171	131
山阴县	28	9
应　县	350	245
右玉县	90	108
怀仁县	4	212

9-40 营业利润

单位:万元

指　　标	2014	2015
总　　计	6944	3463
其中:国有及国有控股企业		-549
一、按登记注册类型分组		
内资企业	7217	3493
国有企业		-10136
集体企业	1660	1056
有限责任公司	6783	9982
股份有限公司	152	162
私营企业	7620	2421
其他企业	3	7
外商投资企业		-30
二、按国民经济行业分组		
房屋工程建筑	8958	4279
土木工程建筑业		-1881
建筑安装业	1682	422
建筑装饰业	435	473
其他建筑业	487	-58
三、按隶属关系分组		
中央		-10450
省(自治区、直辖市)		
地区(州、盟、省辖市)	6623	9367
县(区、市、旗)	2856	1422
村委会	3	4
其他	8290	3120
四、按企业资质等级分组		
施工总承包	4411	7807
一级		-1812
二级	7735	5089
三级及以下	9362	4531
专业承包	2533	-4345
一级	164	-40
二级	12	-15
三级及以下	2357	-4290
五、按地区分		
朔城区		-11069
开发区	332	8545
平鲁区	139	354
山阴县	622	801
应　县	2348	1527
右玉县	959	1513
怀仁县	5205	1791

9-41 利润总额

单位:万元

指　　标	2014	2015
总　　计	7024	3750
其中:国有及国有控股企业	-8114	-388
一、按登记注册类型分组		
内资企业	7297	3745
国有企业		-10116
集体企业	1662	1056
有限责任公司	6793	10230
股份有限公司	152	162
私营企业	7468	2406
其他企业	3	7
外商投资企业		5
二、按国民经济行业分组		
房屋工程建筑	8964	4247
土木工程建筑业		-1740
建筑安装业	1604	587
建筑装饰业	431	466
其他建筑业	448	-58
三、按隶属关系分组		
中央	#REF!	-10395
省(自治区、直辖市)		
地区(州、盟、省辖市)	6757	9490
县(区、市、旗)	2890	1420
村委会	3	4
其他	8136	3232
四、按企业资质等级分组		
施工总承包	4468	7903
一级	#REF!	-1737
二级	7863	5071
三级及以下	9267	4569
专业承包	2556	-4153
一级	165	-40
二级	12	-15
三级及以下	2378	-4098
五、按地区分		
朔城区		-10889
开发区	329	8609
平鲁区	139	354
山阴县	638	811
应　县	2353	1452
右玉县	959	1513
怀仁县	5142	1900

9–42 本年应付工资

单位:万元

指　　标	2014	2015
总　　计	78197	69337
其中:国有及国有控股企业	28032	31104
一、按登记注册类型分组		
内资企业	78197	69337
国有企业	20943	24304
集体企业	4971	1611
有限责任公司	26643	21400
股份有限公司	671	510
私营企业	24408	21097
其他企业	561	417
外商投资企业	0	0
二、按国民经济行业分组		
房屋工程建筑	31771	26471
土木工程建筑业	36717	33169
建筑安装业	6820	6918
建筑装饰业	348	493
其他建筑业	2542	283
三、按隶属关系分组		
中央	8339	12197
省(自治区、直辖市)		
地区(州、盟、省辖市)	28548	21062
县(区、市、旗)	15445	13516
村委会	120	87
其他	25744	22477
四、按企业资质等级分组		
施工总承包	58679	53186
一级	12785	20819
二级	23223	10276
三级及以下	22671	22091
专业承包	19518	16151
一级	1810	1876
二级	100	152
三级及以下	17609	14123
五、按地区分		
朔城区	52257	46887
开发区	4487	6294
平鲁区	2875	1805
山阴县	3246	2294
应　县	7390	4861
右玉县	1914	1639
怀仁县	6027	5557

9-43 应收工程款

单位:万元

指　　标	2014	2015
总　　计	229995	231974
其中:国有及国有控股企业	122574	119515
一、按登记注册类型分组		
内资企业	228195	229319
国有企业	37207	41578
集体企业	15537	12411
有限责任公司	116507	121130
股份有限公司	509	471
私营企业	49835	50170
其他企业	8601	3559
外商投资企业	1799	2656
二、按国民经济行业分组		
房屋工程建筑	54107	58112
土木工程建筑业	142011	149554
建筑安装业	27467	18148
建筑装饰业	1380	818
其他建筑业	5029	3041
三、按隶属关系分组		
中央	30990	33354
省(自治区、直辖市)		
地区(州、盟、省辖市)	123400	127990
县(区、市、旗)	12854	13656
村委会	8601	3507
其他	54151	53468
四、按企业资质等级分组		
施工总承包	193337	186900
一级	52471	78552
二级	35886	17228
三级及以下	104981	91120
专业承包	36658	45074
一级	2268	2324
二级	338	286
三级及以下	34051	42463
五、按地区分		
朔城区	125901	112659
开发区	7088	37250
平鲁区	1766	4131
山阴县	4416	2694
应　县	5854	5676
右玉县	9492	4536
怀仁县	75478	65029

主要统计指标解释

签订的合同额　指建筑业企业在报告期直接同建设单位签订合同的总价款和以前年度同建设单位签定合同的未完工程跨入本年度继续施工工程合同的总价款余额。

本年新签合同额　指建筑业企业在报告期内同建设单位直接新签订的各种国内工程合同的总价款,不包括与其他建筑业企业新签的分包合同额。

建筑业总产值　建筑业总产值是以货币表现的建筑业企业在一定时期内生产的建筑业产品和服务的总和。建筑业总产值包括建筑工程产值、安装工程产值和其他产值三部分内容。

竣工产值　一般是以单位工程为对象，当该工程按照设计所规定的工程内容全部完成，达到了设计规定的交工条件，经有关部门检查验收鉴定合格的单位工程价值,即为竣工产值。竣工产值包括范围应是报告期内竣工单位工程从开工到竣工的全部自行完成的价值，竣工产值不包括附属辅助企业或内部核算的其他单位为外单位生产和服务的价值。

房屋施工面积　指报告期内施工的全部房屋建筑面积,它包括本期新开工的面积、上期跨入本期继续施工的房屋面积、上期停缓建在本期恢复施工的房屋面积、本期竣工的房屋面积以及本期施工后又停缓建的房屋面积。

房屋竣工面积　指在报告期内房屋建筑按照设计要求已全部完工,达到住人和使用条件,经验收鉴定合格或达到竣工验收标准，可正式移交使用的各栋房屋建筑面积总和。

房屋竣工价值　指在报告期内按规定已经上报竣工的房屋本身的建造价值。一般按房屋设计和预算规定的内容计算。一般按结算价格(或中标价)计算。

固定资产合计　指企业为生产商品、提供劳务、出租或经营管理而持有的，使用寿命超过一个会计年度的有形资产。包括使用期限超过一年的房屋、建筑物、机器、机械、运输工具以及其他与生产、经营有关的设备、器具、工具等。

资产总计　指企业过去的交易或者事项形成的、由企业拥有或者控制的、预期会给企业带来经济利益的资源。资产一般按流动性分为流动资产和非流动资产。

执行 2006 年《企业会计准则》的企业:资产合计 = 流动资产合计 + 非流动资产合计;

未执行 2006 年《企业会计准则》的企业:资产合计 = 流动资产合计 + 长期投资 + 固定资产合计 + 无形及递延资产小计 + 其他资产。

负债合计　指企业过去的交易或者事项形成的,预期会导致经济利益流出企业的现时义务。负债一般按偿还期长短分为流动负债和非流动负债。

所有者权益合计　指企业资产扣除负债后由所有者享有的剩余权益。公司的所有者权益又称股东权益。包括实收资本、资本公积、盈余公积、未分配利润等。

主营业务收入　指企业确认的销售商品、提供劳务等主营业务的收入。

执行 2006 年《企业会计准则》的企业,如未设置该科目,以“营业收入”代替填报。

销售费用　指企业从事施工生产活动过程中发生的各项费用，包括应由企业负担的运输费、装卸费、包装费、保险费、维修费、展览费、差旅费、广告费和其他经费。

营业利润　指企业从事生产经营活动所取得的利润。

执行 2006 年《企业会计准则》的企业,营业利润为营业收入减去营业成本、营业税金及附加、销售费用、管理费用、财务费用、资产减值损失,再加上公允价值变动收益和投资收益。

未执行 2006 年《企业会计准则》的企业,营业利润为主营业务收入减去主营业务成本、主营业务税金及附加，加上其他业务利润后，再减去销售费用、管理费用、财务费用后的金额。

利润总额 指企业在一定会计期间的经营成果，是生产经营过程中各种收入扣除各种耗费后的盈余，反映企业在报告期内实现的亏盈总额。

执行2006年《企业会计准则》的企业，利润总额为营业利润加上营业外收入，减去营业外支出后的金额。

未执行2006年《企业会计准则》的企业，利润总额为营业利润加上投资收益、补贴收入、营业外收入，再减去营业外支出后的金额。

应付职工薪酬 指企业为获得职工提供的服务而给予各种形式的报酬以及其他相关支出。包括职工工资、奖金、津贴和补贴，职工福利费，医疗保险费、养老保险费、失业保险费、工伤保险费和生育保险费等社会保险费，住房公积金，工会经费和职工教育经费，非货币性福利，因解除与职工的劳动关系给予的补偿，其他与获得职工提供的服务相关的支出。

10 交通运输业

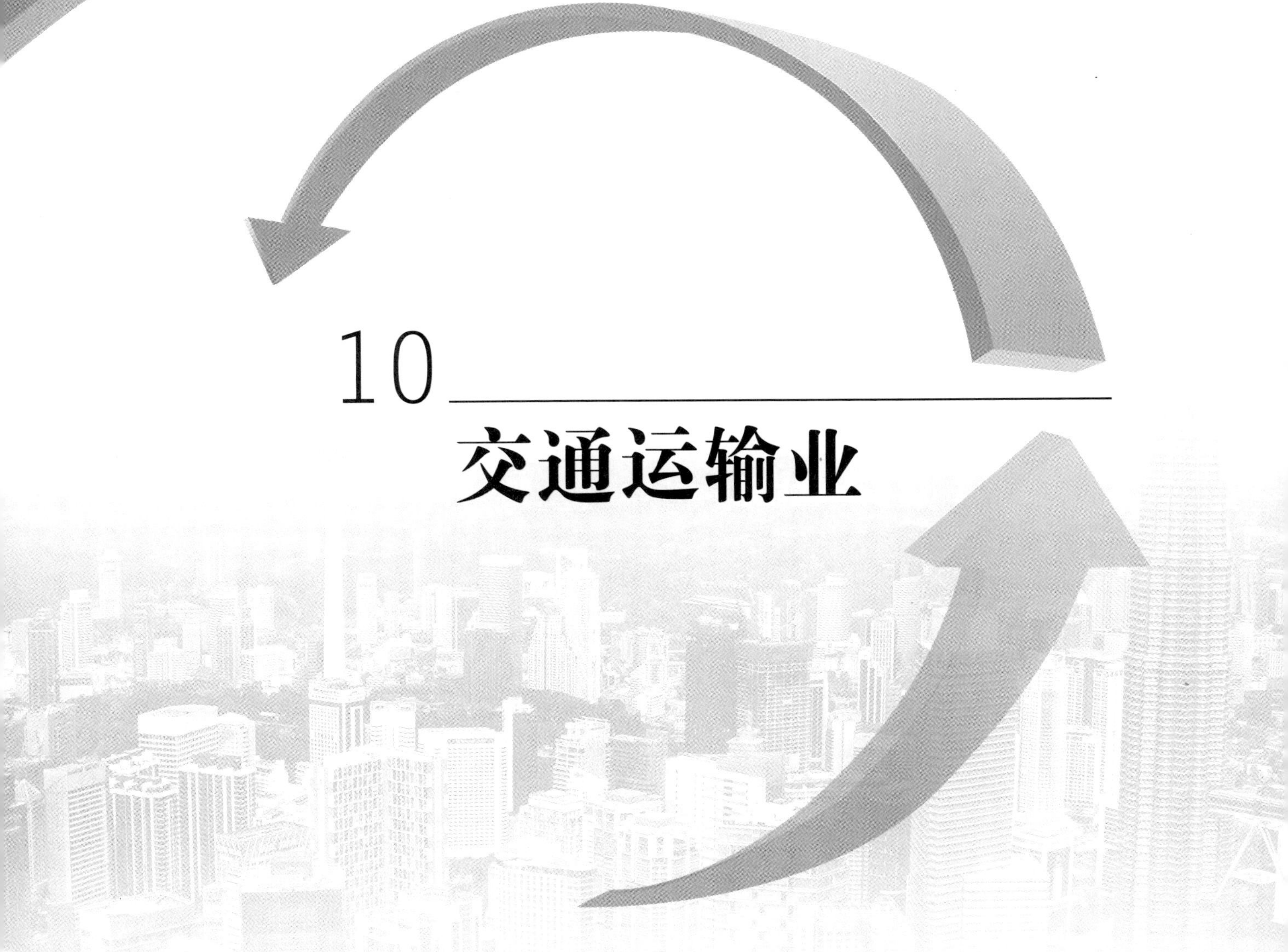

10-1 民用车辆拥有量(2015)

单位:辆

指　　标	总计			
		营运	非营运	# 个人
一、汽车	145514	12248	133148	126942
1.载客汽车	126748	4120	122510	113346
其中:大型	1445	930	427	33
中型	545	199	316	87
小型	122833	2991	119842	111402
微型	1925	0	1925	1824
2.载货汽车	17279	7778	9501	12721
其中:重型	4596	4369	227	2678
中型	271	235	36	175
轻型	12318	3163	9155	9797
微型	94	11	83	71
其中:普通载货	0	0	0	0
3.其它汽车	1487	350	1137	875
二、摩托车	5909	187	5722	5852
1.普通	5898	187	5711	5841
2.轻便	11	0	11	11
三、拖拉机(农机部门数据)	31853	0	0	0
四、挂车	1248	1221	27	635

主要统计指标解释

铁路营业里程 指办理客货运输业务的铁路正线总长度。凡是全线或部分建成双线及以上的线路，以第一线的实际长度计算；复线、站线、段管线、岔线和特别用途线以及不计算运费的联络线都不计算营业里程。线路营业里程是反映铁路运输业基础设施发展水平的重要指标，也是计算客货周转量、运输密度和机车车辆运用效率等指标的基础资料。

铁路延展里程 可以分为总延展里程以及正线、站线、段管线、岔线和特别用途线的延展里程。总延展里程是各种线路的延展里程之和。正线延展里程是正线第一线、第二线、第三线和其他正线建筑里程之和，站线、段管线、岔线和特别用途线的延展里程，均是各自建筑里程之和。延展里程是作为计算线路上钢轨、枕木及路基砂石需要量的主要依据。

公路网 是由各级公路组成的网状运输系统。它是由连结各城镇、乡村和工矿基地之间主要供汽车行驶的道路形成的网络。我国的公路里程是按其作用及使用管理性质分为国家干线公路、省级干线公路、县级公路、乡公路和专用公路。按其公路工程技术要求分为高速公路和一、二、三、四级公路。

公路里程 也称"公路通车里程"，是指实际达到交通部制定的公路工程技术标准规定的等级公路长度。它包括大中城市的郊区以及通过小城镇街道的公路里程，也包括桥梁、渡口的长度，但不包括城市街道以及厂矿、林区和农业生产用道的里程。两条或多条公路共同径由同一路段，只计算一次，不得重复计算里程长度。公路里程是反映公路建设发展规模的重要指标，也是计算运输网密度等指标的资料。

民用汽车 由公安交通监理部门所掌管的领有本地区民用车辆牌照的机动车辆中的一部分。不包括拖拉机、摩托车、其他机动车等。民用汽车包括普通载货汽车、专用载货汽车、载客汽车、其他专用汽车、特种汽车等。

营运汽车 指领有公安交通监理部门核发的车辆牌照，并经当地工商行政管理机关核准，领取营业执照，参加营业性运输的载客和载货汽车。

货(客)运量 指运输业实际运送的货物(旅客)数量。货运按吨计算。货物不论运输距离长短、货物类别，均按实际重量计算，旅客不论行程远近或票价多少，均按一人一次作为客运量统计。半票价、小孩票也按一人统计。货(客)运量反映运输业为国民经济和人民生活服务的数量指标，也是制定和检查运输生产计划，研究运输发展规模和速度的重要指标。

货物(旅客)周转量 指运输业运送的货物(旅客)数量与其相应运输距离的乘积之总和，通常以吨公里和人公里为计算单位。计算货物周转量通常按发出站与到达站之间的最短距离，也就是计费距离计算。它是反映运输业生产总成果的重要指标，也是编制和检查运输生产计划、计算运输效率、劳动生产率以及核算运输单位成本的主要基础资料。

换算周转量 是综合反映各种运输工具在一定时期内实际完成的旅客、货物周转量的综合指标。具体计算方法是将旅客周转量和货物周转量区分不同运输工具按相应的换算比例，换算成同一计量单位进行加总求得。其计算单位为：吨公里。

公路运输的换算比例是：1 吨公里 =10 人公里

内河水运的换算比例是：1 吨公里 =3 人公里(座位)1 吨公里 =1 人公里(带卧铺)

铁路运输的换算比例是：1 吨公里 =1 人公里(地方铁路为 5 人公里)

民航运输的换算比例是：1 吨公里 =13.9 人公里(国际航线为 13.3 人公里)

邮电业务总量 指以货币表现的邮电部门为用户传递信息和提供其他邮电服务的总量。它用各种邮电分类业务量，如函件件数、电报份数、长话张数、市内电话和农村电话的年均户数、订销报刊累计份数等，分别乘以相应的平均单价(不变价)，加总后再加上出租电路和设备的收入、代用户维护电话交换机和线路等设备的收入、其他业务收入求得。邮电业务总量综合反映了一定时期邮电工作的总成果，是研究邮电业务量构成和发展趋势的重要指标。

电话用户数 包括固定和移动电话。固定电话用户指接入国家公众固定电话网，并按固定电话业务进行经营管理的电话用户。移动电话用户指在移动电话营业部门登记，通过移动电话交换机接入移动电话网、占有移动电话号码的用户。

邮路 各邮政局所之间，邮政局所与车站、码头、机场、转运站、邮件处理中心、报刊社之间，邮区中心局与邮政局所及各邮区中心局之间由自办或委办人员按固定班期规定路线交换邮件（包括机要文件，下同）、报刊的路线。包括农村地区运邮兼投递的路线，不包括城市、农村地区纯投递路线。按运输方式可分为航空邮路、铁路邮路、汽车邮路、水路邮路和其他邮路等。

邮路总长度 邮路由起点到终点的长度。单程长度统计法的计算方法是直线算单程，环型算全程；直环混合中直线部分算单程，环型部分算全程；Y 型三段相加算单程。

投递路线 投递路线是指邮政局所或邮政投递机构的自办或委办人员按固定班期（班次）、规定路线为城乡用户投递邮件、报刊的路线。按地域可分为城市投递路线和农村投递路线。按投递方式可分为汽车投递路线、摩托车投递路线、自行车投递路线、马班投递路线和步班投递路线等。

11 批发零售贸易和餐饮业

11-1 社会消费品零售总额

单位:万元

指 标	2014	2015
社会消费品零售总额	2583038.8	2701455.5
按销售单位所在地分		
1.城镇	1841497.5	1924873.3
2.乡村	741541.3	776582.2
按行业分		
批发业	637379.1	665067.2
零售业	1626068.4	1699159.8
住宿业	54406.7	58451.6
餐饮业	265184.6	278776.9

11-2 限额以上批发和

指 标	法人企业数（个）	从业人员期末人数（人）
总 计	180	15687
一、批发业	47	5969
农、林、牧产品批发	1	82
谷物、豆及薯类批发	1	82
食品、饮料及烟草制品批发	6	455
果品、蔬菜批发	2	27
盐及调味品批发	2	61
酒、饮料及茶叶批发	1	8
烟草制品批发	1	359
文化、体育用品及器材批发	1	50
首饰、工艺品及收藏品批发	1	50
矿产品、建材及化工产品批发	34	4766
煤炭及制品批发	31	4682
金属及金属矿批发	2	29
其他化工产品批发	1	55
机械设备、五金产品及电子产品批发	4	603
农业机械批发	1	8
汽车批发	1	4
其他机械设备及电子产品批发	2	591
其他批发业	1	13
其他未列明批发业	1	13
内资企业	47	5969
国有企业	7	948
集体企业	4	2151
有限责任公司	13	1019
国有独资公司	1	89
其他有限责任公司	12	930
股份有限公司	1	24
私营企业	19	1584
私营有限责任公司	17	1484
私营股份有限公司	2	100
其他企业	3	243

零售业法人企业基本情况(2015 年)

女性	法人所属产业活动单位数（个）	批发和零售业	其他
7058	184	176	8
1037	26	19	7
40			
40			
141	11	11	
9			
25	4	4	
2			
105	7	7	
30			
30			
816	13	7	6
771	13	7	6
10			
35			
8	2	1	1
3			
5	2	1	1
2			
2			
1037	26	19	7
198	12	9	3
387	10	8	2
207	2	1	1
42	2	1	1
165			
2			
205	2	1	1
198	2	1	1
7			
38			

11-2 **续**

指　　标	法人企业数（个）	从业人员期末人数（人）
国有控股	15	1592
集体控股	4	2151
私人控股	22	1797
其他	6	429
独立门店	36	3019
其他	11	2950
大型	3	2449
中型	20	2842
小型	16	461
微型	8	217
二、零售业	133	9718
综合零售	24	3056
百货零售	20	2676
超级市场零售	4	380
食品、饮料及烟草制品专门零售	8	312
粮油零售	3	49
肉、禽、蛋、奶及水产品零售	1	30
酒、饮料及茶叶零售	2	24
其他食品零售	2	209
纺织、服装及日用品专门零售	10	2555
纺织品及针织品零售	1	60
服装零售	9	2495
文化、体育用品及器材专门零售	9	220
文具用品零售	1	40
图书、报刊零售	5	120
珠宝首饰零售	3	60
医药及医疗器材专门零售	3	184
药品零售	3	184
汽车、摩托车、燃料及零配件专门零售	47	2482
汽车零售	32	1124
摩托车及零配件零售	1	10
机动车燃料零售	14	1348

表 1

# 女性	法人所属产业活动单位数（个）	批发和零售业	其　他
376	14	10	4
387	10	8	2
210	2	1	1
64			
496	8	6	2
541	18	13	5
441	13	11	2
438	9	4	5
112	4	4	
46			
6021	158	157	1
2088	11	10	1
1774	11	10	1
314			
109	2	2	
6			
4			
5	2	2	
94			
2187			
50			
2137			
112	2	2	
15			
48	2	2	
49			
56	10	10	
56	10	10	
1031	128	128	
377	7	7	
7			
647	121	121	

11-2 **续**

指　标	法人企业数（个）	从业人员期末人数（人）
家用电器及电子产品专门零售	13	405
家用视听设备零售	6	141
日用家电设备零售	6	254
通信设备零售	1	10
五金、家具及室内装饰材料专门零售	9	314
家具零售	5	228
其他室内装饰材料零售	4	86
货摊、无店铺及其他零售业	10	190
互联网零售	1	5
生活用燃料零售	3	52
其他未列明零售业	6	133
内资企业	133	9718
国有企业	4	821
集体企业	6	802
有限责任公司	17	507
其他有限责任公司	17	507
股份有限公司	4	295
私营企业	101	7270
私营独资企业	8	360
私营有限责任公司	90	6215
私营股份有限公司	3	695
其他企业	1	23
国有控股	9	1133
集体控股	8	846
私人控股	110	7520
其他	6	219
独立门店	121	8434
连锁门店	4	108
其他	8	1176
大型	3	2475

表 2

女性	法人所属产业活动单位数（个）	批发和零售业	其　他
251	3	3	
84			
159	3	3	
8			
154			
130			
24			
33	2	2	
1			
2			
30	2	2	
6021	158	157	1
429	89	89	
442	4	3	1
273	4	4	
273	4	4	
168	27	27	
4701	34	34	
300	10	10	
3912	24	24	
489			
8			
584	116	116	
475	4	3	1
4796	36	36	
166	2	2	
5245	50	49	1
77	12	12	
699	96	96	
1763	91	91	

11-2 续

指 标	法人企业数（个）	从业人员期末人数（人）
中型	41	5418
小型	69	1694
微型	20	131
有店铺零售	132	9713
食杂店	1	192
便利店	2	16
超市	9	952
仓储会员店	2	127
百货店	19	2570
专业店	59	2513
专卖店	30	1319
家居建材商店	4	142
购物中心	6	1882
无店铺零售	1	5
网上商店	1	5
三、批发业按地区分组	47	5969
朔城区	17	1624
平鲁区	1	89
山阴县	7	523
怀仁县	19	3236
山西朔州经济开发区	3	497
四、零售业按地区分组	133	9718
朔城区	35	2877
平鲁区	13	342
山阴县	20	1069
应 县	16	675
右玉县	4	118
怀仁县	28	3865
山西朔州经济开发区	17	775

表 3

女性	法人所属产业活动单位数（个）	批发和零售业	其 他
3475	51	50	1
727	14	14	
56	2	2	
6020	158	157	1
89			
4	2	2	
757			
7	5	5	
1704	11	10	1
1119	104	104	
677	36	36	
44			
1619			
1			
1			
1037	26	19	7
238	2	1	1
33			
65			
553	17	11	6
148	7	7	
6021	158	157	1
1724	136	136	
133	2	2	
591			
469			
66	2	2	
2767	11	10	1
271	7	7	

11-3 限额以上批发和

指　标	批发和		
	法人企业数(个)	执行《2006年企业会计准则》企业数(个)	一、年初存货
总　计	180	165	259686.3
一、批发业	47	46	157956.9
农、林、牧产品批发	1	1	4276.3
谷物、豆及薯类批发	1	1	4276.3
食品、饮料及烟草制品批发	6	6	11800.8
果品、蔬菜批发	2	2	153.5
盐及调味品批发	2	2	831.2
酒、饮料及茶叶批发	1	1	779.1
烟草制品批发	1	1	10037.0
文化、体育用品及器材批发	1	1	19038.1
首饰、工艺品及收藏品批发	1	1	19038.1
矿产品、建材及化工产品批发	34	33	119238.9
煤炭及制品批发	31	30	116571.0
金属及金属矿批发	2	2	2600.9
其他化工产品批发	1	1	67.0
机械设备、五金产品及电子产品批发	4	4	3545.4
农业机械批发	1	1	174.3
汽车批发	1	1	694.1
其他机械设备及电子产品批发	2	2	2677.0
其他批发业	1	1	57.4
其他未列明批发业	1	1	57.4
内资企业	47	46	157956.9
国有企业	7	7	26354.3
集体企业	4	4	31883.2
有限责任公司	13	13	40118.0
国有独资公司	1	1	440.8
其他有限责任公司	12	12	39677.2
股份有限公司	1	1	2423.7
私营企业	19	18	52970.9
私营有限责任公司	17	16	47565.8
私营股份有限公司	2	2	5405.1

零售业法人企业财务状况

单位:万元

零售业

二、期末资产负债

流动资产合计	应收帐款	存货	固定资产合计	固定资产原价	累计折旧
1618170.5	250844.7	229567.0	784618.8	1105223.5	323493.2
1373073.2	215377.2	163191.4	709625.9	1007039.1	298657.6
7407.3	1962.0	4140.3	14768.0	15346.8	578.8
7407.3	1962.0	4140.3	14768.0	15346.8	578.8
36651.1	127.7	11570.2	9501.3	18108.1	8606.8
935.8		162.7	2227.4	3198.7	971.3
1018.4	38.7	770.4	398.7	440.2	41.5
808.9	89.0	649.1	2.2	28.2	26.0
33888.0		9988.0	6873.0	14441.0	7568.0
8593.6	123.4	8021.0	99.9	105.0	5.1
8593.6	123.4	8021.0	99.9	105.0	5.1
1297959.9	201432.4	136855.4	684981.7	972956.2	289218.9
1238300.7	198966.2	136267.8	682198.1	969035.6	288081.9
59557.1	2415.2	537.6	2669.6	3544.6	875.0
102.1	51.0	50.0	114.0	376.0	262.0
21058.2	11163.5	2548.2	273.8	521.8	248.0
543.6		185.7	208.9	356.0	147.1
8271.5	5772.5	1625.7	24.9	27.7	2.8
12243.1	5391.0	736.8	40.0	138.1	98.1
1403.1	568.2	56.3	1.2	1.2	
1403.1	568.2	56.3	1.2	1.2	
1373073.2	215377.2	163191.4	709625.9	1007039.1	298657.6
692283.0	93830.1	77806.0	485451.4	690143.1	205936.1
181542.3	21738.7	34881.0	29723.0	65174.5	35451.5
297986.3	59958.2	14741.0	48856.8	74302.8	25446.0
22581.8	14669.5	108.8	1147.9	2305.7	1157.8
275404.5	45288.7	14632.2	47708.9	71997.1	24288.2
2896.0	246.8	2423.7	56321.3	63927.1	7605.8
188886.1	39526.4	31136.5	87910.6	109998.1	22087.5
148089.7	38516.5	29290.0	68804.5	84513.2	15708.7
40796.4	1009.9	1846.5	19106.1	25484.9	6378.8

11-3 **续**

指　　标	批发和		
	法人企业数(个)	执行《2006年企业会计准则》企业数(个)	一、年初存货
其他企业	3	3	4206.8
国有控股	15	15	46632.3
集体控股	4	4	31883.2
私人控股	22	21	60301.8
其他	6	6	19139.6
独立门店	36	35	105150.7
其他	11	11	52806.2
大型	3	3	38816.1
中型	20	19	85939.2
小型	16	16	17227.0
微型	8	8	15974.6
二、零售业	133	119	101729.4
综合零售	24	23	4814.3
百货零售	20	20	3744.9
超级市场零售	4	3	1069.4
食品、饮料及烟草制品专门零售	8	7	2128.0
粮油零售	3	2	1274.7
肉、禽、蛋、奶及水产品零售	1	1	42.6
酒、饮料及茶叶零售	2	2	236.1
其他食品零售	2	2	574.6
纺织、服装及日用品专门零售	10	10	9585.7
纺织品及针织品零售	1	1	38.0
服装零售	9	9	9547.7
文化、体育用品及器材专门零售	9	8	20310.8
文具用品零售	1	1	86.1
图书、报刊零售	5	5	361.1
珠宝首饰零售	3	2	19863.6
医药及医疗器材专门零售	3	1	673.8
药品零售	3	1	673.8
汽车、摩托车、燃料及零配件专门零售	47	42	56484.9
汽车零售	32	28	20856.3

表 1

单位:万元

零售业

二、期末资产负债					
流动资产合计	应收帐款	存货	固定资产合计	固定资产原价	累计折旧
9479.5	77.0	2203.2	1362.8	3493.5	2130.7
840265.7	135586.3	83761.8	550043.9	772015.9	223216.4
181542.3	21738.7	34881.0	29723.0	65174.5	35451.5
267904.4	54578.3	33908.1	106177.6	135116.8	28939.2
83360.8	3473.9	10640.5	23681.4	34731.9	11050.5
408675.4	81552.7	68533.4	193944.8	250097.3	57396.9
964397.8	133824.5	94658.0	515681.1	756941.8	241260.7
239661.7	19997.6	39298.9	47243.6	91547.5	44303.9
955404.9	166873.9	100897.8	590044.4	821379.3	231334.9
78958.1	19451.9	7870.4	7206.5	16495.3	9288.8
99048.5	9053.8	15124.3	65131.4	77617.0	13730.0
245097.3	35467.5	66375.6	74992.9	98184.4	24835.6
23265.5	1505.3	7408.6	12488.5	14961.2	2472.7
19681.9	1439.6	5716.2	12378.3	14746.4	2368.1
3583.6	65.7	1692.4	110.2	214.8	104.6
9022.5	1435.9	4462.5	4515.1	5035.9	520.8
5342.9	853.5	4030.0	1554.0	1757.9	203.9
10.5			11.5	15.0	3.5
398.7	34.4	220.6	275.2	304.0	28.8
3270.4	548.0	211.9	2674.4	2959.0	284.6
20329.5	4.9	7502.0	1856.8	4715.5	2858.7
739.4		38.0	319.3	328.9	9.6
19590.1	4.9	7464.0	1537.5	4386.6	2849.1
12376.2	3354.0	4572.1	4183.0	5480.8	1297.9
1756.2	561.2	542.0	98.0	175.0	77.0
6680.9	2791.2	1027.2	3133.2	3886.1	753.0
3939.1	1.6	3002.9	951.8	1419.7	467.9
1623.1	670.7	737.7	398.5	416.3	17.8
1623.1	670.7	737.7	398.5	416.3	17.8
150843.9	23626.3	34066.5	44616.4	58714.9	15694.8
78765.3	11892.0	22063.4	10275.0	10741.1	2062.4

11-3 **续**

指　标	批发和		
	法人企业数(个)	执行《2006 年企业会计准则》企业数(个)	一、年初存货
摩托车及零配件零售	1	1	35.0
机动车燃料零售	14	13	35593.6
家用电器及电子产品专门零售	13	13	5142.7
家用视听设备零售	6	6	1053.7
日用家电设备零售	6	6	3896.6
通信设备零售	1	1	192.4
五金、家具及室内装饰材料专门零售	9	7	1040.3
家具零售	5	5	573.7
其他室内装饰材料零售	4	2	466.6
货摊、无店铺及其他零售业	10	8	1548.9
互联网零售	1	1	
生活用燃料零售	3	3	240.9
其他未列明零售业	6	4	1308.0
内资企业	133	119	101729.4
国有企业	4	4	27027.2
集体企业	6	6	2091.5
有限责任公司	17	12	23125.8
其他有限责任公司	17	12	23125.8
股份有限公司	4	4	2216.2
私营企业	101	92	47238.6
私营独资企业	8	6	596.3
私营有限责任公司	90	83	44186.6
私营股份有限公司	3	3	2455.7
其他企业	1	1	30.1
国有控股	9	9	28318.7
集体控股	8	8	3066.1
私人控股	110	97	50429.7
其他	6	5	19914.9
独立门店	121	110	72548.3
连锁门店	4	3	1311.9
其他	8	6	27869.2

表 2

单位:万元

零售业

二、期末资产负债					
流动资产合计	应收帐款	存货	固定资产合计	固定资产原价	累计折旧
9479.5	77.0	2203.2	1362.8	3493.5	2130.7
840265.7	135586.3	83761.8	550043.9	772015.9	223216.4
181542.3	21738.7	34881.0	29723.0	65174.5	35451.5
267904.4	54578.3	33908.1	106177.6	135116.8	28939.2
83360.8	3473.9	10640.5	23681.4	34731.9	11050.5
408675.4	81552.7	68533.4	193944.8	250097.3	57396.9
964397.8	133824.5	94658.0	515681.1	756941.8	241260.7
239661.7	19997.6	39298.9	47243.6	91547.5	44303.9
955404.9	166873.9	100897.8	590044.4	821379.3	231334.9
78958.1	19451.9	7870.4	7206.5	16495.3	9288.8
99048.5	9053.8	15124.3	65131.4	77617.0	13730.0
245097.3	35467.5	66375.6	74992.9	98184.4	24835.6
23265.5	1505.3	7408.6	12488.5	14961.2	2472.7
19681.9	1439.6	5716.2	12378.3	14746.4	2368.1
3583.6	65.7	1692.4	110.2	214.8	104.6
9022.5	1435.9	4462.5	4515.1	5035.9	520.8
5342.9	853.5	4030.0	1554.0	1757.9	203.9
10.5			11.5	15.0	3.5
398.7	34.4	220.6	275.2	304.0	28.8
3270.4	548.0	211.9	2674.4	2959.0	284.6
20329.5	4.9	7502.0	1856.8	4715.5	2858.7
739.4		38.0	319.3	328.9	9.6
19590.1	4.9	7464.0	1537.5	4386.6	2849.1
12376.2	3354.0	4572.1	4183.0	5480.8	1297.9
1756.2	561.2	542.0	98.0	175.0	77.0
6680.9	2791.2	1027.2	3133.2	3886.1	753.0
3939.1	1.6	3002.9	951.8	1419.7	467.9
1623.1	670.7	737.7	398.5	416.3	17.8
1623.1	670.7	737.7	398.5	416.3	17.8
150843.9	23626.3	34066.5	44616.4	58714.9	15694.8
78765.3	11892.0	22063.4	10275.0	10741.1	2062.4

11-3 **续**

指　　标	批发和		
	法人企业数(个)	执行《2006年企业会计准则》企业数(个)	一、年初存货
大型	3	3	35675.2
中型	41	40	32578.8
小型	69	60	32263.3
微型	20	16	1212.1
有店铺零售	132	118	101729.4
食杂店	1	1	516.7
便利店	2	2	297.4
超市	9	8	2204.8
仓储会员店	2	2	7199.5
百货店	19	19	3392.1
专业店	59	50	50185.4
专卖店	30	27	29059.4
家居建材商店	4	3	270.5
购物中心	6	6	8603.6
无店铺零售	1	1	
网上商店	1	1	
三、批发业按地区分组	47	46	157956.9
朔城区	17	16	53289.6
平鲁区	1	1	5.2
山阴县	7	7	29280.2
怀仁县	19	19	62703.0
山西朔州经济开发区	3	3	12678.9
四、零售业按地区分组	133	119	101729.4
朔城区	35	29	63282.8
平鲁区	13	13	1395.3
山阴县	20	17	2602.0
应　县	16	14	2927.4
右玉县	4	4	106.4
怀仁县	28	28	21388.0
山西朔州经济开发区	17	14	10027.5

表 3

单位:万元

零售业

二、期末资产负债

流动资产合计	应收帐款	存货	固定资产合计	固定资产原价	累计折旧
31196.4	5592.5	10411.8	25721.8	37248.8	11527.0
133302.4	12834.8	34242.9	28350.1	35081.6	8235.2
74875.7	16422.6	18949.5	18823.0	23141.1	4458.5
5722.8	617.6	2771.4	2098.0	2712.9	614.9
245095.6	35466.3	66375.6	74992.9	98184.4	24835.6
3117.6	446.2	163.7	372.4	657.0	284.6
408.5	20.5	268.5	147.2	176.0	28.8
5434.6	940.5	2504.0	399.9	617.8	217.9
26217.9	6348.3	6859.8	3180.0	4774.5	1594.5
23201.1	1414.9	5608.1	13454.1	18560.0	5105.9
131183.6	23156.0	31208.4	41074.6	55005.8	15186.0
36239.6	2107.2	12086.3	15063.7	16780.7	2106.3
4190.3	1025.8	939.5	860.1	1083.9	223.8
15102.4	6.9	6737.3	440.9	528.7	87.8
1.7	1.2				
1.7	1.2				
1373073.2	215377.2	163191.4	709625.9	1007039.1	298657.6
165967.0	30763.8	29487.7	58205.0	72650.0	14445.0
8673.0	768.7	1361.9	2545.9	2546.0	1244.5
132831.9	17560.0	16484.1	69833.2	94893.0	25059.8
1000654.8	151555.7	105345.8	571362.9	820862.4	249499.5
64946.5	14729.0	10511.9	7678.9	16087.7	8408.8
245097.3	35467.5	66375.6	74992.9	98184.4	24835.6
77716.2	16184.8	24500.3	36537.9	48546.8	13215.9
7770.7	1296.6	2224.7	5616.1	6131.5	515.4
14539.1	2103.6	4778.5	9474.7	11203.9	1776.9
7808.1	1901.4	4667.2	1310.0	1836.3	526.3
570.5	424.7	111.6	503.6	631.3	127.7
70097.4	10441.8	18984.5	14789.6	21601.9	6812.4
66595.3	3114.6	11108.8	6761	8232.7	1861

11-3 **续**

指　　标	批发和				
	二、期末资产负债				
	本年折旧	在建工程	资产总计	流动负债合计	应付账款
总　　计	212008.3	332363.5	3146687.3	2010458.6	321146.0
一、批发业	207184.6	320668.9	2661420.6	1816214.3	241928.8
农、林、牧产品批发	15.5		22175.3	5988.0	
谷物、豆及薯类批发	15.5		22175.3	5988.0	
食品、饮料及烟草制品批发	560.0	1124.0	47844.6	7765.8	5436.1
果品、蔬菜批发	144.5		3163.2	646.2	55.8
盐及调味品批发	33.7		1435.5	796.4	661.4
酒、饮料及茶叶批发	3.8		819.9	802.2	641.9
烟草制品批发	378.0	1124.0	42426.0	5521.0	4077.0
文化、体育用品及器材批发	5.1		8693.5	2998.0	2943.7
首饰、工艺品及收藏品批发	5.1		8693.5	2998.0	2943.7
矿产品、建材及化工产品批发	206549.7	319544.9	2557365.0	1779535.9	225919.6
煤炭及制品批发	206397.0	319544.9	2454414.9	1766966.8	225752.3
金属及金属矿批发	152.7		101677.1	12146.1	167.3
其他化工产品批发			1273.0	423.0	
机械设备、五金产品及电子产品批发	54.3		23937.9	18716.1	6994.2
农业机械批发	42.1		752.5	252.5	252.5
汽车批发			8326.4	7322.6	6741.7
其他机械设备及电子产品批发	12.2		14859.0	11141.0	
其他批发业			1404.3	1210.5	635.2
其他未列明批发业			1404.3	1210.5	635.2
内资企业	207184.6	320668.9	2661420.6	1816214.3	241928.8
国有企业	195348.9	317592.0	1590486.4	1049954.8	157725.6
集体企业	3420.7	170.4	212985.7	166777.8	9937.2
有限责任公司	3323.6	1869.6	472474.0	330400.1	34738.3
国有独资公司	5.2		23865.0	25840.5	4573.2
其他有限责任公司	3318.4	1869.6	448609.0	304559.6	30165.1
股份有限公司	1296.4		60006.3	5682.8	177.1
私营企业	3703.3	1015.1	314585.7	256102.7	38322.9
私营有限责任公司	2088.9	30.0	253674.6	198799.0	25082.7
私营股份有限公司	1614.4	985.1	60911.1	57303.7	13240.2

表 4

单位:万元

零售业

二、期末资产负债									
非流动负债合计	负债合计	所有者权益合计	实收资本	国家资本	集体资本	法人资本	个人资本	港澳台资本	外商资本
419396.4	2430375.5	716311.8	343439.2	84078.8	31420.2	95171.8	132765.9	1.2	1.3
406789.8	2223004.1	438416.5	253744.5	83471.8	28272.2	77296.6	64703.9		
200.0	6188.0	15987.3	5000.0				5000.0		
200.0	6188.0	15987.3	5000.0				5000.0		
33.0	7798.8	40045.8	3011.2	629.4	207.2		2174.6		
	646.2	2517.0	2174.6				2174.6		
33.0	829.4	606.1	207.2		207.2				
	802.2	17.7	50.0	50.0					
	5521.0	36905.0	579.4	579.4					
3195.4	6193.4	2500.1	2500.0			2500.0			
3195.4	6193.4	2500.1	2500.0			2500.0			
403361.4	2182897.3	374467.7	238723.3	82842.4	28065.0	71796.6	56019.3		
360665.6	2127632.4	326782.5	207669.3	52788.4	28065.0	70796.6	56019.3		
42457.8	54603.9	47073.2	31000.0	30000.0		1000.0			
238.0	661.0	612.0	54.0	54.0					
	18716.1	5221.8	4500.0			3000.0	1500.0		
	252.5	500.0	500.0			500.0			
	7322.6	1003.8	1000.0				1000.0		
	11141.0	3718.0	3000.0			2500.0	500.0		
	1210.5	193.8	10.0				10.0		
	1210.5	193.8	10.0				10.0		
406789.8	2223004.1	438416.5	253744.5	83471.8	28272.2	77296.6	64703.9		
347429.4	1397384.2	193102.2	17280.8	15057.9		2000.0	222.9		
3855.7	170633.5	42352.2	23103.1		23103.1				
43697.7	374097.8	98376.2	96209.5	34713.9	5000.0	55039.2	1456.4		
	25840.5	−1975.5	2000.0			2000.0			
43697.7	348257.3	100351.7	94209.5	34713.9	5000.0	53039.2	1456.4		
	5682.8	54323.5	66000.0	33660.0			32340.0		
11774.1	267876.8	46708.9	50284.0	40.0		20257.4	29986.6		
4274.1	203073.1	50601.5	43284.0	40.0		18257.4	24986.6		
7500.0	64803.7	−3892.6	7000.0			2000.0	5000.0		

11-3 续

指 标	批发和				
	二、期末资产负债				
	本年折旧	在建工程	资产总计	流动负债合计	应付账款
其他企业	91.7	21.8	10882.5	7296.1	1027.7
国有控股	197319.9	317783.9	1840233.8	1145407.5	171215.9
集体控股	3420.7	170.4	212985.7	166777.8	9937.2
私人控股	5066.3	1997.7	418592.9	369402.5	44381.9
其他	1377.7	716.9	189608.2	134626.5	16393.8
独立门店	9002.8	3255.1	733208.1	579042.5	69109.6
其他	198181.8	317413.8	1928212.5	1237171.8	172819.2
大型	3722.9	1294.4	290560.6	206282.9	14974.3
中型	201085.6	319092.2	2074942.6	1458285.2	196522.0
小型	684.7		95521.2	91110.0	11305.9
微型	1691.4	282.3	200396.2	60536.2	19126.6
二、零售业	4823.7	11694.6	485266.7	194244.3	79217.2
综合零售	420.9		61553.0	16712.6	3874.5
百货零售	391.1		57856.8	15151.6	3673.5
超级市场零售	29.8		3696.2	1561.0	201.0
食品、饮料及烟草制品专门零售	113.1		13842.9	5142.5	2298.6
粮油零售	67.3		7135.1	1900.3	1348.8
肉、禽、蛋、奶及水产品零售			89.0	27.0	
酒、饮料及茶叶零售	9.6		674.0	430.6	175.8
其他食品零售	36.2		5944.8	2784.6	774.0
纺织、服装及日用品专门零售	526.3		132156.4	20483.5	18795.5
纺织品及针织品零售	9.6		1058.7	577.9	
服装零售	516.7		131097.7	19905.6	18795.5
文化、体育用品及器材专门零售	149.3	1605.4	18790.5	9453.8	4975.1
文具用品零售	2.0		1854.2	459.2	435.2
图书、报刊零售	74.7	1605.4	11779.8	4541.7	3219.7
珠宝首饰零售	72.6		5156.5	4452.9	1320.2
医药及医疗器材专门零售	6.4		2059.2	1487.1	906.2
药品零售	6.4		2059.2	1487.1	906.2
汽车、摩托车、燃料及零配件专门零售	3181.3	9443.3	220276.2	114922.7	39888.4
汽车零售	669.2	2783.8	95542.6	77143.9	28436.8

表 5

单位:万元

零售业

二、期末资产负债									
非流动负债合计	负债合计	所有者权益合计	实收资本	国家资本	集体资本	法人资本	个人资本	港澳台资本	外商资本
32.9	7329.0	3553.5	867.1		169.1		698.0		
391127.1	1536534.6	303699.2	136113.9	81431.8	5000.0	17119.2	32562.9		
3855.7	170633.5	42352.2	23103.1		23103.1				
11774.1	381176.6	37416.3	55760.4	40.0		24277.4	31443.0		
32.9	134659.4	54948.8	38767.1	2000.0	169.1	35900.0	698.0		
12812.7	591855.2	141352.9	159005.3	38279.6	48.1	63196.6	57481.0		
393977.1	1631148.9	297063.6	94739.2	45192.2	28224.1	14100.0	7222.9		
3855.6	210138.5	80422.1	30634.4	579.4	23055.0		7000.0		
360205.4	1818490.6	256452.0	94851.7	16801.8	5010.0	61217.4	11822.5		
309.7	91419.7	4101.5	23859.0	2268.0	207.2	9199.2	12184.6		
42419.1	102955.3	97440.9	104399.4	63822.6		6880.0	33696.8		
12606.6	207371.4	277895.3	89694.7	607.0	3148.0	17875.2	68062.0	1.2	1.3
31.5	17264.1	44288.9	6277.4		1163.8	456.0	4657.6		
31.5	15703.1	42153.7	5162.4		1163.8	451.0	3547.6		
	1561.0	2135.2	1115.0			5.0	1110.0		
3041.9	8184.9	5658.0	3515.8		1015.1	572.0	1928.7		
2096.0	3996.8	3138.3	1868.7		859.0		1009.7		
	27.0	62.0	22.0			22.0			
	430.6	243.4	60.0			50.0	10.0		
945.9	3730.5	2214.3	1565.1		156.1	500.0	909.0		
0.6	20484.1	111672.3	6197.2		480.8	660.0	5056.4		
	577.9	480.8	480.8		480.8				
0.6	19906.2	111191.5	5716.4			660.0	5056.4		
441.3	9895.1	8895.4	3894.6		301.5	3091.6	501.5		
64.4	523.6	1330.6	500.0				500.0		
376.9	4918.6	6861.2	3057.1			3057.1			
	4452.9	703.6	337.5		301.5	34.5	1.5		
	1487.1	572.1	580.0			500.0	80.0		
	1487.1	572.1	580.0			500.0	80.0		
8571.9	123494.6	96781.6	58684.1	30.0	87.0	10740.4	47826.7		
341.4	77485.3	18057.3	21278.4	30.0	40.0	10068.0	11140.4		

11-3 续

指 标	批发和				
	二、期末资产负债				
	本年折旧	在建工程	资产总计	流动负债合计	应付账款
摩托车及零配件零售			75.5	61.0	19.0
机动车燃料零售	2512.1	6659.5	124658.1	37717.8	11432.6
家用电器及电子产品专门零售	58.2	10.0	8269.9	3955.8	883.3
家用视听设备零售	57.2	10.0	3893.7	971.3	527.6
日用家电设备零售	1.0		4136.6	2808.1	179.4
通信设备零售			239.6	176.4	176.3
五金、家具及室内装饰材料专门零售	72.3	607.9	9904.3	9601.6	5346.0
家具零售	39.4		4312.2	5783.7	2790.2
其他室内装饰材料零售	32.9	607.9	5592.1	3817.9	2555.8
货摊、无店铺及其他零售业	295.9	28.0	18414.3	12484.7	2249.6
互联网零售			1.7	2.6	
生活用燃料零售	52.2		7982.1	6519.3	1247.1
其他未列明零售业	243.7	28.0	10430.5	5962.8	1002.5
内资企业	4823.7	11694.6	485266.7	194244.3	79217.2
国有企业	1914.2	8068.7	62450.7	26274.8	2979.6
集体企业	96.2		36233.3	9254.0	2182.7
有限责任公司	327.0	28.0	22288.8	12679.9	2360.9
其他有限责任公司	327.0	28.0	22288.8	12679.9	2360.9
股份有限公司	585.4		10599.0	1755.6	1315.8
私营企业	1900.9	3401.7	352890.8	143840.8	70378.2
私营独资企业	1.6		2729.4	1373.4	838.5
私营有限责任公司	1431.6	2194.8	337679.3	132076.1	67739.2
私营股份有限公司	467.7	1206.9	12482.1	10391.3	1800.5
其他企业		196.2	804.1	439.2	
国有控股	2424.5	8068.7	72702.0	26860.9	3254.1
集体控股	172.5		39003.3	10928.0	3416.9
私人控股	2209.5	3625.9	369202.2	152043.2	72075.3
其他	17.2		4359.2	4412.2	470.9
独立门店	2703.5	5203.3	416432.4	162539.6	75466.0
连锁门店	93.4		4912.4	3819.7	2752.5
其他	2026.8	6491.3	63921.9	27885.0	998.7

表 6

单位:万元

零售业

二、期末资产负债									
非流动负债合计	负债合计	所有者权益合计	实收资本						
				国家资本	集体资本	法人资本	个人资本	港澳台资本	外商资本
	61.0	14.5	14.5			14.5			
8230.5	45948.3	78709.8	37391.2		47.0	657.9	36686.3		
409.4	4365.2	3904.7	2176.2	577.0	99.8	555.0	941.9	1.2	1.3
403.3	1374.6	2519.1	1110.8	577.0	90.0	305.0	136.3	1.2	1.3
6.1	2814.2	1322.4	1015.4		9.8	250.0	755.6		
	176.4	63.2	50.0				50.0		
	9601.6	302.7	2981.1			1050.0	1931.1		
	5783.7	–1471.5	1550.0			1000.0	550.0		
	3817.9	1774.2	1431.1			50.0	1381.1		
110.0	12594.7	5819.6	5388.3			250.2	5138.1		
	2.6	–0.9							
	6519.3	1462.8	1377.3			203.2	1174.1		
110.0	6072.8	4357.7	4011.0			47.0	3964.0		
12606.6	207371.4	277895.3	89694.7	607.0	3148.0	17875.2	68062.0	1.2	1.3
	26274.8	36175.9	2109.4			2109.4			
54.3	9308.3	26925.0	1776.2		1730.5	13.1	32.6		
1379.3	14059.2	8229.6	7624.4		81.5	2297.0	5245.9		
1379.3	14059.2	8229.6	7624.4		81.5	2297.0	5245.9		
7752.7	9508.3	1090.7	379.7		347.0	17.7	15.0		
3180.3	147541.6	205349.2	77680.1	607.0	989.0	13313.1	62768.5	1.2	1.3
	1373.4	1356.0	836.3			500.0	336.3		
3180.3	135776.9	201902.4	74521.8	607.0	989.0	12303.1	60620.2	1.2	1.3
	10391.3	2090.8	2322.0			510.0	1812.0		
240.0	679.2	124.9	124.9			124.9			
8091.8	34952.7	37749.3	3206.1		80.0	3111.1	15.0		
92.3	11020.3	27983.0	2123.2		2077.5	13.1	32.6		
4421.9	156985.6	212216.6	83946.0	607.0	989.0	14501.0	67846.5	1.2	1.3
0.6	4412.8	–53.6	419.4		1.5	250.0	167.9		
12606.6	175666.7	240765.7	84545.2	607.0	2848.0	17604.7	63483.0	1.2	1.3
	3819.7	1092.7	330.0		300.0		30.0		
	27885.0	36036.9	4819.5			270.5	4549.0		

11-3 续

指　　标	批发和				
	二、期末资产负债				
	本年折旧	在建工程	资产总计	流动负债合计	应付账款
大型	1884.3	6463.3	184145.6	44161.7	17342.7
中型	1750.7	2724.6	191262.2	84013.5	35474.9
小型	1024.6	2506.7	99948.9	62834.2	24267.6
微型	164.1		9910.0	3234.9	2132.0
有店铺零售	4823.7	11694.6	485265.0	194241.7	79217.2
食杂店	36.2		3490.0	2646.5	667.4
便利店	9.6		555.7	150.2	150.2
超市	38.3		7401.4	3944.0	1631.6
仓储会员店	99.1		29397.9	12657.0	10724.2
百货店	868.4		61315.0	16994.7	4967.2
专业店	2702.0	10790.0	199069.9	99601.2	34035.0
专卖店	1009.1	296.7	53268.3	35501.3	5065.9
家居建材商店	18.0	607.9	5658.3	5644.1	5145.7
购物中心	43.0		125108.5	17102.7	16830.0
无店铺零售			1.7	2.6	
网上商店			1.7	2.6	
三、批发业按地区分组	207184.6	320668.9	2661420.6	1816214.3	241928.8
朔城区	2453.2	995.1	274188.8	162694.2	31575.1
平鲁区		38.0	11218.9	10250.3	1203.2
山阴县	2575.3	254.3	279007.2	185229.2	17898.8
怀仁县	201722.4	318257.5	2017040.5	1417041.9	180547.6
山西朔州经济开发区	433.7	1124.0	79965.2	40998.7	10704.1
四、零售业按地区分组	4823.7	11694.6	485266.7	194244.3	79217.2
朔城区	2640.8	9275.6	134986.6	81443.6	30355.3
平鲁区	120.0		14044.8	3909.9	1293.8
山阴县	479.7	87.2	28404.6	9029.6	2108.6
应　县	108.4	206.2	12281.4	4599.8	2157.6
右玉县	32.7		1111.2	975.5	300.6
怀仁县	892.1		217330.9	57159.6	36366.0
山西朔州经济开发区	550	2125.6	77107.2	37126.3	6635.3

表 7

单位:万元

零售业

二、期末资产负债									
非流动负债合计	负债合计	所有者权益合计	实收资本						
				国家资本	集体资本	法人资本	个人资本	港澳台资本	外商资本
	44161.7	139983.9	4719.5		883.8	3.1	3832.6		
7775.7	91789.2	99473.0	55368.5		836.9	5620.6	48911.0		
4069.4	67423.6	32525.3	26682.9	607.0	1427.3	11536.9	13109.2	1.2	1.3
761.5	3996.9	5913.1	2923.8			714.6	2209.2		
12606.6	207368.8	277896.2	89694.7	607.0	3148.0	17875.2	68062.0	1.2	1.3
54.3	2700.8	789.2	156.1		156.1				
	150.2	405.5	110.0				110.0		
	3944.0	3457.4	2418.6			205.0	2213.6		
	12657.0	16740.9	6203.2			203.2	6000.0		
31.5	17546.2	43768.8	5749.6		1644.6	761.0	3344.0		
3330.6	102932.3	96137.6	57357.4	607.0	1345.8	10249.9	45152.2	1.2	1.3
9189.6	44690.9	8577.4	11487.8		1.5	5241.6	6244.7		
	5644.1	14.2	2101.1			1050.0	1051.1		
0.6	17103.3	108005.2	4110.9			164.5	3946.4		
	2.6	-0.9							
	2.6	-0.9							
406789.8	2223004.1	438416.5	253744.5	83471.8	28272.2	77296.6	64703.9		
46923.9	209618.1	64570.7	64218.4	35289.3	169.1	27260.0	1500.0		
	10250.3	968.6	2000.0			2000.0			
	185229.2	93778.0	93429.4	33822.6	10.0	26900.0	32696.8		
359825.1	1776867.0	240173.5	79517.3	13780.5	28093.1	7136.6	30507.1		
40.8	41039.5	38925.7	14579.4	579.4		14000.0			
12606.6	207371.4	277895.3	89694.7	607.0	3148.0	17875.2	68062.0	1.2	1.3
7807.1	89250.7	45735.9	14237.5		482.3	5343.1	8412.1		
3628.7	7538.6	6506.2	6494.5		859.0	1062.7	4572.8		
209.4	9759.0	18645.6	5622.1		56.8	3045.4	2519.9		
350.0	4950.3	7331.1	3432.3	607.0	130.0	254.9	2437.9	1.2	1.3
0.2	975.7	135.5	126.3		80.0	36.3	10.0		
431.2	57590.8	159740.1	17254.9		1539.9	2497.2	13217.8		
180	37306.3	39800.9	42527.1			5635.6	36891.5		

11-3 续

指　　标	批发和 三、损益及			
	营业收入	主营业务收入	营业成本	主营业务成本
总　　计	2492834.7	2466367.7	2039719.8	2027839.8
一、批发业	1545527.5	1528117.4	1179993.9	1176579.9
农、林、牧产品批发	35431.0	35431.0	32932.2	32932.2
谷物、豆及薯类批发	35431.0	35431.0	32932.2	32932.2
食品、饮料及烟草制品批发	199698.4	199665.9	154379.2	154379.1
果品、蔬菜批发	51333.5	51333.5	46712.2	46712.2
盐及调味品批发	4484.7	4480.2	3645.7	3645.6
酒、饮料及茶叶批发	1030.2	1030.2	981.3	981.3
烟草制品批发	142850.0	142822.0	103040.0	103040.0
文化、体育用品及器材批发	6708.1	6708.1	6506.8	6506.8
首饰、工艺品及收藏品批发	6708.1	6708.1	6506.8	6506.8
矿产品、建材及化工产品批发	1268871.7	1251494.1	953881.5	950467.6
煤炭及制品批发	1222968.9	1205591.3	908192.7	904778.8
金属及金属矿批发	44619.8	44619.8	44469.8	44469.8
其他化工产品批发	1283.0	1283.0	1219.0	1219.0
机械设备、五金产品及电子产品批发	20131.6	20131.6	17719.4	17719.4
农业机械批发	2960.3	2960.3	2279.4	2279.4
汽车批发	968.0	968.0	950.6	950.6
其他机械设备及电子产品批发	16203.3	16203.3	14489.4	14489.4
其他批发业	14686.7	14686.7	14574.8	14574.8
其他未列明批发业	14686.7	14686.7	14574.8	14574.8
内资企业	1545527.5	1528117.4	1179993.9	1176579.9
国有企业	561032.9	551395.5	396494.6	393541.8
集体企业	290717.4	288195.2	196664.8	196203.7
有限责任公司	360163.4	354917.4	294828.2	294828.2
国有独资公司	10515.8	10345.7	10198.6	10198.6
其他有限责任公司	349647.6	344571.7	284629.6	284629.6
股份有限公司				
私营企业	303520.7	303520.7	267834.2	267834.2
私营有限责任公司	231152.7	231152.7	200262.5	200262.5
私营股份有限公司	72368.0	72368.0	67571.7	67571.7

表 8

单位:万元

零售业 分配							
营业税金及附加		其他业务利润	销售费用	管理费用		财务费用	
	主营业务税金及附加				税金		利息收入
36244.8	36231.4	5912.3	264677.6	121865.0	4015.7	40983.0	2314.5
34601.1	34601.1	5378.8	209942.4	93050.6	3614.4	37370.9	2203.6
			872.9	109.7	28.9	298.2	0.3
			872.9	109.7	28.9	298.2	0.3
15461.6	15461.6	32.5	6025.1	7488.9	370.6	–612.1	750.0
10.3	10.3		3553.5	835.1	147.3	131.0	
18.3	18.3	4.5	161.7	447.3	2.8	1.3	
1.0	1.0		56.9	4.5	0.5	0.6	
15432.0	15432.0	28.0	2253.0	6202.0	220.0	–745.0	750.0
5.5	5.5		65.2	72.2	5.2	58.0	
5.5	5.5		65.2	72.2	5.2	58.0	
18967.6	18967.6	5346.3	202146.2	83768.5	3200.0	37612.0	1454.2
18916.2	18916.2	5346.3	201614.9	83207.5	3108.7	37988.6	1069.9
48.4	48.4		531.3	500.0	91.3	–376.6	384.3
3.0	3.0			61.0			
101.2	101.2		788.6	1607.1	6.1	14.8	–0.9
3.1	3.1		352.5	251.9	3.0	14.4	
			14.5	11.4			
98.1	98.1		421.6	1343.8	3.1	0.4	–0.9
65.2	65.2		44.4	4.2	3.6		
65.2	65.2		44.4	4.2	3.6		
34601.1	34601.1	5378.8	209942.4	93050.6	3614.4	37370.9	2203.6
31490.9	31490.9	28.0	42059.1	49236.7	1827.0	19763.9	1567.3
1095.6	1095.6		88974.5	13017.3	191.2	2658.6	223.8
963.8	963.8	5075.9	58319.6	12216.1	689.7	7288.7	403.8
8.8	8.8			1426.1	23.1	306.4	–1.6
955.0	955.0	5075.9	58319.6	10790.0	666.6	6982.3	405.4
			6.8	1655.4		218.3	0.1
961.3	961.3	270.4	16122.4	15395.9	746.5	7419.1	6.8
678.7	678.7	270.4	14506.2	11652.7	412.0	4263.4	–5.5
282.6	282.6		1616.2	3743.2	334.5	3155.7	12.3

11-3 续

指标	批发和 三、损益及 营业收入	主营业务收入	营业成本	主营业务成本
其他企业	30093.1	30088.6	24172.1	24172.0
国有控股	738937.8	724054.4	566703.2	563750.4
集体控股	290717.4	288195.2	196664.8	196203.7
私人控股	389751.3	389751.3	318153.7	318153.7
其他	126121.0	126116.5	98472.2	98472.1
独立门店	601873.0	596573.8	495497.8	495497.8
其他	943654.5	931543.6	684496.1	681082.1
大型	455079.1	452528.9	319334.8	318873.7
中型	942937.7	928135.5	721886.2	718933.4
小型	100633.7	100629.2	92997.1	92997.0
微型	46877.0	46823.8	45775.8	45775.8
二、零售业	947307.2	938250.3	859725.9	851259.9
综合零售	120154.8	120150.7	103048.9	103048.9
百货零售	102452.5	102448.4	87625.2	87625.2
超级市场零售	17702.3	17702.3	15423.7	15423.7
食品、饮料及烟草制品专门零售	21021.8	21015.8	18461.2	18461.0
粮油零售	3987.2	3987.2	3217.7	3217.7
肉、禽、蛋、奶及水产品零售	1339.5	1339.5	1080.0	1080.0
酒、饮料及茶叶零售	2134.7	2128.7	1766.9	1766.7
其他食品零售	13560.4	13560.4	12396.6	12396.6
纺织、服装及日用品专门零售	192335.9	192334.3	162436.2	162318.3
纺织品及针织品零售	955.0	955.0	859.5	859.5
服装零售	191380.9	191379.3	161576.7	161458.8
文化、体育用品及器材专门零售	17979.8	17911.2	13901.4	13891.3
文具用品零售	815.6	800.0	612.4	610.0
图书、报刊零售	12181.0	12128.0	9399.8	9392.1
珠宝首饰零售	4983.2	4983.2	3889.2	3889.2
医药及医疗器材专门零售	4670.5	4670.5	4079.7	4079.7
药品零售	4670.5	4670.5	4079.7	4079.7
汽车、摩托车、燃料及零配件专门零售	502129.0	493473.7	480363.0	472142.5
汽车零售	138020.1	137541.0	130216.3	129916.9

表 9

单位:万元

零售业

分配

营业税金及附加		其他业务利润	销售费用	管理费用		财务费用	
	主营业务税金及附加				税金		利息收入
89.5	89.5	4.5	4460.0	1529.2	160.0	22.3	1.8
31871.6	31871.6	5103.9	46618.4	56245.9	1874.9	22098.4	1955.9
1095.6	1095.6		88974.5	13017.3	191.2	2658.6	223.8
1176.2	1176.2	270.4	51788.2	18309.6	872.9	9274.2	2.6
457.7	457.7	4.5	22561.3	5477.8	675.4	3339.7	21.3
1740.1	1740.1	5346.3	79644.5	29837.1	1793.3	14128.5	44.2
32861.0	32861.0	32.5	130297.9	63213.5	1821.1	23242.4	2159.4
16743.3	16743.3	28.0	89120.0	20469.2	286.3	3118.1	972.3
17627.7	17627.7	5075.9	112464.2	64335.2	2988.8	32321.7	848.6
180.2	180.2	4.5	6331.4	4336.8	228.7	2090.9	-1.5
49.9	49.9	270.4	2026.8	3909.4	110.6	-159.8	384.2
1643.7	1630.3	533.5	54735.2	28814.4	401.3	3612.1	110.9
686.2	686.2	0.3	8061.8	5735.7	93.8	694.7	
573.4	573.4		7249.3	5141.8	93.8	689.7	
112.8	112.8	0.3	812.5	593.9		5.0	
62.2	62.2	0.4	904.4	542.9	6.5	91.4	3.0
2.5	2.5		358.6	245.6		39.6	0.3
13.7	13.7		0.7	3.5	0.3	1.7	
6.3	6.3	0.4	190.6	74.5	1.9	28.1	2.7
39.7	39.7		354.5	219.3	4.3	22.0	
107.9	107.9		19658.3	10057.2	22.6	249.8	32.5
15.0	15.0			62.0		6.4	
92.9	92.9		19658.3	9995.2	22.6	243.4	32.5
127.7	127.7	45.3	1916.7	900.0	46.7	50.2	1.0
2.4	2.4			182.3	24.4		
0.1	0.1	45.3	1552.9	415.5	9.0	4.2	1.0
125.2	125.2		363.8	302.2	13.3	46.0	
3.0	3.0		173.6	135.7	0.6	0.6	
3.0	3.0		173.6	135.7	0.6	0.6	
411.5	408.3	482.8	17972.0	7125.3	183.4	1882.6	73.6
99.0	96.7	69.0	4009.0	4337.7	24.3	1105.8	73.3

11-3 续

指　　标	批发和			
	三、损益及			
	营业收入	主营业务收入	营业成本	主营业务成本
摩托车及零配件零售	637.7	637.7	550.8	550.8
机动车燃料零售	363471.2	355295.0	349595.9	341674.8
家用电器及电子产品专门零售	29739.6	29739.6	26617.5	26617.5
家用视听设备零售	16788.1	16788.1	14441.8	14441.8
日用家电设备零售	12611.5	12611.5	11883.7	11883.7
通信设备零售	340.0	340.0	292.0	292.0
五金、家具及室内装饰材料专门零售	8899.9	8899.9	6839.1	6839.1
家具零售	5764.3	5764.3	3990.4	3990.4
其他室内装饰材料零售	3135.6	3135.6	2848.7	2848.7
货摊、无店铺及其他零售业	50375.9	50054.6	43978.9	43861.6
互联网零售	862.0	862.0		
生活用燃料零售	25456.3	25456.3	22786.9	22786.9
其他未列明零售业	24057.6	23736.3	21192.0	21074.7
内资企业	947307.2	938250.3	859725.9	851259.9
国有企业	248790.2	241793.1	239154.0	232078.9
集体企业	61631.3	61631.3	53447.2	53447.2
有限责任公司	30033.2	29670.7	25691.5	25567.3
其他有限责任公司	30033.2	29670.7	25691.5	25567.3
股份有限公司	83359.5	82574.0	76320.9	75611.3
私营企业	522600.6	521688.8	464294.9	463737.8
私营独资企业	20050.8	20050.8	16410.5	16273.3
私营有限责任公司	472446.3	471534.5	419995.1	419575.2
私营股份有限公司	30103.5	30103.5	27889.3	27889.3
其他企业	892.4	892.4	817.4	817.4
国有控股	320294.2	312511.6	305534.4	297749.7
集体控股	78642.0	78642.0	67459.8	67459.8
私人控股	543060.7	541824.4	482814.0	482139.6
其他	5310.3	5272.3	3917.7	3910.8
独立门店	677261.9	675546.4	601671.1	600403.6
连锁门店	7409.4	7371.4	5948.1	5941.2
其他	262635.9	255332.5	252106.7	244915.1

表 10

单位:万元

零售业

分配

营业税金及附加	主营业务税金及附加	其他业务利润	销售费用	管理费用	税金	财务费用	利息收入
2.2	2.2		51.2	26.4		6.5	
310.3	309.4	413.8	13911.8	2761.2	159.1	770.3	0.3
106.3	106.1		1567.2	995.1	19.2	94.3	
96.5	96.3		1046.6	705.9	10.5	66.4	
9.3	9.3		479.5	289.1	8.7	27.9	
0.5	0.5		41.1	0.1			
50.9	50.9	4.7	1928.6	716.5	11.5	27.7	0.6
29.3	29.3	4.7	1905.4	425.0	11.5	20.9	0.6
21.6	21.6		23.2	291.5		6.8	
88.0	78.0		2552.6	2606.0	17.0	520.8	0.2
			430.0	431.5			
34.6	34.6		1143.9	919.7	7.8	260.2	
53.4	43.4		978.7	1254.8	9.2	260.6	0.2
1643.7	1630.3	533.5	54735.2	28814.4	401.3	3612.1	110.9
231.3	231.3	352.9	9834.8	2164.9	5.6	660.9	0.2
74.3	74.3		4215.7	2309.0	53.6	416.0	
68.8	58.2	31.1	1630.7	1885.6	12.8	331.3	1.0
68.8	58.2	31.1	1630.7	1885.6	12.8	331.3	1.0
160.1	159.2	75.1	4463.8	756.8	65.9	55.6	
1105.7	1103.8	74.4	34535.0	21696.9	263.4	2146.3	109.7
26.8	26.8		1872.5	1115.7	11.8	120.3	
1016.4	1014.5	74.4	31811.5	19446.9	251.6	1822.2	109.7
62.5	62.5		851.0	1134.3		203.8	
3.5	3.5		55.2	1.2		2.0	
263.6	262.7	428.0	14092.1	2611.8	61.6	683.8	1.1
203.1	203.1		4984.6	2731.0	66.9	452.5	
1156.5	1144.0	74.4	35092.8	22724.3	272.8	2466.0	109.8
20.5	20.5	31.1	565.7	747.3		9.8	
1265.9	1262.5	163.7	44706.4	25144.7	374.0	2558.1	110.7
116.3	116.3	31.1	583.8	289.6	18.1	21.0	
261.5	251.5	338.7	9445.0	3380.1	9.2	1033.0	0.2

11-3 续

指　　标	批发和 三、损益及			
	营业收入	主营业务收入	营业成本	主营业务成本
大型	406033.2	399051.1	373554.3	366480.0
中型	340838.3	339522.8	311484.5	310657.0
小型	184263.8	183692.0	160927.0	160550.3
微型	16171.9	15984.4	13760.1	13572.6
有店铺零售	946445.2	937388.3	859725.9	851259.9
食杂店	12771.6	12771.6	11749.8	11749.8
便利店	1993.4	1993.4	1700.7	1700.7
超市	26577.9	26577.9	22606.6	22606.6
仓储会员店	40341.1	39932.5	41208.9	41208.9
百货店	124587.0	124582.9	107130.1	107130.1
专业店	431345.7	423752.0	402238.7	394794.8
专卖店	157503.2	156454.3	145450.4	144546.2
家居建材商店	3693.7	3693.7	2854.7	2854.7
购物中心	147631.6	147630.0	124786.0	124668.1
无店铺零售	862.0	862.0		
网上商店	862.0	862.0		
三、批发业按地区分组	1545527.5	1528117.4	1179993.9	1176579.9
朔城区	184923.0	179842.6	150846.1	150846.0
平鲁区	371.4	371.4	389.4	389.4
山阴县	84575.5	84522.3	74265.6	74265.6
怀仁县	1043901.1	1031652.6	764290.8	760876.9
山西朔州经济开发区	231756.5	231728.5	190202.0	190202.0
四、零售业按地区分组	947307.2	938250.3	859725.9	851259.9
朔城区	396358.8	388446.0	375438.6	367579.6
平鲁区	10522.7	10201.4	8585.3	8468.0
山阴县	51582.6	51582.6	44200.5	44063.3
应　县	23280.2	23022.2	18890.4	18662.7
右玉县	9311.6	9273.6	8449.3	8442.4
怀仁县	376962.3	376552.1	328762.4	328644.5
山西朔州经济开发区	79289	79172.4	75399.4	75399.4

表 11

单位：万元

零售业

分配

营业税金及附加	主营业务税金及附加	其他业务利润	销售费用	管理费用	税金	财务费用	利息收入
233.2	233.2	338.7	26697.8	7815.5	17.9	1033.2	
448.1	446.6	129.9	16867.2	12717.4	269.5	1440.5	100.2
831.1	819.5	64.9	10134.6	7429.2	108.3	982.9	9.7
131.3	131.0		1035.6	852.3	5.6	155.5	1.0
1643.7	1630.3	533.5	54305.2	28382.9	401.3	3612.1	110.9
13.2	13.2		306.4	173.6	4.3	20.4	
3.6	3.6		152.7	78.3		3.8	
151.7	151.7	0.3	2170.1	1067.3	42.6	31.4	
8.9	8.9		145.3	386.7	103.2	202.6	0.2
617.5	617.5		7613.7	6555.9	58.1	825.6	
586.5	574.9	372.1	18834.5	8737.1	101.1	1970.7	7.8
230.7	228.9	156.4	7343.2	3806.2	82.0	534.6	69.9
9.9	9.9	4.7	1197.1	365.1		-0.3	0.5
21.7	21.7		16542.2	7212.7	10.0	23.3	32.5
			430.0	431.5			
			430.0	431.5			
34601.1	34601.1	5378.8	209942.4	93050.6	3614.4	37370.9	2203.6
797.8	797.8	5080.4	28090.0	8967.9	563.6	498.5	402.8
				1005.1	76.1	-0.3	-0.5
288.8	288.8	270.4	7635.9	6289.7	432.5	5168.6	0.9
18038.7	18038.7		170162.7	69347.2	2254.4	30773.1	1046.0
15475.8	15475.8	28.0	4053.8	7440.7	287.8	931.0	754.4
1643.7	1630.3	533.5	54735.2	28814.4	401.3	3612.1	110.9
462.2	460.7	448.7	16834.5	6645.6	85.0	1213.0	6.9
160.7	150.7		537.6	636.3	27.1	106.7	0.4
422.1	422.1		3300.2	1729.6	1.1	400.3	
40.7	38.8	3.9	2616.8	1393.7	42.4	112.8	2.7
115.6	115.6	31.1	202.7	69.4		5.0	0.1
386.5	386.5		29329.4	15893.0	241.3	1225.5	33.6
55.9	55.9	49.8	1914	2446.8	4.4	548.8	67.2

11-3 续

指标	批发和					
	三、损益及分配					
	利息支出	资产减值损失	公允价值变动收益	投资收益	营业利润	营业外收入
总　　计	34523.7	430.6	15.5	255.5	–8332.8	17863.8
一、批发业	33396.0	423.9		253.5	–6177.0	17142.8
农、林、牧产品批发	298.5				1218.0	59.0
谷物、豆及薯类批发	298.5				1218.0	59.0
食品、饮料及烟草制品批发	32.7	2.4			16953.3	20.0
果品、蔬菜批发	32.7				91.4	
盐及调味品批发					210.4	
酒、饮料及茶叶批发		2.4			–16.5	
烟草制品批发					16668.0	20
文化、体育用品及器材批发	58.0				0.4	
首饰、工艺品及收藏品批发	58.0				0.4	
矿产品、建材及化工产品批发	33008.0	421.5		253.5	–24247.3	17063.8
煤炭及制品批发	33000.9	421.5		253.5	–23694.2	17043.7
金属及金属矿批发	7.1				–553.1	20.1
其他化工产品批发						
机械设备、五金产品及电子产品批发	–1.2				–99.5	
农业机械批发					59.0	
汽车批发					–8.5	
其他机械设备及电子产品批发	–1.2				–150.0	
其他批发业					–1.9	
其他未列明批发业					–1.9	
内资企业	33396.0	423.9		253.5	–6177.0	17142.8
国有企业	21596.9	48.5		56.4	21990.7	3364.3
集体企业	2664.7			197.1	–11496.3	11188.6
有限责任公司	5284.1	375.4			–12904.2	2441.1
国有独资公司	308.0	3.4			–1427.5	736.2
其他有限责任公司	4976.1	372			–11476.7	1704.9
股份有限公司	218.4					
私营企业	3619.0				–3587.2	79.1
私营有限责任公司	451.0				59.6	79.1
私营股份有限公司	3168.0				–3646.8	

表 12

单位:万元

零售业

三、损益及分配				四、人工成本及增值税		五、从事批发和零售业活动的从业人员平均人数（人）
政府补助	营业外支出	利润总额	应交所得税	应付职工薪酬(本年贷方累计发生额)	应交增值税	
166.5	1415.7	6521.1	6195.5	102006.3	61557.2	15780
153.4	1284.3	8452.1	5747.5	72878.9	59078.1	5990
56.0		1277.0		245.3		80
56.0		1277.0		245.3		80
	30.0	16943.3	4218.0	6229.9	7876.3	457
		91.4		51.2	27.5	25
		210.4	53.0	280.2	698.7	64
		−16.5		27.5	8.1	8
	30.0	16658.0	4165.0	5871.0	7142.0	360
		0.4	0.1	135.0	0.8	50
		0.4	0.1	135.0	0.8	50
97.4	1254.3	−9667.2	1520.8	63167.0	50133.1	4786
77.4	1247.4	−9127.3	1520.8	62982.8	49748.2	4697
20.0	6.9	−539.9		109.2	384.9	34
				75.0		55
		−99.5	8.6	3074.0	820.9	603
		59.0	1.2	32.9	88.7	9
		−8.5		14.3	−34.6	4
		−150.0	7.4	3026.8	766.8	590
		−1.9		27.7	247.0	14
		−1.9		27.7	247.0	14
153.4	1284.3	8452.1	5747.5	72878.9	59078.1	5990
77.4	784.0	24576.1	5169.8	53295.9	30881.2	932
	96.8	240.2	510.0	7234.3	8971.6	2151
	47.3	−10508.9	6.0	4594.5	9193.1	1019
	0.1	−691.4		252.4	0.3	69
	47.2	−9817.5	6.0	4342.1	9192.8	950
	80.6	−1961.1		193.9		24
76.0	267.4	−3775.7	8.7	7289.0	8660.8	1619
76.0	267.4	−128.9	8.7	6531.2	5704.2	1510
		−3646.8		757.8	2956.6	109

11-3 **续**

指　　标	批发和					
	三、损益及分配					
	利息支出	资产减值损失	公允价值变动收益	投资收益	营业利润	营业外收入
其他企业	12.9				-180.0	69.7
国有控股	23807.7	247.4		56.4	17084.9	5190.2
集体控股	2664.7			197.1	-11496.3	11188.6
私人控股	3620.1				-7401.4	79.1
其他	3303.5	176.5			-4364.2	684.9
独立门店	9128.1	5.8		197.1	-15358.9	2748.8
其他	24267.9	418.1		56.4	9181.9	14394.0
大型	2664.9				6293.7	11088.2
中型	30396.1	245.0		253.5	-5688.8	3742.0
小型	109.8	178.9			-5481.6	1693.9
微型	225.2				-1300.3	618.7
二、零售业	1127.7	6.7	15.5	2.0	-2155.8	721.0
综合零售	220.2				1987.4	16.9
百货零售	220.2				1173.1	16.9
超级市场零售					814.3	
食品、饮料及烟草制品专门零售	72.8				959.7	2.4
粮油零售	24.9				123.2	
肉、禽、蛋、奶及水产品零售					239.9	
酒、饮料及茶叶零售	25.9				68.3	2.4
其他食品零售	22.0				528.3	
纺织、服装及日用品专门零售	92.0				66.2	
纺织品及针织品零售					12.1	
服装零售	92.0				54.1	
文化、体育用品及器材专门零售	3.5				1083.4	0.8
文具用品零售					18.5	
图书、报刊零售	4.7				808.1	0.8
珠宝首饰零售	-1.2				256.8	
医药及医疗器材专门零售	0.4				277.9	
药品零售	0.4				277.9	
汽车、摩托车、燃料及零配件专门零售	385.2	6.0	1.5	1.5	277.9	454.5
汽车零售	293.7	6.0	1.5	1.5	-1750.7	292.0

表 13

单位:万元

零售业

三、损益及分配				四、人工成本及增值税		五、从事批发和零售业活动的从业人员平均人数（人）
政府补助	营业外支出	利润总额	应交所得税	应付职工薪酬(本年贷方累计发生额)	应交增值税	
	8.2	-118.5	53.0	271.3	1371.4	245
77.4	870.0	19531.2	5175.8	55574.9	33005.1	1573
	96.8	240.2	510.0	7234.3	8971.6	2151
76.0	279.5	-7602.0	8.7	7837.5	10812.7	1827
	38.0	-3717.3	53.0	2232.2	6288.7	439
76.0	407.7	-14246.9	52.4	11847.2	16373.7	3042
77.4	876.6	22699.0	5695.1	61031.7	42704.4	2948
	381.5	17000.2	4675.0	13165.1	18166.5	2450
133.4	548.3	-1848.8	1018.3	55978.4	38769.9	2858
20.0	16.9	-3804.6	54.2	2545.9	1688.4	470
	337.6	-2894.7		1189.5	453.3	212
13.1	131.4	-1931.0	448.0	29127.4	2479.1	9790
		1919.0	32.3	8342.6	302.2	3114
		1236.1	32.3	7641.1	253.0	2732
		682.9		701.5	49.2	382
	2.2	799.6	49.4	470.5	75.4	293
	0.3	-37.5	24.9	32.5		31
		239.9		82.0		30
	1.9	68.9	4.2	72.0	44.9	23
		528.3	20.3	284.0	30.5	209
		66.2	20.6	6495.2	292.3	2624
		12.1		37.5	15.0	60
		54.1	20.6	6457.7	277.3	2564
	6.5	1078.0	243.4	1401.9	30.2	196
		18.5	2.0	100.0	24.4	40
	6.5	802.3	180.7	949.3	5.8	96
		257.2	60.7	352.6		60
		277.9	2.7	255.2	44.6	169
		277.9	2.7	255.2	44.6	169
	122.7	-6666.0	27.9	10140.8	1186.7	2491
	80.7	-1556.7	20.7	3596.5	785.4	1144

11-3 续

指　标	批发和					
	三、损益及分配					
	利息支出	资产减值损失	公允价值变动收益	投资收益	营业利润	营业外收入
摩托车及零配件零售					0.6	
机动车燃料零售	91.5				-5120.0	162.5
家用电器及电子产品专门零售	46.5	0.7	14.0	0.5	373.0	39.3
家用视听设备零售	37.0	0.7	14.0	0.5	444.7	39.3
日用家电设备零售	9.5				-78.0	
通信设备零售					6.3	
五金、家具及室内装饰材料专门零售	21.6				-662.9	193.7
家具零售	15.3				-606.7	138.6
其他室内装饰材料零售	6.3				-56.2	55.1
货摊、无店铺及其他零售业	285.5				629.6	13.4
互联网零售					0.5	0.1
生活用燃料零售	54.8				311.0	
其他未列明零售业	230.7				318.1	13.3
内资企业	1127.7	6.7	15.5	2.0	-2155.8	721.0
国有企业	0.2				-3255.7	176.0
集体企业	57.0				1267.4	
有限责任公司	199.3				424.9	0.5
其他有限责任公司	199.3				424.9	0.5
股份有限公司	17.9				262.3	0.1
私营企业	853.3	6.7	15.5		-867.8	544.4
私营独资企业	49.2				505.0	
私营有限责任公司	804.1	6.7	15.5		-1335.4	508.8
私营股份有限公司					-37.4	35.6
其他企业					13.1	
国有控股	23.8				-2891.9	176.2
集体控股	55.8				1569.3	
私人控股	1048.1	6.7	15.5		-882.5	544.7
其他					49.3	0.1
独立门店	935.9	6.7	15.5		984.0	544.6
连锁门店	-1.0				450.6	0.7
其他	192.8				-3590.4	175.7

表 14

单位:万元

零售业

三、损益及分配				四、人工成本及增值税		五、从事批发和零售业活动的从业人员平均人数（人）
政府补助	营业外支出	利润总额	应交所得税	应付职工薪酬（本年贷方累计发生额）	应交增值税	
		0.6		19.0		10
	42.0	-5109.9	7.2	6525.3	401.3	1337
0.1		416.2	3.4	614.9	125.5	395
0.1		508.8	2.7	316.6	93.5	136
		-98.9		262.3	30.5	254
		6.3	0.7	36.0	1.5	5
		-464.5	12.7	823.4	156.6	319
		-463.4	4.6	624.6	38.9	215
		-1.1	8.1	198.8	117.7	104
13.0		642.6	55.6	582.9	265.6	189
		0.4		4.3		4
		311.0	45.7	174.2	190.7	51
13.0		331.2	9.9	404.4	74.9	134
13.1	131.4	-1931.0	448.0	29127.4	2479.1	9790
13.0	46.3	-3126.1	88.7	4951.0	18.5	819
		1148.2	37.9	1431.0	114.4	802
	4.3	421.2	114.6	1381.2	86.8	508
	4.3	421.2	114.6	1381.2	86.8	508
		262.4	60.7	1432.8	263.0	287
0.1	80.8	-649.8	146.1	19869.4	1996.4	7351
		492.9	11.5	643.2	81.2	418
0.1	80.8	-1138.2	134.6	17624.6	1734.8	6238
		-4.5		1601.6	180.4	695
		13.1		62.0		23
13.0	46.3	-2762.1	168.9	6409.1	281.5	1111
		1450.1	98.6	1671.6	114.4	847
0.1	83.3	-666.9	162.9	20598.0	2081.7	7618
	1.8	47.9	17.6	448.7	1.5	214
0.1	83.7	1080.4	332.7	23523.4	2382.4	8482
	6.1	445.1	107.2	455.7	27.4	96
13.0	41.6	-3456.5	8.1	5148.3	69.3	1212

11-3 续

指标	批发和					
	三、损益及分配					
	利息支出	资产减值损失	公允价值变动收益	投资收益	营业利润	营业外收入
大型					-3061.1	162.4
中型	508.7				-2119.4	318.9
小型	531.5	6.7	15.5	2.0	2689.3	239.6
微型	87.5				335.4	0.1
有店铺零售	1127.7	6.7	15.5	2.0	-2156.3	720.9
食杂店	20.4				508.2	
便利店	3.8				54.3	
超市	5.3				610.7	0.6
仓储会员店	23.2				-1611.3	
百货店	290.7				1844.2	16.9
专业店	541.5	6.7	15.5	2.0	-2252.7	387.5
专卖店	226.2				137.7	122.2
家居建材商店	0.2				-732.8	193.7
购物中心	16.4				-714.6	
无店铺零售					0.5	0.1
网上商店					0.5	0.1
三、批发业按地区分组	33396.0	423.9		253.5	-6177.0	17142.8
朔城区	337.7	178.9		197.1	-4259.1	657.1
平鲁区					-1027.7	617.5
山阴县	3310.9				-5998.0	151.4
怀仁县	28070.4	49.5		56.4	-8349.9	15676.7
山西朔州经济开发区	1677.0	195.5			13457.7	40.1
四、零售业按地区分组	1127.7	6.7	15.5	2.0	-2155.8	721.0
朔城区	139.2				-4235.1	484.6
平鲁区	98.9				495.7	0.3
山阴县	250.2				288.2	
应　县	96.5	6.7	15.5	2.0	296.5	42.4
右玉县					469.6	13.1
怀仁县	375.9				1605.2	17.0
山西朔州经济开发区	167				-1075.9	163.6

表 15

单位:万元

零售业

三、损益及分配				四、人工成本及增值税		五、从事批发和零售业活动的从业人员平均人数(人)
政府补助	营业外支出	利润总额	应交所得税	应付职工薪酬(本年贷方累计发生额)	应交增值税	
	41.6	-2940.3	5.9	10092.9	47.5	2486
	75.0	-1597.0	62.2	10968.6	1655.6	5467
13.1	14.8	2517.6	348.2	7767.1	687.9	1711
		88.7	31.7	298.8	88.1	126
13.1	131.4	-1931.4	448.0	29123.1	2479.1	9786
		508.2	15.3	238.5	6.8	192
		54.3		41.5	23.1	16
	4.3	820.6	34.7	1776.2	139.5	928
	0.4	-1611.7		539.6	23.1	128
		1562.2	36.8	7400.0	448.0	2638
0.1	115.1	-2211.7	296.7	9483.3	944.7	2484
13.0	11.6	195.7	49.1	3896.9	871.9	1345
		-534.4	7.8	421.8	15.9	160
		-714.6	7.6	5325.3	6.1	1895
		0.4		4.3		4
		0.4		4.3		4
153.4	1284.3	8452.1	5747.5	72878.9	59078.1	5990
	22.8	-3623.0	66.5	7359.1	6285.8	1667
	255.2	-660.4		582.7	126.3	89
	119.5	-7201.9		2082.1	4392.6	517
133.4	851.7	6474.7	1516.0	56594.7	40784.6	3211
20.0	35.1	13462.7	4165.0	6260.3	7488.8	506
13.1	131.4	-1931.0	448.0	29127.4	2479.1	9790
	117.1	-4162.4	78.4	9785.5	647.8	2920
		361.4	7.4	399.3	46.0	310
		125.7	4.0	5220.4	113.4	1113
0.1	6.2	529.8	70.7	1534.2	64.5	646
13.0	1.8	498.5	11.8	355.2	12.7	117
	0.7	1612.9	260.0	9639.6	940.0	3932
	5.6	-896.9	15.7	2193.2	654.7	752

11-4 限额以上批发零售法人

指　　标	批发和				
	法人企业数（个）	从业人员期末人数（人）	商品购进额	进口	商品销售额
总　　计	180	15687	2227279.3		2530960.2
一、批发业	47	5969	1420526.8		1600844.9
农、林、牧产品批发	1	82	32796.2		35431.0
谷物、豆及薯类批发	1	82	32796.2		35431.0
食品、饮料及烟草制品批发	6	455	171375.2		223945.5
果品、蔬菜批发	2	27	46352.8		51333.5
盐及调味品批发	2	61	3620.9		4480.2
酒、饮料及茶叶批发	1	8	900.2		1030.2
烟草制品批发	1	359	120501.3		167101.6
文化、体育用品及器材批发	1	50	5600.0		6708.1
首饰、工艺品及收藏品批发	1	50	5600.0		6708.1
矿产品、建材及化工产品批发	34	4766	1181553.2		1300791.4
煤炭及制品批发	31	4682	1137932.8		1254888.6
金属及金属矿批发	2	29	42401.4		44619.8
其他化工产品批发	1	55	1219.0		1283.0
机械设备、五金产品及电子产品批发	4	603	14932.5		19282.2
农业机械批发	1	8	2072.2		2960.3
汽车批发	1	4	90.9		968.0
其他机械设备及电子产品批发	2	591	12769.4		15353.9
其他批发业	1	13	14269.7		14686.7
其他未列明批发业	1	13	14269.7		14686.7
内资企业	47	5969	1420526.8		1600844.9
国有企业	7	948	533893.9		584855.5
集体企业	4	2151	193065.1		288195.2
有限责任公司	13	1019	438580.2		395021.5
国有独资公司	1	89	10307.4		10639.4
其他有限责任公司	12	930	428272.8		384382.1
股份有限公司	1	24			
私营企业	19	1584	232990.4		302684.1
私营有限责任公司	17	1484	181157.2		230316.1
私营股份有限公司	2	100	51833.2		72368.0

企业商品购进、销售和库存(2015 年)

单位:万元

零售业

通过公共网络实现的销售额	通过非自营平台实现的商品销售额	使用银行卡支付的商品销售额	批发额	零售额	通过公共网络实现的零售额	通过非自营平台实现的零售额	期末商品库存额	年末零售营业面积(平方米)
8335.3	2648.7	47818.9	1653676.7	877283.5	7571.7	2618.7	323638.3	1751747.0
30.0	30.0	22298.6	1501425.2	99419.7			238836.8	949141.0
30.0	30.0		35431.0				4140.3	20000.0
30.0	30.0		35431.0				4140.3	20000.0
			208325.8	15619.7			13280.6	23560.0
			35713.8	15619.7			162.7	20250.0
			4480.2				783.1	3100.0
			1030.2				649.1	210.0
			167101.6				11685.7	
				6708.1			6312.8	1100.0
				6708.1			6312.8	1100.0
		22298.6	1223699.5	77091.9			211189.7	902101.0
		22298.6	1178220.0	76668.6			210607.3	901251.0
			44196.5	423.3			532.4	750.0
			1283.0				50.0	100.0
			19282.2				3857.1	2380.0
			2960.3				185.7	
			968.0				1625.7	1000.0
			15353.9				2045.7	1380.0
			14686.7				56.3	
			14686.7				56.3	
30.0	30.0	22298.6	1501425.2	99419.7			238836.8	949141.0
			584855.5				155943.6	620.0
			288195.2				32844.0	5450.0
			318352.9	76668.6			11298.3	735928.0
			10639.4				108.8	
			307713.5	76668.6			11189.5	735928.0
							7733.2	67333.0
30.0	30.0	22298.6	279933.0	22751.1			28824.3	135960.0
30.0	30.0	22298.6	207565.0	22751.1			28380.9	133960.0
			72368.0				443.4	2000.0

11-4 续

指　标	批发和				
	法人企业数（个）	从业人员期末人数(人)	商品购进额	进口	商品销售额
其他企业	3	243	21997.2		30088.6
国有控股	15	1592	806864.2		797618.5
集体控股	4	2151	193065.1		288195.2
私人控股	22	1797	319899.5		388914.7
其他	6	429	100698.0		126116.5
独立门店	36	3019	607848.2		635465.5
其他	11	2950	812678.6		965379.4
大型	3	2449	333450.4		476808.5
中型	20	2842	912497.2		937131.6
小型	16	461	132175.9		140439.6
微型	8	217	42403.3		46465.2
二、零售业	133	9718	806752.5		930115.3
综合零售	24	3056	102434.8		117134.5
百货零售	20	2676	84892.8		99757.9
超级市场零售	4	380	17542.0		17376.6
食品、饮料及烟草制品专门零售	8	312	17743.8		21115.6
粮油零售	3	49	3293.7		4020.2
肉、禽、蛋、奶及水产品零售	1	30	1236.6		1400.3
酒、饮料及茶叶零售	2	24	1771.1		2134.7
其他食品零售	2	209	11442.4		13560.4
纺织、服装及日用品专门零售	10	2555	152288.6		192109.6
纺织品及针织品零售	1	60	954.0		955.0
服装零售	9	2495	151334.6		191154.6
文化、体育用品及器材专门零售	9	220	15337.4		17897.4
文具用品零售	1	40	623.4		512.3
图书、报刊零售	5	120	12692.4		12401.9
珠宝首饰零售	3	60	2021.6		4983.2
医药及医疗器材专门零售	3	184	4321.1		4462.4
药品零售	3	184	4321.1		4462.4
汽车、摩托车、燃料及零配件专门零售	47	2482	436553.8		487532.3
汽车零售	32	1124	125759.4		143814.2

表 1

单位:万元

零售业

通过公共网络实现的销售额	通过非自营平台实现的商品销售额	使用银行卡支付的商品销售额	批发额	零售额	通过公共网络实现的零售额	通过非自营平台实现的零售额	期末商品库存额	年末零售营业面积（平方米）
			358.0	279.7			46.5	300.0
			135144.3	207936.1			30718.7	117457.0
			340.0	30583.1			4850.2	24750.0
				16788.1			892.7	11460.0
			340.0	13228.0			3548.5	13060.0
				567.0			409.0	230.0
			1208.8	7800.6			894.3	69929.0
			890.7	4983.1			371.9	56900.0
			318.1	2817.5			522.4	13029.0
864.0		4359.5	116.5	49814.5	862.0		1457.6	180628.0
862.0		862.0		862.0	862.0		352.0	100.0
				25456.3			236.1	167500.0
2.0		3497.5	116.5	23496.2			869.5	13028.0
8305.3	2618.7	25520.3	152251.5	777863.8	7571.7	2618.7	84801.5	802606.0
			80359.1	152388.2			22779.0	4984.0
				61671.4			1431.8	22872.0
		13444.7	788.8	31157.3			6833.3	26730.0
		13444.7	788.8	31157.3			6833.3	26730.0
2.0			20042.5	58625.7			2984.3	2019.0
8303.3	2618.7	12075.6	51061.1	473128.8	7571.7	2618.7	50739.5	740767.0
				20075.9			580.8	12210.0
8303.3	2618.7	12075.6	51061.1	422949.4	7571.7	2618.7	47992.2	721697.0
				30103.5			2166.5	6860.0
				892.4			33.6	5234.0
2.0			100401.6	199158.4			24232.3	20474.0
				78682.1			3040.2	24501.0
8303.3	2618.7	25520.3	51849.9	494526.5	7571.7	2618.7	53817.5	754051.0
				5496.8			3711.5	3580.0
8305.3	2618.7	22022.8	71892.4	604942.5	7571.7	2618.7	59842.5	785323.0
				7316.4			2075.0	3855.0
		3497.5	80359.1	165604.9			22884.0	13428.0

11-4 续

指　　标	批发和				
	法人企业数（个）	从业人员期末人数(人)	商品购进额	进口	商品销售额
摩托车及零配件零售	1	10	550.8		637.7
机动车燃料零售	14	1348	310243.6		343080.4
家用电器及电子产品专门零售	13	405	28234.6		30923.1
家用视听设备零售	6	141	14384.9		16788.1
日用家电设备零售	6	254	13369.7		13568.0
通信设备零售	1	10	480.0		567.0
五金、家具及室内装饰材料专门零售	9	314	5646.5		9009.4
家具零售	5	228	3037.9		5873.8
其他室内装饰材料零售	4	86	2608.6		3135.6
货摊、无店铺及其他零售业	10	190	44191.9		49931.0
互联网零售	1	5	1152.0		862.0
生活用燃料零售	3	52	22247.3		25456.3
其他未列明零售业	6	133	20792.6		23612.7
内资企业	133	9718	806752.5		930115.3
国有企业	4	821	233245.3		232747.3
集体企业	6	802	48749.6		61671.4
有限责任公司	17	507	30978.2		31946.1
其他有限责任公司	17	507	30978.2		31946.1
股份有限公司	4	295	43936.2		78668.2
私营企业	101	7270	448923.2		524189.9
私营独资企业	8	360	15933.2		20075.9
私营有限责任公司	90	6215	406032.1		474010.5
私营股份有限公司	3	695	26957.9		30103.5
其他企业	1	23	920.0		892.4
国有控股	9	1133	268115.8		299560.0
集体控股	8	846	62818.7		78682.1
私人控股	110	7520	470135.2		546376.4
其他	6	219	5682.8		5496.8
独立门店	121	8434	558094.2		676834.9
连锁门店	4	108	4454.4		7316.4
其他	8	1176	244203.9		245964.0

表 2

单位:万元

零售业

通过公共网络实现的销售额	通过非自营平台实现的商品销售额	使用银行卡支付的商品销售额	批发额	零售额	通过公共网络实现的零售额	通过非自营平台实现的零售额	期末商品库存额	年末零售营业面积（平方米）
			358.0	279.7			46.5	300.0
			135144.3	207936.1			30718.7	117457.0
			340.0	30583.1			4850.2	24750.0
				16788.1			892.7	11460.0
			340.0	13228.0			3548.5	13060.0
				567.0			409.0	230.0
			1208.8	7800.6			894.3	69929.0
			890.7	4983.1			371.9	56900.0
			318.1	2817.5			522.4	13029.0
864.0		4359.5	116.5	49814.5	862.0		1457.6	180628.0
862.0		862.0		862.0	862.0		352.0	100.0
				25456.3			236.1	167500.0
2.0		3497.5	116.5	23496.2			869.5	13028.0
8305.3	2618.7	25520.3	152251.5	777863.8	7571.7	2618.7	84801.5	802606.0
			80359.1	152388.2			22779.0	4984.0
				61671.4			1431.8	22872.0
		13444.7	788.8	31157.3			6833.3	26730.0
		13444.7	788.8	31157.3			6833.3	26730.0
2.0			20042.5	58625.7			2984.3	2019.0
8303.3	2618.7	12075.6	51061.1	473128.8	7571.7	2618.7	50739.5	740767.0
				20075.9			580.8	12210.0
8303.3	2618.7	12075.6	51061.1	422949.4	7571.7	2618.7	47992.2	721697.0
				30103.5			2166.5	6860.0
				892.4			33.6	5234.0
2.0			100401.6	199158.4			24232.3	20474.0
				78682.1			3040.2	24501.0
8303.3	2618.7	25520.3	51849.9	494526.5	7571.7	2618.7	53817.5	754051.0
				5496.8			3711.5	3580.0
8305.3	2618.7	22022.8	71892.4	604942.5	7571.7	2618.7	59842.5	785323.0
				7316.4			2075.0	3855.0
		3497.5	80359.1	165604.9			22884.0	13428.0

11-4 **续**

指　　标	批发和				
	法人企业数（个）	从业人员期末人数(人)	商品购进额	进口	商品销售额
大型	3	2475	356399.9		389806.2
中型	41	5418	271532.9		339478.0
小型	69	1694	165306.7		185558.4
微型	20	131	13513.0		15272.7
有店铺零售	132	9713	805600.5		929253.3
食杂店	1	192	10640.5		12771.6
便利店	2	16	1792.3		1993.4
超市	9	952	25856.3		26221.2
仓储会员店	2	127	39437.2		40341.1
百货店	19	2570	101551.1		121923.4
专业店	59	2513	401504.7		415080.0
专卖店	30	1319	106318.7		159823.6
家居建材商店	4	142	1253.3		3693.7
购物中心	6	1882	117246.4		147405.3
无店铺零售	1	5	1152.0		862.0
网上商店	1	5	1152.0		862.0
三、批发业按地区分组	47	5969	1420526.8		1600844.9
朔城区	17	1624	197291.1		178988.8
平鲁区	1	89			
山阴县	7	523	78443.3		84535.1
怀仁县	19	3236	939524.9		1081312.9
山西朔州经济开发区	3	497	205267.5		256008.1
四、零售业按地区分组	133	9718	806752.5		930115.3
朔城区	35	2877	344244.7		377839.5
平鲁区	13	342	9681.9		10326.5
山阴县	20	1069	46653.9		47979.9
应　县	16	675	23791.4		23279.8
右玉县	4	118	8614.0		9348.4
怀仁县	28	3865	309688.3		376599.6
山西朔州经济开发区	17	772	64078.3		84741.6

表 3

单位:万元

零售业

通过公共网络实现的销售额	通过非自营平台实现的商品销售额	使用银行卡支付的商品销售额	批发额	零售额	通过公共网络实现的零售额	通过非自营平台实现的零售额	期末商品库存额	年末零售营业面积（平方米）
			80359.1	309447.1			28671.5	155000.0
4893.8	2618.7	17221.2	65435.7	274042.3	4893.8	2618.7	35227.6	267250.0
		6558.1	5608.6	179949.8			17134.5	352606.0
3411.5		1741.0	848.1	14424.6	2677.9		3767.9	27750.0
7443.3	2618.7	24658.3	152251.5	777001.8	6709.7	2618.7	84449.5	802506.0
				12771.6			163.7	5812.0
				1993.4			291.5	150.0
		398.8		26221.2			4775.0	24536.0
			33866.2	6474.9			6859.8	105333.0
			280.0	121643.4			3777.4	85176.0
731.6		6597.5	87019.2	328060.8			48038.2	285170.0
6711.7	2618.7	17662.0	29519.3	130304.3	6709.7	2618.7	12870.7	107000.0
			1208.8	2484.9			273.7	18929.0
			358.0	147047.3			7399.5	170400.0
862.0		862.0		862.0	862.0		352.0	100.0
862.0		862.0		862.0	862.0		352.0	100.0
30.0	30.0	22298.6	1501425.2	99419.7			238836.8	949141.0
		22298.6	172280.7	6708.1			22329.7	171070.0
								100.0
			24248.2	60286.9			21135.8	516744.0
30.0	30.0		1049311.5	32001.4			180983.8	260477.0
			255584.8	423.3			14387.5	750.0
8305.3	2618.7	25520.3	152251.5	777863.8	7571.7	2618.7	84801.5	802606.0
		13047.2	101884.5	275955.0			44938.3	100213.0
2.0			905.3	9421.2			591.1	11910.0
		3497.5	358.0	47621.9			2518.6	52150.0
3409.5		1733.3	731.6	22548.2	2677.9		6583.9	24320.0
				9348.4			135.0	15768.0
			33866.2	342733.4			19494.8	522754.0
4893.8	2618.7	7242.3	14505.9	70235.7	4893.8	2618.7	10539.8	75491

11-5 限额以上住宿和餐饮业

指　　标	法人企业数（个）	从业人员期末人数（人）
总　　计	57	4629
一、住宿业	15	1557
旅游饭店	7	852
一般旅馆	8	705
内资企业	15	1557
国有企业	1	87
有限责任公司	2	167
其他有限责任公司	2	167
私营企业	12	1303
私营独资企业	1	102
私营有限责任公司	11	1201
国有控股	1	87
私人控股	13	1435
其他	1	35
独立门店	12	1234
连锁门店	1	25
其他	2	298
小型	14	1532
微型	1	25
五星	1	200
四星	1	&132
三星	2	161
二星	1	124
其他	10	940
二、餐饮业	42	3072
正餐服务	41	3059
快餐服务	1	13
内资企业	42	3072

法人企业基本情况(2015 年)

女性	法人所属产业活动单位数（个）	住宿和餐饮业
3051	8	8
990		
522		
468		
990		
49		
88		
88		
853		
76		
777		
49		
921		
20		
774		
16		
200		
974		
16		
120		
68		
87		
98		
617		
2061	8	8
2053	8	8
8		
2061	8	8

11-5 续

指 标	法人企业数（个）	从业人员期末人数（人）
国有企业	1	50
有限责任公司	2	445
其他有限责任公司	2	445
股份有限公司	1	58
私营企业	38	2519
私营独资企业	5	207
私营有限责任公司	29	2033
私营股份有限公司	4	279
国有控股	2	456
私人控股	40	2616
独立门店	39	2834
其他	3	238
中型	2	641
小型	38	2413
微型	2	18
三、住宿业按地区分组	15	1557
朔城区	11	1254
山阴县	2	149
应 县	1	102
山西朔州经济开发区	1	52
四、餐饮业按地区分组	42	3072
朔城区	13	1080
平鲁区	3	227
山阴县	2	83
应 县	3	371
右玉县	5	340
怀仁县	15	886
山西朔州经济开发区	1	85

表

女性	法人所属产业活动单位数（个）	住宿和餐饮业
31		
300		
300		
33		
1697	8	8
123	3	3
1399	5	5
175		
322		
1739	8	8
1908	8	8
153		
477		
1570	8	8
14		
990		
765		
114		
76		
35		
2061	8	8
722		
102		
59		
239		
198		
691	8	8
50		

11-6 限额以上住宿和餐饮业

指　　标	住宿		
	法人企业数(个)	执行《2006年企业会计准则》企业数(个)	一、年初存货
总　　计	56	54	4848.5
一、住宿业	15	14	1533.9
旅游饭店	7	7	1143.5
一般旅馆	8	7	390.4
内资企业	15	14	1533.9
国有企业	1	1	14.8
有限责任公司	2	2	676.0
其他有限责任公司	2	2	676.0
私营企业	12	11	843.1
私营独资企业	1	1	30.8
私营有限责任公司	11	10	812.3
国有控股	1	1	14.8
私人控股	13	12	1515.1
其他	1	1	4.0
独立门店	12	12	1324.4
连锁门店	1	1	-5.0
其他	2	1	214.5
小型	14	13	1538.9
微型	1	1	-5.0
五星	1	1	209.9
四星	1	1	672.0
三星	2	2	81.4
二星	1	1	102.3
其他	10	9	468.3
二、餐饮业	41	40	3314.6
正餐服务	40	39	3314.1
快餐服务	1	1	0.5
内资企业	41	40	3314.6

法人企业财务状况(2015年)

单位:万元

餐饮业

二、期末资产负债					
流动资产合计	应收帐款	存货	固定资产合计	固定资产原价	累计折旧
54502.6	4692.6	4161.6	138123.8	178341.2	40217.4
26767.9	2605.0	1468.3	28935.2	46028.5	17093.3
19050.8	1425.2	1126.8	25192.3	39395.3	14203.0
7717.1	1179.8	341.5	3742.9	6633.2	2890.3
26767.9	2605.0	1468.3	28935.2	46028.5	17093.3
27.1	7.4	16.2	346.8	351.6	4.8
808.2	56.6	703.6	475.4	698.6	223.2
808.2	56.6	703.6	475.4	698.6	223.2
25932.6	2541.0	748.5	28113.0	44978.3	16865.3
144.1	113.7	24.3	1519.8	1525.8	6.0
25788.5	2427.3	724.2	26593.2	43452.5	16859.3
27.1	7.4	16.2	346.8	351.6	4.8
26663.6	2566.4	1448.1	28582.2	45670.7	17088.5
77.2	31.2	4.0	6.2	6.2	
10646.3	1568.3	1260.9	18215.0	26886.0	8671.0
-5.0		-5.0			
16126.6	1036.7	212.4	10720.2	19142.5	8422.3
26772.9	2605.0	1473.3	28935.2	46028.5	17093.3
-5.0		-5.0			
15406.2	339.7	211.1	10720.2	18667.8	7947.6
731.0	25.4	699.6	469.2	692.4	223.2
83.5	0.4	46.0	616.5	1052.4	435.9
515.8	299.3	102.9	11309.6	14544.9	3235.3
10031.4	1940.2	408.7	5819.7	11071.0	5251.3
27734.7	2087.6	2693.3	109188.6	132312.7	23124.1
27717.1	2087.6	2692.6	108861.6	131983.2	23121.6
17.6		0.7	327.0	329.5	2.5
27734.7	2087.6	2693.3	109188.6	132312.7	23124.1

11-6 续

指　　标	住宿		
	法人企业数(个)	执行《2006年企业会计准则》企业数(个)	一、年初存货
国有企业	1	1	
有限责任公司	2	2	1003.9
其他有限责任公司	2	2	1003.9
股份有限公司	1	1	58.8
私营企业	37	36	2251.9
私营独资企业	5	5	29.9
私营有限责任公司	28	27	1811.0
私营股份有限公司	4	4	411.0
国有控股	2	2	1000.7
私人控股	39	38	2313.9
独立门店	38	37	2909.3
其他	3	3	405.3
中型	2	2	1261.6
小型	38	38	2053.0
微型	1		
三、住宿业按地区分组	15	14	1533.9
朔城区	11	10	1405.8
山阴县	2	2	97.3
应　县	1	1	30.8
山西朔州经济开发区	1	1	
四、餐饮业按地区分组	41	40	3314.6
朔城区	13	12	1476.2
平鲁区	3	3	203.6
山阴县	2	2	9.9
应　县	3	3	513.1
右玉县	4	4	519.6
怀仁县	15	15	481.7
山西朔州经济开发区	1	1	110.5

表 1

单位:万元

餐饮业

二、期末资产负债					
流动资产合计	应收帐款	存货	固定资产合计	固定资产原价	累计折旧
125.7			921.8	1150.0	228.2
1714.7	101.4	693.6	84598.2	100420.2	15822.0
1714.7	101.4	693.6	84598.2	100420.2	15822.0
71.4	19.8	27.0	49.3	49.3	
25822.9	1966.4	1972.7	23619.3	30693.2	7073.9
589.5	103.7	41.8	1513.9	1569.6	55.7
13474.0	1707.4	1514.5	18211.1	25174.6	6963.5
11759.4	155.3	416.4	3894.3	3949.0	54.7
1828.1	94.6	688.1	85470.0	101497.9	16027.9
25906.6	1993.0	2005.2	23718.6	30814.8	7096.2
15962.6	1932.3	2288.0	104699.5	127543.2	22843.7
11772.1	155.3	405.3	4489.1	4769.5	280.4
1910.5	180.7	810.1	90815.6	111777.0	20961.4
25767.0	1906.1	1881.2	18373.0	20535.7	2162.7
57.2	0.8	2.0			
26767.9	2605.0	1468.3	28935.2	46028.5	17093.3
26068.2	2167.5	1346.1	16088.0	29671.3	13583.3
510.8	299.3	97.9	11309.6	14544.9	3235.3
144.1	113.7	24.3	1519.8	1525.8	6.0
44.8	24.5		17.8	286.5	268.7
27734.7	2087.6	2693.3	109188.6	132312.7	23124.1
2920.4	315.4	1038.2	86346.1	102208.9	15862.8
1126.8	131.3	107.8	7012.0	7012.0	
62.2	2.2	24.1	74.0	74.0	
9025.6	441.4	550.0	1095.3	2227.6	1132.3
12051.5	155.3	529.8	4648.0	4942.3	294.3
1661.7	425.7	332.6	9948.6	15783.3	5834.7
886.5	616.3	110.8	64.6	64.6	

11-6 续

指　　标	住宿				
	二、期末资产负债				
	本年折旧	在建工程	资产总计	流动负债合计	应付账款
总　　计	10355.9	2933.8	214315.9	76985.2	8037.8
一、住宿业	2090.2	188.1	61788.6	28084.5	3835.7
旅游饭店	2031.4	173.6	48974.3	23955.5	1878.0
一般旅馆	58.8	14.5	12814.3	4129.0	1957.7
内资企业	2090.2	188.1	61788.6	28084.5	3835.7
国有企业			373.9	21.0	21.0
有限责任公司			1283.7	1113.4	371.9
其他有限责任公司			1283.7	1113.4	371.9
私营企业	2090.2	188.1	60131.0	26950.1	3442.8
私营独资企业			1663.9	1633.9	68.9
私营有限责任公司	2090.2	188.1	58467.1	25316.2	3373.9
国有控股			373.9	21.0	21.0
私人控股	2090.2	188.1	61331.3	28042.1	3793.3
其他			83.4	21.4	21.4
独立门店	1312.6	188.1	32299.5	21553.2	2789.5
连锁门店			-5.0	5.3	5.3
其他	777.6		29494.1	6526.0	1040.9
小型	2090.2	188.1	61793.6	28079.2	3830.4
微型			-5.0	5.3	5.3
五星	777.6		28768.9	5831.1	384.2
四星			1200.3	1092.0	350.5
三星	65.3		700.0	1065.2	283.7
二星	828.5		11827.8	12402.7	519.6
其他	418.8	188.1	19291.6	7693.5	2297.7
二、餐饮业	8265.7	2745.7	152527.3	48900.7	4202.1
正餐服务	8265.2	2745.7	152182.7	48854.2	4169.4
快餐服务	0.5		344.6	46.5	32.7
内资企业	8265.7	2745.7	152527.3	48900.7	4202.1

表 2

单位:万元

餐饮业

二、期末资产负债									
非流动负债合计	负债合计	所有者权益合计	实收资本	国家资本	集体资本	法人资本	个人资本	港澳台资本	外商资本
4092.3	81121.6	133194.3	46752.6	10.0	10.0	33016.8	13695.8	10.0	10.0
4021.7	32106.2	29682.4	30410.8			25244.8	5166.0		
4011.1	27966.6	21007.7	27150.0			24830.0	2320.0		
10.6	4139.6	8674.7	3260.8			414.8	2846.0		
4021.7	32106.2	29682.4	30410.8			25244.8	5166.0		
	21.0	352.9	352.8			352.8			
	1113.4	170.3	872.0			62.0	810.0		
	1113.4	170.3	872.0			62.0	810.0		
4021.7	30971.8	29159.2	29186.0			24830.0	4356.0		
	1633.9	30.0	30.0			30.0			
4021.7	29337.9	29129.2	29156.0			24800.0	4356.0		
	21.0	352.9	352.8			352.8			
4021.7	32063.8	29267.5	29996.0			24830.0	5166.0		
	21.4	62.0	62.0			62.0			
10.6	21563.8	10735.7	7110.8			2244.8	4866.0		
	5.3	−10.3							
4011.1	10537.1	18957.0	23300.0			23000.0	300.0		
4021.7	32100.9	29692.7	30410.8			25244.8	5166.0		
	5.3	−10.3							
4011.1	9842.2	18926.7	23000.0			23000.0			
	1092.0	108.3	810.0				810.0		
	1065.2	−365.2	510.0				510.0		
	12402.7	−574.9	1000.0				1000.0		
10.6	7704.1	11587.5	5090.8			2244.8	2846.0		
70.6	49015.4	103511.9	16341.8	10.0	10.0	7772.0	8529.8	10.0	10.0
70.6	48968.9	103213.8	16091.8	10.0	10.0	7772.0	8279.8	10.0	10.0
	46.5	298.1	250.0				250.0		
70.6	49015.4	103511.9	16341.8	10.0	10.0	7772.0	8529.8	10.0	10.0

11-6 续

指　　标	住宿				
	二、期末资产负债				
	本年折旧	在建工程	资产总计	流动负债合计	应付账款
国有企业	98.5		d1228.0	158.0	
有限责任公司	7193.2		89433.4	8325.3	690.4
其他有限责任公司	7193.2		89433.4	8325.3	690.4
股份有限公司			120.7	89.5	32.5
私营企业	974.0	2745.7	61745.2	40327.9	3479.2
私营独资企业	6.5		2355.1	796.1	194.6
私营有限责任公司	967.0	2705.5	43282.5	25845.0	3161.6
私营股份有限公司	0.5	40.2	16107.6	13686.8	123.0
国有控股	7269.4		90473.4	8455.3	682.4
私人控股	996.3	2745.7	62053.9	40445.4	3519.7
独立门店	8167.2	2705.5	135631.7	35179.9	4189.3
其他	98.5	40.2	16895.6	13720.8	12.8
中型	7440.0		95720.9	8537.1	866.3
小型	825.7	2745.7	56692.8	40362.0	3335.8
微型			113.6	1.6	
三、住宿业按地区分组	2090.2	188.1	61788.6	28084.5	3835.7
朔城区	1252.5	188.1	48239.3	14034.8	3236.5
山阴县	828.5		11822.8	12408.0	524.9
应　县			1663.9	1633.9	68.9
山西朔州经济开发区	9.2		62.6	7.8	5.4
四、餐饮业按地区分组	8265.7	2745.7	152527.3	48900.7	4202.1
朔城区	7207.5		93250.2	10507.4	2281.2
平鲁区			9926.8	8238.4	229.9
山阴县			136.2	79.0	7.2
应　县	465.5	2705.5	19102.0	12927.8	402.0
右玉县	111.9	40.2	17463.3	14604.5	12.8
怀仁县	480.8		11697.7	1134.2	869.2
山西朔州经济开发区			951.1	1409.4	399.8

表 3

单位:万元

餐饮业

二、期末资产负债									
非流动负债合计	负债合计	所有者权益合计	实收资本	国家资本	集体资本	法人资本	个人资本	港澳台资本	外商资本
	158.0	1070.0	1070.0			1070.0			
35.0	8360.3	81073.1	620.0			500.0	120.0		
35.0	8360.3	81073.1	620.0			500.0	120.0		
	89.5	31.2	30.0				30.0		
35.6	40407.6	21337.6	14621.8	10.0	10.0	6202.0	8379.8	10.0	10.0
20.0	816.1	1539.0	1140.0			200.0	940.0		
15.6	25904.7	17377.8	8171.8	10.0	10.0	952.0	7179.8	10.0	10.0
	13686.8	2420.8	5310.0			5050.0	260.0		
	8455.3	82018.1	1570.0			1570.0			
70.6	40560.1	21493.8	14771.8	10.0	10.0	6202.0	8529.8	10.0	10.0
70.6	35294.6	100337.1	10261.8	10.0	10.0	1702.0	8519.8	10.0	10.0
	13720.8	3174.8	6080.0			6070.0	10.0		
	8537.1	87183.8	750.0			500.0	250.0		
70.6	40476.7	16216.1	15479.8	10.0	10.0	7160.0	8279.8	10.0	10.0
	1.6	112.0	112.0			112.0			
4021.7	32106.2	29682.4	30410.8			25244.8	5166.0		
4021.7	18056.5	30182.8	29330.6			25214.8	4115.8		
	12408.0	-585.2	1000.0				1000.0		
	1633.9	30.0	30.0			30.0			
	7.8	54.8	50.2				50.2		
70.6	49015.4	103511.9	16341.8	10.0	10.0	7772.0	8529.8	10.0	10.0
59.6	10611.1	82639.1	1963.0	10.0	10.0	1022.0	901.0	10.0	10.0
	8238.4	1688.4	830.0				830.0		
11.0	90.0	46.2	29.0				29.0		
	12927.8	6174.2	5889.8				5889.8		
	14604.5	2858.8	6080.0			6070.0	10.0		
	1134.2	10563.5	1550.0			680.0	870.0		
	1409.4	-458.3							

11-6 续

指标	住宿 三、损益及 营业收入	主营业务收入	营业成本	主营业务成本
总 计	45414.5	45319.6	29136.4	29119.6
一、住宿业	10223.0	10223.0	3933.8	3933.8
旅游饭店	5737.5	5737.5	2318.6	2318.6
一般旅馆	4485.5	4485.5	1615.2	1615.2
内资企业	10223.0	10223.0	3933.8	3933.8
国有企业	195.0	195.0	111.0	111.0
有限责任公司	693.4	693.4	410.4	410.4
其他有限责任公司	693.4	693.4	410.4	410.4
私营企业	9334.6	9334.6	3412.4	3412.4
私营独资企业	746.0	746.0	490.6	490.6
私营有限责任公司	8588.6	8588.6	2921.8	2921.8
国有控股	195.0	195.0	111.0	111.0
私人控股	9805.5	9805.5	3743.0	3743.0
其他	222.5	222.5	79.8	79.8
独立门店	7715.9	7715.9	3162.9	3162.9
连锁门店	7.6	7.6	3.0	3.0
其他	2499.5	2499.5	767.9	767.9
小型	10215.4	10215.4	3930.8	3930.8
微型	7.6	7.6	3.0	3.0
五星	1984.6	1984.6	538.9	538.9
四星	470.9	470.9	330.6	330.6
三星	706.8	706.8	281.9	281.9
二星	949.5	949.5	144.9	144.9
其他	6111.2	6111.2	2637.5	2637.5
二、餐饮业	35191.5	35096.6	25202.6	25185.8
正餐服务	34768.5	34673.6	24872.3	24855.5
快餐服务	423.0	423.0	330.3	330.3
内资企业	35191.5	35096.6	25202.6	25185.8

表 4

单位:万元

餐饮业							
分配							
营业税金及附加	主营业务税金及附加	其他业务利润	销售费用	管理费用	税金	财务费用	利息收入
1650.1	1582.1	588.0	12136.3	9919.1	96.3	1079.2	4.8
547.2	547.2	206.7	4859.6	3898.4	25.3	152.0	0.3
282.9	282.9	206.7	2178.2	3301.9	25.3	143.2	0.1
264.3	264.3		2681.4	596.5		8.8	0.2
547.2	547.2	206.7	4859.6	3898.4	25.3	152.0	0.3
10.9	10.9		53.1	24.0			
38.9	38.9		314.7	261.3	18.8		
38.9	38.9		314.7	261.3	18.8		
497.4	497.4	206.7	4491.8	3613.1	6.5	152.0	0.3
49.4	49.4	206.0	148.3	86.5			
448.0	448.0	0.7	4343.5	3526.6	6.5	152.0	0.3
10.9	10.9		53.1	24.0			
523.8	523.8	206.7	4806.5	3731.1	25.3	152.0	0.3
12.5	12.5			143.3			
404.3	404.3	206.0	3786.5	2648.9	25.3	116.3	0.3
0.6	0.6		0.8	4.3			
142.3	142.3	0.7	1072.3	1245.2		35.7	
546.6	546.6	206.7	4858.8	3894.1	25.3	152.0	0.3
0.6	0.6		0.8	4.3			
111.3	111.3	0.7	739.8	1222.4		35.7	
26.4	26.4		314.7	118.0	18.8		
39.9	39.9		620.9	68.4	6.5	1.2	
32.6	32.6		354.5	1254.6		2.7	0.1
337.0	337.0	206.0	2829.7	1235.0		112.4	0.2
1102.9	1034.9	381.3	7276.7	6020.7	71.0	927.2	4.5
1102.3	1034.3	381.3	7245.1	6018.7	71.0	922.8	4.5
0.6	0.6		31.6	2.0		4.4	
1102.9	1034.9	381.3	7276.7	6020.7	71.0	927.2	4.5

11-6 续

指　　标	住宿 三、损益及 营业收入	主营业务收入	营业成本	主营业务成本
国有企业	925.0	925.0	652.5	652.5
有限责任公司	4296.1	4296.1	3584.5	3584.5
其他有限责任公司	4296.1	4296.1	3584.5	3584.5
股份有限公司	419.5	396.6	216.9	200.1
私营企业	29550.9	29478.9	20748.7	20748.7
私营独资企业	4721.8	4721.8	3561.4	3561.4
私营有限责任公司	21637.7	21565.7	15299.6	15299.6
私营股份有限公司	3191.4	3191.4	1887.7	1887.7
国有控股	4870.1	4870.1	3914.0	3914.0
私人控股	30321.4	30226.5	21288.6	21271.8
独立门店	32019.9	31925.0	23363.4	23346.6
其他	3171.6	3171.6	1839.2	1839.2
中型	9773.4	9773.4	8713.9	8713.9
小型	25329.3	25234.4	16479.6	16462.8
微型	88.8	88.8	9.1	9.1
三、住宿业按地区分组	10223.0	10223.0	3933.8	3933.8
朔城区	8144.5	8144.5	3090.6	3090.6
山阴县	957.1	957.1	147.9	147.9
应　县	746.0	746.0	490.6	490.6
山西朔州经济开发区	375.4	375.4	204.7	204.7
四、餐饮业按地区分组	35191.5	35096.6	25202.6	25185.8
朔城区	8358.0	8286.0	5623.7	5623.7
平鲁区	1692.4	1669.5	617.6	600.8
山阴县	366.4	366.4	279.6	279.6
应　县	3771.0	3771.0	2032.0	2032.0
右玉县	3461.6	3461.6	1882.5	1882.5
怀仁县	17329.8	17329.8	14604.3	14604.3
山西朔州经济开发区	212.3	212.3	162.9	162.9

表 5

单位:万元

餐饮业

分配

营业税金及附加	主营业务税金及附加	其他业务利润	销售费用	管理费用	税金	财务费用	利息收入
75.5	75.5			60.0		10.0	
221.2	221.2		1453.6	2460.0	0.4	399.1	0.8
221.2	221.2		1453.6	2460.0	0.4	399.1	0.8
31.2	3.2		70.1	69.9			
775.0	735.0	381.3	5753.0	3430.8	70.6	518.1	3.7
115.6	115.6		360.3	444.8	15.0	10.4	
501.0	461.0	381.3	4097.2	2615.7	55.6	111.9	3.7
158.4	158.4		1295.5	370.3		395.8	
295.5	295.5		1432.1	2515.3		408.5	0.7
807.4	739.4	381.3	5844.6	3505.4	71.0	518.7	3.8
881.3	813.3	381.3	6012.8	5737.6	71.0	525.8	4.5
221.6	221.6		1263.9	283.1		401.4	
308.5	268.5		1518.9	2575.1	10.8	401.6	3.8
790.7	762.7	381.3	5681.8	3442.6	60.2	525.6	0.7
3.7	3.7		76.0	3.0			
547.2	547.2	206.7	4859.6	3898.4	25.3	152.0	0.3
444.8	444.8	0.7	4276.3	2488.2	25.3	147.5	
33.2	33.2		355.3	1258.9		2.7	0.1
49.4	49.4	206.0	148.3	86.5			
19.8	19.8		79.7	64.8		1.8	0.2
1102.9	1034.9	381.3	7276.7	6020.7	71.0	927.2	4.5
366.6	366.6	213.2	2504.0	3089.6	0.4	407.8	0.8
88.1	60.1		506.2	379.3		31.8	
8.0	8.0			31.4		2.1	
121.6	121.6	168.1	1124.4	1163.2	41.3	5.8	0.6
229.5	229.5		1575.9	331.8		402.2	
277.4	237.4		1331.8	924.2	29.3	75.2	3.1
11.7	11.7		234.4	101.2		2.3	

11-6 续

指　　标	住宿					
	三、损益及分配					
	利息支出	资产减值损失	公允价值变动收益	投资收益	营业利润	营业外收入
总　　计	507.3	3.3	24.2	24.2	-8294.2	69.3
一、住宿业	103.6				-3168.9	56.1
旅游饭店	103.6				-2487.3	55.3
一般旅馆					-681.6	0.8
内资企业	103.6				-3168.9	56.1
国有企业					-4.0	
有限责任公司					-331.9	
其他有限责任公司					-331.9	
私营企业	103.6				-2833.0	56.1
私营独资企业					-28.8	
私营有限责任公司	103.6				-2804.2	56.1
国有控股					-4.0	
私人控股	103.6				-3151.8	56.1
其他					-13.1	
独立门店	103.6				-2403.0	56.1
连锁门店					-1.1	
其他					-764.8	
小型	103.6				-3167.8	56.1
微型					-1.1	
五星					-663.5	
四星					-318.8	
三星					-305.5	
二星					-839.8	55.0
其他	103.6				-1041.3	1.1
二、餐饮业	403.7	3.3	24.2	24.2	-5125.3	13.2
正餐服务	399.3	3.3	24.2	24.2	-5179.4	13.2
快餐服务	4.4				54.1	
内资企业	403.7	3.3	24.2	24.2	-5125.3	13.2

表 6

单位:万元

餐饮业

三、损益及分配			四、人工成本及增值税		五、从事住宿和餐饮业活动的从业人员平均人数(人)
营业外支出	利润总额	应交所得税	应付职工薪酬(本年货方累计发生额)	应交增值税	
5.1	-8005.4	19.2	11153.9	1.5	4340
4.1	-2752.1	0.7	4080.0		1588
4.1	-2406.7	0.3	2187.5		825
	-345.4	0.4	1892.5		763
4.1	-2752.1	0.7	4080.0		1588
	-4.0		135.0		85
	-331.9		354.1		174
	-331.9		354.1		174
4.1	-2416.2	0.7	3590.9		1329
			215.8		122
4.1	-2416.2	0.7	3375.1		1207
	-4.0		135.0		85
4.1	-2735.0	0.7	3831.0		1468
	-13.1		114.0		35
3.1	-1985.9	0.7	3137.8		1327
	-1.1		4.3		33
1.0	-765.1		937.9		228
4.1	-2751.0	0.7	4075.7		1555
	-1.1		4.3		33
1.0	-663.8		746.9		130
	-318.8		240.1		139
	-305.5		360.6		169
3.0	-787.9		396.1		135
0.1	-676.1	0.7	2336.3		1015
1.0	-5253.3	18.5	7073.9	1.5	2752
1.0	-5307.4	17.2	7037.1	1.5	738
	54.1	1.3	36.8		14
1.0	-5253.3	18.5	7073.9	1.5	2752

11-6 续

指标	住宿					
	三、损益及分配					
	利息支出	资产减值损失	公允价值变动收益	投资收益	营业利润	营业外收入
国有企业					127.0	
有限责任公司	356.2	3.3			–3825.6	6.8
其他有限责任公司	356.2	3.3			–3825.6	6.8
股份有限公司					31.4	
私营企业	47.5		24.2	24.2	–1458.1	6.4
私营独资企业	4.5				229.3	
私营有限责任公司	38.6		24.2	24.2	–771.1	6.4
私营股份有限公司	4.4				–916.3	
国有控股	356.0	3.3			–3698.6	6.8
私人控股	47.7		24.2	24.2	–1426.7	6.4
独立门店	403.7	3.3	24.2	24.2	–4287.7	13.2
其他					–837.6	
中型	356.0	3.3			–3747.9	6.8
小型	47.7		24.2	24.2	–1374.4	6.4
微型					–3.0	
三、住宿业按地区分组	103.6				–3168.9	56.1
朔城区	103.6				–2303.8	1.1
山阴县					–840.9	55.0
应　县					–28.8	
山西朔州经济开发区					4.6	
四、餐饮业按地区分组	403.7	3.3	24.2	24.2	–5125.3	13.2
朔城区	364.3	3.3	24.2		–3588.6	6.8
平鲁区					69.4	0.2
山阴县					45.3	
应　县					–507.8	6.2
右玉县					–960.3	
怀仁县	39.4				116.9	
山西朔州经济开发区					–300.2	

表 7

单位:万元

餐饮业

三、损益及分配			四、人工成本及增值税		五、从事住宿和餐饮业活动的从业人员平均人数(人)
营业外支出	利润总额	应交所得税	应付职工薪酬(本年贷方累计发生额)	应交增值税	
	127.0		105.2		50
	-3818.8		1590.0	1.5	212
	-3818.8		1590.0	1.5	212
	31.4		89.9		46
1.0	-1592.9	18.5	5288.8		2444
	91.3		441.9		209
1.0	-793.6	17.2	3980.5		1956
	-890.6	1.3	866.4		279
	-3691.8		1605.2		223
1.0	-1561.5	18.5	5468.7	1.5	2529
1.0	-4435.6	18.5	6364.2	1.5	2515
	-817.7		709.7		237
	-3741.1	4.5	2017.0		406
1.0	-1506.2	13.6	4994.4	1.5	2328
	-6.0	0.4	62.5		18
4.1	-2752.1	0.7	4080.0		1588
1.1	-1967.7	0.7	3339.0		1246
3.0	-789.0		400.4		168
			215.8		122
	4.6		124.8		52
1.0	-5253.3	18.5	7073.9	1.5	2752
0.2	-3774.0	1.3	2770.7	1.5	841
0.5	87.9		617.8		135
	45.3		203.1		82
0.3	-501.9	4.0	372.7		378
	-927.3	3.0	964.7		339
	116.9	10.2	1886.7		892
	-300.2		258.2		85

11-7 限额以上住宿和餐饮业

指　标	住宿和					
	法人企业数（个）	从业人员期末人数（人）	营业额	使用银行卡支付的营业额	客房收入	通过公共网络实现的客房收入
总　计	56	4629	46474.1	4464.7	14267.3	119.3
一、住宿业	15	1557	10161.9	1307.4	5466.4	24.9
旅游饭店	7	852	5733.0	279.5	2624.3	15.0
一般旅馆	8	705	4428.9	1027.9	2842.1	9.9
内资企业	15	1557	10161.9	1307.4	5466.4	24.9
国有企业	1	87	195.0		91.0	3.0
有限责任公司	2	167	694.0		200.9	
其他有限责任公司	2	167	694.0		200.9	
私营企业	12	1303	9272.9	1307.4	5174.5	21.9
私营独资企业	1	102	746.0		247.8	
私营有限责任公司	11	1201	8526.9	1307.4	4926.7	21.9
国有控股	1	87	195.0		91.0	3.0
私人控股	13	1435	9743.8	1307.4	5259.9	21.9
其他	1	35	223.1		115.5	
独立门店	12	1234	7712.2	1307.4	4333.1	24.9
连锁门店	1	25	7.6		1.5	
其他	2	298	2442.1		1131.8	
小型	14	1532	10154.3	1307.4	5464.9	24.9
微型	1	25	7.6		1.5	
五星	1	200	1984.6		838.4	
四星	1	132	470.9		85.4	
三星	2	161	706.8	279.5	601.2	
二星	1	124	945.0		424.8	15.0
其他	10	940	6054.6	1027.9	3516.6	9.9
二、餐饮业	41	3072	36312.2	3157.3	8800.9	94.4
正餐服务	40	3059	35889.2	3157.3	8800.9	94.4
快餐服务	1	13	423.0			
内资企业	41	3072	36312.2	3157.3	8800.9	94.4

法人单位经营情况(2015 年)

单位:万元

				客房数（间）	床位数（个）	餐位数（位）	年末餐饮营业面积（平方米）
餐费收入	通过公共网络实现的餐费收入	商品销售额收入	其他收入				
29125.4	69.2	1706.7	1374.7	4107	7000	30623	182524.0
4167.9	4.2	97.9	429.7	2036	3396	10457	56428.0
2729.9		36.6	342.2	1055	1726	8675	41408.0
1438.0	4.2	61.3	87.5	981	1670	1782	15020.0
4167.9	4.2	97.9	429.7	2036	3396	10457	56428.0
104.0	4.2			112	262	220	2500.0
400.5			92.6	227	319	1720	9100.0
400.5			92.6	227	319	1720	9100.0
3663.4		97.9	337.1	1697	2815	8517	44828.0
498.2				80	145	500	8000.0
3165.2		97.9	337.1	1617	2670	8017	36828.0
104.0	4.2			112	262	220	2500.0
3956.3		97.9	429.7	1824	3014	10117	51828.0
107.6				100	120	120	2100.0
2851.5	4.2	97.9	429.7	1739	2863	5817	41463.0
6.1				27	33	340	4165.0
1310.3				270	500	4300	10800.0
4161.8	4.2	97.9	429.7	2009	3363	10117	52263.0
6.1				27	33	340	4165.0
1146.2				190	380	4000	10000.0
292.9			92.6	127	199	1600	7000.0
13.0		0.2	92.4	264	466	460	4453.0
326.7		36.4	157.1	170	285	815	10000.0
2389.1	4.2	61.3	87.6	1285	2066	3582	24975.0
24957.5	65.0	1608.8	945.0	2071	3604	20166	126096.0
24534.5	65.0	1608.8	945.0	2071	3604	20136	125896.0
423.0						30	200.0
24957.5	65.0	1608.8	945.0	2071	3604	20166	126096.0

11-7 续

指　　标	住宿和					
	法人企业数（个）	从业人员期末人数（人）	营业额	使用银行卡支付的营业额	客房收入	通过公共网络实现的客房收入
国有企业	1	50	925.0		269.0	
有限责任公司	2	445	4468.7	2710.0	1832.0	35.2
其他有限责任公司	2	445	4468.7	2710.0	1832.0	35.2
股份有限公司	1	58	491.5		188.3	
私营企业	37	2519	30427.0	447.3	6511.6	59.2
私营独资企业	5	207	4389.1		588.8	
私营有限责任公司	28	2033	22730.1	426.4	4825.2	59.2
私营股份有限公司	4	279	3307.8	20.9	1097.6	
国有控股	2	456	5042.7	2700.0	2101.0	35.2
私人控股	39	2616	31269.5	457.3	6699.9	59.2
独立门店	38	2834	33024.2	3157.3	7625.4	94.4
其他	3	238	3288.0		1175.5	
中型	2	641	9946.0	2700.0	3364.6	35.2
小型	38	2413	26277.4	457.3	5358.0	59.2
微型	1	18	88.8		78.3	
三、住宿业按地区分组	15	1557	10161.9	1307.4	5466.4	24.9
朔城区	11	1254	8087.9	1299.4	4565.7	9.9
山阴县	2	149	952.6		426.3	15.0
应　县	1	102	746.0		247.8	
山西朔州经济开发区	1	52	375.4	8.0	226.6	
四、餐饮业按地区分组	41	3072	36312.2	3157.3	8800.9	94.4
朔城区	13	1080	8500.7	2827.0	2825.0	94.4
平鲁区	3	227	2950.4		1132.9	
山阴县	2	83	366.4			
应　县	3	371	3728.3		916.4	
右玉县	4	340	3578.0	218.0	1382.5	
怀仁县	15	886	16976.1		2408.1	
山西朔州经济开发区	1	85	212.3	112.3	136	

表

单位：万元

餐费收入	通过公共网络实现的餐费收入	商品销售额收入	其他收入	客房数（间）	床位数（个）	餐位数（位）	年末餐饮营业面积（平方米）
656.0				43	78	120	2000.0
2441.3	8.0	74.1	121.3	298	447	1595	8672.0
2441.3	8.0	74.1	121.3	298	447	1595	8672.0
303.2				38	70	360	1028.0
21557.0	57.0	1534.7	823.7	1692	3009	18091	114396.0
3736.8		31.3	32.2	164	286	2018	10160.0
15802.8	57.0	1499.2	602.9	1255	2206	13793	87508.0
2017.4		4.2	188.6	273	517	2280	16728.0
2758.3	2.0	62.1	121.3	341	525	1620	10572.0
22199.2	63.0	1546.7	823.7	1730	3079	18546	115524.0
23033.6	65.0	1608.8	756.4	1815	3129	18846	112568.0
1923.9			188.6	256	475	1320	13528.0
4919.2	2.0	1315.7	346.5	447	666	3000	12180.0
20028.0	63.0	293.0	598.4	1539	2833	17116	99736.0
10.3		0.1	0.1	85	105	50	14180.0
4167.9	4.2	97.9	429.7	2036	3396	10457	56428.0
3336.9	4.2	0.2	185.1	1690	2795	8742	34143.0
332.8		36.4	157.1	197	318	1155	14165.0
498.2				80	145	500	8000.0
		61.3	87.5	69	138	60	120.0
24957.5	65.0	1608.8	945.0	2071	3604	20166	126096.0
5398.5	64.0	104.7	172.5	844	1433	5592	37108.0
1754.0		31.3	32.2	217	360	1360	14588.0
366.4						354	1800.0
2456.0		29.4	326.5	234	384	3500	11900.0
2006.9			188.6	363	743	1616	30028.0
12903.4	1.0	1439.4	225.2	275	458	7428	20672.0
72.3		4		138	226	316	10000

主要统计指标解释

批发业 指向其他批发或零售单位（含个体经营者）及其他企事业单位、机关团体等批量销售生活用品、生产资料的活动，以及从事进出口贸易和贸易经纪与代理的活动。

零售业 指百货商店、超级市场、专门零售商店、品牌专卖店、售货摊等主要面向最终消费者（如居民等）的销售活动，以互联网、邮政、电话、售货机等方式的销售活动，还包括在同一地点，后面加工生产，前面销售的店铺（如面包房）。

批发和零售业法人企业 指具备如下条件的批发零售贸易企业：(1)依法成立，有自己的名称、组织机构和场所，能够承担民事责任；(2)独立拥有和使用资产，承担负债，有权与其他单位签订合同；(3)独立核算盈亏，并能够编制包括资产负债表在内的全部会计帐户。

限额以上批发企业 年主营业务收入2000万元及以上为限额以上批发企业。

限额以上零售企业 年主营业务收入500万元及以上为限额以上零售企业。

社会消费品零售总额 指企业（单位、个体户）通过交易直接售给个人、社会集团非生产、非经营用的实物商品金额，以及提供餐饮服务所取得的收入金额。个人包括城乡居民和入境人员，社会集团包括机关、社会团体、部队、学校、企事业单位、居委会或村委会等。

批发和零售业零售额 指批发和零售业企业、产业活动单位和个体户售给城乡居民用于生活消费和社会集团用于公共消费的商品金额。

门店总数 指该连锁企业所拥有的全部连锁门店数量，包括总店（如果总公司有门店的话）和全部直营分店、加盟分店数。其中，总店作为一个直营店处理。此外，有的地区分出控股店，控股店按直营店统计。

连锁企业（或称连锁店、连锁公司） 指在核心企业或总店的领导下，由分散的、经营同类商品或服务的企业或活动单位，采取共同方针，实行集中采购和分散销售的有机结合，通过规范化经营，实现规模效益的经济联合组织形式。一般连锁店应由若干个分店组成。其经营特征：(1)经营同类商品；(2)使用统一商号；(3)统一采购配送，采购与销售相分离(部分商品可根据物流合理和保质保鲜原则由供应商直接送货到门店，其余均由总部统一配送)。连锁店总店(总部)指连锁店的核心企业或管理中心。连锁店分店指连锁店所属各分散经营的企业或活动单位，也可称分店或成员店。

连锁店包括下列三种形式：

直营连锁 指连锁店铺由连锁公司全资或控股开设，在总部的直接控制下，开展统一经营的连锁经营形式。

特许连锁 指拥有注册商标、企业标志、专利、专有技术等经营资源的企业（特许人），以合同形式将其拥有的经营资源许可其他经营者（被特许人）使用，被特许人按合同约定在统一的经营模式下开展经营，并向特许人支付特许经营费用的连锁经营形式。

自愿连锁 指若干个店铺或企业自愿组合起来，在不改变各自资产所有权关系的情况下，以同一个品牌形象面对消费者，以共同进货为纽带开展的连锁经营形式。

零售业态 指零售企业（单位）为满足不同的消费需求进行相应的要素组合而形成的不同经营形态；分类原则是，零售业态按零售店铺的结构特点，根据其经营方式、商品结构、服务功能，以及选址、商圈、规模、店堂设施、目标顾客和有无固定营业场所进行分类。

零售业态从总体上可以分为有店铺零售业态和无店铺零售业态两类。按照零售业态分类原则分为食杂店、便利店、折扣店、超市、大型超市、仓储会员店、百货店、专业店、专卖店、家居建材商店、购物中心、社区购物中心、市区购物中心、城郊购物中心、厂家直销中心、电视购物、邮购、网上商店、自动售货亭、电话购物等20种零售业态。

商品购进额 指从本企业以外的单位和个人购进(包括从国外直接进口)作为转卖或加工后转卖的商品金额(含增值税)。本指标反映批发和零售业从国内外市场上购进商品的总价。

商品销售额 指对本单位以外的单位和个人出售的商品金额(包括售给本单位消费用的商品,含增值税),本指标反映批发和零售业在国内市场上销售商品以及出口商品的总量。

期末商品库存额 对于批发和零售业法人单位和个体经营户,是指报告期末取得所有权的全部商品金额(含增值税);对于批发和零售业产业活动单位,是指报告期末实际在库且归属法人具有所有权的全部商品金额(含增值税)。该指标反映批发和零售业商品库存情况,以及对市场商品供应的保证程度。

亿元以上商品交易市场 指年成交额在亿元及以上的商品交易市场。商品交易市场是指经有关部门和组织批准设立,有固定场所、设施,有经营管理部门和监管人员,若干市场经营者入内,常年或实际开业三个月以上,集中、公开、独立地进行生活消费品、生产资料等现货商品交易以及提供相关服务的交易场所,包括各类消费品市场、生产资料市场等。

住宿业 指为旅行者提供短期留宿场所的活动,有些单位只提供住宿,也有些单位提供住宿、饮食、商务、娱乐一体的服务。

餐饮业 指通过即时制作加工、商业销售和服务性劳动等,向消费者提供食品和消费场所及设施的服务。

住宿和餐饮业法人企业 指具备如下条件的住宿餐饮企业:(1)依法成立,有自己的名称、组织机构和场所,能够承担民事责任;(2) 独立拥有和使用资产,承担负债,有权与其他单位签订合同;(3)独立核算盈亏,并能够编制包括资产负债表在内的全部会计帐户。

限额以上住宿企业 年主营业务收入200万元及以上为限额以上住宿企业。

限额以上餐饮企业 年主营业务收入200万元及以上为限额以上餐饮企业。

住宿和餐饮业零售额 指专门从事提供食宿服务、进行食品烹饪调制的住宿和餐饮业企业、产业活动单位和个体户,直接向居民和社会集团出售主食、菜肴、烟酒饮料和其他商品取得的餐费收入和商品销售额,包括各行业企业或单位附设的对外营业的旅馆、火车餐车、轮船餐厅、机场餐厅的零售额,不包括机关、团体、学校、企事业单位不对外营业的职工食堂所出售的餐费收入。

住宿和餐饮业企业经营形式 住宿和餐饮业企业经营的基本形式包括:独立门店、连锁总店(总部)、连锁门店及其他方式。

住宿业企业星级评定情况 星级等级指符合《中华人民共和国星级酒店评定标准》(GB/T14308-2003),并经过有关旅游管理权威部门评定(验收)后授予"星级"称号的宾馆、饭店等住宿设施的等级划分,分为一星级到五星级5个标准。星级越高,表示企业的档次越高。

营业额 指住宿和餐饮业单位在经营活动中因提供服务或销售商品等取得的全部收入,包括:客房收入、餐费收入、商品销售额(含增值税)和其他收入。

客房收入 指住宿和餐饮业单位在经营活动中因提供住宿服务取得的收入。

餐费收入 指住宿和餐饮业单位因为顾客提供就餐服务取得的收入。

商品销售额 指住宿和餐饮业单位出售商品的销售总额(含增值税)。

其他收入 指营业额中除客房收入、餐费收入、商品销售额(含增值税)以外的其他收入。

国际旅游(外汇)收入 入境旅游者在中国(大陆)境内旅行、游览过程中用于交通、参观游览、住宿餐饮、购物、娱乐等全部花费。

海外旅游者 指报告期内来中国(大陆)观光、度假、探亲访友、就医疗养、购物、参加会议或从事经济、文化、体育、宗教活动的外国人、港澳台同胞等游客。

国内旅游者　指报告期内在中国(大陆)观光游览、度假、探亲访友、就医疗养、购物、参加会议或从事经济、文化、体育、宗教活动的中国(大陆)居民,其出游的目的不是通过所从事的活动谋取报酬。

12 财政、金融和保险业

12-1 主要年份财政收支总额

单位:万元

年份	财政总收入	一般预算收入	一般预算支出	一般预算收支指数(上年=100)	
				收入	支出
1988	14091	14091	13364	123.6	116.9
1989	15070	15070	18161	106.9	135.9
1990	18223	18223	22635	120.9	124.6
1995	32421	32421	47821	121.7	118.5
2000	64626	40619	63713	105.8	110.4
2005	350533	113127	203434	169.6	128.0
2006	514210	170111	374223	150.4	184.0
2007	800166	302023	441174	177.5	117.9
2008	1020009	377989	605317	125.2	137.2
2009	1100008	462213	721488	122.3	119.2
2010	1325029	557535	901318	120.6	124.9
2011	1750000	709189	1154207	127.2	128.1
2012	2100000	842500	1387506	118.8	120.2
2013	2160575	953000	1544659	113.1	111.3
2014	1690768	865898	1430634	90.9	92.6
2015	1131233	543000	1382931	62.7	96.7

注:1994年以前一般预算收支为财政收支。

12-2 财政一般预算收入

单位:万元

项　目	2014	2015
收入总计	865898	543000
一、税收收入	611964	362863
增值税	157108	99140
国内增值税		73073
# 国有企业增值税		8157
集体企业增值税		2288
股份制企业增值税		55481
联营企业增值税		
港澳台和外商投资企业增值税		2168
私营企业增值税		1979
营业税	110896	68893
金融保险业营业税(地方)		5508
一般营业税		63368
营业税税款滞纳金、罚款收入		17
企业所得税	55402	29144
个人所得税	22212	10061
资源税	49164	47874
固定资产投资方向调节税		
城市维护建设税	57659	33352
房产税	14466	17313
印花税	13058	6206
城镇土地使用税	26229	19498
土地增值税	6201	2519
车船税(款)	6032	7571
耕地占用税(款)	55683	12456
契税(款)	37854	8836
烟叶税(款)		
二、非税收入	253934	180137
专项收入	158101	112439
行政事业性收费收入	46587	35257
罚款收入	33931	19740
国有资本经营收入	2394	373
国有资源(资产)有偿使用收入	10329	8774
其他收入	2592	3554
# 捐赠收入		

12-3 财政一般预算支出

单位:万元

项目	2014	2015
支出总计	1430634	1382931
一、一般公共服务	125794	122066
二、国防	5326	3709
三、公共安全	75806	78246
四、教　育	232389	260394
#普通教育		207804
职业教育		15625
五、科学技术	9705	9247
六、文化体育与传媒	32060	23446
#文　化		8460
体　育		1057
七、社会保障和就业	122788	144630
#财政对社会保险基金的补助		38774
行政事业单位离退休补助		7862
企业改革补助		11555
就业补助		8746
抚　恤		9123
城市居民最低生活保障		25538
农村最低生活保障		13480
八、医疗卫生	10503	128888
#医疗卫生管理事务		3614
公立医院		24805
公共卫生		18692
九、环境保护	65760	51541
#污染防治		11811
天然林保护		936
退耕还林		14895
风沙荒漠治理		7660
十、城乡社区事务	127716	89227
#城乡社区公共设施		51436
十一、农林水事务	198989	234020
十二、交通运输	49837	47889
十三、资源勘探电力信息等事务	24735	22711
十四、商业服务业等事务	9790	3722
十五、金融监管等事务支出	1011	4300
十六、地震灾后恢复重建支出		
十七、国土资源气象等事务	141734	70005
十八、住房保障支出	48506	54522
十九、粮油物资储备管理事务	9593	13478
二十、国债还本付息支出	4265	8673
二十一、其他支出(类)	28478	10934

12-4 金融机构人民币信贷收支

单位:万元

项　　目	2014	2015
资金来源总计		
一、各项存款	11200456	11897145
企业存款		1851864
活期存款	2248902	1430072
定期存款	836927	421792
财政存款		322512
机关团体存款		1408350
储蓄存款	7353483	8301894
活期储蓄		2297076
定期储蓄		6004818
农业存款		
信托存款		
委托存款	-930	
其他存款	10065	
二、金融债券		
三、应付及暂收款		
四、同业往来		
五、各项准备		
六、所有者权益		
#实收资本		
七、其他		
资金运用总计		
一、各项贷款	5129284	5586016
短期贷款	2047616	1295219
个人贷款及透支	838313	
单位贷款及透支	1198322	
普通并购贷款		
银团贷款		
贸易融资	10981	
中长期贷款	2448875	2203284
个人贷款	451367	
单位贷款	1837796	
普通并购贷款	55631	
银团贷款	104081	
贸易融资		
信托贷款		
融资租赁		
委托贷款		
票据融资	632793	715387
各项垫款		
二、有价证券及投资		
三、应收及预付款		
四、同业往来		
五、行内资金往来		
六、金银占款		
七、外汇占款		
八、固定资产		
九、库存现金		
十、投资性房地产		

12-5 金融机构本外币信贷收支

单位:万元

项　　目	2014	2015
一、各项存款	11213395	11916957
企事业单位存款	3253608	1857896
活期存款	2252612	1436104
定期存款	836927	421792
储蓄存款	7362541	8315658
活期储蓄		2305862
定期储蓄		6009796
委托存款	-930	
其他存款	10065	
二、所有者权益		
# 实收资本		
三、其他		
资金运用		
一、各项贷款	5129300	5586064
短期贷款	2047633	1295219
中长期贷款	2448875	2203284
信托贷款		
委托贷款		
其他贷款		
票据融资	632793	715387
各项垫款		
二、有价证券及投资		

12-6 主要年份金融机构人民币各项存款和贷款余额

单位:万元

年份	各项存款合计	#企业存款	#城乡居民储蓄存款	各项贷款合计	#短期贷款	#中长期贷款	#基本建设贷款
1989	53420	31329	21709	101371			43900
1990	69677	38983	30793	182683			80951
1991	115607	44591	43268	267332			131240
1992	130743	59325	56927	302816			183424
1993	221106	80166	116604	440442			241758
1994	324233	108261	164607	517364	248537	261634	239058
1995	459127	136447	287975	596024	290083	269231	237891
1996	528789	168539	362448	656816	374952	267260	225344
1997	565913	146525	423451	709759	438455	262636	211476
1998	705942	151264	491746	919293	531426	331310	299949
1999	738352	180584	554917	917717	545087	327615	290555
2000	846237	178034	649666	887858	513807	316938	281105
2001	960178	210591	724334	904991	527489	325883	271542
2002	1116882	258360	807803	985036	602089	338973	274256
2003	1359504	343373	954864	1079268	700056	316361	236536
2004	1727842	434317	1183621	1001612	611929	332643	236794
2005	2343916	567152	1567342	892322	569895	275934	175851
2006	3059956	731938	1982058	1131051	814501	216030	120774
2007	3771282	849629	2411723	1152819	912740	212837	98918
2008	5247196	1096940	3434901	1437093	1043426	258310	128917
2009	6398662	1462890	3988243	1789634	1119319	463087	237867
2010	7641190	2006392	4447782	1976763	1128724	781811	
2011	9117672	3558922	5195005	2625434	1259871	1242815	
2012	10508772		5933132	3750367	1729888	1677275	
2013	10928415		6610815	4674629	2147229	2104001	
2014	11200456		7353483	5129284	2047616	2448875	
2015	11897145	1851864	8301894	5586016	1295219	2203284	

注:2010年因人行统计制度调整,取消基本建设贷款。

12–7 主要年份城乡居民人民币储蓄存款

年份	年底余额			年增加额		
	总计	活期	定期	总计	活期	定期
1989	21709	2671	19038			
1990	30793	3716	27077			
1991	43268					
1992	56927	8732	47195			
1993	116604	15435	101169			
1994	164607					
1995	287975					
1996	362448					
1997	423451			61003		
1998	491746	55868	435878	68293	5166	63127
1999	554917	73725	481192	62938	17807	45131
2000	649666	93418	556248	50290	15561	34728
2001	724334	119892	604442	74669	26475	48194
2002	807803	157303	650500	83461	37404	46057
2003	954864	212944	741920	147069	55649	91420
2004	1183621	310144	873477	228755	9669	132056
2005	1567342	452753	1114589	383721	142608	241113
2006	1982058	657091	1324967	414716	204339	210378
2007	2411723	844504	1567219	429665	187412	242253
2008	3434901	1180398	2254503	1023179	335895	687285
2009	3988243	1536478	2451765	553342	356080	197262
2010	4447782	1740302	2707480	459539	203824	255715
2011	5195005	2078396	3116609	747223	338094	409129
2012	5933132	2338082	3595050	738127	278120	460007
2013	6610815	2400193	4191552	677684	61811	615873
2014	7292307	2247989	5044318	8331347	–157252	848599
2015	8301894	2297076	6004818	878835	53303	825531

12-8 保险业务基本情况

单位:万元

项目	2014	2015
全市合计		
保费收入	139312.97	172892.88
赔付支出	56257.68	74888.82
资产总额	258005.76	262341.49
机构数(人)	75	76
职工人数(人)	1062	1136
业务员(人)	4387	5564
中国人民财产保险股份有限公司朔州市分公司		
保费收入	27920.63	27596.07
赔付支出	19441.26	16379.29
资产总额	5032.79	4780.87
机构数(个)	15	14
职工人数(人)	270	257
业务员(人)	453	577
中国平安财产保险股份有限公司朔州中心支公司		
保费收入	5465.07	6224.60
赔付支出	2513.37	2956.57
资产总额	4772.02	
机构数(个)	3	4
职工人数(人)	55	47
业务员(人)	46	95
中国太平洋财产保险股份有限公司朔州中心支公司		
保费收入	3882.89	3994.8
赔付支出	2089.21	1903.64
资产总额	399.57	398.9
机构数(个)	2	3
职工人数(人)	21	26
业务员(人)	54	176
阳光财产保险股份有限公司朔州中心支公司		
保费收入	1495.89	2704.24
赔付支出	750.94	945.28
资产总额	46	74.95
机构数(个)	3	3
职工人数(人)	12	17
业务员(人)	30	35
中国人寿保险股份有限公司朔州市分公司		
保费收入	34699.49	38569.27
赔付支出	17787.52	25771.83
资产总额	167109.16	164414.86
机构数(个)	16	10
职工人数(人)	163	169
业务员(人)	1189	1757
中国平安人寿保险股份有限公司朔州中心支公司		
保费收入	1366.31	1953.32
赔付支出	178.37	68.01
资产总额	4681.7	6667.672
机构数(个)	1	2
职工人数(人)	17	19
业务员(人)	128	330

12-8 续表 1

单位:万元

项　　目	2014	2015
中国人寿财产保险股份有限公司朔州中心支公司		
保费收入	18043.76	13783.19
赔付支出	8774.41	10669.11
资产总额	19867.2	19867.2
机构数(个)	8	8
职工人数(人)	248	267
业务员(人)	403	411
中国人民人寿保险股份有限公司朔州中心支公司		
保费收入	13509.29	18799.89
赔付支出	278.4	7701.62
资产总额	52622.94	53455.01
机构数(个)	6	6
职工人数(人)	46	42
业务员(人)	432	287
中国大地财产保险股份有限公司朔州中心支公司		
保费收入	4153.24	4341.48
赔付支出	1818.34	2134.27
资产总额	204.56	216.42
机构数(个)	5	5
职工人数(人)	63	78
业务员(人)	117	77
中国太平洋人寿保险股份有限公司朔州中心支公司		
保费收入	13620.05	15516.06
赔付支出	786.86	1677.9
资产总额	1819.92	3416.27
机构数(个)	5	5
职工人数(人)	54	53
业务员(人)	935	962
泰康人寿保险股份有限公司朔州中心支公司		
保费收入	5731.6	22599.58
赔付支出	50.49	2149.09
资产总额	380.89	558.57
机构数(个)	3	3
职工人数(人)	18	23
业务员(人)	351	494
太平人寿保险有限公司朔州中心支公司		
保费收入	3320.04	8213.18
赔付支出	109.96	296.64
资产总额	796.34	1404.23
机构数(个)	1	1
职工人数(人)	20	21
业务员(人)	204	215
英大泰和财产保险股份有限公司朔州中心支公司		
保费收入	925.22	583.02
赔付支出	511.79	179.94
资产总额	112.87	73.88
机构数(个)	1	1
职工人数(人)	23	20
业务员(人)	4	5

12-8 续表 2

单位:万元

项　目	2014	2015
中煤财产保险股份有限公司朔州中心支公司		
保费收入	3845.88	4077.05
赔付支出	902.92	967.92
资产总额	64.69	4128.29
机构数(个)	3	5
职工人数(人)	38	58
业务员(人)	14	31
永安财产保险股份有限公司朔州中心支公司		
保费收入	761.18	1028.05
赔付支出	189.99	355.25
资产总额	39.17	47.78
机构数(个)	1	1
职工人数(人)	5	4
业务员(人)	8	11
紫金财产保险股份有限公司朔城区支公司		
保费收入	443.32	879.65
赔付支出	72.36	448.13
资产总额	41.93	117.62
机构数(个)	1	1
职工人数(人)	4	4
业务员(人)	8	10
太平财产保险有限公司朔州中心支公司		
保费收入	129.11	1081.83
赔付支出	1.49	117.25
资产总额	14.01	59.94
机构数(个)	1	1
职工人数(人)	5	7
业务员(人)	11	12
天安财产保险股份有限公司朔州中心支公司		
保费收入		747.49
赔付支出		158.29
资产总额		2659.82
机构数(个)		1
职工人数(人)		7
业务员(人)		13
永诚财产保险有限公司朔州中心支公司		
保费收入		125.33
赔付支出		8.52
资产总额		2.13
机构数(个)		1
职工人数(人)		5
业务员(人)		2
中华联合财产保险股份有限公司朔州市平朔矿区支公司		
保费收入		74.78
赔付支出		0.27
资产总额		-2.91
机构数(个)		1
职工人数(人)		12
业务员(人)		64

主要统计指标解释

公共财政收入 指按照现行财政体制规定列入地方预算，直接缴入地方金库的财政收入。具体由两部分组成：一是税收收入，包括增值税、企业所得税、个人所得税的地方分享部分，营业税、资源税、城市维护建设税、房产税、印花税、城镇土地使用税、土地增值税、车船税、契税、耕地占用税等；二是非税收入，包括专项收入、行政事业性收费收入、罚没收入、国有资本经营收入、国有资源（资产）有偿使用收入、其他收入等。

税收收入 反映政府税收收入。具体包括：增值税、消费税、营业税、企业所得税、个人所得税、固定资产投资方向调节税、城市维护建设税、房产税、印花税、城镇土地使用税、土地增值税、车船税、船舶吨税、车辆购置税、关税、耕地占用税、契税、烟叶税以及其他税收收入等。

非税收入 反映政府非税收入。具体包括：政府性基金收入、专项收入、彩票资金收入、行政事业性收费收入、罚没收入、国有资本经营收入、国有资源（资产）有偿使用收入及其他收入等。

公共财政支出 是指列入地方预算的财政支出，包括：一般公共服务支出、国防支出、公共安全支出、教育支出、科学技术支出、文化体育与传媒支出、社会保障和就业支出、医疗卫生与计划生育支出、节能环保支出、城乡社区支出、农林水支出、交通运输支出、资源勘探信息等支出、商业服务业等支出、金融支出、国土海洋气象等支出、住房保障支出、粮油物资储备支出、国债还本付息支出及其他支出等。其资金来源包括用地方当年财力安排的支出、上年结余、调入资金和中央一般性及专项转移支付补助收入安排的支出。

一般公共服务 反映政府提供一般公共服务的支出。具体包括人大、政协、政府办公厅（室）及相关机构、发展与改革、统计信息、财政、税收、审计、海关、人事、纪检监察、人口与计划生育、商贸、知识产权、工商行政管理、质量技术监督与检验检疫、民族、宗教、港澳台侨、档案、民主党派及工商联、群众团体事务、党委办公厅（室）其相关机构事务、组织事务、宣传事务、统战事务、对外联盟、其它共产党事务支出、其它一般公共服务支出。

公共安全 反映政府维护社会公共安全方面的支出。有关事务包括武装警察、公安、国家安全、检察、法院、司法行政、监狱、劳教、国家保密、缉私警察等。

教育 反映政府教育事务支出。有关具体事务包括教育行政管理、学前教育、小学教育、初中教育、普通高中教育、普通高等教育、初等职业教育、中专教育、技校教育、职业高中教育、高等职业教育、广播电视教育、留学生教育、特殊教育、干部继续教育、教育机关服务等。

科学技术 反映用于科学技术方面的支出。包括科学技术管理事务、基础研究、应用研究、技术研究与开发、科技条件与服务、社会科学、科学技术普及、科技交流与合作。

文化体育与传媒 反映政府在文化、文物、体育、广播影视、新闻出版等方面的支出。

社会保障和就业 反映政府在社会保障与就业方面的支出。有关事项包括社会保障和就业管理事务、民政管理事务、财政对社会保障基金的补助、补充全国社会保障基金、行政事业单位离退休、企业改革补助、就业补助、抚恤、退役安置、社会福利、残疾人事业、城市居民最低生活保障、其他城镇社会救济、农村社会救济、自然灾害生活救助、红十字事务等。

医疗卫生 反映政府医疗卫生方面的支出。具体包括医疗卫生管理事务支出、医疗服务支出、医疗保障支出、疾病预防控制支出、卫生监督支出、妇幼保健支出、农村卫生支出等。

节能环保 反映政府环境保护支出。具体包括：

环境保护管理事务支出、环境监测与监察支出、污染治理支出、自然生态保护支出、天然林保护工程支出、退耕还林支出、风沙荒漠治理支出、退牧还草支出、已垦草原退耕还草支出、能源节约利用、污染减排、可再生能源和资源综合利用等支出。

城乡社区事务 反映政府城乡社区事务支出。具体包括：城乡社会管理事务支出、城乡社会规划与管理支出、城乡社区公共设施支出、城乡社区住宅支出、城乡社区环境卫生支出、建设市场管理与监督支出等。

农林水事务 反映政府农林水事务支出。具体包括：农业支出、林业支出、水利支出、农业综合开发支出等。

交通运输 反映政府交通运输方面的支出。包括公路运输支出、水路运输支出、铁路运输支出、民用航空运输支出等。

工业商业金融等事务 反映政府工业、商业、金融等事务支出。具体包括：采掘业支出、制造业支出、电力支出、信息产业支出、旅游业支出、涉外发展支出、粮油事务支出、商业流通事务支出、物资储备支出、金融保险支出、烟草事务支出、安全生产支出、国有资产监督支出、中小企业发展支出、清洁生产支出等。

资源勘探电力信息等事务 反映政府对资源勘探电力信息等事务的支出。具体包括：资源勘探业支出、制造业支出、建

筑业支出、电力监管支出、工业和信息产业监管支出、安全生产监管支出、国有资产监管支出、支持中小企业发展和管理支出等。

粮油物资储备事务 反映用于对粮油物资储备事务方面的支出。

金融监管等事务支出 反映金融保险业监管等事务方面的支出。

国土资源气象等事务 反映政府用于国土资源、海洋、测绘、地震、气象等公益服务事务方面的支出。

商业服务业等事务 反映对商业服务业等事务的支出。具体包括商业流通事务支出、旅游业管理与服务支出、涉外发展服务支出等。

住房保障支出 集中反映政府用于住房方面的支出。

其他支出 反映不能划分到上述功能科目的其他政府支出。包括预备费、年初预留、住房改革支出以及其他支出。

当年可用财力 是指按照现行财政体制规定，在预算年度内可统筹安排使用的预算内资金，其来源包括当年公共财政收入、税收返还收入、下级上解收入、转移支付补助，并从中扣减上解上级及补助下级的资金。当年可用财力不包括上年结余资金及中央专款补助。根据《预算法》的规定，当年支出预算应当小于或等于当年可用财力。

存款 企业、机关、团体或居民根据可以收回的原则，把货币资金存入银行或其他信用机构保管并取得一定利息的一种信用活动形式。根据存款对象的不同可划分：企业存款、财政存款、机关团体存款、城镇居民储蓄存款、农村存款等项目。

贷款 银行或其他信用机构根据必须归还的原则，按一定利率，为企业、个人等提供资金的一种信用活动形式。我国银行贷款，分流动资金贷款、农业贷款、固定资产贷款等科目。

城乡居民储蓄年末余额 包括城镇居民储蓄和农民个人储蓄两部分的年末余额。不包括工矿企业、部队、机关团体等集体存款。

保费收入 指投保人依据保险合同的约定向保险人缴付的保险费。

赔付支出 指保险人根据保险合同的约定，向被保险人或受益人支付的赔款、死伤医疗给付、满期给付和年金给付。

13

教育、科技

13-1 中等专业(技工)学校基本情况

项　　目	2014	2015
一、学校数(所)	4	4
二、毕业生数(人)	905	801
三、招生数(人)	533	385
四、在校生数(人)	1101	1154
五、教职工数(人)	234	178
六、专任教师(人)	143	117
#副高级职称	28	29
中级职称	73	74
初级级职称	8	12
无职称	34	2

备注:朔州师范学校由中专升为专科院校。

13-2 普通中学基本情况

项　　目	2014	2015
一、学校数(所)	96	94
#初级中学	58	57
高级中学	14	15
完全中学	8	8
九年一费制学校	16	14
二、毕业生数(人)	51014	48768
#高中	29772	20601
初中	21242	28158
三、招生数(人)	43434	39025
#高中	17877	16801
初中	25557	22224
四、在校生数(人)	140855	131822
#高中	59461	55549
初中	81394	76273
五、教职工数(人)	14501	14500
六、专任教师(人)	10819	10550
#高中	4484	4493
初中	6335	6057
(一)初中专任教师学历情况		
1.专科毕业及以上(人)	6335	6057
占专任教师的比重(%)	100	100
2.高中阶段毕业及以下(人)		
占专任教师的比重(%)		
(二)高中专任教师学历情况		
1.本科毕业及以上(人)	4391	4434
占专任教师的比重(%)	97.93	96.68
2.专科毕业及以下(人)	93	59
占专任教师的比重(%)	2.07	3.32
(三)初中专任教师职称情况		
中教高级(人)	331	275
中教一级(人)	1386	1408
中教二级(人)	3248	2396
中教三级(人)	142	479
(四)高中专任教师职称情况		
中教高级(人)	587	559
中教一级(人)	1019	1028
中教二级(人)	1701	1585
中教三级(人)	106	174

13-3 职业高中学校基本情况

项　　目	2014	2015
一、学校数(所)	18	19
二、毕业生数(人)	4290	4623
三、招生数(人)	7010	6373
四、在校生数(人)	16356	17777
五、教职工数(人)	1455	1645
六、专任教师(人)	1285	1344
#副高级职称	98	112
中级职称	348	380
初级级职称	558	539
无职称	281	309

13-4 小学基本情况

项　　目	2014	2015
一、学校数(所)	268	243
二、毕业生数(人)	24897	22003
三、招生数(人)	20891	21186
四、在校生数(人)	131832	128321
班数(个)	3362	3401
#复式班		
五、教职工数(人)	11303	10940
六、专任教师(人)	9129	9036
(一)小学专任教师学历情况		
1.高中阶段毕业及以上(人)	9129	9036
占专任教师的比重(%)	100	100
2.高中阶段毕业及以下(人)		
占专任教师的比重(%)		
(二)小学专任教师职称情况		
中教高级(人)	47	35
小教高级(人)	2430	2414
小教一级(人)	4381	3790
小教二级(人)	923	629
小教三级(人)	36	169
无职称(人)	1894	1999

13-5 特殊教育学校基本情况

项　　目	2014	2015
一、学校数(所)	3	3
二、毕业生数(人)	28	46
三、招生数(人)	53	69
四、在校生数(人)	228	309
班数(个)	24	22
五、教职工数(人)	46	46
六、专任教师(人)	36	36

13-6 幼儿园基本情况

指　　标	2014	2015
一、园数(所)	268	277
二、班数(个)	1570	1604
#学前班(个)		
三、在园幼儿数(人)	39122	40361
#学前班(人)		
四、教职工数(人)	3491	3663
五、专任教师(人)	2397	2486

13-7 科技活动基本情况

指　　标	2014	2015
一、组织各类科技计划项目(个)	42	10
#国家级	1	0
省级	41	10
市级	0	0
二、规模以上工业企业 R&D 活动情况		
1.R&D 人员合计	564	431
#管理和服务人员	44	66
#全时人员	243	241
2.R&D 人员折合全时当量合计(人年)	385.8	278
3.R&D 经费内部支出合计(万元)	26510.2	12569
4.R&D 经费外部支出合计(万元)	7030.3	4793.7
5.R&D 项目数(个)	75	55
6.项目人员折合全时当量(人年)	354.9	224
7.全部 R&D 项目经费内部支出(万元)	25737.0	11965.8
三、规模以上工业企业专利申请情况		
1.专利申请数(件)	73	32
#发明专利	35	8
2.有效发明专利(件)	26	34

主要统计指标解释

普通高等学校　指按照国家规定的审批程序批准举办，通过全国统一招生考试招收高级中等学校毕业生和具有同等学历者，实施高等教育，培养高等专门人材的学校。包括大学、专门学院、专科学院和短期职业大学。

成人高等学校　指按照国家规定的审批程序批准举办，招收在职高中毕业或同等学历者，利用多种形式对成人实施高等教育，培训相当普通高等学校专科或本科毕业水平的专门人才的学校。包括广播电视大学、职工高等学校、农民高等学校、干部管理学院、教育学院、独立函授学院以及普通高等学校举办的函授、夜大等。

小学学龄儿童入学率　指调查范围内已入小学学习的学龄儿童数占全部小学学龄儿童总数（包括弱智儿童在内，但不包括盲聋哑儿童）的比重。计算公式是：

$$小学学龄儿童入学率=\frac{已入学的小学学龄儿童数}{校内外小学学龄儿童总数}\times 100\%$$

科学家和工程师　指大学毕业及以上文化程度和其他具有高、中级职称的从事科技活动人员。

自然科学技术人员　指已取得科学技术职称，或大学、中专的理、工、农、医类系毕业，以及国民经济各部门从工作实践中提拔，从事理、工、农、医等自然科学技术的研究、教学、生产（事业）技术方面工作的专业人员和在机关、企业、事业中从事科学技术业务管理工作的专业人员。

工程技术人员　指在国民经济各行业从事工程技术工作的自然科学技术的专业人员。包括：高级工程师、工程师、助理工程师、技术员和未评定职称的技术人员。

农业技术人员　指在国民经济各行业从事农业技术工作的自然科学技术的专业人员。包括：高级农艺师、农艺师、助理农艺师、技术员和未评定职称的技术人员。

卫生技术人员　指在国民经济各行业从事卫生医务工作的自然科学技术的专业人员。包括：正副主任医师、主治医师、医师、医（护）士和未评定职称的技术人员。

科学研究人员　指在国民经济各行业从事科学技术活动的自然科学技术的专业人员。包括：正副研究员、助理研究员、实习研究员、技术员和未评定职称的技术人员。

教学人员　指在国民经济各行业从事自然科学技术方面的教学活动的专业人员。包括：正副教授、讲师、助教、教师和在小学从事自然科学技术方面的教学活动的人员。

科技活动　指在所有科学技术领域内，即自然科学、工程科学和技术、医学科学、农业科学、社会科学及人文科学中，与科技知识的产生、发展、传播、应用密切相关的全部的、有组织的、系统的活动。包括三类活动：（1）研究与实验发展活动；（2）研究与实验发展成果应用；（3）科技服务活动。

科技服务　指同研究与实验发展活动、研究与实验发展成果应用活动有关的和有助于科技知识的产生、传播和应用的活动。目前我们所统计的科技服务是指调查范围内，除为研究与实验发展活动直接（完全或主要是为某项研究与实验发展而开展的辅助性活动）以外的科技服务，如情报、文献、咨询等。

科学论文　指以书面发表的，最原始的研究与开发成果报道。科学论文应该是：（1）首次或最初发表的研究与开发成果；（2）作者的实验应该能被同行重复并验证；（3）发表后科技界能引用。

科技著作　指经过正式出版部门编印出版的论述科学技术问题的理论性文集或专著。如果著作系与本机构外的同行数人合著，则只统计以本机构科技人员为主的著作。

国外发表　包括在各种国际性学术会议、讨论会、讲座上发表的论文以及编入国际会议文集的论文和我国学术刊物上发表的论文。

14

文化、体育、旅游、卫生、环保、民政

14-1 艺术表演团体基本情况

项目	单位	2014	2015
一、剧团数	个	8	6
从业人员	个	446	366
#高级职称	个	5	1
中级职称	个	22	10
二、本年新排上演剧目	个	1	
#本团创作首演剧目	个	1	
三、演出场次	场	1350	1090
#国内演出场次	场	1350	1090
农村演出场次	场	1120	900
本年新创剧目演出场次	场		
四、国内演出观众人次	人次	1078600	861800
农村观众人次	人次	885600	673000
本年新创剧目观众人次	人次		
五、本年收入合计	千元	13103	9111
1.财政拨款	千元	4215	5210
2.上级补助收入	千元	300	
3.事业收入	千元	3028	2945
#演出收入	千元	3028	2945
本年新创首演剧目演出收入	千元		
4.经营收入	千元		
5.附属单位上缴收入	千元		
6.其他收入	千元	120	276
六、本年支出合计	千元	11341	8437
#基本支出	千元	9241	6286
项目支出	千元		653
经营支出	千元		
在支出合计中:1.人员支出	千元	9241	6286
社会保障缴费	千元		
2.公用支出	千元	476	649
福利费	千元	10	224
维修费	千元		
各种设备购置费	千元		
税金支出	千元		12
排练制作费	千元		
演出费	千元		
3、对个人和家庭补助支出	千元	20	78
七、本年新创首演剧目费用支出总额	千元		
八、年末固定资产原值	千元	13410	10739
九、公用房屋建筑面积	平方米	9360	5380
#排练练功用房	平方米	2860	2260

备注:2015 年右玉县和平鲁区各撤销了一个剧团。

14-2 艺术表演场馆基本情况

项　　目	单　位	2014	2015
一、机构	个	6	4
从业人员	人	94	71
#高级职称	人		
中级职称	人	4	2
二、座席数	个	6073	3943
三、演(映)出场次合计	场	480	140
#艺术演出场次	场	60	140
四、观众人次合计	千人次	96.68	72.2
#艺术演出观众人次	千人次	53.89	71.8
五、本年收入合计	千元	5665	4021
1.财政拨款	千元	4630	3623
2.上级补助收入	\千元		
3.事业收入	千元	4	3
艺术演出分成收入	千元	4	2
4.经营收入	千元		
6.其他收入	千元	320	395
七、本年支出合计	千元	6028	4018
#基本支出	千元	4050	4018
项目支出	千元		
经营支出	千元		
在支出合计中:1.人员支出	千元	2627	1814
2.公用支出	千元	1800	1724
福利费	千元	1	1
税金支出	千元	35	53
3. 对个人和家庭补助支出	千元		
八、年末固定资产原值	千元	139642	137806
九、公用房屋建筑面积	平方米	47500	44230
#演(映)业务用房	平方米	36320	34160

14-3 公共图书馆基本情况

项　　目	单　位	2014	2015
一、机构	个	7	7
从业人员	人	125	134
# 高级职称	人	2	2
中级职称	人	16	15
二、总藏量	册、件	619180	709110
1.图书	册	490500	572420
古籍	册	8780	8780
善本	册	1440	1440
2.报刊	册	66000	66260
3.视听文献、缩微制品	件(套	24500	30700
4.其它	册、件	29400	30940
在藏量中:开架书刊	册	347800	395680
三、当年购买的报刊种类	种	2885	515
四、书架单层总长度	米	12385	15485
五、累计发放有效借书证数	个	23070	31308
六、总流通人次	人次	394100	750270
# 书刊文献外借人次	人次	163860	90910
七、书刊文献外借册次	册次	233320	269280
八、为读者举办各种活动	次	141	177
参加人次	人次	37220	59340
九、信息化装备	---		
1.计算机	台	606	622
电子阅览室终端数	台	429	449
2.网站访问量	页次	279000	53224

14-3 续表

项　　目	单　位	2014	2015
十、本年收入合计	千元	11532	12670
1.财政拨款	千元	11532	12670
2.上级补助收入	千元		
3.事业收入	千元		
4.经营收入	千元		
5.附属单位上缴收入	千元		
6.其他收入	千元		
十一、本年支出合计	千元	11234	12387
#基本支出	千元	6067	7000
项目支出	千元	200	5387
经营支出	千元		
在支出合计中:1.人员支出	千元	4505	4514
2.公用支出	千元	388	1681
福利费	千元		2
各种设备购置费	千元	4537	1600
新增藏量购置费	千元	4537	1280
税金支出	千元	20	20
3.对个人和家庭补助支出	千元	711	1665
十二、本年新购藏量	册、件	63680	89930
十三、年末固定资产原值	千元	102969	104160
十四、公用房屋建筑面积	平方米	34980	42380
#书　库	平方米	9480	11730
阅览室	平方米	18420	24380
书刊阅览室	平方米	10900	18910
电子阅览室	平方米	4920	5370
十五、阅览室座席数	个	4544	4544
少儿阅览室座席数	个	420	570

备注:2012年新开朔州市图书馆

14-4 群众艺术馆、文化馆(站)基本情况

项　　目	单　位	2014	2015
一、机构	个	7	7
从业人员	人	88	83
#高级职称	人	2	1
中级职称	人	22	21
二、举办展览个数	个	50	44
三、组织文艺活动次数	次	149	246
四、藏书	册	6560	8280
五、举办训练班班次	次	219	258
训练班结业人次	人次	44190	23100
六、组织各类讲座次数	次	28	28
七、信息化装备	---		
计算机	台	29	71
十、本年收入合计	千元	8063	8175
1.财政拨款	千元	8063	8175
2.上级补助收入	千元		
3.事业收入	千元		
4.经营收入	千元		
5.附属单位上缴收入	千元		
6.其他收入	千元		
十一、本年支出合计	千元	7977	7906
#基本支出	千元	7459	7806
项目支出	千元	150	100
经营支出	千元		
在支出合计中:1.人员支出	千元	4032	4451
2.公用支出	千元	1132	894
福利费	千元	5	9
各种设备购置费	千元	22	110
税金支出	千元		
3. 对个人和家庭补助支出	千元	1755	2029
十二、年末固定资产原值	千元	2439	4764
十三、公用房屋建筑面积	平方米	24280	19560
#业务用房	平方米	17400	16660
对公众开放阅览室面积	平方米	8180	7080
十四、由本馆指导的单位	个	17	18
1.馆办文艺团体	个	17	18
2.基层文化示范点	个		
3.群众业余文艺团队	个	68	72

14-5 广播电台、电视台基本情况

项　　目	单　位	2014	2015
一、广播电台	座	5	5
二、广播综合覆盖率	%	97.98	100
三、电视台	座	3	3
四、电视综合人口覆盖率	%	99.43	100
五、有线电视用户	万户	174196	174026

14-6 文化主管部门机关事业费收支情况

项　　目	单　位	2014	2015
一、本年收入合计	千元	51351	43288
#财政拨款	千元	51351	43288
二、本年支出合计	千元	49855	40852
#基本支出	千元	21905	22342
项目支出	千元	20159	18510

14-7 文化站基本情况

项　　目	单　位	2014	2015
一、机 构 数	个	73	73
二、从业人员	个	147	149
#高级职称	人		
中级职称	人		
三、举办展览个数	人	113	112
四、组织文艺活动次数	次	406	369
五、藏书	册	152850	161940
六、举办训练班班次	次	202	214
训练班结业人次	人次	9120	8590
七、本年收入合计	千元	3471	4314
1.财政拨款	千元	3471	3714
2.上级补助收入	千元		
3.事业收入	千元		
4.经营收入	千元		
5.附属单位上缴收入	千元		
6.其他收入	千元		
八、本年支出合计	千元	3471	4314
#基本支出	千元	3146	4039
项目支出	千元	325	275
经营支出	千元		
在支出合计中:1.人员支出	千元	1464	1615
社会保障缴费	千元		
2.公用支出	千元		180
福利费	千元		
维修费	千元		
各种设备购置费		千元	54
税金支出	千元		
3. 对个人和家庭补助支出	千元		
九、年末固定资产原值	千元	29256	41024
十、公用房屋建筑面积	平方米	23960	25490
#文化活动用房	平方米	22460	24010
十一、本站指导文化户个数	个		

14-8 体育设施及活动情况

项　目	单　位	2014	2015
室外健身公园、广场	个	34	44
#健身路径	个	72	115
青少年俱乐部	个	1	1
《国家体育锻炼标准》达标率			
小学	%	88	86
中学	%	83	85
中专中技	%	86	83
举办综合运动会次数	次	1	
举办单项比赛次数	次	28	30
举办全民健身活动次数	次	35	37
参加活动人数	人	120000	150000
体育电脑彩票销售点	个	130	193
体育彩票销售收入	万元	6913	6158

14-9 卫生机构情况(不含诊所)

单位:个

项　　目	2014	2015
总　　计	219	226
一、医院	60	62
综合医院	26	27
中医医院	5	5
中西医结合医院	3	4
专科医院	26	26
口腔医院	3	3
眼科医院	2	2
精神病医院	2	2
骨科医院	4	4
康复医院		
整形外科医院	1	1
其他专科医院	14	7
二、社区卫生服务中心(站)	34	36
社区卫生服务中心	10	10
社区卫生服务站	24	26
三、卫生院	93	92
街道卫生院	24	21
乡镇卫生院	69	71
中心卫生院	24	24
乡卫生院	45	47
四、门诊部	9	13
综合门诊部	7	8
专科门诊部	2	3
五、急救中心(站)	1	1
六、采供血机构	1	1
七、妇幼保健院(所、站)	7	7
市属	1	1
县区属	6	6
其他	0	0
妇幼保健院	1	1
妇幼保健所	1	1
妇幼保健站	5	5
八、疾病预防控制中心	7	7
县区属	4	4
其他	3	3
九、卫生监督所(中心)	7	7
市属	1	1
县区属	6	6

14-10 卫生床位情况(不含诊所)

单位:人

项　　目	2014	2015
总　　计	7025	7288
一、医院	5015	5304
综合医院	3560	3683
中医医院	540	660
中西医结合医院	50	80
专科医院	865	881
口腔医院	36	38
眼科医院	44	53
精神病医院	360	386
骨科医院	117	102
康复医院	0	0
整形外科医院	9	10
其他专科医院	299	171
二、社区卫生服务中心(站)	299	324
社区卫生服务中心	214	236
社区卫生服务站	85	88
三、卫生院	1650	1599
街道卫生院	299	273
乡镇卫生院	1351	1326
中心卫生院	544	518
乡卫生院	807	808
四、门诊部	10	10
综合门诊部	10	10
专科门诊部	0	0
五、妇幼保健院(所、站)	51	51
市属	1	1
县区属	50	50
其他	0	0
妇幼保健院	35	35
妇幼保健站	16	16

14-11 卫生人员情况(不含诊所)

单位:人

项　　目	2014	2015
总　计	6479	7037
一、医院	4006	5134
综合医院	3315	3681
中医医院	372	484
中西医结合医院	35	71
专科医院	284	898
口腔医院	0	48
眼科医院	0	72
精神病医院	222	209
骨科医院	31	119
康复医院		
整形外科医院	0	11
其他专科医院	31	222
二、社区卫生服务中心(站)	386	472
社区卫生服务中心	331	302
社区卫生服务站	55	170
三、卫生院	1287	914
街道卫生院	129	121
乡镇卫生院	1158	783
中心卫生院	450	307
乡卫生院	708	486
四、门诊部	141	
综合门诊部	129	
专科门诊部	12	
五、急救中心(站)	45	42
六、采供血机构	35	35
七、妇幼保健院(所、站)	132	148
市属	3	3
县区属	129	158
其他		
妇幼保健院	45	45
妇幼保健所	3	3
妇幼保健站	84	110
八、疾病预防控制中心	254	212
县区属	254	212
其他		
九、卫生监督所(中心)	193	80
市属	8	11
县区属	185	69

14-12 卫生技术人员情况(不含诊所)

单位:人

项　　目	2014	2015
总　计	5969	5959
一、医院	4135	4131
综合医院	3047	3018
中医医院	449	424
中西医结合医院	36	64
专科医院	603	625
口腔医院	41	39
眼科医院	30	47
精神病医院	102	98
骨科医院	99	102
康复医院		
整形外科医院	9	9
其他专科医院	322	152
二、社区卫生服务中心(站)	399	400
社区卫生服务中心	245	251
社区卫生服务站	154	149
三、卫生院	826	764
街道卫生院	132	93
乡镇卫生院	694	671
中心卫生院	252	256
乡卫生院	442	415
四、门诊部	111	143
综合门诊部	105	130
专科门诊部	6	8
五、急救中心(站)	30	31
六、采供血机构	27	27
七、妇幼保健院(所、站)	104	256
市属	2	3
县区属	102	106
其他		
妇幼保健院	47	47
妇幼保健所	2	3
妇幼保健站	55	106
八、疾病预防控制中心	180	134
县区属	180	134
其他		
九、卫生监督所(中心)	157	73
市属		11
县区属	157	62

14-13 执业医师人员情况(不含诊所)

单位:人

项　　目	2014	2015
总 计	2380	2662
一、医院	1777	1750
综合医院	1371	1328
中医医院	197	208
中西医结合医院	12	17
专科医院	197	197
口腔医院	9	13
眼科医院	5	18
精神病医院	33	27
骨科医院	38	40
康复医院		
整形外科医院	4	4
其他专科医院	108	42
二、社区卫生服务中心(站)	129	123
社区卫生服务中心	76	78
社区卫生服务站	53	45
三、卫生院	283	262
街道卫生院	51	29
乡镇卫生院	232	233
中心卫生院	84	93
乡卫生院	148	140
四、门诊部	31	55
综合门诊部	28	49
专科门诊部	3	6
五、急救中心(站)	17	14
六、采供血机构	5	5
七、妇幼保健院(所、站)	55	87
市属	2	3
县区属	53	85
其他	0	0
妇幼保健院	29	29
妇幼保健所	2	3
妇幼保健站	24	55
八、疾病预防控制中心	83	79
县区属	40	50
其他	43	29
九、卫生监督所(中心)	0	0
市属	0	0
县区属	0	0

14-14 执业助理医师人员情况(不含诊所)

单位:人

项　　目	2014	2015
总　计	452	400
一、医院	170	139
综合医院	90	69
中医医院	27	19
中西医结合医院	5	3
专科医院	48	47
口腔医院	5	6
眼科医院	0	2
精神病医院	3	1
骨科医院	14	14
康复医院	0	0
整形外科医院	3	3
其他专科医院	23	11
二、社区卫生服务中心(站)	46	45
社区卫生服务中心	34	35
社区卫生服务站	12	10
三、卫生院	183	166
街道卫生院	32	22
乡镇卫生院	151	144
中心卫生院	61	59
乡卫生院	90	85
四、门诊部	9	12
综合门诊部	9	12
专科门诊部	0	0
五、急救中心(站)	0	0
六、采供血机构	3	3
七、妇幼保健院(所、站)	10	15
市属	4	4
县区属	6	11
其他	0	0
妇幼保健院	4	4
妇幼保健所	0	
妇幼保健站	6	11
八、疾病预防控制中心	31	20
县区属	31	20
其他	0	0
九、卫生监督所(中心)	0	0
市属	0	0
县区属	0	0

14-15 注册护士人员情况(不含诊所)

单位:人

项 目	2014	2015
总 计	1860	1923
一、医院	1527	1605
综合医院	1121	1161
中医医院	132	129
中西医结合医院	12	28
专科医院	262	287
口腔医院	15	15
眼科医院	16	21
精神病医院	60	62
骨科医院	33	33
康复医院		
整形外科医院	2	2
其他专科医院	136	74
二、社区卫生服务中心(站)	106	108
社区卫生服务中心	61	65
社区卫生服务站	45	43
三、卫生院	140	122
街道卫生院	5	5
乡镇卫生院	135	117
中心卫生院	50	44
乡卫生院	85	73
四、门诊部	22	29
综合门诊部	20	25
专科门诊部	2	3
五、急救中心(站)	11	12
六、采供血机构	8	8
七、妇幼保健院(所、站)	25	22
市属	1	8
县区属	24	14
其他	0	
妇幼保健院	4	8
妇幼保健所	0	0
妇幼保健站	21	14
八、疾病预防控制中心	21	17
县区属	8	8
其他	13	9
九、卫生监督所(中心)	0	0
市属	0	0
县区属	0	0

14-16 药剂师(士)人员情况(不含诊所)

单位:人

项　　目	2014 年	2015 年
总　计	250	267
一、医院	193	202
综合医院	149	146
中医医院	23	25
中西医结合医院	3	10
专科医院	18	21
口腔医院	0	0
眼科医院	1	1
精神病医院	3	2
骨科医院	0	0
康复医院		1
整形外科医院	0	0
其他专科医院	14	8
二、社区卫生服务中心(站)	21	23
社区卫生服务中心	15	18
社区卫生服务站	6	5
三、卫生院	25	26
街道卫生院	4	3
乡镇卫生院	21	23
中心卫生院	9	9
乡卫生院	12	14
四、门诊部	3	6
综合门诊部	2	4
专科门诊部	1	1
五、急救中心(站)	1	1
六、采供血机构		
七、妇幼保健院(所、站)	3	3
市属	0	0
县区属	3	3
其他	0	0
妇幼保健院	2	2
妇幼保健所	0	0
妇幼保健站	1	1
八、疾病预防控制中心	4	6
县区属	4	5
其他	0	1
九、卫生监督所(中心)	0	0
市属	0	0
县区属	0	0

14-17 检验人员情况(不含诊所)

单位:人

项　　目	2014年	2015年
总　计	204	176
一、医院	161	129
综合医院	129	97
中医医院	9	12
中西医结合医院	2	3
专科医院	21	17
口腔医院	0	0
眼科医院	1	1
精神病医院	3	3
骨科医院	3	2
康复医院		0
整形外科医院	0	0
其他专科医院	14	5
二、社区卫生服务中心(站)	11	11
社区卫生服务中心	9	10
社区卫生服务站	2	1
三、卫生院	8	6
街道卫生院	1	1
乡镇卫生院	7	5
中心卫生院	3	3
乡卫生院	4	2
四、门诊部	6	8
综合门诊部	6	8
专科门诊部	0	0
五、急救中心(站)	0	0
六、采供血机构	5	5
七、妇幼保健院(所、站)	3	3
市属	0	0
县区属	3	3
其他	0	0
妇幼保健院	2	2
妇幼保健所	0	0
妇幼保健站	1	1
八、疾病预防控制中心	10	14
县区属	8	13
其他	2	1
九、卫生监督所(中心)	0	0
市属	0	0
县区属	0	0

14-18 非卫生技术人员情况(不含诊所)

单位:人

项　　目	2014	2015
总 计	327	365
一、医院	229	244
综合医院	151	184
中医医院	10	8
中西医结合医院	0	8
专科医院	68	52
口腔医院	0	0
眼科医院	20	11
精神病医院	1	0
骨科医院	6	5
康复医院	0	0
整形外科医院	0	0
其他专科医院	21	24
二、社区卫生服务中心(站)	11	22
社区卫生服务中心	6	15
社区卫生服务站	5	7
三、卫生院	55	62
街道卫生院	4	12
乡镇卫生院	51	50
中心卫生院	15	14
乡卫生院	36	36
四、门诊部	7	7
综合门诊部	7	7
专科门诊部	0	0
五、急救中心(站)	0	0
六、采供血机构	0	0
七、妇幼保健院(所、站)	14	12
市属	8	
县区属	5	
其他	1	
妇幼保健院	5	0
妇幼保健所	1	0
妇幼保健站	8	12
八、疾病预防控制中心	8	14
县区属	2	2
其他	6	15
九、卫生监督所(中心)	2	1
市属	0	0
县区属	2	1

备注:2015 年对 2014 年非卫生技术人员情况进行修正,由于口径不同,2015 年非卫生的技术人员情况表不含行政、工勤人员。

14-19 卫生管理人员情况(不含诊所)

单位:人

项　　目	2014	2015
总　计	581	426
一、医院	463	300
综合医院	318	174
中医医院	15	19
中西医结合医院	1	3
专科医院	129	104
口腔医院	2	5
眼科医院	18	7
精神病医院	36	35
骨科医院	9	8
康复医院		0
整形外科医院	1	1
其他专科医院	63	29
二、社区卫生服务中心(站)	29	29
社区卫生服务中心	17	19
社区卫生服务站	12	10
三、卫生院	33	35
街道卫生院	10	5
乡镇卫生院	23	30
中心卫生院	10	13
乡卫生院	13	17
四、门诊部	0	1
综合门诊部	0	1
专科门诊部	0	0
五、急救中心(站)	3	5
六、采供血机构	3	3
七、妇幼保健院(所、站)	10	14
市属	1	1
县区属	9	13
其他	0	0
妇幼保健院	7	0
妇幼保健所	0	0
妇幼保健站	3	14
八、疾病预防控制中心	30	29
县区属	17	18
其他	13	11
九、卫生监督所(中心)	10	10
市属	10	10
县区属	0	0

14-20 卫生工勤技能人员情况(不含诊所)

单位:人

项目	2014	2015
总 计	485	617
一、医院	366	459
综合医院	236	305
中医医院	37	33
中西医结合医院	1	4
专科医院	92	117
口腔医院	0	4
眼科医院	12	7
精神病医院	40	76
骨科医院	5	4
康复医院		0
整形外科医院	1	1
其他专科医院	34	17
二、社区卫生服务中心(站)	20	21
社区卫生服务中心	16	17
社区卫生服务站	4	4
三、卫生院	45	53
街道卫生院	11	11
乡镇卫生院	34	42
中心卫生院	23	24
乡卫生院	11	18
四、门诊部	5	28
综合门诊部	2	22
专科门诊部	3	6
五、急救中心(站)	8	6
六、采供血机构		
七、妇幼保健院(所、站)	11	13
市属	0	7
县区属	11	6
其他	0	0
妇幼保健院	3	0
妇幼保健所	0	13
妇幼保健站	8	0
八、疾病预防控制中心	27	32
县区属	21	20
其他	6	12
九、卫生监督所(中心)	2	5
市属	1	0
县区属	1	5

14-21 工业企业"三废"排放与治理情况

单位：人

项　　目	2014	2015
废水		
废水排放总量(万吨)	5516.00	5548.17
化学需氧量排放量(吨)	34017.00	31344.00
废气		
废气排放量(亿标立方米)	1628.34	1332.26
二氧化硫排放量(万吨)	10.625	7.797
烟(粉)尘排放量(吨)	41576	39275
固体废物		
固体废物产生量(万吨)	3676.77	4508.02
固体废物综合利用量(万吨)	3209.47	1745.79
固体废物处理量(万吨)	243.36	2508.67
固体废物贮存量(万吨)	223.95	306.16
固体废物丢弃量(万吨)	0	0
污染治理		
当年污染治理施工项目总数(个)	26	18
污染治理项目本年完成投资额(万元)	33894.46	39202.55
# 治理废水	0	894.12
治理废气	27043.13	33844.43
治理固体物质	5956.33	4464.00
治理噪音		
治理其他	895	0

备注:2015 年环保局提供的 2014 年部分数据做了修正。

14-22 体育彩票、福利彩票发行情况

单位:万元

项　　目	2014 年	2015 年
体育电脑彩票销售点(个)	130	193
体育彩票销售收入	6913	6158
福利彩票销售点(个)	182	223
福利彩票销售收入	19800	17238
用于兑奖金额	11880	10238

14-23 主要年份婚姻登记数

单位:对

项　　目	2014	2015
准予登记结婚数	22903	19284
其中:恢复结婚		
初婚数(人)		
再婚数(人)		
准予登记离婚数	1148	1386

备注:现阶段我市不登记复婚人数。

主要统计指标解释

艺术表演团体 指从事戏曲、音乐、舞蹈、杂技等专业艺术表演，有独立帐户，实行单独核算的团体。不包括半工半艺、半农半艺的业余团体。

文化馆 指专门从事群众文化活动的群众文化场馆。不包括临时抽调人员组成、没有编制的农村和街道文化工作队、服务站等。

文化市场经营机构 指经文化市场行政部门审批或已申报登记并领取相关许可证的、从事文化经营和文化服务活动的机构。

图书馆 指各类图书馆的管理与服务（对文献和信息的搜集、整理、存储、利用和管理，向社会公众开放并提供科学、文化等各种知识普及教育）。包括公共图书馆和各类机构内部举办的或单独举办的图书馆的管理与服务。不包括部队系统以及文化馆（文化中心、群众艺术馆）、文化站内设的图书室。

文化艺术研究机构 指有明确的研究方向和任务，有一定水平的学术带头人和一定数量、质量的研究人员，有开展工作的基本条件，主要进行文化艺术研究（含科技）的机构。

博物馆 指为了研究、教育、欣赏的目的，收藏、保护、展示人类活动和自然环境的见证物，向公众开放，非营利性、永久性社会服务机构，包括以博物馆（院）、纪念馆（舍）、美术（艺术）馆、科技馆、陈列馆等专有名称开展活动的单位。

艺术表演观众人数 指售票、包场演出或民族地区免费演出艺术表演观众人次数。不包括彩排审查和内部观摩演出的观看人次数。

等级运动员人数 指经考核正式批准授予等级运动员称号的人数。运动员等级分为国际级运动健将、运动健将、一级运动员、二级运动员、三级运动员、少年级运动员。

等级裁判员人数 指经考核正式批准授予等级裁判员称号的人数。裁判员等级分为国际裁判、国家级裁判、一级裁判、二级裁判、三级裁判。

体育场 指有400米跑道（中心含足球场），有固定道牙，路道6条以上，并有固定看台的田径场。以看台容纳观众人数分：甲级25000人以上，乙级15000–25000人，丙级5000–15000人，丁级5000人以下。

体育馆 指有固定看台可供篮球、排球、羽毛球、乒乓球、体操等项目训练比赛活动用的室内场地。以看台容纳观众人数分：甲级6000人以上，乙级4000–6000人，丙级2000–4000人，丁级2000以下。

工业废水排放量 指经过企业厂区所有排放口排到企业外部的工业废水量。包括生产废水、外排的直接冷却水、超标排放的矿井地下水和与工业废水混排的厂区生活污水，不包括独立外排的间接冷却水(清浊不分流的间接冷却水应计算在内)。

工业废气排放量 指企业厂区内燃料燃烧和生产工艺过程中产生的各种排入空气中含有污染物的气体总量，按标准状态[273K，101325Pa]计算。

工业二氧化硫排放量 指企业在燃料燃烧和生产工艺过程中排入大气的二氧化硫总质量。工业中二氧化硫主要来源于化石燃料（煤、石油等）的燃烧，还包括硫矿石的冶炼或含硫酸、磷肥等生产的工业废气排放。

工业固体废物产生量 指企业在生产过程中产生的固体状、半固体状和高浓度液体状废弃物的总量，包括危险废物、冶炼废渣、粉煤灰、炉渣、煤矸石、尾矿、放射性废物和其他废物等；不包括矿山开采的剥离废石和掘进废石（煤矸石和呈酸性或碱性的废石除外）。酸性或碱性废石指采掘的废石其流经水、雨淋水的PH值小于4或PH值大于10.5者。

工业固体废物贮存量 指以综合利用或处置为目的，将固体废物暂时贮存或堆存在专设的贮存设施或专设的集中堆存场所内的数量。专设的固体废物贮存场所或贮存设施必须有防扩散、防流失、防渗漏、防止污染大气、水体的措施。

工业固体废物处置量 指将固体废物焚烧或者最终置于符合环境保护规定要求的场所，并不再回取的工业固体废物量（包括当年处置往年的工业固体废物累计贮存量)。处置方法有填埋(其中危险废物应安全填埋)、焚烧、专业贮存场(库)封场处理、深层灌注、回填矿井等。

工业固体废物排放量 指将所产生的固体废物排到固体废物污染防治设施、场所以外的数量，不包括矿山开采的剥离废石和掘进废石（煤矸石和呈酸性或碱性的废石除外）。

15
县区基本情况

15-1 国民经济核算主要指标(2015年)

单位:万元

县区	地区生产总值	第一产业	第二产业	#工业	第三产业
全市	9011301	555460	4063082	3816086	4392759
朔城区	2359665	123213	551493	498410	1684959
平鲁区	1616950	31752	1121209	1066970	463989
山阴县	1393710	123275	510578	458560	759857
应县	627683	127715	173689	138266	326279
右玉县	552799	54941	269336	245491	228522
怀仁县	2027775	90309	1174666	1131579	762800
开发区	472517	3916	302037	276811	166564

15-2 国民经济核算主要指标增长速度(2015年)

单位:%

县区	地区生产总值	第一产业	第二产业	#工业	第三产业
全市	-2.3	-5.6	-5.8	-5.9	4.6
朔城区	-1.0	-15.5	-8	-7.6	5.5
平鲁区	-5.7	-21.2	-5.7	-6	-2.8
山阴县	7.8	-8.8	10.7	10.5	6.5
应县	1.1	0.8	-7.4	-7.2	6.8
右玉县	-0.4	9.2	-3.3	-3.0	2
怀仁县	5.9	6.3	10.5	10.7	-1.9
开发区	5.6	-60.5	12.2	13.9	0.2

15-3 基本单位数(2015年)

单位:个

县区	法人单位			产业活动单位数	
	合计	单产业法人	多产业法人	合计	多产业法人单位所属的产业活动单位
合计	23129	22333	796	27442	5109
朔州市	23129	22333	796	27392	5059
朔城区	7368	7163	205	8417	1254
平鲁区	2451	2402	49	2794	392
山阴县	3035	2775	260	3722	947
应县	3926	3847	79	4685	838
右玉县	1774	1715	59	2075	360
怀仁县	3522	3409	113	4560	1151
开发区	1053	1022	31	1139	117
外地	0	0	0	50	50

15-4 按投资类型分基本单位数(2015年)

单位:个

县区	法人单位数				产业活动单位数			
	合计	内资单位	港澳台商投资单位	外商投资单位	合计	内资单位	港澳台商投资单位	外商投资单位
合计	23129	23114	4	11	5109	5096	5	8
朔州市	23129	23114	4	11	5059	5047	5	7
朔城区	7368	7360	2	6	1254	1247	4	3
平鲁区	2451	2449	1	1	392	392	0	0
山阴县	3035	3035	0	0	947	947	0	0
应县	3926	3924	0	2	838	838	0	0
右玉县	1774	1773	0	1	360	357	1	2
怀仁县	3522	3521	0	1	1151	1151	0	0
开发区	1053	1052	1	0	117	115	0	2
外地					50	49	0	1

15-5 按产业分基本单位数及从业人数(2015年)

单位:个

县 区	法人单位							
	单位数	第一产业	第二产业	第三产业	从业人数(人)	第一产业	第二产业	第三产业
朔州市	23129	6549	2126	14454	377130	33940	149967	193223
朔城区	7368	834	512	6022	110929	4716	33913	72300
平鲁区	2451	895	248	1308	51803	3066	30703	18034
山阴县	3035	1182	304	1549	46316	5555	19837	20924
应 县	3926	2010	306	1610	34028	6902	12068	15058
右玉县	1774	565	194	1015	23554	4025	8798	10731
怀仁县	3522	1036	427	2059	94385	9546	37856	46983
开发区	1053	27	135	891	16115	130	6792	9193

县 区	产业活动单位							
	单位数	第一产业	第二产业	第三产业	从业人数(人)	第一产业	第二产业	第三产业
合 计	5109	29	277	4803	69848	286	29695	39867
朔州市	5059	29	267	4763	68920	286	29621	39013
朔城区	1254	4	57	1193	10532	29	3479	7024
平鲁区	392	2	43	347	16043	36	12540	3467
山阴县	947	9	23	915	7696	10	2705	4981
应 县	838	6	29	803	5352	70	391	4891
右玉县	360	2	24	334	3836	100	432	3304
怀仁县	1151	6	75	1070	24639	28	9921	14690
开发区	117	0	16	101	822	13	153	656
外 地	50	0	10	40	928	0	74	854

15-6 按行业分法人单位数(2015年)

县 区	农、林、牧、渔业	采矿业	制造业	电力、燃气及水的生产和供应业
全 市	6549	274	1035	186
朔城区	834	27	170	31
平鲁区	895	66	68	32
山阴县	1182	71	155	32
应 县	2010	11	232	18
右玉县	565	24	95	30
怀仁县	1036	74	275	21
开发区	27	1	40	16

县 区	建筑业	批发和零售业	交通运输、仓储和邮政业	住宿和餐饮业	信息传输、软件和信息技术服务业
全 市	631	5503	636	277	270
朔城区	284	2627	252	111	144
平鲁区	82	365	102	18	6
山阴县	40	466	83	31	16
应 县	45	537	48	23	32
右玉县	45	282	38	22	7
怀仁县	57	836	82	52	32
开发区	78	390	31	20	33

15-6 续表

县 区	金融业	房地产业	租赁和商务服务业	科学研究、技术服务和地质勘查业	水利、环境和公共设施管理业
朔州市	163	500	926	449	159
朔城区	77	236	511	250	63
平鲁区	14	16	56	27	13
山阴县	19	36	69	29	28
应 县	11	35	60	38	13
右玉县	3	10	36	18	12
怀仁县	15	83	95	43	20
开发区	24	84	99	44	10

县 区	居民服务和其他服务业	教育	卫生、社会保障和社会福利业	文化、体育和娱乐业	公共管理和社会组织	国际组织
朔州市	457	555	316	385	3858	0
朔城区	155	220	108	148	1120	0
平鲁区	46	38	39	33	535	0
山阴县	50	71	54	37	560	0
应 县	74	55	42	50	592	0
右玉县	36	32	22	25	472	0
怀仁县	61	121	44	73	502	0
开发区	35	18	7	19	77	0

15-7 城镇非私营单位从业人员(2015年)

单位:人

朔州市	总计	女性	在岗职工含劳务合计	其他从业人员
全市	196976	61641	192401	4575
朔城区	75099	33098	73923	1176
平鲁区	35264	9227	35099	165
山阴县	22016	5029	21545	471
应县	13286	5637	12793	493
右玉县	10614	3296	10504	110
怀仁县	39350	10712	37190	2160
开发区	1347	642	1347	

15-7 续表

单位:人

朔州市	国有单位	集体单位	港澳台投资经济	外商投资经济
全市	101066	8472	1131	3953
朔城区	40321	4489	946	836
平鲁区	11466	138	120	2706
山阴县	15805	708	65	
应县	9474	88		210
右玉县	5436	69		201
怀仁县	18564	2980		
开发区				

15-8 城镇非私营单位从业人员劳动报酬(2015年)

朔州市	从业人员平均人数（人）	在岗职工平均人数含劳务合计	其他从业人员平均人数	从业人员劳动报酬（千元）	在岗职工工资总额含劳务合计	其他从业人员劳动报酬	从业人员平均工资（元）
全　市	198210	193683	4527	10194390	10073765	120625	51432
朔城区	76113	74978	1135	3712217	3667639	44578	4777
平鲁区	35521	35339	182	2471006	2464127	6879	69565
山阴县	21450	20992	458	1165237	1144723	20514	54323
应　县	13611	13120	491	541559	528539	13020	39788
右玉县	10610	10499	111	548609	544788	3821	51707
怀仁县	39566	37416	2150	1712992	1681179	31813	43295
开发区	1339	1339		42770	42770		31942

15-9 国有单位从业人员(2015年)

单位：人

朔州市	从业人员	女　性	在岗职工含劳务合计	其他从业人员
全　市	101066	37375	99042	2024
朔城区	40321	15846	40122	199
平鲁区	11466	4394	11414	52
山阴县	15805	4333	15374	431
应　县	9474	3495	9038	436
右玉县	5436	2140	5427	9
怀仁县	18564	7167	17667	897
开发区				

15-10 国有单位从业人员劳动报酬(2015年)

朔州市	从业人员平均人数(人)	在岗职工平均人数含劳务合计	其他从业人员平均人数	从业人员劳动报酬(千元)	在岗职工工资总额含劳务合计	其他从业人员劳动报酬	从业人员年平均工资(元)
全　市	101550	99578	1972	4865461	4800265	65196	47912
朔城区在地数据	40561	40320	241	1987841	1963607	24234	4801
平鲁区	11521	11469	52	446223	444713	1510	38731
山阴县	15423	15065	358	901301	887987	13314	58439
应　县	9884	9449	435	428643	416707	11936	43367
右玉县	5434	5425	9	253288	252997	291	46612
怀仁县	18727	17850	877	848165	834254	13911	45291
开发区							

15-11 集体单位从业人员(2015年)

单位:人

县　区	从业人员	女　性	在岗职工含劳务合计	其他从业人员
全　市	8472	2614	8375	97
朔城区在地数据	4489	1631	4392	97
平鲁区	138	29	138	
山阴县	708	126	708	
应　县	88	34	88	
右玉县	69	4	69	
怀仁县	2980	790	2980	
开发区				

15-12 集体单位从业人员劳动报酬(2015年)

县 区	从业人员平均人数（人）	在岗职工平均人数含劳务合计	其他从业人员平均人数	从业人员劳动报酬（千元）	在岗职工工资总额含劳务合计	其他从业人员劳动报酬	从业人员年平均工资（元）
全 市	8468	8382	86	322053	317752	4301	38032
朔城区在地数据	4460	4374	86	211682	207381	4301	4646
平鲁区	136	136		3388	3388		24912
山阴县	696	696		26616	26616		38241
应 县	88	88		2883	2883		32761
右玉县	102	102		2967	2967		29088
怀仁县	2986	2986		74517	74517		24955
开发区							

15-13 其他单位从业人员(2015年)

单位：人

县 区	从业人员	女 性	在岗职工含劳务合计	其他从业人员
全 市	87438	21652	84984	2454
朔城区在地数据	30289	9621	29409	880
平鲁区	23660	4804	23547	113
山阴县	5503	570	5463	40
应 县	3724	2108	3667	57
右玉县	5109	1152	5008	101
怀仁县	17806	2755	16543	1263
开发区	1347	642	1347	

15-14 其他单位从业人员劳动报酬(2015年)

县　区	从业人员平均人数(人)	在岗职工平均人数含劳务合计	其他从业人员平均人数	从业人员劳动报酬(千元)	在岗职工工资总额含劳务合计	其他从业人员劳动报酬	从业人员年平均工资(元)
全　市	88192	85723	2469	5006876	4955748	51128	56772
朔城区在地数据	31092	30284	808	1513778	1496651	16043	4769
平鲁区	23864	23734	130	2021395	2016026	5369	84705
山阴县	5331	5231	100	237320	230120	7200	44517
应　县	3639	3583	56	108949	108949	1084	30237
右玉县	5074	4972	102	292354	288824	3530	57618
怀仁县	17853	16580	1273	790310	772408	17902	44268
开发区	1339	1339		42770	42770		31942

15-15 全社会固定资产投资主要指标(2015年)

单位:万元

县　区	施工项目(个)	# 本年新开工	本年投产项目(个)	本年新增固定资产
全　市	896	682	766	6188392
朔城区	84	63	54	311694
平鲁区	214	164	190	1668878
山阴县	103	62	84	911010
应县	68	26	62	579909
右玉县	126	117	99	815930
怀仁县	244	215	230	1402694
开发区	57	35	47	498277

15-15 续表

单位:万元

县 区	本年完成投资	#住 宅	建筑工程	安装工程
全 市	8693980	46651	4602813	1120126
朔城区	950144	800	553530	49416
平鲁区	2470408		646594	373156
山阴县	1563149	26701	748808	101292
应县	627059		424209	164694
右玉县	867649		490676	164796
怀仁县	1493798	19150	1143346	208607
开发区	721773		S595650	58165

单位:万元

县 区	设备工器具购置	其 他	新 建	扩 建	改建和技术改造	单纯建造生活设施	单纯购置
全市	1920605	1050436	7633481	564745	284797	138329	72628
朔城区	263993	83205	846930	79198	24016		
平鲁区	544821	905837	2217488	20828	103760	83029	45303
山阴县	680954	32095	1122722	334147	106100	180	
应县	38156		534604	43899	9426	39130	
右玉县	199613	12564	851961	6400	9288		
怀仁县	141242	603	1373315	44961	32207	15990	27325
开发区	51826	16132	686461	35312			

15-16 全市房地产开发投资主要指标(2015年)

单位:万元

县 区	施工项目(个)	#本年新开工	本年投产项目(个)	本年新增固定资产
全 市	61	9	7	402748
朔城区	34	5		382214
平鲁区				
山阴县	5	2		
应 县	11		3	
右玉县				
怀仁县	4	2	1	5845
开发区	7		3	14689

县 区	本年完成投资	#住 宅	建筑工程	安装工程
全 市	676628	560594	480909	150676
朔城区	508458	428664	397836	77337
平鲁区				
山阴县	7011	6423	6441	570
应 县	39061	33664	30040	8921
右玉县				
怀仁县	77448	64558	21417	52140
开发区	44650	27285	25175	11708

15-16 续表

单位:万元

县　区	设备工器具购置	其他费用	本年施工房屋面积（平方米）	#住　宅
全市	37573	7470	7466793	5646235
朔城区	29753	3532	4729823	3754764
平鲁区				
山阴县			321259	279503
应县	100		252441	217405
右玉县				
怀仁县	691		1030161	565689
开发区	7029	3938	1133109	828874

县　区	本年竣工房屋面积	其中:住宅	本年竣工房屋价值	其中:住宅
全市	1549587	1142798	378166	299897
朔城区	1414828	1022445	357632	281581
平鲁区				
山阴县				
应县				
右玉县				
怀仁县	44164	34541	5845	4571
开发区	90595	85812	14689	13745

15-17 农林牧渔业总产值(2015年)

按当年价格计算　　　　单位:万元

县区	农林牧渔业总产值	农业	林业	牧业	渔业	农林牧渔服务业
全市	1190646.8	520536.7	96628.4	542943.1	2218.6	28320
朔城区	222438.5	114607.7	25598.5	71560	1041.7	9630.5
平鲁区	67909.1	28815.8	12727.5	20374.4	61.4	5930
山阴县	256681.8	88143.4	9535.8	156968.1	418.5	1616
应县	295696.5	180688.4	7380.3	101237.4	290.4	6100
右玉县	125851	29519.8	27475	66802.2	154	1900
怀仁县	215491.4	77150.2	13911.3	121399.9	180	2850

15-18 农林牧渔业中间消耗(2015年)

按当年价格计算　　　　单位:万元

县区	农林牧渔业中间消耗	农业	林业	牧业	渔业	农林牧渔服务业
全市	620044	259468.3	53338.9	292694.8	1364.6	13177.3
朔城区	94064.6	48135.2	10093.5	30699.2	667.1	4469.5
平鲁区	32305.5	13307.9	5911.9	10968.5	38.7	2078.5
山阴县	132487.2	38033.9	4005.1	89471.8	280.6	695.8
应县	164805.6	99772.5	4284.3	57675.3	149.8	2923.7
右玉县	69962.1	15320.8	18356	35251.5	81.97	951.9
怀仁县	123900.4	43975.6	9042.3	69197.9	117	1567.5

15-19 乡村基本情况(2015 年)

市 名	乡镇政府(个)	#镇政府	村民委员会(个)	乡村户数(户)	乡村人口(人)
全 市	73	19	1624	393706	1049832
朔城区	15	2	300	96999	262998
平鲁区	13	2	286	29965	89888
山阴县	13	4	257	61862	164999
应 县	12	3	298	97487	248025
右玉县	10	4	321	29975	90838
怀仁县	10	4	162	77418	193084

15-19 续表

市 名	乡村从业人员(人)	农林牧渔业	工 业	建筑业	其他行业
全 市	481053	326519	37581	28949	25546
朔城区	120667	84875	5433	7806	6504
平鲁区	50265	33352	6309	1332	3139
山阴县	64324	46544	5059	3434	2394
应 县	118274	89062	5479	7885	5864
右玉县	40503	25524	3549	2319	2182
怀仁县	87020	47162	11752	6173	5463

15-20 农业生产条件（2015 年）

市 名	农业机械总动力（千瓦）	大中型农用拖拉机（台）	小型农用拖拉机（台）	农用排灌动力机械（台）
全 市	2459196	31853	18177	16950
朔城区	499052	7490	4660	4598
平鲁区	268555	4339	2924	1920
山阴县	488040	6867	4095	2733
应 县	463357	4290	928	3982
右玉县	231779	5155	3808	928
怀仁县	508413	3712	1762	2789

15-20 续表

市 名	农用运输车（台）	配套机电井（眼）	农村用电量（万千瓦小时）	农用化肥施用量（折纯量,吨）
全 市	56477	75994	27455.11	86358
朔城区	11051	24745	5157.14	18174
平鲁区	5125	149	4004.00	4856
山阴县	9035	15747	8737.40	14519
应 县	12467	15356	1006.57	32562
右玉县	5520	3180	7781.00	2293
怀仁县	13279	16817	7781.00	13954

15-21 水果生产情况(2015年)

市 名	年末果园面积（公顷）	#苹果（公顷）	梨(公顷)	杏(公顷)	全年水果产量（吨）	#苹果(吨)	梨(吨)	杏(吨)
全 市	2346.4	373	35.0	1481.3	5886	1007	179	2294
朔城区	316.8	3.3	1.3	275.8	749	60	–	84
平鲁区								
山阴县	162.4	6.6	–	118.1	887	152	–	227
应 县	407.7	271.6	3.3	109.3	808	351	46	214
右玉县								
怀仁县	1459.5	81.3	30.4	978.1	3442	444	133	1769

15-22 粮食、油料、蔬菜产量

单位:吨

市 名	粮食产量		油料产量		蔬菜产量	
	2014	2015	2014	2015	2014	2015
全 市	1281062	1099692	31830	24860.9	1066351.1	716423.6
朔城区	336053	263888	5233.7	4787.6	282400	153489.5
平鲁区	92291	53233.2	11921.6	7601.1	6025	2079.9
山阴县	279060	250166.7	4208.9	3918.6	93545	50902.4
应 县	330000	311642.6	3968.8	1904.9	477799	355535.8
右玉县	33639	33689.6	6234.1	6404.6	7522.1	8231.9
怀仁县	210019	187071.9	262.9	244.1	199060	146184.1

15-23 粮食、油料、蔬菜播种面积(2015年)

单位:公顷

市名	粮食面积		油料面积		蔬菜及食用苗面积	
	2014	2015	2014	2015	2014	2015
全市	275898	268091.9	28970.2	25743.5	25452	15869.9
朔城区	59327	56258.5	2709.2	3016.6	7417.9	3464.8
平鲁区	44280	34905.6	11895	8861.7	600	50.3
山阴县	49874	50913.5	3916.5	3683	2270.4	1254.5
应县	49466	52725	1244.5	896.3	10918	7890.5
右玉县	31306	31217.9	8954.3	8968.5	121.3	125.3
怀仁县	41645	42071.4	250.7	317.4	4124.4	3084.5

15-24 社会消费品零售总额(2015年)

单位:万元

市　名	社会消费品零售总额	城　镇	乡　村
全　市	2701455.5	1924873.3	776582.2
朔城区	917735.8	652931.8	264804
平鲁区	302050.2	214483.9	87566.3
山阴县	347670.8	247180.4	100490.2
应　县	276497.4	198791.4	77706
右玉县	146181.3	104387.8	41798.5
怀仁县	616972.9	439572.5	177400.5
开发区	94342.3	67525.6	26816.7

15-25 工业企业

县 区	企业单位数(个)	亏损企业	工业总产值（当年价格）	工业销售产值（当年价格）	出口交货值
朔城区	27	14	934514	942920	1883
平鲁区	34	19	2239141	2232291	2819
山阴县	53	25	1110401	1066914	39
应 县	41	4	623904	558645	0
右玉县	19	9	350093	291468	0
怀仁县	76	16	1953656	1898273	4286
开发区	8	3	412222	435762	0

15-25 续

县 区	固定资产原价	累计折旧	负债合计
朔城区	2179976	992744	1564801
平鲁区	8089185	2904528	6597650
山阴县	1770940	480348	3908867
应 县	142288	41137	165918
右玉县	1214564	287915	1610920
怀仁县	1330288	401802	1841940
开发区	325631	95783	972137

15-25 续

县 区	主营业务收入	主营业务成本
朔城区	1049307	849693
平鲁区	2209419	1404930
山阴县	1142415	844249
应 县	526549	471577
右玉县	305856	178584
怀仁县	1776914	1352372
开发区	417247	300610

主要经济指标(2015)年

单位:万元

资产总计	流动资产合计	固定资产合计
2328571	675804	1213744
10105999	1738533	7491915
5233242	2213716	1515325
370922	192655	113848
1946186	685983	1020804
2175650	897585	1050527
1254878	497797	230213

表 1

单位:万元

所有者权益合计	实收资本
763770	629187
3508349	2681810
1226605	625659
197991	93628
350734	308325
333709	244262
282742	216878

表 2

单位:万元

主营业务税金及附加	管理费用
18600	58702
10943	160701
56770	62531
5155	15812
11276	41526
23183	55199
10906	15990

15-25 **续**

县　区	财务费用	利息收入	营业利润
朔城区	32248	2275	-29181
平鲁区	194149	7342	-499186
山阴县	85088	176	-107351
应　县	4128	144	18617
右玉县	44308	312	-58
怀仁县	35956	1605	290324
开发区	8661	268	4872

15-25 **续**

县　区	亏损企业 亏损总额	利税总额
朔城区	93805	41484
平鲁区	544624	-391774
山阴县	139376	-2644
应　县	287	31951
右玉县	29675	32355
怀仁县	69929	495913
开发区	1715	34772

15-25 续表 5

单位:万元

县　区	产品销售率(%)	从业人员平均人数 (人)
朔城区	100.90	10459
平鲁区	99.69	25299
山阴县	96.08	12649
应　县	89.54	8423
右玉县	83.25	5783
怀仁县	97.17	25133
开发区	105.71	4000

表 3

单位:万元

利润总额
-27504
-486417
-108402
18932
2712
290416
5839

表 4

单位:万元

本年应交增值税	总资产贡献率(%)	资产负债率(%)	流动资产周转率(次/年)	成本费用利润率(%)
49457	301	67.2	1.58	-2.58
19884	-2.02	65.28	1.29	-18.42
48936	1.37	74.69	0.53	-8.81
7656	9.42	44.73	2.75	3.74
18361	3.71	82.77	0.45	0.91
182314	24.21	84.66	1.98	19-82
17770	3.34	77.47	0.84	1.46

15-26 私营工业企业

县　区	企业单位数(个)	亏损企业	工业总产值(当年价格)	工业销售产值(当年价格)
朔城区	10	4	2114778	2055744
平鲁区	9	6	676959	607242
山阴县	30	13	3133685	2980342
应　县	26	1	4140392	3765289
右玉县	10	6	724470	660353
怀仁县	61	9	13851052	13836335
开发区	5	2	486298	470150

15-26 续

县　区	负债合计	所有者权益合计	主营业务收入	主营业务成本
朔城区	3714689	1065635	3151947	2864295
平鲁区	2765454	539381	608795	474514
山阴县	3947681	3158480	2741045	2372446
应　县	1007500	1664164	3548098	3212927
右玉县	3512893	2161103	718412	550578
怀仁县	2904507	3089885	13819848	10205601
开发区	439742	174751	629410	605310

15-26 续

县　区	亏损企业亏损总额	利税总额	本年应交增值税	总资产贡献率(%)
朔城区	164647	-47592	43801	0.43
平鲁区	101073	28568	43925	1.96
山阴县	173593	148932	90784	2.90
应　县	1396	221223	63224	8.56
右玉县	216998	-81599	53746	0.26
怀仁县	39021	4947486	1470152	82.96
开发区	17088	723	11957	0.85

主要经济指标(2015)年

单位:千元

资产总计	流动资产合计	固定资产合计	固定资产原价	累计折旧
4780326	2510153	1786155	2147832	410147
3304836	927402	2120194	2771925	651731
7106165	1867611	3448200	3510099	924919
2741800	1274999	924066	1188108	353662
5673997	3228475	2227518	2672991	1100948
5994392	2872263	2302051	2643540	558200
614493	393381	110554	140850	35631

表 1

单位:千元

主营业务税金及附加	管理费用	财务费用	利息支出	利润总额
21240	94522	68430	68925	-112633
22891	68825	39214	36505	-38360
82286	133237	66677	57587	-24138
17113	96277	24631	14764	138816
29301	133117	133777	97368	-164710
21386	69995	25555	25855	3455948
250	19859	11080	4496	-13951

表 2

单位:千元

资产负债率(%)	流动资产周转率(次/年)	成本费用利润率(%)	产品销售率(%)	从业人员平均人数(人)
77.71	1.26	-3.46	97.21	2000
83.68	0.66	-6.08	89.7	1246
55.55	1.47	-0.90	95.11	4264
36.75	2.81	4.05	90.94	5463
61.91	0.22	-19.24	91.15	2273
48.45	4.81	33.41	99.89	7638
71.56	1.60	-2.16	96.68	726

15-27 国有控股工业

县区	企业单位数(个)	亏损企业	工业总产值(当年价格)	工业销售产值(当年价格)
朔城区	14	8	6788753	6910955
平鲁区	16	8	19304082	19295693
山阴县	13	9	6845733	6659011
应县	2	0	313040	259990
右玉县	6	2	2707400	2187488
怀仁县	14	7	5522208	4983089
开发区	2	0	3612339	3863884

15-27 续

县区	负债合计	所有者权益合计	主营业务收入	主营业务成本
朔城区	11012019	5856894	6862771	5209859
平鲁区	54146122	31326581	19096694	11670660
山阴县	33291232	7235617	7696089	5291771
应县	243857	45476	259990	252982
右玉县	12454690	1140293	2228412	1138470
怀仁县	15400171	92690	3795217	3252576
开发区	9219738	2616667	3521427	2384272

15-27 续

县区	亏损企业亏损总额	利税总额	本年应交增值税	总资产贡献率(%)
朔城区	732180	468797	440488	4.01
平鲁区	5174023	-3928015	96033	-2.74
山阴县	1183322	-248307	375419	1.00
应县	0	8152	2921	2.98
右玉县	74368	404785	125542	5.25
怀仁县	660267	-75751	336166	1.33
开发区	0	346186	165291	3.49

企业主要经济指标(2015)年

单位:千元

资产总计	流动资产合计	固定资产合计	固定资产原价	累计折旧
16868913	3663064	9417766	18707470	9302122
85472703	12828432	65077993	69921749	27003636
41423475	19369792	10840811	12869508	3301286
289333	228163	3546	3546	2856
13440302	3470174	7813495	9279977	1736738
15492861	5861659	8183777	10631053	3450975
11836405	4515314	2175576	3085399	903869

表 1

单位:千元

主营业务税金及附加	管理费用	财务费用	利息支出	利润总额
151919	450087	243196	229159	-132926
34892	1347235	1633641	1649774	-4696996
464903	406879	755942	665196	-1088629
895	650	466	466	4336
82800	274832	307438	303223	196443
208429	468987	334023	297886	-620346
108384	137081	75265	69246	72394

表 2

单位:千元

资产负债率(%)	流动资产周转率(次/年)	成本费用利润率(%)	产品销售率(%)	从业人员平均人数(人)
65.28	1.91	-1.92	101.80	7818
63.35	1.51	-20.14	99.96	17790
80.37	0.40	-13.05	97.27	6004
84.28	1.14	1.7	83.05	213
92.67	0.65	9.83	80.80	3160
99.4	0.65	-14.71	90.24	17169
77.89	0.78	2.17	106.96	3214

15-28 大中型工业

县区	企业单位数(个)		工业总产值(当年价格)	工业销售产值(当年价格)
		亏损企业		
朔城区	11	7	4041831	4003262
平鲁区	12	6	19767314	19743250
山阴县	12	7	7284011	7041455
应　县	12	0	2124127	1861319
右玉县	6	5	2186219	1642288
怀仁县	16	8	5472557	4945930
开发区	2	0	3612339	3863884

15-28 续

县区	负债合计	所有者权益合计		
			主营业务收入	主营业务成本
朔城区	8277080	4264134	3957352	3458742
平鲁区	50409171	31021289	19530088	12312435
山阴县	29391490	9518787	7843903	5260842
应　县	335016	506443	1754477	1459932
右玉县	11235023	1699100	1766165	989846
怀仁县	14567576	396129	3715605	3135768
开发区	9219738	2616667	3521427	2384272

15-28 续

县区	利税总额	本年应交增值税	总资产贡献率(%)	资产负债率(%)
朔城区	-187471	228916	-0.13	66.00
平鲁区	-3197893	147322	-2.09	61.90
山阴县	-51704	404365	1.34	75.54
应　县	144248	25980	19.39	39.81
右玉县	59556	168018	2.04	86.86
怀仁县	-10471	322183	1.37	97.35
开发区	346186	165291	3.47	77.89

企业主要经济指标(2015)年

资产总计	流动资产合计	固定资产合计	固定资产原价	累计折旧
12541214	3308600	6145342	11665963	5520776
81430460	12554727	63979859	67539650	26285586
38910278	19427350	9470427	10747314	3144307
841460	407026	346117	412770	82623
12934124	5443370	5565755	6796331	1972312
14963705	6217184	6723109	8951344	3191754
11836405	4515314	2175576	3085399	903869

表 1

主营业务税金及附加	管理费用	利润总额	亏损企业亏损总额
155229	450332	-578901	696327
70121	1422923	-4053371	4110984
426153	430360	-882754	1025248
30367	77158	85831	0
103345	336612	-211807	255047
213976	500107	-546630	674741
108384	137081	72394	0

表 2

流动资产周转率(次/年)	成本费用利润率(%)	产品销售率(%)	从业人员平均人数(人)
1.22	-13.19	99.05	8291
1.58	-17.55	99.88	22759
0.40	-10.65	96.67	7615
4.31	5.25	87.63	4913
0.32	11.33	75.12	4545
0.60	-13.44	90.38	19602
0.78	2.17	106.96	3214

15-29 财政收支总额(2015 年)

单位:万元

县 区	一般预算收入	# 企业所得税	# 增值税
全 市	543000	29144	99140
朔城区	89059	2466	8827
平鲁区	59476	2028	5885
山阴县	64673	4122	12137
应 县	16336	1007	1543
右玉县	29134	2244	4200
怀仁县	54499	3832	11135
开发区	20099	1243	2372

县 区	一般预算支出	# 一般公共服务	# 教育事业费	# 社会保障和就业
全 市	1382931	122066	260394	144630
朔城区	236706	18971	48896	23634
平鲁区	188388	16403	29478	25143
山阴县	168925	11825	35524	17693
应 县	160365	9661	38892	27405
右玉县	132950	9771	20436	10064
怀仁县	169782	13480	39427	17917
开发区	31920	3848	4767	437

16

附　录

坚定不移推进“两大任务”为实现全面建成小康社会目标努力奋斗

——在中国共产党朔州市第六次代表大会上的报告

王安庞

（2016年10月17日）

各位代表、同志们：

现在，我代表中国共产党朔州市第五届委员会向大会报告工作，请予审议，并请列席人员提出意见。

中国共产党朔州市第六次代表大会，是在“十三五”规划开局之年、全面建成小康社会进入决胜阶段召开的一次十分重要的会议。大会的主题是：以习近平总书记系列重要讲话精神为指引，在中共山西省委的坚强领导下，动员和组织全市各级党组织、广大党员和人民群众，艰苦奋斗、迎难而上，持续用力、久久为功，坚定不移推进经济结构优化和发展质量提升“两大任务”，为实现全面建成小康社会宏伟目标而努力奋斗。

一、回顾五年工作，坚持继往开来，增强全面建成小康社会的信心决心

过去的五年，是我们在曲折征程中求索、在困难逆境中前行、在创新奋进中突破的五年。面对前所未有的风险挑战和艰巨繁重的改革发展稳定任务，五届市委在党中央和省委的坚强领导下，认真贯彻党的十八大和十八届三中、四中、五中全会精神，坚持全面从严治党，认真履行把方向、管大局、作决策、保落实的重大职责，团结带领全市人民，统筹推进经济、政治、文化、社会、生态文明建设，完成了市第五次党代会确定的各项目标任务。尤其是市委作出推进“两大任务”、突出“五个重点”、打造“五大基地”、提升“四率”水平、实现“一超”目标、建设美丽朔州和“塞上明珠”的战略部署，描绘了朔州发展的新蓝图，开辟了朔州发展的新境界，集聚了朔州发展的新势能，全市上下呈现出人心思上、干事创业、安定和谐、团结进取的良好局面。

五年来，我们高举伟大旗帜、增强政治定力，用科学理论武装头脑、指导实践的自觉性和坚定性显著增强。始终把学习贯彻习近平总书记系列重要讲话精神作为重大政治任务，充分发挥各级中心组集中学习的引领、示范和带动作用，创新学习方式，丰富实践载体，在深度和广度上持续推动系列讲话精神入脑入心、落地生根。集中开展党的群众路线教育实践活动和“三严三实”专题教育，扎实推进“两学一做”学习教育，不断深化“右玉精神在朔州”活动，使广大党员干部更加坚定了对中国特色社会主义的道路自信、理论自信、制度自信和文化自信，政治意识、大局意识、核心意识、看齐意识进一步强化，贯彻落实中央和省委重大战略方针和重要决策部署的坚定性进一步增强，分析解决具体问题、谋划推动实际工作的能力和水平进一步提高。

五年来，我们转变发展方式、加快改革开放，科学发展的动力和活力显著增强。坚持稳中求进工作总基调，积极引领经济发展新常态，发展质量、发展能力和发展水平全面提升。经济总量持续扩大，主要指标稳定增长，地区生产总值累计完成4793.1亿元，是“十一五”的近2倍，年均增长7.3%；固定资产投资累计完成3612.3亿元，是“十一五”的3.2倍，年均增长24.6%；城乡居民人均可支配收入2015年分别达到27500元和10816元，年均以9.4%和12.9%的速度递增，超出同期全省平均水平。产业结构不断优化，一二三次产业比例从2010年的6:56.6:37.4调整为2015年的6.2:45.1:48.7，第三产业的比重超过了第二产业。“五大基地”产业规模不断扩大，特色更加鲜明且成果显著。煤矿标准化建设走在全省前列，煤炭生产、洗选、外运能力位居全省第一。电力发展势头迅猛，已并网发电和在建的电厂总装机规模达到1610.9万千瓦，其中，风力发电和光伏发电等新能源装机规模达到406.5万千瓦，近三年新开工建设和并网发电的装机规模占到建市以来电源点建设总装机规模的60%以上，蒙西至天津南、晋北到江苏南京两条特高压电力外送通道正在加快建设，一个真正意义上的“亿吨级煤炭、千万千瓦级电力”的综合能源基地已经形成。工业固废综合利用走在全国前列，年消化工业固废3400万吨，综合利用率达到64%，连续四年成功举办“亚洲粉煤灰及脱硫石膏处理与利用技术国际交流大会”，我市被国家工信部和国家发改委确定为全国工业固废综合利用示范基地、全国工业绿色转型试点城市和全国资源综合利用“双百工程”示范基地。陶瓷产业稳步发展，已拥有70家企业128条生产线，产能达到18.5亿件，成为国内较大的日用陶瓷生产基地之一。特色农业发展成果显著，农产品加工业快速壮大，雁门关生态畜牧经济区“领头雁”工程和核心区建设步伐加快，奶牛存栏量、鲜奶产量、肉羊出栏量、人均畜产品占有量、农民人均牧业纯收入五项指标持续保持全省第一，我市被国家农业部确定为全国唯一的草牧业发展试验试点市。转型综改试验区建设扎实推进，行政审批制度、煤炭管理体制、企业用电制度、农村土地承包经营权等一批重点领域和关键环节改革取得突破性进展。

制定实施促进金融振兴、推进科技创新、加快民营经济发展的实施意见和年度行动计划，银行业金融机构由7家发展到18家，存贷比达到47%，比2010年提高了19.56个百分点，金融服务地方经济的能力显著增强；全市注册登记的私营企业、个体工商户、农民专业合作社总量达到8.5万户，从业人员达到43万人，成为推动经济发展的重要力量。五年签约招商引资项目726个，吸引外来投资2394亿元。“朔州企业家投资在朔州”活动扎实开展，投资额达到1354亿元，发展活力和内生动力进一步增强。

五年来，我们推进民主政治、发展先进文化，法治建设的社会基础和精神文化的激励作用显著增强。全市各级领导干部依法行政、支持司法、带头学法守法用法的良好氛围逐步形成，依法行使地方立法权的准备工作有序开展，法治朔州建设引向深入，我市被评为全国“六五”普法中期先进市。各级人大、政府、政协职能作用充分发挥，统一战线工作扎实有效，社会主义民主政治不断加强，协商民主不断扩大。党校干部教育培训的主阵地作用和工会、共青团、妇联等人民团体的桥梁纽带作用得到新增强，民族、宗教、外事、对台等工作取得新进步。党管武装工作进一步加强，国防动员和后备力量建设水平稳步提升，军民融合发展成效突出，我市被命名为全国双拥模范城。意识形态工作深入推进，社会主义核心价值观深入人心，第二批国家公共文化服务体系示范区成功创建，市县乡村四级公共文化服务体系健全完善，市图书馆、市博物馆、市新闻大楼等一批重大文化设施投入使用，全市上下干事创业的正能量和精气神不断汇聚。

五年来，我们注重城乡统筹、加快生态建设，区域发展的承载力和影响力显著增强。城乡一体化发展加快推进，城镇化水平不断提高。《朔州市城市总体规划（2015-2030）》获批实施，“五城联创”工作卓有成效，“一山两河一湖”城市生态体系正在形成，以七里河综合治理、大西高铁朔州段、民用机场、市科技馆、朔州大医院等为重点的一批重大基础设施建设和民生项目扎实推进，中心城市功能日趋完善，城市品位不断提升，国家园林城市创建成功。有效加强大气、水污染防治，实施燃煤电厂超低排放改造，环境质量明显改善。全面铺开农村人居环境整治，大力开展生态修复和采煤沉陷区治理，不断加快农村困难家庭危房改造，农村面貌显著改善。植绿兴水工程成效明显，森林覆盖率达到24%，比“十一五”末提高5.98个百分点，全国“三北”防护林工程建设现场会在平鲁区召开。节能降耗成效突出，单位GDP能耗以每年3.9%的速度下降，塞外朔州变得更加宜居、更加美丽。

五年来，我们突出民生为本、维护安全稳定，全市人民的满意度和幸福感显著增强。公共财政用于民生领域的支出不断增加，占到一般公共预算支出的80%以上。教育质量和水平稳步提升，“两基”工作受到国务院表彰。医疗卫生事业健康发展，医改工作全面推进。覆盖城乡的社会保障体系基本建立，我市被国家人社部列为全民参保登记试点市。就业创业工作扎实开展，“双稳定”农民增收工程稳步实施。精准扶贫精准脱贫工作成效明显，11.8万贫困人口实现脱贫。平安朔州建设持续深入，我市连续11年被表彰为全省社会治安综合治理先进市，被评为全国社会治安综合治理优秀市。安全生产形势持续好转，信访维稳形势总体平稳，社会大局和谐稳定。

五年来，我们全面加强党的建设、推进从严治党，各级党组织和广大党员干部的凝聚力和战斗力显著增强。“抓好党建是最大政绩”的理念进一步确立，全面从严治党持续深入推进，“两个责任”层层传递压实。党章意识进一步强化，民主集中制深入贯彻，党内政治生活的政治性、时代性、原则性、战斗性不断增强，党员干部思想政治建设扎实有效。严格执行新时期好干部标准，各级领导班子和干部队伍建设取得新成效，市人大、市政府、市政协和县乡两级领导班子换届工作圆满完成。全面推进基层党的建设，第十届农村“两委”换届和社区换届顺利完成。右玉县委荣获全国“人民满意的公务员集体”荣誉称号。坚持把纪律挺在前面，特别是把政治纪律和政治规矩摆在首位，一年一个主题，持续开展纪律作风教育整顿活动，纠正“四风”突出问题，推动中央八项规定精神在朔州落地生根，党员和干部作风持续好转。保持反腐败斗争高压态势，全市共立查案件3596件，给予党政纪处分3576人。严肃整治侵害群众利益的腐败问题和不正之风，深入开展乡村虚报冒领、套取骗取涉农资金自查自纠和分类处理工作，省委给予充分肯定，工作经验在全省推广。全市上下形成了风清气正、团结干事、担当尽责的良好氛围。

五年的成绩来之不易。这些成绩的取得，离不开党中央和省委的坚强领导、亲切关怀。特别是习近平总书记先后三次对右玉精神作出重要批示指示，对我们在新的起点上做好各项工作给予巨大鼓舞，必将为我们全面建成小康社会注入强大的精神动力！这些成绩的取得，离不开历届市委的励精图治、不懈奋斗。建市27年来，历届市委始终秉持正确政绩观和科学发展观，一任接着一任干，坚持人民至上、久久为功，使朔州从资源依赖的发展模式逐步实现向创新驱动转型破题，使一座彰显自然生态精致宜居魅力的现代化城市屹立于塞北大地！这些成绩的取得，离不开全市人民的勤劳智慧、拼搏实干。在推进朔州发展进程中，全市各级党组织、广大党员和人民群众面对前所未有的压力、困难和挑战，同心同德、负重前行、埋头苦干，破解了一道道难题，应对了一次次挑战，取得了一个又一个成就，不断汇聚起加快朔州发展的磅礴力量！在此，我谨代表五届市委，向奋战在全市各条战线上的广大党员和干部群众，向所有关心、支持朔州改革发展稳定的各界人士，表示衷心的感谢并致以崇高的敬意！

五年的经验弥足珍贵。五年的探索实践，使我们深切体会到：始终坚持贯彻中央、省委重大决策部署与做好朔州工作紧密结合，下足“转化”功夫，这是把握正确发展方向、增强发展实效性和科学性的首要前提；始终坚持以积极进取、迎难而上的精神状态推动工作，这是战胜风险挑战、推动经济稳步向好的关键所在；始终坚持重点突破与整体推进统筹兼顾，在整体推进中突出攻坚重点，以重点突破带动全面提升，这是坚持以辩证唯物主义指导工作实践、加快各项事业发展的基本方法；始终坚持人民利益至上的发展观，以经济建设为中心，主动践行发展新理念，保持政策的稳定性和工作的连续性，多做打基础、利长远、惠民生的实事，这是牢固树立并自觉践行正确政绩观、实现经济社会持续健康发展的重大原则；始终坚持伟大事业与伟大工程有机统一，围绕发展抓党建，抓好党建促发展，全面构建良好政治生态，促进朔州振兴崛起，这是确保改革发展顺利推进、全面建成小康社会的政治保证。

在充分肯定成绩的同时，我们也必须清醒地看到，朔州的发展和市委的工作还有不少差距和不足，主要表现是：稳定经济增长任务艰巨，“一煤独大”、“一企独大”的结构性矛盾依然突出，经济发展缺乏多元支撑，转型升级面临的挑战异常严峻；民生事业欠账较多，城乡差距比较明显，精准脱贫攻坚、统筹城乡发展的任务非常艰巨；科技支撑不足，创新人才缺乏，开放程度不高，金融创新力度不大，民营经济基础薄弱，发展动力活力有待进一步增强；生态环境脆弱，节能减排和环境保护任务繁重，协调、绿色、可持续发展任重道远；安全生产仍然存在诸多隐患，社会稳定工作还有很多薄弱环节，保障发展的环境亟待优化；落实管党治党责任体系仍需进一步加强，责任层层传导、有效衔接的运行机制还不完善，部分干部精神不振，能力不足“不能为”、动力不足“不想为”、担当不足“不敢为”等问题比较突出，对困难、挑战、风险的抗压能力普遍不强，抓经济建设的精力和注意力不集中，领导发展的能力亟待提升，等等。对此，我们一定要高度重视，采取更加有力的措施，认真加以解决。

不忘本来，才能开创未来。朔州是伴随着改革开放应运而生的年轻城市，朔州人民具有不怕困难、不畏艰险、不甘落后的坚韧品质。只要我们增强信心，坚定前行，就一定能够使朔州在全面建成小康社会的新征程中赢得主动、赢得优势、赢得未来！

二、科学研判形势，明确目标任务，坚定全面建成小康社会的主攻方向

未来五年，我们工作的主攻方向，就是实现朔州与全省全国一道步入全面小康社会。实现这一目标，既面临着前所未有的困难和不利因素，更面临着千载难逢的机遇和有利条件。站在新起点，肩负新使命，直面新挑战，我们必须坚持党的领导不动摇，坚持党要管党、从严治党，总揽全局、协调各方，充分发挥党的领导核心作用，切实加强对经济、政治、文化、社会和生态文明建设的全面领导，有效调动广大党员干部干事创业的积极性、主动性和创造性，努力建树加快改革发展的新作为；必须把握正确方向不动摇，始终不渝坚持党的基本路线这个国家的生命线、人民的幸福线，按照中央“五位一体”总体布局和“四个全面”战略布局的总方略和省委“一个指引、两手硬”的重大思路和要求，自觉践行创新、协调、绿色、开放、共享的新发展理念，理直气壮抓发展第一要务，坚定不移全面构建良好政治生态，努力开辟各项事业发展的新境界；必须增强发展自信不动摇，依托煤炭资源丰富、产业特色鲜明等基础优势，立足建市时间短、发展后劲大等后发优势，充分发挥国家将朔州确定为成长型资源城市、煤电基地骨干城市、草牧业发展试验试点市等政策优势，巩固扩大一系列主题实践活动和作风建设成果，珍惜用好右玉精神这一宝贵政治资源和精神财富，砥砺意志、提振信心、鼓舞士气，努力再创朔州发展的新辉煌；必须继续解放思想不动摇，坚持问题导向，强化问题意识，自觉置身全省全国发展的大背景中审视自身差距，从煤炭依赖、政府依赖、路径依赖的惯性思维中解放出来，全力营造干事创业环境，不断激发创新创造活力，努力实现经济社会发展的新跨越。今后五年，市委工作的指导思想是：高举中国特色社会主义伟大旗帜，深入学习贯彻习近平总书记系列重要讲话精神，按照“四个全面”战略布局，围绕省委“一个指引、两手硬”的重大思路和要求以及“塑造山西美好形象，实现山西振兴崛起”的总体部署，进一步突出“两大任务”工作主题，坚持稳中求进工作总基调，主动适应经济发展新常态，自觉践行发展新理念，坚持改革开放，加快转型升级，维护和谐稳定，从严管党治党，团结带领全市人民，大力传承和弘扬右玉精神，统筹推进经济、政治、文化、社会和生态文明建设，全面加强党的建设，为实现全面建成小康社会宏伟目标而努力奋斗。

根据这一指导思想，未来五年朔州的发展要体现“五个更加突出”、“走出五条新路”。

——更加突出创新驱动，走出资源型地区转型升级、振兴崛起的新路。坚定不移地加快理念创新、科技创新、机制创新、产业创新、路径创新、模式创新，确保重点领域和关键环节改革取得突破性进展，支撑资源型经济转型的政策体系和创新机制基本建立，创新型城市建设稳步推进。“五大基地”建设实现重大突破，体现煤炭产业循环率的原煤入洗率、煤炭就地转化率、固废综合利用率指标分别达到100%、30%和95%以上，新兴产业占比率达到33%，新的经济增长点不断涌现，多元支撑的发展格局基本形成。经济总体实力和竞争力全面提升，地区生产总值达到1340亿元，比2010年翻一番，年均增长7%以上；城乡居民人均可支配收入分别达到38600元、15200元，比2010年翻一番，超过全国平均水平。

——更加突出均衡协调，走出农牧交错地区城乡一体、统筹联动的新路。统筹推进信息化、农业现代化、新型工业化，加快城乡一体化进程，中心城市功能完善，县域发展作用凸显，重点镇和新农村特色鲜明，园区集聚作用明显增强，常住人口城市化率达到60%以上。实现现行标准下的农村贫困人口全部稳定脱贫，省级扶贫开发工作重点县平鲁区、山阴县于2017年底摘帽，国家扶贫开发工作重点县右玉县于2019年底摘帽。农村居民收入增速高于城镇居民，城乡居民收入差距进一步缩小，确保整体进入全面小康。

——更加突出绿色低碳，走出生态脆弱地区青山绿水、环境友好的新路。牢固树立绿色发展理念，持续改善生态环境，绿化覆盖率达到38.5%，生态绿色体系基本形成。大幅提高能源资源使用效率，单位GDP能耗年均下降3.2%，大气、水、土壤污染治理取得新成效，生态和环境突出问题得到有效解决，空间格局绿色化、生产方式低碳化、人与自然和谐化逐步彰显。

——更加突出开放开发，走出内陆地区合作共赢、跨越赶超的新路。坚持“走出去”与“引进来”相互促进，对先进地区产业转移的承接能力显著增强，本地优势产品参与市场竞争的能力明显提高，开放型经济发展取得重大进展。进一步优化发展环境，对外开放吸引力、影响力、竞争力明显提升，全面开放、深度融合、合作共赢的成效日益凸显，经济发展跨越赶超的动力日趋强劲。

——更加突出共建共享，走出欠发达地区共同富裕、文明和谐的新路。大力推进基本公共服务均等化，人民群众幸福指数持续提升，社会主义核心价值观贯穿于社会生活的方方面面，市民文明素质和社会文明程度明显提高。进一步完善公共文化服务体系，文化创新能力显著增强，文化事业文化产业繁荣发展。民主法治体系更加健全，社会治理体系更加完善，公共安全基础更加牢固，全民的政治、经济、文化和社会权益得到切实保障，社会更具创造性、发展更具普惠性、人民更有获得感。

宏伟目标昭示着美好未来。只要我们坚定正确前进方向，在全国竞相发展和山西振兴崛起的大格局中保持定力、精准发力、持续用力，朔州就一定会焕发出勃勃生机，谱写出新的时代篇章！

三、着力改革创新，狠抓第一要务，夯实全面建成小康社会的经济基础

发展是党执政兴国的第一要务，是解决一切问题的基础和关键。我们要始终坚持以经济建设为中心不动摇，致力改革开放，实施创新驱动，加快转型升级，推动朔州经济稳步向好、振兴崛起。

激发改革创新新动力。充分发挥转型综改试验区建设的牵引作用，抓住创新这个灵魂，用改革破解经济社会发展难题。要以煤炭供给侧结构性改革为引领，推进全面深化改革。在朔州，推进供给侧结构性改革的重中之重就是推进煤炭供给侧结构性改革，要按照《朔州市煤炭供给侧结构性改革实施意见》，抓住市场倒逼结构调整的机遇，优化煤炭政策环境，加大煤企改革力度，加快行业创新步伐，推动煤炭安全生产、高效利用、清洁消费。以此为突破，落实“三去一降一补”重点任务，推进政府职能转变、矿产资源配置市场化、电力体制改革、财政金融体制机制创新、“两个平台”建设、文化旅游产业体制机制改革等一批重点领域和关键环节的改革，统筹推进经济、政治、文化、社会、生态文明和党的建设六大领域的改革，以改革动力促进经济发展。要以理念创新和观念更新为先导，实施创新驱动战略。坚持用创新思维分析问题，用创新办法解决问题，用创新措施破解难题，推进大众创业、万众创新，激发全社会创造活力和创新潜能。加快创新平台建设，推进科技创新，用高新技术催生新兴产业；坚持企业的创新主体地位，健全完善促进企业发展的政策、机制和措施，推动民营企业数量和质量“双增强”；推进人才创新，培育本地人才，积极引进人才，创新人才培养、引进激励机制；加快开放创新，抓住国家实施“一带一路”、京津冀协同发展、环渤海地区合作发展战略的机遇，既推动产品“走出去”，又加快项目资金“引进来”，主动承接珠三角、长三角、京津冀产业转移，持续深化“朔州企业家投资在朔州”活动，以创新活力厚植区域发展新优势。

完善产业结构新体系。立足实现结构优化和质量提升，认真做好煤与非煤“两篇文章”，努力完善产业结构新体系。要做优一产。大力推动粮经饲统筹、农林牧结合、种养加一体化，构建特色现代农业产业体系。突出奶牛和肉羊养殖两个重点，大力推广恒天然奶牛养殖管理模式和怀仁南小寨肉羊养殖产业化模式，加快推进雁门关生态畜牧经济区“领头雁”工程和核心区建设，打造全国农牧交错带结构调整先行区。以现有农产品加工体系为基础，做大做强鲜奶、肉制品、小杂粮、马铃薯、牧草、蔬菜、中药材等精深加工，不断拓宽、延伸产业链条，提高农产品附加值。发展品牌农业，扩大我市优质农产品在全省乃至全国的知名度和市场占有率。要做强二产。稳住煤炭工业的基本面，加快煤炭产业转型升级，推进煤电一体、煤化工、煤炭清洁利用、煤炭共伴生资源研发利用；加快蒙西至天津南、晋北到江苏南京两条特高压电力外送通道建设，着力推进电力体制改革，大力发展高载能低污染产业；加快发展循环经济，充分利用北京大学研发中心以及亚洲粉煤灰年会平台，做大做强煤矸石发电、煤矸石建材、粉煤灰综合利用、脱硫石膏综合利用四大产业集群；推动陶瓷产业发展壮大，筹建陶瓷职业技术学院，提升产业创新支撑力，引进工业瓷、建筑瓷、艺术瓷等项目，加快建设高档陶瓷项目群，推动陶瓷工业产品向高附加值、高技术含量的品牌方向发展；大力发展新能源、新材料、装备制造、节能环保、食品加工、生物医药等产业，加快战略性新兴产业发展步伐。要做大三产。全方位支持促进服务业发展，加快科技信息、现代物流等生产性服务业，商贸服务、健康养老等生活性服务业和电子商务、创意设计、服务外包、金融等新兴服务业发展，推动生产性服务业向专业化和价值链高端延伸、生活性服务业向精细化和高品质转变，形成新的支柱产业，培育新的经济增长点。坚持把文化旅游摆在重要的发展战略位置，以“边塞文化”为核心，以“塞外风情”为特色，进一步完善提升旅游发展规划，挖掘历史文化，包装旅游项目，引进战略合作者，搭建旅游投融资平台。积极推进应县木塔申报世界文化遗产工作，全力提升右玉国家级全域旅游示范区的品质，大力推动崇福寺、杀虎口、大广武、金沙滩、乌龙洞等旅游景区升级提档，加快形成独具特色的朔州旅游品牌，不断推进旅游产业发展壮大。

打造经济发展新高地。以“五大基地”建设为引擎，按照园区化承载、项目化实施、集群化推进的思路，上项目、增投资、强后劲，补足产业发展短板，打造经济发展高地。一方面，加大项目投资力度。以市场为导向，以科技为引领，牢固树立“抓项目就是抓发展”的工作理念和“以项目促发展”的工作导向，在传统产业上稳定煤炭、发展电力，以现代煤化工产业为突破，重点加快山西晋北（朔州）现代煤化工基地建设步伐，对接推动阳煤、潞安、晋煤、中煤平朔、中煤华昱、北京神雾集团等大型现代煤化工项目建设，积极支持中美新能源公司的粉煤加氢快速热解中试；在非煤产业上拓展领域、增加内容，在招商引资上求突破，重点加快各类非煤工业和现代服务业项目落地，实现数量和质量“双提升”；在现代农业上突出草牧业、强化加工业，在发展特色农业上求突破，重点推进全国草牧业试验试点市建设。另一方面，发挥园区集聚效应。加快开发区管理体制和运行机制的改革，探索“一区多园”模式，发展“飞地经济”，真正发挥其在全市经济发展中的改革试验田和开放排头兵作用。坚持规划、建设和管理“三同步”，重点推动朔州市固废工业园、朔城区富甲工业园、平鲁区东露天循环经济园和北坪工业园、山阴县北周庄工业园、怀仁县现代医药园和陶瓷工业园、应县新型产业科技园、右玉县梁威工业园等园区上档升级，争创省级乃至国家级园区，全力打造项目集中布局、产业集群发展、土地集约利用、功能集成配套的产业发展新高地。

构建城乡一体新格局。坚持中心城市、县城、园区、特色镇、新农村整体推进，城乡规划、基础设施、产业发展、生态建设、公共服务同步实施，突出城市现代化、农村城市化、农民市民化、城乡文明化，强化产业支撑、基础设施支撑、文化设施支撑、社会保障支撑，确保城乡居民就业有岗位、文化有设施、居住有条件、生活有保障，不断提高区域经济社会发展的全面性、协调性和可持续性。要推进中心城市建设。加快朔城区、平鲁区同城化步伐，推进基础设施提升、城市安居、“城中村”改造、城市环境提质“四大工程”，继续实施“五城联创”工程，大力提升市民文明素质，扎实推进大西高铁朔州段和高铁站、民用机场、朔州大医院、科技馆、奥林匹克中心、会展中心、右平高速、东北环城高速和机场快速通道等重大基础设施建设，完善城市功能，提升城市品位，增强辐射带动力。要加快县域经济突破。坚持统筹规划、分类指导，依托优势创特色，挖掘优势造特色，错位发展争特色，做大做强县域经济。支持怀仁撤县设市。推动县（区）和开发区分别打造形成2–3个链条比较长、带动能力强的特色产业，吸纳劳动就业，实现产业富民，促进强县与富民“双赢”。要全力建设美丽乡村。坚持因地制宜、突出特色，分类指导、分步实施，完善基础设施，提升公共服务，积极推进农村人居环境改善工程，加快建设美丽宜居乡村和新农村示范村，确保既“留得住乡愁”，又实现家园美、田园美、生态美、生活美。

资源型和欠发达是朔州经济的现实写照，除了改革，别无选择；唯有转型，才是出路。我们必须理直气壮抓发展，坚定不移推改革，持之以恒促转型，致力破除“因煤而兴、因煤而困”的“魔咒”，努力实现朔州经济的攻坚突围、浴火重生！

四、突出以人为本，注重民生优先，凝聚全面建成小康社会的强大合力

让全市人民过上好日子，是我们为之奋斗的终极目标。要始终把人民放在心中最高位置，坚持以人民为中心的发展思想，顺应人民群众对美好生活的向往，不断把为人民造福事业推向前进。

要惠民生，发展各项社会事业。加快推动义务教育均衡发展，普及高中阶段教育，大力发展职业教育，统筹推进科技、医疗、卫生、文化、体育、公共交通等社会事业，加大食品安全监管力度，扎实推进保障性住房建设，加快农村危房改造，有效增加公共产品和公共服务供给。坚持把促进就业创业放在优先位置，加快形成大众创业、万众创新的局面。健全和完善统筹城乡的社会保障体系，全面实施城乡居民大病保险制度，大力发展慈善事业，促进发展残疾人事业，认真做好社会救助工作。牢固树立“没有全民健康就没有全面小康”的“大健康”理念，始终把人民健康放在优先发展的战略地位，全方位、全周期保障人民健康，推进“健康朔州”建设。

要帮民富，实施精准脱贫攻坚。尽非常之责、用非常之策、举非常之力，把脱贫攻坚作为重大政治任务和第一民生工程，不以事艰而不为，不以任重而畏缩，按照“分片包干、责任到人”的要求，以“精准脱贫右玉攻坚行动”为突破，严格落实产业项目扶贫、种养结合脱贫、扶智助教治贫、医疗救助济贫、生态补偿减贫等“十大措施”，大力实施“双稳定”农民增收工程，做到真扶贫、扶真贫、真脱贫。教育和引导贫困群众树立摆脱贫困的信心和志向，力除“精神贫困”，自力更生改变贫困落后面貌，努力实现全市人民与全省全国人民同步迈入全面小康社会。

要聚民心，增强全民文化自信。民族复兴的核心在于民族文化的复兴。文化自信积淀着中华民族最深层的精神追求，代表着中华民族独特的精神标识。要坚持马克思主义在意识形态领域的指导地位，深化对最新理论成果特别是习近平总书记系列重要讲话精神的领会、把握和运用，凝聚、巩固全市人民团结奋斗的共同思想基础。要坚持团结稳定鼓劲、正面宣传为主的方针，做大做强主流舆论，加强舆情分析研判，强化新闻宣传和网络管理，积极应对各类网络安全突发事件。加强外宣工作，强化与中央和省级媒体的深度合作，全力提升对外形象。要大力弘扬社会主义核心价值观，深入开展爱国主义教育，深化“右玉精神在朔州”活动，开展公民道德实践活动，加强和改进未成年人思想道德建设，推动群众性精神文明创建活动长效化、规范化。要深入挖掘和保护朔州地域文化，加大文化遗产和文物保护力度，持续抓好文化惠民工程，推动基本公共文化服务标准化、均等化。推进文化产业发展，促进文化旅游产业深度融合，推动创作一批具有朔州特色的重点题材文艺精品，增强文化发展整体实力。

要增民福，推进生态文明建设。牢固树立“绿水青山就是金山银山”的理念，以巩固提升国家园林城市创建成果为起点，大力推进“三北”防护林、京津风沙源治理等林业重点工程，实施大规模国土绿化行动，推进全民造林工程，把朔州全域建设成为“生态大公园”。加强水生态建设，规划实施桑干河流域生态修复治理工程，加快推进“一山两河一湖”中心城市生态体系建设，扎实推进七里河综合治理，巩固提升西山防护林和恢河治理成果，规划实施城市湿地和太平湖建设。加快生态治理与修复，积极推进采煤沉陷区、采空区等修复治理，深入开展环境质量大监测、大检查和大督察，鼓励和引导民间资金参与生态环境建设，构建政府、企业、社会公众共同参与的环境治理新体系，呵护好赖以生存的共同家园，让朔州的天更蓝、水更清、山更绿、空气更清新。

要集民力，发挥人民主体作用。牢固树立马克思主义群众观点，尊重人民主体地位，支持人民当家作主，扩大人民有序政治参与，保证人民发挥民主监督作用、参加社会治理。完善基层群众自治制度，保证基层群众依法直接行使民主权利，实现自我管理、自我服务、自我教育、自我监督。以推进信息公开、加强议事协商、强化权力监督为重点，深入推进党务公开、政务公开、厂务公开、村务公开和公共企事业单位办事公开，保障人民享有更多更实的民主权利，切实增强全市人民共建美好朔州的主人翁意识，充分激发广大群众共谋朔州改革发展的参与热情。

民心是最大的政治。我们要以“民之所望”为“政之所向”，坚持不懈保障和改善民生，让和谐的因素充分涌流，使全市人民获得更多实惠、沐浴幸福阳光！

五、加强民主法治，推进依法治市，营造全面建成小康社会的法治环境

全面加强社会主义民主政治建设，进一步强化法治保障，加强和创新社会治理，深入推进法治朔州和平安朔州建设，努力形成团结民主、崇尚法治、安定有序的良好局面。

充分发挥民主政治优越性。要加强党对人大工作的领导，支持人大及其常委会依法履行职责，依法加强对“一府两院”的监督，正确行使地方立法权，提高立法质量，充分发挥代表主体作用，提高代表履职能力。加强对政府工作的领导，支持政府依法履行职责，自觉接受监督，做到法定职责必须为，法无授权不可为，提高政府公信力。加强对政协工作的领导，健全和完善政党协商制度和工作机制，重视发挥人民政协作为协商民主的重要渠道和专门机构的作用，推进协商民主广泛多层制度化。加强对统战工作的领导，坚持大统战格局，支持各民主党派和工商联开展工作，认真做好新社会阶层人士工作，扎实推进民族、宗教、外事和对台等工作，进一步巩固和发展最广泛的爱国统一战线。加强对群团工作的领导，充分发挥工会、共青团、妇联等人民团体联系群众、服务群众的桥梁和纽带作用，保持和增强党的群团工作和群团组织的政治性、先进性、群众性。坚持党管武装，大力支持国防和军队建设改革，加强国防动员和后备力量建设，推进军民融合发展向全要素、多领域、高效益迈进。

全面增强法治建设保障力。加快法治朔州建设，深入开展“七五”普法教育，高强度推进多层次多领域依法治理，进一步树立和弘扬正气，教育引导群众崇法向善、循法而行，增强全社会厉行法治的自觉性，形成守法光荣、违法可耻的社会氛围。加强领导干部法治建设绩效考核，教育引导党员干部争做尊法学法守法用法的模范，提高各级干部运用法治思维和法治方式深化改革、推动发展、化解矛盾、维护稳定的能力，大力营造办事依法、遇事找法、解决问题用法、化解矛盾靠法的良好法治环境。推动法治政府建设，依法全面履行政府职能，完善依法行政制度体系，推进行政决策科学化、民主化、法治化，强化对行政权力的制约和监督，到2020年基本建成职能科学、权责法定、执法严明、公开公正、廉洁高效、守法诚信的法治政府。推进司法体制改革，促进公正司法、秉公执法，切实维护公平正义。

加快推进社会治理体系和治理能力现代化。推进社会治理体系和治理能力现代化，是提高公共治理能力的必然要求。要加强和创新社会治理，按照“管住秩序、理顺情绪”的要求，积极解决群众合理诉求，全力做好信访维稳工作。要发挥社区、社会组织和社会工作者的联动作用，推进基层社会治理创新。要加快平安朔州建设，推进社会稳定风险评估和矛盾纠纷大调解体系“两个全覆盖”，严厉打击各种刑事犯罪，深入开展“打黑除恶”斗争，创新立体化社会治安防控新机制。

要树立总体国家安全观，严格落实“党政同责、一岗双责、齐抓共管”的工作要求，坚持管行业必须管安全、管业务必须管安全、管生产经营必须管安全，健全和完善“责任明确、措施得力、制度具体、执行到位”的安全工作体系，切实做到“三个坚决防止”，确保地上地下安全。

国强在于治，治强在于法。我们一定要弘扬法治精神，努力让公平的价值不断彰显、正义的力量竞相迸发，不断汇聚起全面建成小康社会的正能量！

六、全面从严治党，着力构建良好政治生态，强化全面建成小康社会的根本保证

全面建成小康社会、实现“第一个百年”奋斗目标,是对各级党组织和广大党员干部的重大考验。面对新的“赶考”,我们一定要把抓好党建作为最大政绩,以改革创新和勇于担当的精神同步推进党的思想、组织、作风、反腐倡廉和制度建设,坚定不移全面构建良好政治生态,群策群力营造干事创业环境,使各级党组织和广大党员真正成为全面建成小康社会的战斗堡垒和先锋模范,努力用各项事业发展的新成效塑造政治清明、经济振兴、生态良好、民生安康、充满活力、开放自信的美好形象。

坚持理论武装,坚定信念。全面加强思想政治建设,深入系统学习马克思列宁主义、毛泽东思想和中国特色社会主义理论,掌握领会马克思主义的立场、观点和方法,从根本上提高思想理论水平和是非辨别能力,永葆共产党员的先进性和纯洁性。特别是要把学习贯彻习近平总书记系列重要讲话精神引向深入,进一步融会贯通、学以致用、全面覆盖,在真学、真用、真行上作表率。坚持和完善党委(党组)中心组学习制度,落实“领导干部带头上讲台”制度,办好“名家讲座”,加强干部教育培训。扎实推进“两学一做”学习教育,锤炼锻造“四讲四有”合格党员,提升工作标杆,勇于争先进位,时时处处做“奋斗者”的榜样。进一步强化政治意识、大局意识、核心意识、看齐意识,增强中国特色社会主义道路自信、理论自信、制度自信、文化自信,做到信仰坚定不移,信念坚如磐石,坚决在思想上政治上行动上与以习近平同志为总书记的党中央保持高度一致,维护中央和省委权威,确保政令畅通。

落实主体责任,建好队伍。坚决落实全面从严治党主体责任,强化领导班子集体责任、党委书记第一责任、班子成员“一岗双责”,把全面从严治党体现在日常管理监督上,真管真严、敢管敢严、长管长严。大力加强领导班子建设,认真贯彻《中国共产党地方委员会工作条例》、《中国共产党党组工作条例(试行)》,严格执行民主集中制,坚持集体领导和个人分工相结合,增强领导班子的凝聚力、协同力、创新力。开展严肃认真的党内政治生活,用好批评和自我批评这个武器,进一步加强和规范党内政治生活。着力加强干部队伍建设,认真执行《党政领导干部选拔任用工作条例》,坚持德才兼备、以德为先,坚持五湖四海、任人唯贤,坚持事业为上、公道正派,按照新时期好干部标准,切实把党和人民需要的好干部精心培养起来、及时发现出来、合理使用起来。进一步推动干部能上能下,重点在能“下”上动真格,真正做到不廉洁的干部不能用,不作为的干部也不能用。强化干部培养锻炼,有计划地组织干部到经济发达地区考察学习、挂职锻炼,不断提升领导经济社会发展的能力与水平。老干部是党的事业的财富,要在思想上关心、生活上照顾、精神上关怀,激励广大离退休干部贡献智慧力量,服务改革发展。坚持党管人才方针,深入贯彻中央《关于深化人才发展体制机制改革的意见》,充分发挥用人主体在人才培养、引进、使用、评价、激励中的主导作用,以识才的慧眼、爱才的诚意、用才的胆识、容才的雅量、聚才的良方,营造有利于人才辈出、人尽其才、才尽其用的政策环境,形成人人渴望成才、人人努力成才、人人皆可成才、人人尽展其才的良好局面,努力把各方面优秀人才集聚到党的各项事业中来。

抓好基层党建,强基固本。坚持把全面加强“基层组织、基础工作、基本能力”建设作为长远之计和固本之举,牢固树立大抓基层的鲜明导向,深入推动“一带三创”,扎实开展“三级联述联评联考”,层层压实各级党委(党组)抓基层党建工作主体责任,健全完善党建工作专题分析研究机制、综合保障机制、督查考评机制,严格执行加强农村基层党建“23 项措施”,实施社区基层组织建设“五有一强化”工程,推进非公有制企业和社会组织党的组织和工作全覆盖,开展机关党建“走在前头”行动,认真解决农村基层的工作经费、报酬待遇、活动阵地等问题,推动基层党组织建设全面进步、全面过硬,不断巩固党的执政基础。

持续转变作风，服务群众。自觉践行党的群众路线，坚持发扬党的优良传统，大力弘扬革命精神，始终保持党和人民群众的血肉联系。锲而不舍加强作风建设，严格落实中央八项规定精神，持之以恒纠“四风”，注重抓常、抓细、抓长，坚决抓到底，保持常态化，以作风正赢得民心顺。坚持以上率下转作风，严格落实每月“无会周”制度、“三联一住一报告”制度、市级领导专题调研和领题调研制度、“包县区、抓落实、做表率”和“看作为、比建树、争一流”活动等行之有效的工作制度，什么事情最需要办，就亲自去抓什么事情，什么问题最难办，就带头去解决什么问题，深入群众、深入基层、深入一线，说实话、办实事、求实效，努力创造经得起实践、人民和历史检验的业绩。

保持高压态势，反腐倡廉。坚决落实党委主体责任和纪委监督责任，按照“巩固、深化、提高”的方针，坚持零容忍的态度不变，严格分类处置问题线索，扩大谈话函询覆盖面，清理暂存线索，推动全面从严治党制度体系趋于完备，进一步实现由“宽松软”走向“严紧硬”，由不敢腐走向不能腐、不想腐，特别是要使广大干部从系统性塌方式严重腐败造成的阴影中彻底走出来，想作为、敢作为、善作为，促进党风政风社会风气根本好转，良好政治生态全面形成。坚持把“四种形态”作为一个整体，统筹把握，灵活运用，特别是在用好第一第二种形态上下功夫，用准用好党纪处分、组织处理，帮助犯错误的干部改正错误，不断提高执纪能力和水平，实现既坚决处理“少数”和“极极少数”、又管住“常态”和“多数”的政治和社会效果，处理好“树木”和“森林”的关系。大力整治侵害群众利益的不正之风和腐败问题，严肃整治扶贫领域腐败问题，推进“乡村治、百姓安”。

高悬问责利剑，失责必问。把问责作为从严治党的利剑，敢于较真碰硬、层层传导压力，让失责必问、问责必严成为常态。严格执行《中国共产党问责条例》，对党的领导弱化、党的建设缺失、从严治党责任落实不到位的，不能有效贯彻党的路线方针政策和各级党委的决策部署、给党和人民事业造成损害的，落实中央八项规定精神不力、“四风”问题仍然突出的，对巡视巡察发现的问题拒不整改或整改不到位的，对腐败问题严重、不作为乱作为、群众反映强烈的，要一查到底、严肃问责，切实强化“为官必为”意识，追究“为官不为”责任，落实“三严三实”要求，以问责促进责任担当，以问责激发工作热情，实现职务效能最大化。

强化巡察覆盖，抓早抓小。以党章为遵循，以党纪为准绳，推进党内监督的科学化、制度化、规范化，加强和改进对权力的监督制约。认真执行《中国共产党巡视工作条例》，贯彻落实省委“政治巡视 25 条”，坚持问题导向、突出关键重点，抓好整改落实、建立长效机制，充分发挥巡察“利器”作用，实现市县巡察上下联动、全面覆盖。同时，坚持抓早抓小，持续开展纪律作风教育整顿活动，严格执行《中国共产党廉洁自律准则》、《中国共产党纪律处分条例》，严守纪律和规矩底线特别是政治纪律和政治规矩，让纪律要求和规矩意识贯穿于从严治党和工作落实的各方面。

营造良好环境，干事创业。良好从政环境是干部干事创业的重要前提。要把严格管理和关心爱护干部结合起来，既要求干部认真履行岗位职责，严格依法按纪办事，又要强化正向激励，鼓励担当、激发热情，内聚人心、外树形象。要认真贯彻“三个区分开来”的重大政策，研究制定对干部的激励引导、合理容错机制，营造勇于负责、干事创业的良好氛围，旗帜鲜明地支持担当者，保护作风正派、敢抓敢管、锐意进取、奋发有为的干部，对受到诬陷诽谤的干部及时澄清是非，并严肃查处造谣诬陷者，敢于为担当的干部担当，勇于为负责的干部负责，真正让干部安心安身安业，切实调动广大干部干事创业的积极性、主动性和创造性，确保中央和省委、市委决策部署落地生根。

榜样是最好的标杆，示范是最好的引领。全市各级党组织和广大党员干部是朔州各项事业的中流砥柱，一定要始终坚持率先垂范、引领示范，始终坚持积极进取、主动作为，始终坚持担当尽责、真抓实干，以励精图治的使命感、舍我其谁的责任感和只争朝夕的紧迫感，奋力开创朔州各项事业的新局面！

各位代表，同志们！回首过去，我们创造了无愧于历史的光辉业绩；面向未来，我们肩负着建设朔州美好明天的光荣使命。让我们更加紧密地团结在以习近平同志为总书记的党中央周围，在省委的坚强领导下，不忘初心、继续前进，万众一心、开拓奋进，为推进“两大任务”、全面建成小康社会而努力奋斗！

2016年朔州市人民政府工作报告

——2016年4月12日在朔州市第六届人民代表大会第二次会议上

市长 李海渊

各位代表：

现在，我代表市人民政府向大会报告工作，请予审议，并请市政协委员和其他列席人员提出意见。

一、2015年及“十二五”时期工作回顾

过去一年，面对经济下行压力持续加大的严峻形势，在市委的坚强领导下，我们认真贯彻落实党中央国务院稳增长促改革调结构惠民生政策措施和省委省政府决策部署，紧扣“两大任务”工作主题，积极应对挑战，锐意攻坚克难，重要工作取得新突破新亮点新进展。

2015年，全市经济总体运行缓中趋稳。地区生产总值完成901亿元，同比下降2.3%，降幅比上半年收窄2.3个百分点；固定资产投资完成937亿元，增长14.9%，高于全省增幅；社会消费品零售总额完成270.1亿元，增长4.6%；公共财政收入完成54.3亿元，下降37.3%，降幅比上半年收窄3.7个百分点；居民人均可支配收入达到18983元，增长7.9%，城乡居民收入继续跑赢经济增速。物价总水平处于低位，就业形势基本稳定，产业结构发生积极变化，经济增长质量继续改善，新技术、新业态、新模式“三新经济”加速孕育，经济社会发展在克服困难中奋力前行。

全力以赴稳增长，项目建设成效显著。千方百计稳定工业运行。认真落实省政府减轻企业负担“60条”，采取金融支持、财政扶持等一系列政策措施，落实小微企业减免税费等优惠政策，为企业减负43亿元，企业成本明显下降。大力开展“冬季行动”，“一企一策”精准帮扶企业，有效缓解了企业困难，工业经济降幅逐步收窄，年末连续四个月当月实现正增长。狠抓投资增长和项目建设。扎实开展“项目提质增效年”活动，坚持“六位一体”，采取领导包项目、现场解难题、每月抓调度、全市一盘棋、项目大起底等方式，目标导向倒逼，层层传导压力，实现固定资产投资增速逐月提升，省市重点工程完成投资770.9亿元，一批打基础、利长远的重大项目落地建设。平朔木瓜界2×66万千瓦、平朔安太堡2×35万千瓦、同煤朔南2×35万千瓦3个低热值煤发电项目和中电国际神头发电公司2×100万千瓦火电项目开工建设，开工火电项目全省最多。蒙西至天津南、晋北至江苏两条特高压输电线路顺利开工，为建设综合能源基地拓宽了发展空间。右玉至平鲁高速公路开工，这是去年全省高速公路建设投资最多的项目。特别是经过努力推动，大西高铁朔州段前期工作正式启动，朔州机场选址通过专家评审，全市人民长期关注的两个重大项目取得突破性进展。努力促进消费。积极开展各类促进消费活动，推进城市综合体建设，完善城乡商贸流通服务体系，美都汇购物广场、怀仁汽车文化城等项目建成运营，全社会消费保持稳定增长。

深入推进产业结构调整，转型升级迈出坚实步伐。大力发展特色现代农业。加强农田水利基本建设,农田实灌面积达到210万亩。在旱灾严重的情况下,粮食总产量仍达到22亿斤,为历史上第三个高产年。我市被农业部列为全国唯一的草牧业发展试验试点市,试点工作取得积极成效。奶牛存栏量、肉羊出栏量稳定增加。全市农产品加工龙头企业销售收入达到180亿元,比上年增长12.5%。改造提升传统产业。加快推进现代化矿井建设,标准化矿井达到45座。全年生产原煤1.82亿吨。大力发展低热值煤发电、风力发电、光伏发电，新增电力装机容量166.75万千瓦。全年发电267.5亿度,其中风力发电23.3亿度，增长30.7%。加快培育新兴产业和服务业。铺开装备制造、食品、医药等新兴产业项目126个,完成投资106亿元。非煤电产业投资占工业投资比重达到34.5%,比上年提升3.1个百分点。服务业保持稳定增长,占地区生产总值比重达到48.7%。全市旅游总收入达到133.56亿元,增长22.2%。

加强基础设施建设,城乡环境面貌得到改善。推进中心城市建设。继续实施七里河综合治理、朔州老城改造,新建和改造城市道路51公里、各类市政管网388公里,新增城市集中供热面积492万平方米,完成市污水处理厂提标改造，基本建成市第二污水处理厂。城市总体规划获得省政府批复,市区两级规划管理实现统一。改善城乡人居环境。扎实推进设施提升、城市安居、城中村改造和环境提质城市人居环境改善“四大工程”,全年完成投资154.39亿元;其中新开工各类保障性住房13613套，基本建成20522套,完成投资35.74亿元。继续推进完善提质、农民安居、环境整治、宜居示范农村人居环境改善“四大工程”,认真办好农村“五件实事”,完成投资12.6亿元。加强生态建设。积极开展植树造林,完成营造林22万亩,超省考核任务30%。强化节能减排,狠抓大气污染防治，万元地区生产总值综合能耗下降5.35%,万元工业增加值用水量下降3%,主要污染物减排任务全部完成,空气质量得到好转。

全面推进改革开放,发展动力显著增强。扎实推进重要领域和关键环节改革。农村土地承包经营权确权登记颁证全面展开，煤炭管理体制改革迈出重大步伐,财税体制改革深入推进,转型综改试验区建设取得突破性进展。加大科技创新力度。搭建大众创业、万众创新平台,利用人防疏散基地建设市科技创新园区及大学生创业基地。设立企业技术研发创新项目专项资金,支持企业技术研发,新增企业技术中心6家、高新技术企业2家。与北京大学合作共建的固废资源化研究中心，被认证为国家大宗工业固废及资源化产品质量监督检验中心。推动金融振兴。全市社会融资总量达到119.5亿元,增长11.1%。引进华夏银行设立分支机构,完成怀仁县、应县村镇银行筹建工作,成立创业就业小额贷款担保中心,新增一家注册资本金1亿元的民营融资性担保公司。朔州煤电宏力再生工业公司在“新三板”上市。支持民营经济发展。出台发展民营经济实施意见,推进政府与社会资本合作，民间投资占全市固定资产投资比重达到40.9%。推进工商登记便利化,新增民营企业和个体工商户11089户,增长17.9%。扩大招商引资。主动对接京津冀、沿海地区和大型企业,全年签约招商引资项目119个,到位外来资金606.2亿元。

着力保障和改善民生，人民生活水平进一步提高。在财力紧张情况下,保障民生力度持续加大。全市财政在民生领域投入113.1亿元，占到公共财政预算支出的81.78%。积极促进创业就业,城镇新增就业23109人。实行机关事业单位养老保险制度改革,全面提高企业退休人员基本养老金、城乡居民基础养老金标准、城镇居民医保补助、新农合人均筹资标准、城乡低保标准、农村五保户供养标准。加强义务教育学校标准化建设。支持中北大学办好朔州校区,在校生达到3200名。推开县级公立医院改革,全面实施城乡居民大病保险制度，群众看病贵问题得到有效缓解。加强老年人健康服务,为38249名60

岁至64岁老年人提供了免费健康体检。实施文化惠民工程，开展送戏下乡、周末大舞台等活动，丰富群众文化生活。发展体育事业，竞技体育水平得到提高，在第十五届省运会2015年度比赛中取得3金3铜的好成绩。加大扶贫攻坚力度，50个贫困村、23387名贫困人口实现脱贫。向农村居民发放供暖补贴1.33亿元。

认真办好十件实事。深入推进国家公共文化服务体系示范区建设，县区图书馆、文化馆全部达标；政府通过购买服务方式，向高校毕业生提供1452个就业岗位；市级财政投入600万元，解决了35个村、1.35万人饮水困难；各级财政投入8.9亿元，统筹推进采煤沉陷区治理、地质灾害治理、农村危房改造、扶贫易地搬迁，安置6716户农民，易地搬迁1411人；开展全民参保登记，入户调查156.23万人；新改扩建农村五保户集中供养服务机构6所，新增床位394张；全面实施城乡清洁工程，创建达标村345个；市一中高中新校区、朔州大医院前期工作积极推进；乡镇卫生院医务人员得到充实。广大人民群众享受到了更多改革发展成果，有了更多获得感。

高度重视安全生产，扎实开展安全生产大检查，加强隐患排查治理，各类安全生产事故死亡人数同比下降27.14%。认真做好信访工作，严厉打击各类违法犯罪，社会保持和谐稳定。加强国防后备力量建设，积极开展双拥工作，我市被评为省级双拥模范城。与此同时，发展妇女儿童、老龄和残疾人事业，民族、宗教、外事、侨务、地震、气象、档案、史志等各项工作都取得新成绩。

加强政府自身建设，发展环境不断优化。全面推行“六权治本”，制定实施政府自身建设三年规划和年度行动计划。顺利完成新一轮政府机构改革。积极推进行政审批制度改革，承接、下放、取消、调整行政审批事项77项，保留204项。公布运行市级权力清单和责任清单。通过简政放权，进一步释放了市场活力，降低了企业成本，推动了创业热潮。加强党风廉政建设和反腐败斗争，认真执行中央八项规定精神和国务院“约法三章”，狠刹“四风”，“三公”经费大幅减少，一些违法违纪领导干部受到严肃查处。公务用车改革有序推进，涉改公车全部封存。自觉接受人大和政协监督，支持各民主党派、工商联、无党派人士参政议政。市六届人大一次会议以来，共办理人大代表建议和政协委员提案266件。加强作风建设，大力弘扬右玉精神，认真开展“三严三实”专题教育和学习讨论落实活动，干部作风不断改进，政务服务质量进一步提升。

各位代表，2015年是“十二五”收官之年。“十二五”时期，面对复杂严峻的经济形势和艰巨繁重的改革发展稳定任务，我们认真贯彻落实党的十八大、十八届三中、四中、五中全会精神和习近平总书记系列重要讲话精神，按照省委“五句话”总要求，加快推进“六大发展”，全面实施“六权治本”，统筹做好煤与非煤两篇文章，大力推动“三个突破”，紧扣“两大任务”工作主题，紧抓循环经济、新兴产业、特色农业、生态建设、城乡统筹“五大重点”，全力打造全国综合能源基地、全国工业固废综合利用示范基地、全国日用陶瓷生产基地、全国生态畜牧养殖基地、全省特色农产品加工基地“五个基地”，着力提升煤炭产业循环率、新兴产业占比率、绿化覆盖率、城镇化率和城乡居民收入水平，坚持稳中求进总基调，积极适应经济发展新常态，加快建设美丽朔州和“塞上明珠”，全市经济社会发展取得新成就，“十二五”规划确定的主要目标任务基本完成，为全面建成小康社会打下坚实基础。一是综合经济实力显著增强。地区生产总值五年累计完成4793.1亿元，是“十一五”的2.16倍，年均增长7.3%；固定资产投资累计完成3612.2亿元，是“十一五”的3.15倍，年均增长21.3%；城镇居民人均可支配收入达到27500元，是“十一五”末的1.57倍；农村常住居民人均可支配收入达到10816元，是“十一五”末的1.83倍。二是转型升级取得重要进展。“五大基地”建设成效显著。大力推进新型综合能源基地建设,全市煤炭生产能力、洗选能力、运输能力均达到2亿吨以上,位居全省第一;电力运营装机容量达到953.35万千瓦,千万千瓦级电力基地基本建成;风电、光伏发电等新能源电力规模达到296.35万千瓦,其中风电253.95万千瓦,居全省第一。大力推进工业固废综合利用示范基地建设,建成145家工业固废综合利用企业,年消化工业固废3000万吨以上,综合利用率达到63%以上,产业化水平走在全国前列。我市被列为全国工业固废综合利用示范基地、全国工业绿色转型试点城市和资源综合利用"双百"示范基地。连续三年举办亚洲粉煤灰及脱硫石膏处理与利用技术国际交流大会。大力推进日用陶瓷生产基地建设,日用瓷年生产能力达到18.5亿件。大力推进生态畜牧养殖基地建设,实施雁门关生态畜牧经济区领头雁工程和核心区建设,启动国家草牧业试验试点市建设,六县区全部进入全省30个牛羊产业重点县行列,奶牛存栏量、鲜奶产量、肉羊出栏量、人均畜产品占有量、农民人均畜牧业纯收入五项指标连续多年保持全省第一。大力推进特色农产品加工基地建设,农业产业化经营组织达到1218家,全省产业化重点龙头企业达到28家,销售收入超亿元企业达到25家。三是城乡环境质量全面提升。深入开展"五城联创",加强中心城市建设,实施城市人居环境改善工程,推进"一山两河一湖"生态体系建设。成功创建国家园林城市,城市建成区绿化覆盖率达到42.56%。完成新一轮农村"五个全覆盖"工程,持续办好农村"五件实事",实施农村人居环境改善工程,村容村貌明显改善。公路通车里程突破1万公里,实现县县通高速、村村通公路。全市城镇化率达到53.2%,比"十一五"末提高6.9个百分点。平均每年营造林超过30万亩,森林覆盖率预估达到24%。四是社会发展成就斐然。持续推进国家级创业型城市建设,五年新增城镇就业11.83万人。逐年提高城镇职工退休养老金、城乡居民低保、最低工资等社会保障标准,覆盖城乡的社会保障体系基本建立。推进义务教育学校标准化建设,六县区全部通过省级评估。建成朔州师范专科学校、朔州职业技术学院、中北大学朔州校区,高等教育迈上新台阶。深化医药卫生体制改革,基层医疗卫生机构全面实行基本药物制度。推进国家公共文化服务体系示范区建设,覆盖城乡的公共文化设施网络初步建成。实施"双稳定"农民增收工程,农村居民人均可支配收入突破万元大关,高于全省平均水平。大力实施脱贫攻坚,10.7万贫困人口实现脱贫。狠抓安全生产,安全生产事故死亡人数逐年下降。加强法治朔州建设,我市被评为全国社会管理综合治理先进市、"六五"普法中期全国先进市,连续11年被表彰为全省社会治安综合治理先进市。五是改革开放不断深化。以转型综改试验区建设为统领,深入推进行政审批制度改革、商事制度改革、煤炭管理体制改革、农村改革等重点领域改革,实施科技创新驱动战略,推动金融振兴,支持民营经济发展,不断加大招商引资力度,发展的动力和活力持续增强。

各位代表,"十二五"时期经济社会发展取得的成绩来之不易。这是省委、省政府和市委正确领导的结果,是市人大、市政协有效监督、全力支持的结果,是全市人民齐心协力、共同奋斗的结果。在这里,我代表市人民政府,向全市人民和所有关心支持朔州发展的各界人士,表示衷心的感谢和崇高的敬意!

在肯定成绩的同时,我们也要清醒地看到,当前,我市发展面临多重困难和严峻挑战,长期积累的结构性矛盾开始释放。煤电支柱产业持续低迷,投资增长乏力,大项目好项目储备不多,个别主要经济指标出现多年未有的负增长,稳增长压力巨大;新兴产业发展缓慢,科技创新引领和人才支撑作用不足,转型升级十分艰难;基础设施建设滞后,公共服务水平较低,脱贫攻坚时间紧迫,民生改善任务繁重;财政收入大幅减少,刚性支出不断增加,收支平衡难度很大;安全生产形势不容乐观,信访问题突出,社会治理还有不少薄弱环节,维护社会和谐稳定面临考验;

政府职能转变还不到位，少数干部不担当、不作为、工作落实不力，作风建设须进一步加强。特别要注意的是，伴随去产能、去库存、去杠杆，我市经济内生向下调整的压力更大，企业资金链、房地产市场、社会就业、地方财力将承受更大冲击。我们一定要增强危机意识、创新意识、进取意识、担当意识，夙夜在公，一心为民，尽心竭力做好政府工作，努力推动经济社会平稳健康发展。

二、“十三五”时期经济社会发展的指导思想和目标任务

根据《中共朔州市委关于制定国民经济和社会发展第十三个五年规划的建议》，市政府编制了《朔州市国民经济和社会发展第十三个五年规划纲要(草案)》，提交大会审议。

“十三五”时期经济社会发展的指导思想是：高举中国特色社会主义伟大旗帜，全面贯彻党的十八大和十八届三中、四中、五中全会精神，以马克思列宁主义、毛泽东思想、邓小平理论、“三个代表”重要思想、科学发展观为指导，深入贯彻习近平总书记系列重要讲话精神，遵循“五位一体”总体布局和“四个全面”战略布局，坚持发展是第一要务，牢固树立并切实贯彻创新、协调、绿色、开放、共享的发展理念，按照省委“五句话”总要求和“六大发展”战略部署，主动适应经济发展新常态，紧扣优化经济结构和提升发展质量“两大任务”工作主题，进一步突出循环经济、新兴产业、特色农业、生态建设、城乡统筹“五个重点”，打造全国综合能源示范基地、工业固废综合利用示范基地、日用陶瓷生产基地、生态畜牧养殖基地和全省特色农产品加工基地“五大基地”，统筹推进经济建设、政治建设、文化建设、社会建设、生态文明建设，努力建设美丽朔州和“塞上明珠”，奋力夺取全面建成小康社会决胜阶段伟大胜利。

主要目标是：发展质量明显提升。传统产业竞争力增强，新兴接替产业规模壮大，服务业比重提高，农业现代化迈上新台阶，“五大基地”建设取得重大突破，煤炭产业循环率、新兴产业占比率、绿化覆盖率、城镇化率实现既定目标。到2020年，全市地区生产总值和城乡居民人均可支配收入比2010年翻一番，我市与全国全省同步全面建成小康社会。贫困人口整体脱贫。“十三五”时期每年减少40个贫困村、2.1万贫困人口，现行标准下的8.3万农村贫困人口实现稳定脱贫，贫困县全部摘帽。生态建设成效显著。能耗和水资源消耗、建设用地、碳排放总量得到有效控制，主要污染物减排完成省定任务，大气、水、土壤污染治理取得新成效。森林、草地覆盖率进一步提高。民生保障水平普遍提高。就业水平比较充分，公共服务体系更加健全，基本公共服务均等化水平提高。城乡居民人均可支配收入增速不低于全市地区生产总值增速，农村居民收入增速快于城镇居民收入增速。安全生产向稳定好转坚实迈进。文化建设呈现新局面。文化发展主要指标、文化事业整体水平、文化产业综合实力明显提升，公共文化服务体系基本建成，文化产业发展格局基本建立，公民素质和社会文明程度显著提高。改革开放进一步深化。资源型经济转型综合配套改革试验区建设取得重大进展，重点领域和关键环节改革取得决定性成果，对外开放的广度和深度不断拓展。民主法治建设扎实推进。法治政府基本建成，政府公信力和行政效率进一步提高。民主法治更加健全，社会更加和谐稳定。

主要任务是：

*(一)坚持创新发展，着力提高经济发展质量和效益。*坚持把创新摆在发展全局的核心位置，深入实施创新驱动发展战略。着力加强供给侧结构性改革，发挥有效投资对经济增长的关键作用，发挥消费对经济增长的基础性作用。大力推动大众创业、万众创新。做好煤与非煤两篇文章，实施“革命兴煤”，推进煤炭“六型转变”，做优做强能源产业，培育发展新兴接替产业，提升服务业发展水平，加快发展特色现代农业。深入推进转型综改试验区建设，深化重点领域和关键环节改革，全力推进科技创新、金融振兴、民

营经济发展“三个突破”。实施人才强市战略。

（二）坚持协调发展，着力形成均衡发展格局。按照中心城市、大县城、小城镇、新农村“四位一体”发展思路，坚持工业反哺农业、城市支持农村，加快构建城乡一体的发展机制，推进新型城镇化。力争到2020年，常住人口城镇化率达到60%，户籍人口城镇化率达到40%左右。深化“五城联创”，提高城市建设管理水平。深入开展社会主义核心价值观教育实践活动、思想道德建设活动和群众性精神文明创建活动，大力弘扬右玉精神，繁荣文化事业，发展文化产业，促进物质文明和精神文明协调发展。推动军民融合向全要素、多领域、高效益深度发展。

（三）坚持绿色发展，着力建设生态文明美丽朔州。实施主体功能区战略，严守生态安全红线。推行低碳循环生产生活方式，促进资源节约高效利用。构筑绿色生态屏障，实施大规模国土绿化行动，加强水生态建设。实行最严格的环境保护制度，实施大气、水、土壤污染防治行动计划，加强矿山生态环境恢复治理，加大城乡环境整治力度。严格落实生态环境保护法律法规，打击各类环境违法行为。

（四）坚持开放发展，着力拓展经济发展空间。紧紧抓住“一带一路”战略机遇，主动融入京津冀一体化和环渤海经济圈，积极对接长三角、珠三角，深化区域合作，加强开发区和园区等各类开放平台建设，承接产业转移，提高招商引资质量和水平。扩大外贸规模，提升经济外向度。

（五）坚持共享发展，着力创造人民幸福美好生活。始终坚持把保障和改善民生作为一切工作的出发点和落脚点，全面提升教育、医疗、就业、社会保障、文化等民生领域公共服务水平，提高城乡居民收入水平，坚决打赢脱贫攻坚战，促进人口均衡发展，使全市人民在共建共享发展中有更多获得感。

（六）坚持廉洁发展和安全发展，着力营造良好发展环境。严格落实“两个责任”，深入推进“六权治本”，持续狠刹“四风”，营造廉洁发展环境。全面加强安全生产，夯实安全发展基础。加强和创新社会治理，强化社会治安综合治理，健全公共安全保障体系，维护社会和谐稳定。

各位代表，做好“十三五”时期经济社会发展工作，实现全面建成小康社会目标，必须牢牢抓住发展第一要务不放松，大力推进结构性改革，加快发展新经济。“十三五”规划纲要（草案）承载着全市人民对美好生活的殷切向往，《纲要（草案）》经本次会议审议通过后，我们将全力抓好落实。我们坚信，通过全市人民的共同努力，我们一定能够夺取全面建成小康社会的伟大胜利！

三、2016年工作安排

2016年，是全面建成小康社会决胜阶段的开局之年。我们要积极适应经济发展新常态，坚持稳中求进总基调，着力加强供给侧结构性改革，统筹稳增长、调结构、惠民生、防风险，抓好去产能、去库存、去杠杆、降成本、补短板，努力实现“十三五”良好开局。

今年经济社会发展的主要预期指标是：地区生产总值增长6.5%左右，固定资产投资增长15%，社会消费品零售总额增长6%左右，公共财政预算收入下降15%，城镇常住居民人均可支配收入增长6.5%左右，农村常住居民人均可支配收入增长6.5%以上。约束性指标完成省下达任务。

做好今年工作，总的要求是确保经济平稳运行、稳中向好，生产总值、投资、物价、就业、收入等重要经济指标努力保持在合理区间。

重点做好九个方面工作。

（一）推进供给侧结构性改革，加快产业转型升级

围绕做好煤与非煤两篇文章，改造提升传统产业，加快发展新兴产业，促进产业结构不断优化。继续简政放权、减税清费，让企业休养生息，让“双创”结出更多成果，推动全市经济向更高层次奋力跃升。

做优煤电产业。一要促进煤炭行业脱困转型。继续推进煤炭资源整合、煤矿兼并重组，依法淘汰落后

产能，有序退出过剩产能，严控增量，优化存量。精心组织煤炭企业合理生产，积极搭建平台，推动产运销用各方面密切协同。支持大企业收购地方煤矿煤炭，鼓励本地企业使用本地煤，稳定煤炭销量。二要促进能源产业清洁高效发展。大力推进煤电一体、煤化一体、煤电铝一体，提高煤炭清洁高效利用水平，打造煤炭产业升级版。着力推进煤转电，抓紧建设同煤朔南等四个低热值煤发电项目和中电国际神头发电公司“上大压小”二期项目，争取年内有新项目建成。加快建设蒙西至天津南、晋北至江苏两条特高压输电线路，提高电力输出能力。推进煤化一体化发展，引进阳煤集团、北京神雾集团等大企业利用新技术建设煤炭分级分质利用项目，推动建设晋北现代煤化工基地。推进煤电铝一体化发展，抓住电力体制改革机遇，拓展现代高载能产业。支持朔州铝硅公司与漳泽电厂合作，承接电解铝产能转移。积极发展新能源产业，加快建设装机规模84.1万千瓦的风电和光伏发电在建项目，推动装机规模92.4万千瓦的14个风电和光伏发电前期项目尽早获批开工，引进唐山海泰新能科技公司太阳能多晶硅项目落户富甲园区。

做大非煤产业。推动陶瓷产业升级，鼓励陶瓷企业兼并重组，培育自主创新能力强的行业龙头。承接山东、广东等沿海地区陶瓷产业转移，引进山东临沂华伦建陶公司高档地砖项目落户应县。设立陶瓷产品创新奖，支持陶瓷企业研发新产品。大力发展装备制造业，推动平朔公司与徐工集团合作建设矿山工程机械项目。发展电动汽车产业，在注册登记、政府采购等方面实行倾斜政策，规划建设充电桩等基础设施。加快发展食品医药产业，壮大右玉梁威工业园和怀仁医药园区产业规模。积极发展煤基新材料和节能环保产业。

加快发展现代服务业。突出发展文化旅游业。培育文化旅游业龙头企业，组建文化旅游产业投资公司。进一步完善旅游景区基础设施，深度开发旅游产品。支持右玉县创建国家全域旅游示范区，引进投资主体开发大广武景区，推进应县南山生态旅游项目。着力发展现代物流业，抓好雁门关农产品物流园区等项目建设。提升商贸服务业。加强商业网点体系建设，抓好北京电子城朔州数码港、普国边塞国际商城等重点项目建设，优化消费环境，促进消费增长。积极发展电子商务。大力发展健康养老业。市里和各县区都要建设好一个养老示范项目。落实财政补贴政策，鼓励社会资本兴办健康养老项目。

精准帮扶企业。认真落实国家和省扶持政策，降低企业综合成本，减轻企业负担。加大帮扶企业力度，帮助困难企业妥善解决职工就业、工资、社保等问题。推动企业加强管理，挖潜增效。

（二）加大投资和项目建设力度，增强持续增长动力

应对经济下行压力，必须充分发挥有效投资对经济增长的关键作用，既要规模又要结构，既要速度更要效益。

加强重点领域投资和项目建设。我市基础设施和民生领域有许多短板，产业亟须改造升级，有效投资仍有很大空间。着力推进基础设施、产业转型、生态建设、民生改善四个方面八大领域投资和标志性工程建设，铁路项目投资13.6亿元，公路项目投资20亿元，电力项目投资235亿元，现代煤化工项目投资34.5亿元，新兴产业项目投资87.6亿元，生态环境治理项目投资56.8亿元，城乡人居环境改善项目投资100亿元，社会事业项目投资19.5亿元。八大领域投资占到全市计划总投资的一半以上。突出抓好大西高铁朔州段、环城高速东北环、市区至高铁站快速通道、雁阳公路、朔州机场、中海油蒙西煤制天然气外输管道工程等重大标志性工程，力争早日开工建设。

加大项目和政策争取力度。加强与国家、省相关部门对接，努力争取一批公路、水利、电力等领域的大项目。加快推进项目前期工作，积极组织申报条件

成熟的项目,争取国家专项建设基金。各县区要策划储备一批能够有效拉动投资的大项目好项目。

深化投融资体制改革。强化政府投资引导作用,发挥企业投资主体作用,激发民间投资积极性,扩大债券融资规模,推广特许经营、股权合作、政府购买服务等政府和社会资本合作模式,通过多渠道多形式筹措建设资金。

完善推进项目建设工作机制。继续坚持"六位一体",强化市县领导包项目责任制、挂牌督办制、月调度月考核月排名等行之有效的制度。健全重大项目联席会议机制,协调解决手续办理、征地拆迁、环评、阻工等实际问题,确保项目及时落地、顺利推进。

(三)加强"三农"工作,促进农民持续增收

始终把"三农"工作作为重中之重,抓住国家草牧业发展试验试点市建设机遇,深入实施"双稳定"农民增收工程,加快转变农业发展方式,推动雁门关生态畜牧经济区核心区建设迈上新台阶。

大力发展特色现代农业。扎实推进草牧业发展试验试点市建设,全面实施草牧业"双百双十"工程,今年完成人工种草57万亩,改良天然草场30万亩。每个县区要建设好一个百亩以上的牧草种植试验示范点。统筹发展草牧业与养殖业,改造提升38个奶牛养殖园区、40个肉羊养殖园区。调整优化种植结构,实施高产创建工程,建设100万亩玉米地膜覆盖高产田、100万亩优质杂粮生产基地、100万亩高效园艺作物基地和50万亩优质马铃薯生产基地。加强农田水利建设,提高农业综合生产能力。

加快构建农业经营新体系。积极发展家庭农场、专业大户、农民合作社、农业产业化龙头企业,做大做优乳品、肉制品、酒类、小杂粮、蔬菜等特色农产品加工业,提高农业产业化经营水平。年内认定100名新型职业农民、100个家庭示范农场、100个农民合作示范社、10家农业示范企业。全年农产品加工销售收入实现195亿元。推动农业一二三产业融合发展。大力发展休闲度假、旅游观光、农耕体验、创意农业等农村经济新业态,培育农民增收新的增长点。加强农业社会化服务体系建设,推进供销社综合改革。加大农业科技创新支持力度,发展农业科研机构,与省农科院合作建设生态畜牧研究院。加快推进主要农作物全程机械化,新增农机总动力4万千瓦。

深化农村改革。深入推进农村改革试验区建设,基本完成农村土地承包经营权确权登记颁证工作。建设农村产权交易市场,促进土地有序流转。推进农村集体产权制度改革,发展农村集体经济,每个县区都要抓好一个试点村。稳步推进水权制度和小型水利工程管理体制改革,启动河湖划界确权工作。加强农村金融服务体系建设,开展农村土地承包经营权、林权、农业生产设施抵押质押试点,完善农业保险制度。

打好脱贫攻坚战。坚持精准扶贫、精准脱贫,扎实开展建档立卡"回头看",按照扶持对象、项目安排、资金使用、措施到户、因村派人、脱贫成效"六个精准"要求,创新脱贫攻坚机制,组织实施发展生产、易地搬迁、生态补偿、发展教育、社会保障和干部驻村帮扶"六个一批"工程。严格落实脱贫攻坚领导责任制,层层签订责任书,立下军令状。市委、市政府负责上下衔接,域内协调,督促检查。县区党委、政府承担主体责任,县委书记和县长是第一责任人,抓好进度安排、项目落地、资金使用、人力调配等关键环节。特别是右玉、平鲁、山阴三县区要做好统筹规划,用好政策资金,坚决不落步子。落实行业部门扶贫责任,加大财政扶贫资金投入,引导社会力量参与。建立健全脱贫攻坚考核机制,确保按时保质保量完成各项任务。今年要实现2.1万贫困人口脱贫、40个贫困村摘帽。

(四)做好城市工作,积极推进新型城镇化

紧紧围绕建设自然生态精致宜居现代化城市目标,坚持科学布局、规划先行、建设为基、管理为要,努力走出一条富有活力、和谐宜居、各具特色的现代城市发展之路。

强化城市规划工作。着力提升城市规划水平，打好城市长远发展的坚实基础。增强规划的科学性，创新城市规划理念，引领城市发展。增强规划的系统性，推进“多规合一”，实现城市总体规划与土地利用、环境保护、产业发展等规划有效衔接。维护规划的权威性，严格按照城市总体规划和控制性详细规划建设管理城市，坚决杜绝随意修改规划，严肃查处违反规划的建设行为。

加快完善中心城市基础设施。重点抓好十大城建工程。一是加快推进七里河市区段生态治理工程，基本完成建设任务。二是启动太平窑水库治理，建成城市周边湿地公园。三是开工建设“三路四桥”，打通顺义路、振华街、安泰街，配套建设城市地下综合管廊，完善城市路网。四是加快建设恢河大桥，解决市区南北交通瓶颈问题。五是大力推进七里河沿线城中村改造，让广大城中村群众有一个良好的生活环境。六是完善朔州老城改造工程，建成特色文化旅游景区。七是开工建设四水厂和西南片应急水源，提高城市供水能力。八是建设垃圾处理第二填埋区渗沥液处理站和垃圾中转站，完善垃圾处理设施。九是投产运营市第二污水处理厂，提高污水达标排放水平。十是建成公交调度中心，投放新能源公交车，扩充城市公交运力，形成较为完善的城市公共交通服务体系。

统筹改善城乡人居环境。进一步实施城市人居环境改善工程，提高城镇宜居宜业水平。重点抓好城镇保障性安居工程建设，今年全市开工6000套，其中城中村改造1715套。统筹推进城镇保障性安居工程和房地产市场平稳健康发展，加大棚改货币化安置力度，积极发展住房租赁市场，打通商品房、保障房、安置房转换通道，鼓励农民和农民工进城购房，扩大有效需求，化解房地产库存。继续实施农村人居环境改善工程，加强农村水电路气等基础设施建设，新建改造饮水工程83处，新改扩建农村幼儿园9所，建设40个农村社区老年人日间照料中心，实施采煤沉陷区治理搬迁、农村困难家庭危房改造、易地扶贫搬迁、农村住房抗震改建共17317户，启动65个村地质灾害治理搬迁，创建10个美丽宜居示范村和580个清洁达标村。

健全城镇化推进机制。深入实施大县城战略，加强特色小城镇建设，容纳更多的农民工就近就业创业，促进就地城镇化。推动每个县区打造一两个链条比较长、带动能力强的特色产业，加快壮大县域经济，提高县域城镇人口承载能力。加快户籍制度改革，推行居住证制度，促进农业转移人口市民化。完善城镇基本公共服务，努力实现常住人口全覆盖。维护进城落户农民土地承包权、宅基地使用权、集体收益分配权，支持其依法自愿有偿转让。

全面加强城市管理。积极推进城市管理体制改革，合理划分市区两级管理事权，推行综合执法。创新城市管理方式，推进智慧城市管理，建设城市管理数字化平台，提升城市精细化管理水平。深入推进“五城联创”，巩固国家园林城市创建成果，卫生城市、环保模范城市、双拥模范城市、文明城市创建工作要在已经获得省级称号的基础上，加快国家级城市创建步伐。完善城市应急体系，保障城市安全稳定运行。

（五）实施创新驱动，深化改革开放

改革才有活力，开放才有空间。我们要进一步解放思想、大胆探索，深入推进转型综改试验区建设，抓好重点领域改革，加快创新体制机制，激发更多发展动力。

着力推进创新驱动。强化企业科技创新地位，积极实施“互联网+”行动计划，加快提高全市科技创新能力。今年重点抓好“五个一批”，建好一个平台。推动规上工业企业新建一批企业技术中心，力争年内全市企业技术中心突破100家；申报审批一批重点实验室（工程技术研究中心），年内省市级重点实验室达到10家以上，支持中煤集团建设煤炭提取稀有金属研发中心；实施一批重大科技攻关项目，推进开发区中美新能源技术研发公司洁净煤技术研发等项目,增强科技对经济社会发展的驱动作用;发展一批高新技术企业,全市高新技术企业达到20家;申报一批专利技术,年末有效发明专利超过150件;建好一个科技创新平台,把朔州市科技创新创业园打造成新技术新产品研发基地、中小微科技企业孵化基地、大众创业培训基地。同时,深化科技管理体制改革,提高科技项目和资金使用实效性。

加快金融改革发展。推动金融机构创新金融产品和融资模式,壮大社会融资总量,加大对地方经济支持力度。加强信用担保体系建设,整合财政扶持资金,设立中小企业信用保证基金。推进地方金融机构改革,加快完成朔州农村商业银行组建工作。加强金融体系建设,积极发展村镇银行,规范发展小额贷款公司,引进更多金融机构。积极培育上市公司。防范金融风险,打击非法集资,营造良好金融生态环境。

大力发展民营经济。落实各级政策,从项目、财税、金融、用地、人才等方面加大对民营经济的支持力度。设立专项发展基金,支持中小企业创业基地建设。深入开展“朔州企业家投资在朔州”活动,鼓励引导民营资本投资新兴产业和公共服务领域。帮助民营企业明晰产权,建立现代企业制度,成为合格市场主体。

不断提高开放水平。发挥资源优势,依托产业基础,提供优质服务,加大招商引资力度。依托山西品牌中华行、山西品牌丝路行,深化与“一带一路”沿线国家和地区交流合作。积极参与“民企入晋”招商引资系列活动,组织参加好省政府在南京、天津、重庆、济南、太原举办的五个招商对接会。发挥好开发区和园区作用,积极引进新兴产业项目。继续办好亚洲粉煤灰及脱硫石膏处理与利用技术国际交流大会,打造具有国际影响力的新技术新成果展示平台。

(六)着力保障改善民生,不断增进人民福祉

财政收入增长虽然放缓,但该给群众办的实事一件也不能少。坚决保障民生投入,加快完善基本公共服务体系,不断提高人民生活水平。

加快提高教育质量。积极发展学前教育,加大公立幼儿园建设力度。加强义务教育学校标准化建设,推动朔城区、山阴县、应县今年通过国家义务教育均衡发展评估认定。加强市区中小学校建设,缓解班容量大的问题。积极发展高中教育,推进市一中高中新校区建设。加快发展职业教育,加强特殊教育,支持办好高等教育。鼓励和规范发展民办教育。深化教育领域改革,优化教育资源配置。

提升医疗卫生保障服务水平。深入推进医药卫生体制改革,完善医疗卫生服务体系。深化县级公立医院改革,改善乡镇卫生院条件,推进朔州大医院建设。协调推进医疗、医药、医保联动改革。整合城乡居民基本医保制度,进一步提高财政补助标准和个人缴费标准,提高大病保险报销水平,扩大门诊慢性病病种,稳步推进跨省异地就医结算。全面实施一对夫妇可生育两个孩子政策,提升妇幼健康服务水平。加强食品药品综合治理,保障群众饮食用药安全。

着力扩大就业创业。深化国家级创业型城市创建活动,完善创业扶持政策,推动大众创业、万众创新。加强创业示范和实训基地建设,落实好创业担保贷款政策,完善公共就业服务体系。继续实行政府购买基层公共服务岗位等政策,促进高校毕业生就业。落实帮扶企业政策,稳定企业就业岗位。做好城镇失业人员、退役军人等群体的就业工作,托底帮扶就业困难人员。加强农民工职业技能培训。健全农民工工资支付保障机制。今年新增城镇就业岗位1.8万个,提供1000个政府购买基层公共服务岗位。

完善社会保障体系。稳步推进机关事业单位和企业基本养老保险制度并轨运行,继续提高退休人员基本养老金标准。提高城乡低保标准,推动农村低保标准与国家扶贫标准相衔接。落实经济困难的高龄与失能老人补贴以及百岁以上老年人补贴新标准。全面实施困难残疾人生活补贴和重度残疾人护理补贴制度。加强社保信息化建设,推进社保卡综合

应用。做好社会救助,发展公益慈善事业。

加强文化建设。深入推进国家公共文化服务体系示范区创建工作,扎实完成各项任务,顺利通过国家验收。完善市县乡村四级公共文化服务场所建设,深化公益性文化事业单位内部改革。健全政府购买公共文化服务机制,开展好送戏下乡等文化惠民活动。做好文物和非物质文化遗产保护。加强科普工作,推进科技馆建设。发展体育事业,启动奥林匹克体育中心建设,倡导全民健身。深化群众性精神文明创建活动,提高市民素质和社会文明程度。

(七)加大环境治理力度,建设良好生态环境

治理污染、保护环境,事关人民群众健康和可持续发展,必须强力推进,努力实现经济发展与环境改善共赢。

推进低碳循环发展。实行能源和资源消耗、建设用地等总量和强度双控行动,促进节能、节水、节地、节材、节矿。深入开展重点行业能效对标活动,加强企业能耗在线监测。巩固提高煤矸石、粉煤灰等大宗工业固废综合利用水平,确保工业固废综合利用基地验收顺利通过。

深入开展大气污染防治行动。加快推进燃煤发电机组超低排放和节能改造,今年完成4家燃煤电厂5台机组改造任务,2017年全市所有燃煤电厂全部完成改造。进一步推进市区热电联产集中供热,取缔10蒸吨以下燃煤锅炉。强力实施市区城中村清洁燃煤改造,今年完成7个村1万余户改造任务。开展煤矸石自燃治理。加大建筑工地、道路扬尘污染治理力度。加强机动车污染防治。通过多管齐下、铁腕治污,实现空气质量明显好转。

扎实开展水污染防治行动。开展煤炭、陶瓷、食品、化工等行业的水污染防治设施改造。完善城镇污水处理设施。加强地下水水位、水质、水量监测,推动水资源合理利用。开展城乡集中饮用水水源地保护工作,保障居民饮水安全。

筑牢生态安全屏障。持续推进植树造林。今年完成17.43万亩营造林任务,重点抓好朔城区西山环城绿化九期、平鲁区龙雨山荒山造林、山阴县西山生态综合治理、怀仁县南家堡园林绿化、应县龙首山造林绿化和右玉县大南山荒山造林六大工程。结合草牧业试验试点工作,鼓励符合条件的地方开展新一轮退耕还林还草。加强生态水保工程建设,全面启动桑干河河流生态修复保护工程和七里河上游综合治理工程。推进矿山生态环境治理和地质灾害治理。

(八)毫不松懈抓好安全生产,保持社会和谐稳定

安全稳定责任重大,必须强化底线思维,警钟长鸣,常抓不懈,不断夯实经济社会发展基础。

牢固树立安全发展理念。坚持生命高于一切,牢记“三个决不能过高估计”的基本判断,坚决克服任何麻痹松懈思想,始终把安全生产放在突出位置。越是经济困难的时候,越要高度重视安全生产。

严格落实安全生产责任。按照“党政同责、一岗双责、失职追责”的要求,落实各级政府安全生产监管责任,切实做到管行业必须管安全、管业务必须管安全、管生产经营必须管安全。强化企业安全生产主体责任,切实加强现场管理,保障安全生产投入,不断改善安全生产基础条件。

狠抓隐患排查治理。市政府将今年确定为“安全隐患排查整治年”,深入开展煤矿、道路交通、油气输送管道、化工和危险化学品、冶金工贸、非煤矿山、水库、建筑工地、人员密集场所、消防等行业领域的安全大检查,集中排查治理重大隐患,坚决打击非法违法生产经营建设行为。

强化考核问责。严格落实安全生产目标责任考核“一票否决制”,继续实施企业重大隐患和事故挂牌督办制度。严肃查处事故,严格责任追究,促进安全生产形势持续稳定好转。

加强和创新社会治理。推进社区建设,提高基层社会管理和服务水平。支持工会、共青团、妇联等群团组织参与社会治理。切实保障妇女、儿童、残疾人

权益,关爱老年人。深化平安朔州建设,落实社会治安综合治理领导责任制,完善立体化社会治安防控体系,扎实开展“打黑除恶”专项斗争深化年活动,严打暴力恐怖活动,有效防范和处置突发事件。深入推进法治朔州建设,深化司法体制改革,启动“七五”普法,强化法律援助。创新信访工作机制,有效化解矛盾纠纷。加强应急管理和防灾减灾能力建设。加强国防后备力量建设,支持军队深化改革,做好双拥工作。

(九)加强政府自身建设,提高施政能力和服务水平

新常态对政府自身建设提出了新的更高要求,要深入贯彻落实新发展理念,努力建设人民满意的法治政府、廉洁政府、创新政府和服务型政府。

深化“六权治本”。落实国家法治政府建设实施纲要,自觉运用法治思维和法治方式推动工作,法定职责必须为,法无授权不可为。健全重大行政决策机制,提高决策的科学化、民主化水平。完善“两清单”“两平台”运行制度,推动“六权治本”向乡村两级延伸。全面推行政务公开。自觉接受人大及其常委会监督,接受政协民主监督,重视社会舆论和社会监督,全面接受人民监督,让权力在阳光下运行。

加快职能转变。持续推进简政放权、放管结合、优化服务。深化行政审批制度改革,建立规范高效审批运行机制,提高行政服务效能。推进不动产统一登记工作。深化商事制度改革,提高注册登记便利化水平,为创业创新提供更好服务。

加强廉政建设。认真履行“一岗双责”,落实全面从严治党主体责任。严格执行中央八项规定精神和国务院“约法三章”,持续狠刹“四风”,厉行勤俭节约,反对铺张浪费。严控“三公”经费,有限财力要优先保障民生。加强行政监察和审计监督,严格监管公共资金、公共资源、国有资产。扎实开展重点领域和关键环节专项整治,坚决纠正侵害群众利益不正之风,坚定不移惩治腐败。

狠抓工作落实。深入践行“三严三实”,认真开展“两学一做”学习教育,牢固树立政治意识、大局意识、核心意识、看齐意识,恪尽职守、敢于担当,积极进取、善谋勇为,切实加强作风和能力建设。严格执行工作责任制,建立“马上就办、真抓实干”推进机制,市县两级要突出抓好市委提出的17项重点工作。加强常态化督查,紧盯不落实的事,问责不落实的人,严查不作为的官,确保各项任务落到实处、取得实效。

各位代表,我们面临的任务艰巨繁重,肩负的使命重大光荣。让我们更加紧密地团结在以习近平同志为总书记的党中央周围,在中共朔州市委的坚强领导下,凝心聚力,扎实苦干,实现“十三五”良好开局,为全面建成小康社会而努力奋斗!

朔州市2015年
国民经济和社会发展统计公报

朔州市统计局

2016年3月17日

2015年，面对国内煤炭市场需求严重下滑、经济下行压力持续加大的困难局面，全市上下在市委、市政府的坚强领导下，深入贯彻落实党的十八届三中、四中、五中全会精神及省委、省政府一系列决策部署，坚持稳中求进的工作总基调，努力推进“两大任务”、加快“六大发展”，全市经济社会发展取得新的成就，为全面建成小康社会奠定了基础。

一、综 合

据2015年人口抽样调查，年末全市常住人口176.22万人，比上年末增加0.83万人。全年全市出生人口1.81万人，人口出生率10.29‰；死亡人口0.98万人，死亡率5.58‰；自然增长率4.71‰。

表1 2015年人口数及其构成

单位：万人

指 标	年末数	比重(%)
全市常住人口	176.22	100.00
其中：城 镇	93.67	53.16
乡 村	82.55	46.84
其中：男 性	91.95	52.18
女 性	84.27	47.82

初步核算，全年全市生产总值901.1亿元，按可比价格计算，比上年下降2.3%。其中，第一产业增加值55.5亿元，下降5.6%，占生产总值比重6.2%；第二产业增加值406.3亿元，下降5.8%，占生产总值比重45.1%；第三产业增加值439.3亿元，增长4.6%，占生产总值比重48.7%。

人均地区生产总值51256元，按2015年平均汇率计算为8231美元。

图1 2011-2015年全市生产总值及其增长速度

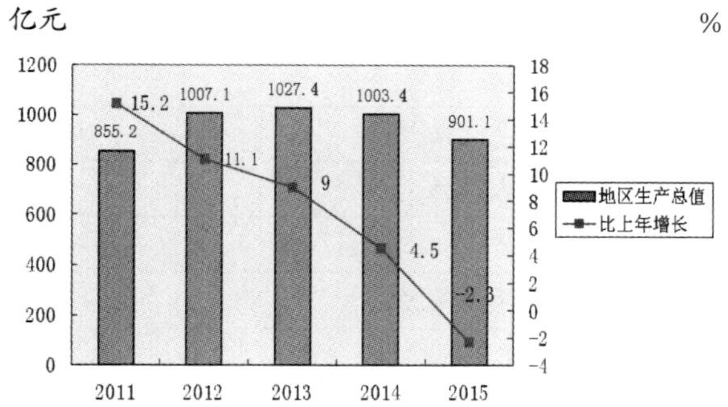

全年全市一般公共财政收入54.3亿元，下降37.3%。税收收入36.3亿元，下降40.7%，其中国内增值税、营业税、企业所得税、个人所得税、资源税和城建税共计完成税收28.9亿元，下降36.2%。一般公共预算支出138.3亿元，下降3.3%。其中，教育、医疗卫生、社会保障和就业、住房保障、公共交通运输、节能环保、城乡社区事务、农林水、科技、文体传媒、商业服务业、国土气象和粮油物资储备民生支出113.1亿元，下降2.8%，民生支出占全市一般公共预算支出的比重81.8%。

图 2　2011-2015 年全市公共财政收入及其增长速度

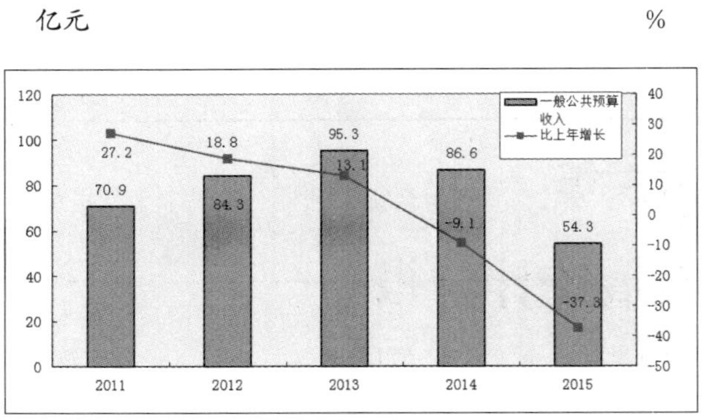

居民消费价格比上年上涨 1.2%，其中，食品价格下降 0.6%。商品零售价格上涨 0.5%。工业生产者出厂价格下降 21.7%，其中生产资料价格下降 22.8%，生活资料价格下降 3.9%。工业生产者购进价格下降 6.4%。

表 2　2015 年居民消费价格比上年涨幅

单位：%

指　标	涨 幅
居民消费价格	1.2
食　品	-0.6
烟　酒	4.0
衣　着	1.9
家庭设备用品及维修服务	0.7
医疗保健和个人用品	8.1
交通和通信	-0.9
娱乐教育文化用品及服务	3.2
居　住	0.1

二、农 业

全年全市农作物种植面积 328.3 千公顷，比上年减少 19.1 千公顷。其中，粮食种植面积 268.1 千公顷，减少 7.8 千公顷；蔬菜种植面积 15.9 千公顷，减少 9.6 千公顷；油料种植面积 25.7 千公顷，减少 3.2 千公顷。在粮食种植面积中，玉米种植面积 159.7 千公顷，增加 5.6 千公顷。

全年粮食产量 110 万吨，减少 18.1 万吨，减产 14.2%。其中，夏粮 1.74 万吨，增产 40.3%；秋粮 108.23 万吨，减产 14.7%。

表 3　2015 年主要农林产品产量及其增长速度

单位：万吨

产品名称	产 量	比上年增长%
粮 食	109.97	-14.2
其中：玉　米	94.91	-8.8
谷　子	2.69	9.9
豆　类	2.54	-32.9
薯　类(折粮)	3.98	-63.8
油　料	2.5	-21.9
蔬菜及食用菌	71.6	-32.8
水　果	11.8	-53.5
其中：瓜果类	11.2	-54.7
园林水果	0.6	-7.6

全年全市肉类总产量 9.3 万吨，增长 3.9%。其中，猪肉产量 2.8 万吨，下降 5.5%；羊肉产量 5.4 万吨，增长 11.1%。牛奶产量 52.3 万吨，增长 0.7%。禽蛋产量 2.4 万吨，增长 34.9%。

全年生猪出栏 28.8 万头，存栏 22.1 万头；牛出栏 5.6 万头，存栏 19.3 万头；羊出栏 307.7 万只，存栏 191.5 万只。

年末全市农业机械总动力 245.9 万千瓦，比上年末增长 1.9%。机械耕地面积 28.9 万公顷，机械播种面积 26.8 万公顷，机械收获面积 16.6 万公顷，分别比上年增长 4.8%、4.9%和 9.0%。

三、工业和建筑业

年末全市规模以上工业企业 259 家，减少 5 家。全年规模以上工业增加值下降 5.9%。

表 4　2015 年全市规模以上工业增加值及增速

单位：亿元、%

指　标	增加值	比上年增长
规模以上工业	254.9	-5.9
其中：轻工业	11.0	-12.1
重工业	243.9	-5.6
其中：煤炭开采和洗选业	188.1	-3.2
食品制造业	2.8	-12.8
非金属矿物制品业	11.4	-8.3
电力、热力生产和供应业	36.4	-11.8
其中：国有控股企业	155.8	-6.0
其中：集体企业	0.9	-5.4
股份制企业	219.0	-5.8
外商及港澳台投资企业	9.6	-16.9

表 5　2015 年全市规模以上工业主要产品产量及增速

产品名称	单 位	产 量	比上年增长%
原　煤	万吨	18220.0	-10.0
白　酒	千升	7663	-14.8
软饮料	吨	18344	71.3
液体乳	吨	203198	-5.3
水　泥	吨	2053671	-17.1
发电量	亿千瓦小时	267.5	-15.3

全年规模以上工业主营业务收入 737.6 亿元，比上年下降 30.1%。其中，煤炭、电力热力生产和供应业分别实现主营业务收入 510.3 亿元和 88 亿元，分别下降 32.9%和 16.0%；食品和非金属矿物制造业分别实现主营业务收入 18.6 亿元和 34 亿元，分别下降 19.6%和 12.7%；汽车制造业和医药工业分别实现主营业务收入 1.3 亿元和 2.6 亿元，增长 2.9%和下降 30.1%。

全年规模以上工业企业实现利税 36.9 亿元，比上年下降 75%；实现利润 -24.9 亿元。

表 6　2015 年规模以上工业企业利润总额及其增长速度

单位：亿元

指　标	利润总额	比上年增长%
规模以上工业	-24.9	-
其中：国有控股企业	-57.2	-
其中：集体企业	-0.1	-
股份制企业	-19.6	-
外商及港澳台商投资企业	2.0	-56.2

全年全市建筑业实现增加值 24.7 亿元，下降 0.8%。

四、能　源

全年全市一次能源生产折标准煤 1.3 亿吨(原煤折标系数采用 0.7143)，下降 10.01%；二次能源生产折标准煤 0.94 亿吨(2015 年二次能源生产增加了洗煤加工转换产出)，下降 16.6%。

全年全市全社会用电总量 97.2 亿千瓦小时。其中，第一产业用电 2.1 亿千瓦小时，占全社会用电量 2.2%；第二产业用电 83.9 亿千瓦小时，占 86.3%，其中工业用电 83.3 亿千瓦小时；第三产业用电 6.9 亿千瓦小时，占全社会用电量 7.2%；城乡居民生活用电 4.2 亿千瓦小时，占全社会用电量 4.3%。

五、固定资产投资

全年全社会固定资产投资 937.1 亿元，增长 14.9%。其中，固定资产投资(不含跨省、农户)869.4 亿元，增长 17.7%。

图 3　2011-2015 年全社会固定资产投资及其增长速度

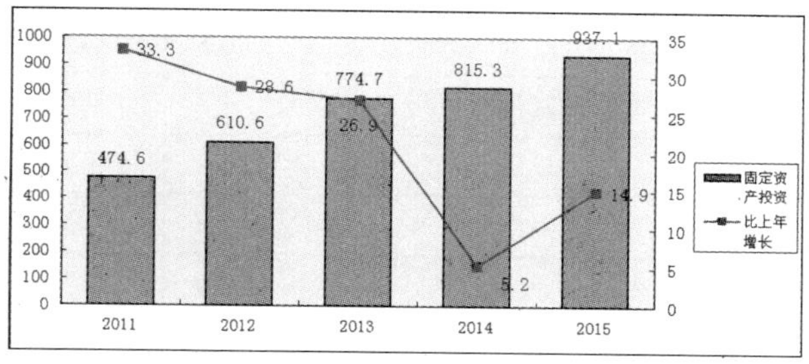

在固定资产投资(不含跨省、农户)中，基础设施投资完成 167.6 亿元，增长 76.5%。国有及国有控股投资 535.8 亿元，增长 21.2%；民间投资 363.5 亿元，下降 2.7%。

分登记注册类型看，内资企业和个体经营投资 919.4 亿元，增长 13.8%；外商及港澳台商企业投资 17.7 亿元，增长 123.8%。

分产业看，第一产业投资 146.5 亿元，增长 69.3%；第二产业投资 425.1 亿元，下降 5.4%；第三产业投资 365.4 亿元，增长 30.8%。

全市工业投资 428.8 亿元，下降 4.4%。其中，煤炭工业投资 78.8 亿元，下降 24.1%；电力工业投资 192.3 亿元，增长 0.9%；非煤电产业投资 157.7 亿元，增长 2.2%。

表 7　2015 年分行业固定资产投资（不含跨省、农户）及其增长速度

单位：亿元

行　业	投资额	比上年增长%
总 计	937.1	14.9
农林牧渔业	161	74.6
采矿业	88.7	-17.9
制造业	112.4	-16.1
电力、热力、燃气及水生产和供应业	227.7	10.1
建筑业	0.8	-70.1
批发和零售业	30	69.1
交通运输、仓储和邮政业	71.4	22.2
住宿和餐饮业	9.7	610.9
房地产业	112.0	-9.2
租赁和商务服务业	0.17	-20.3
科学研究和技术服务业	0.77	-78.2
水利、环境和公共设施管理业	96.8	153.2
居民服务、修理和其他服务业	1.8	-62.9
教 育	6.4	75.7
卫生、社会工作	1.8	56.2
文化、体育和娱乐业	12.9	33.4
公共管理、社会保障和社会组织	2.6	-8.2

全年全市在建固定资产投资项目 929 个。其中，亿元以上项目 208 个，计划总投资 1854.9 亿元，完成投资 598.1 亿元。

全年房地产开发投资 67.7 亿元，下降 12.3%。其中，住宅投资 56 亿元，增长 0.8%；商业营业用房投资 7.3 亿元，下降 40.2%。

六、贸易

全年全市社会消费品零售总额 270.1 亿元，增长 4.6%。按经营地统计，城镇消费品零售额 190.4 亿元，增长 4.5%；乡村消费品零售额 79.7 亿元，增长 4.7%。按消费形态统计，商品零售额 236.5 亿元，增长 4.4%；餐饮收入额 33.6 亿元，增长 5.8%。

表 8 2015 年社会消费品零售总额及其增长速度

单位：亿元

指标	绝对数	比上年增长%
社会消费品零售总额	270.1	4.6
分地域：城镇	190.3	4.5
其中：城区	86.5	4.8
乡村	79.8	4.7
分行业：批发业	66.5	4.3
零售业	169.9	4.5
住宿业	5.8	7.4
餐饮业	27.9	5.1

表 9 2015 年限额以上单位商品零售额及其增长速度

单位：亿元

指　标	绝对数	比上年增长%
汽车类	13	-19
石油及制品类	23.1	-30.3
金银珠宝类	1.3	-21
家用电器和音像器材类	3.7	-22.9
粮油、食品、饮料、烟酒类	4.7	2.2
服装、鞋帽、针纺织品类	2.2	-2.6
化妆品类(万元)	3679.8	-1.5
体育、娱乐用品类(万元)	729.1	7.9

全年全市海关进出口总额 36488 万元，下降 35.9%。其中，进口额 17504 万元，下降 56.4%；出口额 18984 万元，增长 13.5%。

七、交通、邮电和旅游

全年新增公路通车里程 7.3 公里，年末全市公路通车里程达到 10170.2 公里。其中，高速公路 388.7 公里，普通干线公路 815.5 公里，农村公路 8966.1 公里。

年末全市民用汽车保有量 18.45 万辆（包括三轮汽车和低速货车），比上年末增长 8.4%，其中汽车 14.55 万辆，增长 11.1%。本年新注册汽车 1.9 万辆。

全市完成邮电业务总量 4.4 亿元，下降 12.4%。其中，邮政业务总量 1.1 亿元，增长 3.6%；电信业务总量 3.3 亿元，下降 16.6%。年末移动电话用户 144.8 万户，其中，3G 移动电话用户 30 万户，4G 移

动电话用户47.6万户。全市宽带接入用户20.4万户,下降0.14%。

全年全市接待国内旅游者1415.7万人次,增长23.3%。国内旅游收入133.4亿元,旅游总收入133.6亿元,分别增长22.2%和22.2%。接待入境旅游者人数6133人次,同比增长4%;旅游(外汇)收入210.3万美元,同比增长5%。

八、金 融

年末全市金融机构本外币各项存款余额1191.7亿元,比年初增加70.4亿元,增长6.3%。各项贷款余额558.6亿元,比年初增加45.7亿元,增长8.9%。

年末全市农村金融合作机构(农村信用社、农村合作银行、农村商业银行)人民币贷款余额199.3亿元,比年初增加16.2亿元,增长8.8%;人民币存款余额286.3亿元,比年初增加20.3亿元,增长7.6%。

表10 2015年年末金融机构本外币存贷款及其增长速度

单位:亿元

指标	年末数	比年初增长%
各项存款余额	1191.7	6.3
其中:住户存款	831.6	11.8
非金融企业存款	185.8	7.4
各项贷款余额	558.6	8.9
其中:短期贷款	209	2.1
中长期贷款	278	13.5
其中:个人消费性贷款(人民币)	23.8	11.8

全年全市保费收入17.3亿元,比上年增长24.3%。其中,寿险业务保费收入10亿元,增长49.5%;健康险业务保费收入0.7亿元,增长42.6%;意外伤害险保费收入0.3亿元,下降4.2%;财产险业务保费收入6.3亿元,下降2.2%。全年保险业赔款和给付支出7.7亿元,增长31.2%。其中,寿险业务给付支出3.8亿元,增长90.3%;健康险业务赔款和给付支出0.3亿元,下降19.1%;意外伤害险业务赔款支出0.1亿元,增长4.9%;财产险业务赔款3.6亿元,同比增长2.4%。

九、教育和科学技术

全年全市中等职业教育学校共招生0.68万人,在校学生达到1.89万人;普通高中共招生1.68万人,在校学生达到5.55万人;初中共招生2.22万人,在校学生达到7.63万人。

表11 2015年全市各类教育发展情况

单位:人

指 标	招 生	在校生	毕业生
中等职业教育	6758	18931	5423
普通高中	16801	55549	20610
初 中	22224	76273	28158
普通小学	21186	128321	22003
特殊教育	24	168	42
学前教育	26226	40361	15736

全年全市共受理各项专利申请量246件,拥有量119件。全市技术市场共签订技术合同8份,成交金额9694万元。全年全市共取得省级以上10项科技成果,获得省级以上资助129万元。

年末全市有气象台站6个。全市气象系统开展人工影响天气业务的单位7个,全市有卫星云图接收站1个。

年末全市有专业综合地震台站2个,省级地震台网中心1个。全年小震活动4次,最大震级1.5级。

十、文化、卫生和体育

年末全市共有国有艺术表演团体8个,文化馆7个。广播电台5座,电视台3座。有线电视用户17.4万户。广播人口覆盖率100%,电视人口覆盖率100%。全市共有公共图书馆7个,馆藏图书57.2万册。

年末全市共有卫生机构(含乡村诊所)2163个,

其中妇幼保健院(所、站)7个。全市卫生机构共有床位7288张;卫生技术人员6404人。全市新型农村合作医疗参合率达到99.68%。社区卫生服务体系覆盖人口30万人。

年末全市拥有群众健身辅导中心、站点602个,体育指导员3170人,全年举办体育比赛活动79次。全年全市销售中国体育彩票4523万元,比上年增长41.3%。

十一、人民生活和社会保障

全年居民人均可支配收入18983元，增长7.9%。按常住地分,城镇居民人均可支配收入27500元,增长6.9%,城镇居民人均消费支出14096.4元,增长3.4%；农村居民人均可支配收入10816元,增长6.7%，农村居民人均消费支出6837.1元，增长6.3%。城镇占调查总户数20%的低收入家庭人均可支配收入10533元,增长9.0%;农村占人口20%的低收入者收入3477元,增长13.3%。城镇居民家庭恩格尔系数（即居民家庭食品消费支出占家庭消费支出的比重)25.6%，农村居民家庭恩格尔系数34.9%。

年末参加城镇职工基本养老保险21.9万人,增加1.8万人；参加城乡居民基本养老保险88万人,增加2.2万人；参加城镇基本医疗保险47万人,增加5.7万人；参加失业保险18.3万人，增加0.1万人;参加工伤保险18.7万人,增加0.65万人;参加生育保险18万人,增加0.2万人。

全年全市纳入城市最低生活保障的居民4.9万人,比上年减少0.2万人,发放城市低保资金1.8亿元,发放资金与上年基本持平;纳入农村最低生活保障的居民8.2万人,比上年增加0.3万人,发放农村低保资金1.9亿元,发放资金比上年增加0.2亿元。

十二、资源、环境和安全生产

全年市区(不包括平鲁区,下同)空气质量二级以上天数216天,比上年减少46天,大气综合污染指数为6.77,比上年增长1.5%。

全年市区污水处理率达到98.6%，提高0.07个百分点；城市生活垃圾无害化处理率达到100%;集中供热面积2496.5万平方米,集中供热普及率达到90.03%,提高0.01个百分点。

全年全市共发生各类安全生产事故349起,比上年增加19起,上升5.8%;死亡51人,比上年减少19人,下降27.1%。其中,道路交通发生事故173起,比上年减少19起,下降9.9%;死亡46人,减少18人,下降28.1%。

公报注释：

1.本公报部分数据为初步统计数据。

2.地区生产总值、各产业增加值绝对数按现价计算,增长速度按不变价格计算。

3.除注明外,所有增长或下降速度均为同上年相比较。

4.部分数据因四舍五入的原因,存在分项与合计不等的情况。

5.2012年四季度，国家统计局实施了城乡一体化住户调查改革。原有指标“农村居民人均纯收入”和“城镇居民人均可支配收入”变更为“居民人均可支配收入”、“城镇居民人均可支配收入”和“农村居民人均可支配收入”。

6.2011年起，规模以上工业企业统计标准由过去的年主营业务收入500万元提高到2000万元;固定资产投资统计起点由项目计划总投资50万元提高到500万元；限额以上批发零售企业是指年销售额2000万元及以上的批发企业和年销售额500万元及以上的零售企业。

7.根据国家统计局规定,节能降耗指标单独发布。

中国统计出版社最新图书简目

（仅供参考，以实际出版为准）

统计资料

中国统计年鉴　中国统计摘要　中国发展报告
中国经济普查年鉴2013　国际统计年鉴　金砖国家联合统计手册
中国-东盟国家统计手册　中国农村统计年鉴　中国县域统计年鉴
中国城市统计年鉴　中国对外直接投资统计公报　中国地区经济监测报告
中国贸易外经统计年鉴　中国零售和餐饮连锁企业统计年鉴　中国商品交易市场统计年鉴
大中型批发零售和住宿餐饮企业统计年鉴　中国农产品价格调查年鉴　中国住户调查年鉴
中国价格统计年鉴　中国能源统计年鉴　全国农产品成本收益资料汇编
中国环境统计年鉴　中国建筑业统计年鉴　国外资源、能源和环境统计资料汇编
中国工业统计年鉴　中国城乡建设统计年鉴　中国房地产统计年鉴
中国城市建设统计年鉴　中国科技统计年鉴　中国第三产业统计年鉴
中国证券期货统计年鉴　中国劳动统计年鉴　中国高技术产业统计年鉴
工业企业科技活动资料　中国社会统计年鉴　中国人口和就业统计年鉴
中国人才资源统计报告　中国教育经费统计年鉴　中国文化及相关产业统计年鉴
文化及相关产业统计概览　中国民政统计年鉴　中国民族统计年鉴
中国残疾人事业统计年鉴　中国妇女儿童状况统计资料（英）　中国乡镇街道行政区域简册
中国基本单位统计年鉴

省级综合统计年鉴系列

北京 天津 河北 山西 内蒙古 辽宁 吉林 黑龙江 上海 江苏 浙江 安徽 福建 江西 山东 河南 湖北 湖南 广东 广西 海南 重庆 四川 贵州 云南 西藏 陕西 甘肃 青海 宁夏 新疆 新疆生产建设兵团

市（县）级综合统计年鉴系列

天津滨海新区 石家庄 唐山 邯郸 保定 沧州 邢台 廊坊 承德 衡水 秦皇岛 张家口 太原 大同 阳泉 长治 晋城 朔州 晋中 运城 忻州 临汾 呼和浩特 呼和浩特新城区 鄂尔多斯 包头 沈阳 大连 长春 延吉 四平 通化 哈尔滨 齐齐哈尔 黑龙江垦区 上海浦东新区 南京 无锡 徐州 常州 苏州 南通 连云港 淮安 盐城 扬州 镇江 泰州 宿迁 江阴 丹阳 杭州 宁波 温州 嘉兴 湖州 绍兴 金华 衢州 舟山 台州 丽水 合肥 安庆 马鞍山 福州 厦门 宁德 漳州 南昌 九江 上饶 新余 抚州 萍乡 赣州 吉安 景德镇 济南 青岛 潍坊 枣庄 日照 滕州 郑州 洛阳 平顶山 三门峡 商丘 信阳 济源 武汉 十堰 荆州 宜昌 荆门 咸宁 长沙 广州 深圳 惠州 东莞 南宁 柳州 桂林 来宾 海口 三亚 成都 贵阳 昆明 西安 安康 兰州 庆阳 银川 乌鲁木齐 兵团一师 兵团十师

调查年鉴系列

天津 山西 内蒙古 辽宁 吉林 上海　福建 江西 河南 湖北 湖南 广西　重庆 四川 云南 甘肃 宁夏 新疆

统计方法应用/实用手册

实用SAS统计分析教程　马克威统计分析与数据挖掘应用案例
乡镇统计人员岗位知识培训系列教材：辅助调查员岗位基础知识　乡镇统计人员岗位基础知识
县级统计人员岗位知识培训系列教材：Excel在统计工作中的应用　简明统计分析
EXCEL在基层统计工作中的应用　统计公文知识问答

统计通俗读物/统计科普图书

漫话诺贝尔经济学大师与数学情缘　魅力统计　漫话信息时代的统计学　统计使人更聪明
漫游数据王国　探访随机世界　新中国统计工作历史流变1949-1999　无处不在的统计

重点图书

新编英汉汉英统计大词典　中华医学统计百科全书
挑大学选专业2016—考研择校指南　挑大学选专业2016—高考志愿填报指南